汪熙论中美关系

汪熙 / 著
贾浩 / 编

Wang Xi: On China-U.S. Relations 1784–2014

上海人民出版社

汪熙

1946 年 11 月求学期间摄于美国费城

中年时代

作为主编之一，参加《中国经济改革：问题与前景》论文集中、英文新书发布会（美国卡托研究所）

与美国卡托研究所副所长兼《卡托杂志》主编 James A.Dorn（右），复旦大学校长、美国研究中心主任谢希德（中），摄于复旦大学美国研究中心

1984 年摄于美国芝加哥图书馆

勇于开拓、勤于耕耘的学术前辈
（代序）

中国社会科学院荣誉学部委员、美国研究所研究员　陶文钊

学生出书请导师作序，后辈出书请前辈作序，这是学术界的惯常做法。因此当上海人民出版社提出要我为《汪熙论中美关系》作序时，我深感惶恐。作序我是不够格的，但想到这正是再次研读前辈著作的好机会，就没有太犹豫地答应了。收入本文集的许多论文我以前也拜读过，并从中深深受益。如关于早期中美贸易、关于20世纪初美国对华金元外交、30年代美国白银政策的论文都曾经是我在撰写《中美关系史》时的重要参考文献。但此次重新比较系统地研读，仍然有新的收获，这里我就与读者分享一下我的心得和感受。

一

打开正文，迎面而来的第一篇文章就是《略论中美关系史的几个问题》。论文并不很长，对美国没有占据中国领土、对华门户开放政策、美国对华政策的国内因素、美国传教士在华兴学、传播科学技术、对华工问题等提出了自己的新看法。这些都是美国对华政策和中美关系中的重要问题，在过去中美两国长期隔绝对抗的时期是已经有了定论的。汪先生的文章振聋发聩，是中美关系史学界吹进的一股清新的风，许多学者感觉精神为之一振。论文是在1979年6月初发表的，距离十一届三中全会宣布实行改革开放还

不到半年。人们的认识往往落后于实践，思想往往落后于形势，也有一些学者对论文感到不赞同、难接受。于是出现了全盘否定论文的批评文章，而且认为这是“美化了美国的对华关系……歪曲了中美关系的性质”。在经过了长期的政治运动，尤其是“文革”之后，人们对“大批判”仍然心有余悸，这样的批评是很有分量的，是会让人出一身冷汗的。之后北京大学罗荣渠教授又发表了文章，对双方都有些批评。这场争论的参与者不多，但却引起了美国学界，中国近代史学界，尤其是中美关系史学界的广泛关注。一年前《光明日报》发表了《实践是检验真理的唯一标准》，触发了一场思想解放运动。但在各个学术领域如何解放思想、进行重新研究的问题刚刚提上日程。在过去的很长时间里，我国的中美关系史研究无例外地集中在对美国侵华的揭露上，其他问题的研究则几乎是一片空白。此刻学界的同仁正不知道应该从何入手，对中美关系史进行重新研究，他们还在小心翼翼地进行思考、摸索的时候，汪先生的论文为大家开了窍。学者们感觉到，对于已经有了定论的许多问题原来是可以用新的资料、从新的视角进行重新研究的。这篇论文推动了中美关系史研究领域的思想解放。此后数年中，关于中美关系史研究，尤其是美国对华门户开放政策研究的论文如雨后春笋般涌现出来，使中美关系史研究成为中国对外关系史研究、美国学研究中一个特别繁荣的领域。一些原来并非从事中美关系史研究的学者，尤其是年轻学者，也从世界史学界、党史学界、英国语言文学界被吸引进来，共同造就了中美关系史学界的繁荣局面。今天回顾这段历史，笔者仍然深深感激汪先生以他勇于探索、勇于进取的精神撰写的这篇论文。论文在中美关系史学科的学术史上是有独特地位的。古人讲历史学家要有史识、史德、史胆。这篇文章正是体现了汪先生的史识、史德和史胆。

新时期的中美关系史研究以这样一场争论作为开始现在看来真是一件大好事，它为这个学科在新时期的开展起了个好头。此后，学界思想活跃，百家争鸣蔚成风气。在十余次关于中美关系史的学术讨论会上，不同意见的争论成为很平常的事情。关于门户开放的实质、关于美国在中国大革命时期是否“怂蒋反共”、关于美国对“九一八”事变的政策、珍珠港事变前美国政策是不是绥靖政策、是否存在过“远东慕尼黑”、如何看待1941年的美日谈判、关于马歇尔调处在中国内战中究竟起过什么作用，等等，不论是资深专家，或者是初出茅庐的年轻学子，大家都毫无顾虑在讨论会上各抒己见，既相互尊重，又坦率直言，对推动这个学科的发展确实大有好处。

二

汪先生的学术研究涵盖面广，从经济学到史学，从历史到现状，从国际政治到国际贸易和国际经济关系，他在多个领域游走自如，并且都取得了骄人的成就。这本文集只是他学术成就的一小部分。但文集中收录的著作所体现的汪先生的学术思想也给人留下深刻的印象。笔者以为比较突出的有以下几点。

1. 扎扎实实地掌握资料。不论经济学还是历史学，都是实证科学，资料是研究的基础，是学术的生命。“板凳要坐十年冷，文章不写一句空”，是汪先生一辈子的座右铭，也是他一生学术研究的写照。收入本集的作品，以及他的其他著作，都是建筑在丰富的中外档案资料的基础之上的。他每次出访，都把主要的功夫花在搜集档案资料上，搜集回来的资料他不仅自己用，而且与学生分享。有的学生的论文选题就是根据这些资料来确定的。他强调“文风应该非常朴实，不要花里胡哨或故作高深”，“史论必须得当，要分析到位，但也不能讲过头”。也就是说，论述必须严格地建筑在资料的基础之上，必须有充分的资料作为依据，而不是兴之所至，任意发挥。从某种意义上说，拥有资料的程度决定了研究工作的深度，决定了研究成果的生命力。汪先生在国际经济领域里所做的两个成功的个案研究，关于东印度公司和英美烟公司的研究，都是建筑在非常丰富、扎实的中外档案基础之上的。几十年过去了，他的著述仍然令人信服，熠熠生辉。

汪先生最后的学术著作是《美国海军与中美关系》。当汪先生告诉我在做关于美国海军的研究时，我起先还有点不大理解，因为这跟他的“专长”有些距离。及至读到大作，才清楚了，汪先生早年赴美访学，就从美国海军历史博物馆搜集了许多关于美国海军在华活动的档案，这本著作正是建筑在这些资料的基础之上的，而这个课题在他心中也已经酝酿很久了。吴心伯教授说，汪先生的治学之道是“持之有据，言之成理，反对浅薄浮躁的风气，也不喜发虚妄之言”。此话不虚。正是那些重要的扎实的档案资料赋予了汪先生的著作以久长的学术生命。

2. 重视学术研究的“基础设施”建设。这里所说的“基础设施”主要是指资料建设和学术史。

资料建设是与第一点相联系的，汪先生自己致力于发掘档案资料，把它作为研究工作的基础，他还花力气参与整理编辑资料，希望能与学术界共享资料。“文革”之后，他先是参加了张仲礼先生牵头的《英美烟公司在华资料汇编》的编辑整理工作，后又参加主编《盛宣怀档案资料选辑》(共 8 辑)。当然，资料的整理、出版是个大工程。单凭一己之力是难以完成的。汪先生又在不同场合大声疾呼，建议有关部门有计划地、分期分批地、按国别地编纂一批档案资料。

汪先生十分重视文献目录、学术动态、学术信息的搜集、整理和分享。中美关系史研究不是现在才有的，实际上，从中美两国开始交往，关于两国交往的记录、评述就产生了，可惜，研究者在开始自己的研究课题之前，常常不能花力气去比较全面地回顾关于本课题的既往的学术研究状况，这是造成学术界时常出现“低水平重复”(胡绳同志语)的一个原因。有感于此，汪先生身体力行，发起了一个大工程，这就是《150 年中美关系史论著目录》，并邀请日本友人参加，文献收录了从 1823 年到 1990 年的中国(含香港地区)、美国和日本三国公开发表的有关中美关系的专著、论文和论文集，并兼收尚未公开发表的硕士和博士论文，共 7 980 余条。后来的学者如要研究某一问题，先查阅一下该目录，了解前人的成果和观点，自然可以少走弯路，这是为学科发展、为后来的学人“修桥铺路”的善举。

文集还收录了汪先生撰写的两篇中美关系史研究的综述文章，分别对从新中国成立到1984年、1985年到1999年的研究状况进行回顾，肯定进展，指出问题和缺陷，提出改进的建议。这也是很难得的。在两篇文章中他都呼吁要强化档案的公布与编纂出版工作。可以说，在中美关系史学界没有人在基础设施建设方面比汪先生关注更多、费力更多的了。

3. 要把问题“挂起来”进行立体的研究，多方面多角度的研究。这是汪先生一再强调的主张。他在《150年中美关系史论著目录》的前言中说：“中美关系从美国来讲，经历了五十五届总统；从中国来讲，经历了清政府、北洋军阀、国民党政府及人民政府，其间千变万化，‘横看成岭侧成峰’，各人分析都不相同。”他在讲到编辑《中美关系研究丛书》的初衷时说，“长时期以来，我总以为研究一个课题，不论是历史的还是现实的，我们都应该把它悬在空中，对它进行上下左右前后、四面八方的全方位的考察和全方位的分析”，“所谓立体研究，就是在研究一个课题时，我们应该对它进行全方位的考察、全方位的收集资料、全方位的分析。这样，我们得出的结论，可以更少一些片面性，更多一些实事求是”。编辑丛书就是这样一种尝试。丛书共25辑，内容广泛涵盖了政治、经济、文化、军事；既有中国学者尤其是他学生的著述，也有翻译的美国有代表性学者的著作；还有一些国际学术讨论会的论文选辑，记录了各国学者的思想碰撞迸发出的学术火花。汪先生主编的这套丛书在国内中美关系史学界是独一无二的，给后人留下了一份珍贵的遗产，也树立了一个好榜样。

4. 提倡把历史与现实结合起来研究。“经世致用”是中国的一个学术传统。中国知识分子有“出世”的一面，但主要的传统是“入世”，是修身齐家治国平天下。汪先生做学问不是为学术而学术，为研究而研究，他怀有强烈的使命感、时代感。他的研究是以历史为根基，以现实问题为导向的，他研究历史问题时关注的是现实，他从事的是一种历史与现实高度结合起来的研究。针对有的同志担心“理论联系实际会给科学发展带来不稳定性”的顾虑，他解释说：“这种担心是多余的。复杂多变的事物经过科学的抽象与概括，自然会显示出规律，必然具有一定的稳定性。这正是科学(包括自然科学与人文社会科学)应承担的任务。当然所谓稳定性也是相对的,事物在永不停息地向前发展,科学的稳定性也是在不稳定中发展的相对稳定而已。科学的生命力正在于这种不稳定中的相对稳定。若谋求一劳永逸的绝对稳定,那就是理论的僵化和科学的萎缩。"

汪先生十分重视"历史研究与现状研究的交汇"。他认为这是中美关系史这个学科本身的特征决定的,这个学科自身有着很强的现实性。两国现实关系中的许多问题又必须有历史的探根溯源,才能作出有深度、有科学性的解释。对于中美关系的未来,则又需要随其历史的发展不断地总结经验,才能作出较科学的预测。汪先生是这样主张的,他自己也是这样身体力行的。收入本书的许多文章就是历史与现实相结合的范例。他对中美经贸关系作了从历史到现状的系统考察。丛书中更有九种是两者相结合的研究,或者重在现状的研究。由于以历史的研究为根基,对现状的研究才会更加中肯、深入、透彻。这种研究生动地体现了汪先生的爱国情怀和社会责任感。

5. 反对闭关自守,进行开放的研究,以国际学术交流推动研究。汪先生早年留学美国,是一位"老海归"。改革开放之后,他迅速地与美国、日本等国学术界建立起学术交流关系。他认为学术研究应该是开放的,中美关系研究这样本身就涉及两个国家的课题自然更应该如此。他认为在研究中国与外国的关系时,对中、外的研究不可偏废。"因为两个国家的历史总是在相互影响中发展的。即使是植根于中国本身所发展的历史事物,也必然会向外辐射并承受外国对这种辐射所做出的反应;而西方冲击的影响也只有通过中国历史本身的发展才能显露出来。"因此,研究中国对外关系必须具有全球视野,必须了解国外的研究状况,必须坚持学术上的开放。对于外国学者的真知灼见,我们可以借鉴;对于与我们不同的观点,我们也可以进行讨论、切磋和批评。如果实行学术上的"闭关自守",那就失去了切磋问难的机会。汪先生自己就是一位具有全球学术视野和格局的学者。他不但自己身体力行,进行开放的学术研究,而且极力推动学术界吸取国外的研究成果，或者组织翻译出版有代表性的著作，或者组织学术研讨会，并出版论文。他是一位学术活动的卓越组织者和中外学术交流的积极推进者。这些组织活动不仅使他自己始终处于学术研究的前沿，而且也为中国学术界了解美国作出了贡献。在“中美关系研究丛书”25 种之中，就有 5 种是美国学者论著的译作，包括孔华润的《美国对中国的反应》、唐耐心的《艰难的抉择——美国在承认新中国问题上的争论（1949—1950）》、韩德的《一种特殊关系的形成——1914 年前的美国与中国》，这些译著的出版在中国都引起了较大的反响，多年来为中国学者广泛引用。“中美关系研究丛书”中还有 7 种是国内外学术讨论会的论文集锦。在汪先生的主持下，复旦大学美国研究中心的学术气氛特别活跃，对外学术交流搞得风生水起，成为中心的一个好传统。在这里成长起来的年轻同志及他的学生们深受这种学术氛围的熏陶，对他们一生的工作都大有好处。

三

汪先生对中美关系史学科的贡献是多方面的，他一生在复旦大学工作，以教书育人为己任，尽心竭力，诲人不倦。他和中国美国学界的其他几位前辈一样，如丁则民先生、杨生茂先生、蒋相泽先生，培养了一批卓有建树的学生，这些后起之秀今天是国内各个美国学研究重镇的学科带头人，支撑着中国美国学的大厦。汪先生和这些学术前辈们，以他们毕生的努力，以他们自己的学术成就，以他们培养的优秀学生，使新时期的中国美国学取得了大发展，他们的业绩和精神将继续激励我们在这个园地辛勤耕耘，使之绽放出更加绚丽的花朵。

编者前言

贾 浩

《汪熙论中美关系》(1784—2014)，是享誉海内外的著名中美关系、中美关系史学者，复旦大学教授，复旦大学美国研究中心创始人之一和前副主任汪熙先生，近七十年，尤其是自上世纪70年代末中国进入改革开放时期后近四十年，对中美关系历史、现实与发展前景的研究结晶。

本书论及自1784至2014年长达二百三十年的中美关系。其起始为美国在1783年甫取得独立战争胜利后，商船"中国皇后"号的船长格林，即选择次年(1784年)2月2日美国国父华盛顿的生日作为自纽约的启航日，并在经历了半年多(188天)的艰苦航行后，于8月28日到达广州黄埔港(今日黄埔古村)，完成了纽约—广州的航行。本书下限2014年，则是汪熙先生因年迈体弱最后封笔前，以94岁高龄及口述访谈形式公开发表的最后一篇论述中美关系的文章(英文，见本书第523页)。

本书由汪熙先生的知交好友陶文钊先生作序。陶文钊先生是中国社会科学院荣誉学部委员、美国研究所研究员，是著名的中美关系、中美关系史专家。他在序中对本书内容做了全面和精到的分析概括，并对汪熙先生在中美关系、中美关系史的研究教学、内外交流、基础建设、著书育人等各方面的贡献与成就作了高度评价。

汪熙先生以其数十年扎实丰厚的历史学、经济学、世界经济、国际关系和工商管理等跨界的学术研究背景，以及知己知彼、中西合璧的思想认知底蕴，在本书中从历史、经济、政治、外交、军事、思想、教育、文化、宗教等几乎所有重要领域，对中美两国（以及亚洲太平洋地区其他有关国家，如日本和俄国）两个半世纪中不同时期的关系演变进行了全面深入的分析与阐述。汪熙先生跨越多个专业学术领域的研究背景和深厚造诣，使他在考察与论述中美关系与两国关系史时，具有跨学科和多重视角的独特优势。

此编者前言将对本书的内容、结构、组成部分和特点作一个扼要说明。

本书共包括五个部分：即中美关系总论、中美经济关系、中美关系的其他方面、《中美关系研究丛书》主编前言，以及附录。

第一部分中美关系总论包括五篇文章。其中第一篇文章，即发表于《世界历史》杂志 1979 年第 3 期的《略论中美关系史的几个问题》。

这篇论文，不仅在汪熙先生中美关系/关系史研究和他的学术生涯中有着重要意义，且如陶文钊先生和诸多本领域的学者专家回顾，它“推动了中美关系史研究领域的思想解放”，因而“……在中美关系史学科的学术史上是有独特地位的”。文章发表时，“文革”才结束不久，人们的思想，尤其在中美关系/关系史研究领域还受到数十年传统认知和理念的严重束缚。这篇紧随着中美建交和邓小平访问美国，发表于 1979 年年中的论文提出：要用比较的眼光，实事求是地评价中美关系；对于中美关系中具有阶段性意义的“门户开放”政策，应给以历史和辩证的评价；应重视中美关系中的美国国内因素对美国决策的影响；客观评价美国在中国的传教事业；不应泯灭中美关系史册中友谊的篇章等重要观点。它突破了以往中美关系史等同于美帝国主义侵华史的窠臼，提出要全面、客观地看待和评价中美两国关系史上的各种问题，是一次冲破学术“禁区”的勇敢举动，振聋发聩，破除了当时学术界对于中美关系史研究存在的一些思想误区，激发了学界对于客观研究中美关系史，以及实事求是地看待中国近代史上一系列涉及与外国列强交往问题的广泛讨论和深刻反思，推动了此后中美关系/关系史研究新局面的形成。

正如陶文钊先生在本书序言中所说：“此后数年中，关于中美关系史研究，尤其是美国对华门户开放政策研究的论文如雨后春笋般涌现出来，使中美关系史研究成为中国对外关系史研究中、成为国内美国学研究中一个特别繁荣的领域，一些原来并非从事中美关系史研究的学者，尤其是年轻学者，也从世界史学界、党史学界、英国语言文学界被吸引进来，共同造就了中美关系史学界的繁荣局面。”陶文钊先生还这样深情地写道：“今天回顾这段历史，笔者仍然深深感激汪先生以他勇于探索、勇于进取的精神撰写的这篇论文。……古人讲历史学家要有史识、史德、史胆。这篇文章正是体现了汪先生的史识、史德和史胆。”

接着的两篇文章，《回顾和前瞻：新中国成立以来中美关系史的研究》，以及《回顾与展望：1979—1993年我国中美关系史研究》，分别对中华人民共和国成立至80年代中期，及从“文革”结束、70年代末改革开放启动到90年代中期，也即中华人民共和国成立至90年代中期近半个世纪我国中美关系史研究的发展、特点与深化，做了全面深入的分析与论述。第四篇文章，《考验与挑战：1989—1999中美关系》则对80年代末到90年代末中美关系的现状与可能发展前景，作出了分析与前瞻。

这一部分的最后一篇文章，《漫漫长路　上下求索——〈中美关系研究丛书〉20年》，是汪熙先生2005年为《中美关系研究丛书》出版20年写的对丛书内容的综合介绍，同时也是他关于中美关系研究带阶段性的总结和思考。文章分别从“立体研究”、“经济关系”、“政治关系”、“文化关系”和其他角度对中美关系做了详尽论述与探讨。

本书第二部分“中美经济关系”，是汪熙先生研究的主要领域和本书的重要组成部分。这一部分共由十篇文章组成，涵盖了中美经济关系的历史与现状，研究与动态，以及贸易、投资、美援、货币金融（美国对华“金元外交”和白银政策）与国际托拉斯（英美烟公司在华垄断活动）等多个方面。

本书第三部分“中美关系的其他方面”含汪熙先生的四篇文章。其中前三篇选自《中美关系研究丛书》第25辑《美国海军与中美关系》，包括：(1)《美国炮舰“帕奈”号事件始末》；(2)《美国海军：〈中美特种技术合作协定〉兼论史迪威将军》;(3)论述近年来引人注目的南海问题的文章《南海！南海!》;(4)《太平洋战争与中国》则分析了太平洋战争时期的中、美、日关系。

本书第四部分《中美关系研究丛书》主编前言，是汪熙先生在生前主编该丛书的30余年中，为丛书的每一辑(共25辑)出版时所撰写的前言。这些要言不繁、往往是画龙点睛的前言，既是汪熙先生对丛书每一辑的内容及其作者所做的引介和评价，也记录了他自己对中美关系/关系史研究与思考的轨迹。而它背后还有着无数鲜为人知的故事，即为出版这套丛书的每一辑，数十年中汪熙先生作为主编所付出的艰辛努力与心路历程。包括向中、外学者专家征稿约稿，收集与发掘各种有关信息、史料和档案资料，在作者、译者、编者、赞助者、出版社之间，商讨与修改内容文字，中、外文翻译，编辑出版的大小事宜，以及耗费他无数时间精力，并且闻之常常令人感叹或扼腕的为筹措相关经费所做的努力与波折等(丛书的主编和作者都不计报酬)。

同时，正如陶文钊先生所言，这套《中美关系研究丛书》，还是汪熙先生所一贯主张的，要把所研究的对象和问题"挂起来"，进行立体的、多方面、多角度考察分析的积极尝试与很好写照。这套共25辑的丛书，内容几乎涵盖了历史和现实的中美关系中政治、经济、外交、军事、文化、教育、宗教、人物、资料等各个方面。其中既有中国学者包括他的中国同行与学生们的著述，也有美国具代表性学者的著作翻译;还有一些国际学术讨论会的论文选辑，记录了各国学者思想碰撞所迸发出的学术火花。如陶文钊先生所言:"汪先生主编的这套丛书在国内中美关系史学界是独一无二的，给后人留下了一份珍贵的遗产，也树立了一个好榜样。"

最后，本书第五部分为附录，包含了六项内容。

首先是汪熙先生主编的25辑《中美关系研究丛书》的中、英文书名目录。

其二是汪熙先生生前编撰、横跨近两个半世纪的《美国海军对华关系大事年表(1784—2012)》。

汪熙先生非常注重资料收集与整理工作，致力于发掘档案资料，把它作为研究工作的基础。数十年中，单是他所做的各方面的资料卡片就达数万张之巨。他还化力气参与整理和编辑资料，以与学术界共享。他十分重视文献目录、学术动态、学术信息的搜集、整理和分享，做了大量“……为学科发展、为后来的学人‘修桥铺路’的善举”。“可以说，在中美关系史学界没有人在基础设施建设方面比汪先生关注更多、费力更多的了。”（见陶文钊先生序）

在“基础设施建设”方面，除本书收录的《美国海军对华关系大事年表（1784—2012）》，汪熙先生先是参加了张仲礼先生牵头主编的《英美烟公司在华资料汇编》的编辑整理工作，后又参加主编《盛宣怀档案资料选辑》（共8辑）。晚年，他更牵头主编了《150年中美关系史论著目录》，并邀请日本友人参加。文献收录了从1823年到1990年的中国（含香港地区）、美国和日本三国公开发表的有关中美关系史的专著、论文和论文集，并兼收尚未公开发表的硕士和博士论文，共皇皇7 980余条。

附录中后四篇，则为汪熙先生同名文章的英文译文，即第三篇《中美贸易中的各种问题：中国的观点》，第四篇《2000年的中国》（韩国研讨会参会论文），第五篇《“门户开放”政策的一次考验——美国白银政策及其对东亚的影响（1934—1937年）》，以及第六篇，汪熙先生晚年所作的《中美关系介于冲突与合作之间》。

本书得以顺利出版，有赖于上海人民出版社的鼎力支持与帮助，该社同仁们与汪熙先生有过长达四十年成功与默契的合作。尤其是该社副总编曹培雷女士与本书责任编辑张晓玲女士，以对汪熙先生的深厚感情，在长达近三年时间的编辑出版过程中，对我们全力支持、专业指导并给予各方面的理解与帮助，使我们深受感动、铭记在心。上海人民出版社法律与社会读物编辑中心总监苏贻鸣先生，也对本书的名称与内容选择提出了宝贵的专业意见。我们谨在此向上海人民出版社和他们表达深切的谢意！

值此汪熙先生百年冥诞将临之际，谨以本书的编辑出版，表达我们对先生的无尽思念和深切缅怀……

目 录 CONTENTS

第三部分　中美关系的其他方面

第四部分　《中美关系研究丛书》主编前言

第一部分

总　　论

略论中美关系史的几个问题[①]

从1784年2月28日满载人参与银元的“中国皇后”号自纽约抵达广州，到1979年1月1日中华人民共和国同美利坚合众国建立外交关系，其中经历了195年。在这漫长的岁月里，中美关系历经曲折，有历史的创痛，也有美好的记忆。经过30年的断绝关系，“对抗已经结束”，而今展现在我们面前的是中美友好发展的广阔前景。现实生活是历史的延续。更好地总结中美关系的历史，以增进两国人民的了解，推动这一伟大事业的发展，是当前摆在中美两国历史学界的一个共同的课题。这里想谈谈自己的一些不成熟的想法。

一

双边和多边的国际关系，总是在相互影响和相互对比中存在和发展的。因此考察国际关系的历史，也只有在比较中才能鉴别，在鉴别中才能得出较客观的评价。例如，关于领土完整的问题，是我国近百年来国际关系中的一个严重问题。自鸦片战争到新中国成立的109年中，帝国主义列强对我国的领土进行了频繁的掠夺。在几个主要的帝国主义国家中，美国是唯一没有占据中国领土的国家。第二次鸦片战争期间，美、俄都以局外人的身份进行“调停”。但是沙俄一面进行“调停”，一面却趁英法联军进攻天津威胁北京时，以重兵直趋黑龙江，迫使清政府签订中俄《瑷珲条约》，强行割去黑龙江

① 原载《世界历史》1979年第3期。

以北、外兴安岭以南的60多万平方公里的土地，并把乌苏里江以东的中国领土划为中俄“共管”。在此以前，美国驻华外交代表巴驾在美国商人的怂恿下，也曾多次向国务院建议要占据台湾，但是美国政府没有同意并撤换了巴驾①。到1898年，当我国正处于被帝国主义列强瓜分的严重时刻，美国驻华公使康格又建议国务院在直隶地区割据一个海港来“扩大美国的影响”。这一建议再一次为美国政府所否定②。1900—1903年，美国海军割占三门湾和舟山的建议，也由于英、日的阻挠和美国国务院的犹疑与迟滞而未成为事实③。当然，美国政府当时作出这些决定，都有其特定的历史原因，但是我们判断国际关系的标准是实践与事实而不是其他。同别的帝国主义列强，特别是同沙俄贪得无厌地掠夺我国大片领土的侵略行为相比较，美国在与我国的关系中所留下的这一记录，应该给予实事求是的评价。新中国成立后，美国的这一记录被他们自己推翻了。1958年9月4日美国总统与国务卿联合声明，美国要以武力阻止中国解放台湾④。这就违反了美国总统罗斯福参加签订的《开罗宣言》，也是对我国领土与主权的严重侵犯。这是中美关系史中的一个不幸的插曲。我们高兴地看到，中美建交时美国已经正式承认台湾是中国领土不可分割的一部分。

二

对于“门户开放”政策的评价一直是一个有争议的问题。1899年和1900年美国国务卿海约翰所提出的“门户开放”政策包括两个主要内容：一是承认帝国主义列强在华势力范围，并在此前提下，要求美国贸易的机会均等；

---

① 《参议院档》三〇：三六一一，第6页。见泰勒、丹涅特：《美国人在东亚》(Americans in Eastern Asia)，1941年纽约版，1958年中译本，第245—250页。

② 1899年3月1日，康格致海约翰函。见玛瑞蓝·杨：《一八九五～一九〇一年，美国对华政策》(The Rhetoric of Empire—American China policy, 1895—1901)，哈佛大学出版社1968年版，第99—100页。

③ 1903年11月23日，大卫致莫狄函。海军档，第11324卷。见威廉·布莱斯德：《1897—1909年，美国海军在太平洋》(The United States Navy in the Pacific, 1897—1909)，得克萨斯大学出版社1958年版，第124—136页。

④ 美国新闻处，1958年9月4日电。

二是尊重中国的领土与主权的完整。这两条是互相抵触的。事实上美国不可能在两者兼顾的情况下来执行“门户开放”政策，它只能是有条件地执行。历史的事实证明，“门户开放”政策所宣布的尊重中国领土与主权完整的原则，只能停留在宣言与协定上，美国不愿超过这个限度承担更大的风险。因此，美国在执行“门户开放”政策中，表现出大幅度的摇摆性，摇摆于同其他列强的对抗与妥协之间，而更多的是后者。如1900年“门户开放”政策的墨迹未干，麦金莱总统对沙俄侵入我国东北地区，就采取了默许的态度①。1908年美国与日本签订的“罗托—高平协定”既声称“以和平的方法支持中国的独立与完整”，又承认日本在满蒙的特殊地位②。1915年，国务卿蒲莱安既反对日本强加在中国头上的“二十一条”，但1917年蓝辛又明确承认“地理上的相邻近，使其邻国享有特殊利益”的原则③。1931年日本侵占我国东北和1937年日本对我国不宣而战，史汀生国务卿和罗斯福总统根据“门户开放”政策的原则都先后郑重宣布“不承认以武力所造成的领土变更”和谴责“没有法纪”的“宣战或不宣战的战争”④。但是在宣言和“谴责”的同时，伪“满洲国”66.9%和日本发动全面侵华战争后81.1%的汽油都来自美国⑤。一直到1941年12月7日，日本偷袭珍珠港，把炸弹扔到美国的国土上了，美国才对日宣战，同中国结成了盟友。由此可见，“门户开放”政策的执行与不执行，或执行到什么程度，取决于美国自身的利益和国际政治上纵横捭阖的

---

① 汤姆斯·麦克考克：《中国市场与美西战争》(Insular Imperialism & the Open Door: The China Market & the Spanish—American War)，载《太平洋历史评论》第32卷，第2号(1963年5月)，第166—167页。

② 1910年12月22日，罗斯福致塔虎特函。见查理·鲁：《一九〇一—一九〇九年西奥多·罗斯福与美国卷入远东》(Theodore Roosevelt & American Involvement in the Far East, 1901—1909)，载《太平洋历史评论》第35卷第4号(1966年11月)，第447页。

③ 1917年11月2日，蓝辛—石井协定。《美国对外关系》1917年，第264—265页。

④ 1932年1月7日史汀生致日本外交部照会，《美国对外关系》日本，1931—1941年，一卷，第760页。1937年10月5日，罗斯福“隔离”演说，第379—383页。

⑤ 艾费弗·安德生：《美孚油公司与美国东亚政策》(The Standard Vacuum Oil Company and the United States East Asian Policy)，普林斯顿大学1975年版，第225—227页。

“权力平衡”趋势，不取决于中国受侵略的程度。远在美国建国的初期，1796年9月17日，华盛顿总统在卸职的告别演讲中曾经说，在决定美国政策时要考虑到“美国自己的利益”①。这是美国对外政策的基本原则。美国在南美洲实行封闭的“门罗主义”，在中国实行机会均等的“门户开放”政策，做法两歧，但原则一个——从美国自己的利益出发。所以应该看到“门户开放”政策从本质上说是美国谋求保障和扩大其在华经济和政治利益的政策，从来就不像有些美国历史学家所宣称的那么“公正”、“无私”和“利他”。但也应该承认这样的事实，即：这个政策毕竟宣布于1899年，我国被瓜分之祸迫在眉睫之际；后来在我国历次的民族危机中（如1915年、1931年、1937年）以及多次的国际会议上，美国又曾反复重申这一政策（包括尊重中国领土与主权的完整原则）。由于这个政策也包含着美国与其他帝国主义列强在远东利益的相对抗的一面，它在客观上对抑制或延缓帝国主义对我国的侵略也起过一定的作用。

三

国际关系固然是受两国之间或诸国之间相互作用的影响，但是各国内部的各种矛盾也常常会形成、影响甚至决定各该国的对外政策，因此，我们研究中美关系就不能眼睛只看见中国的一面，而不看到美国的一面，否则就会流于片面。决定美国对华政策的因素是多方面的，除了争取美国最大限度的利益这一基本因素以外，还有党派之间的政治斗争，不同利益集团之间势力的消长，孤立主义的影响，舆论的压力和经济的繁荣与萧条等等。如甲午中日战争时期，美国从中调停，时冷时热，这是大家都知道的。当时美国国内舆论的压倒性倾向是同情日本，他们认为日本的胜利是一个愿意改革与维新的小国打败腐朽、保守的大国的胜利。但是，国务卿葛礼山对中国是寄予同情的。当时中国驻美国使馆的高级官员许钰根据他亲身的体验说：“葛礼山平素为人清正不阿，凡遇外交事，颇能揆情度理，一秉至公，不似他

① 华特·李普曼：《美国外交政策》(U.S. Foreign policy)，纽约1943年版，扉页。

人视事势以为迁就轩轾。上年中倭衅起,其于中国尤切惓惓,时发正论,以持事理之平,虽与议绅抵牾,卒不少变初念。”①而反对党则利用舆论对政府施加压力。当国务卿葛礼山于1894年11月建议由美国出面调停中日争端时,反克利夫兰总统的共和党的《纽约新闻报》就尖锐地评论说:“调停是不妥当的,这样做是为英国的利益服务……一个美国总统与国务卿把中国从日本手中拯救出来是对国际正义的进攻”②。共和党借此掀起一个反民主党的猛烈攻势。研究美国在甲午中日战争中的政策时,不能不考虑这些因素的影响。又如麦金莱在1897年竞选总统时,曾经大声疾呼,美国在中国的巨大商业利益使美国在中国的事务中不能置身事外③。那时美国的棉织品出口的一半以上销售在中国市场(主要在东北及华北地区)④。到1901年,沙俄对我国东北的控制严重打击了美国棉织品的销售。当时美国南方植棉集团要求政府对沙俄采取“强硬政策”,但麦金莱总统却对沙俄采取了姑息态度。为什么麦金莱这么言行不一致呢?这是因为麦金莱主要是代表中西部利益,在总统竞选的年份,为了争取选票不得不说一些关注南方利益的话。但是在非竞选年份,南方集团的利益(甚至东部集团的利益)就不足以推动麦金莱冒着对抗的危险对沙俄采取强硬的政策了⑤。“七七”卢沟桥事变以后,罗斯福发表了“隔离”演说,不指名地谴责日本对中国发动武装侵略,但是他的演说,即使是闪烁其词的,也引起了孤立主义者的强烈反对。在发表演说后的一个相当长的时间,罗斯福不能采取对日制裁的行动。直到1938年1月10日众议院以多数票击败了孤立主义者罗德楼的议案(该议案要求美国除自卫以外的任何军事行动都必须举行全国公民投票来决定),罗斯福

---

① 许钰:《复庵遗集》卷六,《佐軺牍存》二,第22页上。

② 玛瑞蓝·杨:前揭书,第21—23页。

③ 汤姆斯·麦克考克:前揭书,第169页。

④ 1898年美国棉织品对中国的输出额(以金额计算)占美国该项商品输出总额的52%,到1903年占69.6%。见潘序伦:《中美贸易》(The Trade of the United States with China),1924年版,第59—60页。又见费佛尔:《一九〇六——一九一三年,美国与中国》(The United States and China, 1906—1913),新泽西1955年版,第9页。

⑤ 玛瑞蓝·杨:前揭书,第229—230页。

才能放手加强美国在太平洋的海军力量①,但是还得继续对美国公众宣传抵制日本在太平洋的侵略同抵制德国在欧洲的侵略是一样重要。这种培养舆论的工作一直做到珍珠港事变以前。至于在经济方面,美国在19世纪下半期,经济力量突飞猛进地增长(从1850年到1900年,农业生产增加了3倍,工业生产增加了15倍),②以及从19世纪70年代起的几次经济大恐慌,是促使美国提出"门户开放"政策的重要原因之一,这都是众人皆知的。

除国内的因素外,还有国际因素。中美关系始终受到美国与俄国和日本在远东对抗这一事实的影响。19世纪末叶日本尚在崛起;俄美在远东还未直接冲突。在50到60年代,美国琼记洋行甚至代理沙俄在中国的领事职务③。20世纪以后,美国势力伸向太平洋,沙俄在我国东北的扩张也有增无减,美国在华纺织品的主要市场又正处于沙俄控制的地区,矛盾冲突乃不可免。1900年沙俄趁八国联军血腥镇压义和团运动时,突然侵入黑龙江制造了骇人听闻的海兰泡和江东六十屯的大惨案。同月,海约翰在"门户开放"政策中补入尊重中国领土与主权完整的原则。这应当不是偶然的巧合。日俄战后,形势又为之一变。日俄开始接近,日、俄、英、法结成同盟,美国在远东处于孤立。它在中国的扩张(三都澳的租借、陕西省石油勘探、铁路借款等)处处受到日本的抵制。"门户开放"政策的起草人柔克义在1914年回顾日俄战争的影响时,深感遗憾地说,遏制沙俄在中国东北扩张的这一角色原来是应该由美国来承担的,不幸却落在日本人的身上,使日本成了"权力平衡"的主角④。30年代后美日在远东的利益冲突迫使美国的对华政策在与日本的对抗与妥协中蹒跚前进。由此可见,在研究中美关系史时,我们若只看见中国的一面,而没有看见美国的那一面;或只看见中美两国的一面,而

---

① 约翰·海特:《富兰克林·罗斯福与日本的海军隔离》(Franklin D. Roosevelt and Naval Quarantine of Japan),载《太平洋历史评论》第40卷第2号(1971年5月),第219页。

② 樊亢、宋则行主编:《外国经济史》下册,人民出版社1965年版,第40—42页。

③ 斯蒂芬·罗克伍德:《琼记公司》(Augustine Heard and Company, 1858—1862),哈佛大学出版社1971年版,第80—104页。

④ 柔克义文件,见玛瑞蓝·杨:前揭书,第228页。

没有看到其他的国际关系的一面，就往往会弄不清楚各个矛盾之间相互对抗、制约和转化的运动过程。只有对历史事实作出实事求是的分析和论断，才有助于反映历史的真实面貌和从中引出必要的历史教训。

四

传教事业从一开始就成为中美关系的重点。关于它的功过问题争论到现在已经100多年了。赞成者说它是美国对中国的“无私”贡献(已故的耶鲁大学的赖德烈教授是这一说法的积极鼓吹者)；反对者说，它是对中国的一种更隐蔽的侵略。从国际关系上看，有一个基本事实是不容否认的，那就是：在鸦片战争后，外国在中国的传教活动的根据是不平等条约。传教士的身份和特权与领事裁判权、片面最惠国条款、传教条款等不平等条约紧密纠缠在一起。在某些方面，传教士享有的特权甚至超过了外国商人(如深入内地和在内地购置产业的特权)。他们受到中国人民的反对和憎恨是可以理解的。在中国人民迫切要求解决民族独立和饥饿问题的时候，传教士却送来了圣经，不受中国人民欢迎也是理所当然的。美国在中国的教会势力曾经是影响美国对华政策的一个不小的因素。而这个影响极坏，前国民党政府的法律顾问兰巴格法官曾经说：“中国取得自由的最大障碍是那些依附于宗教运动的邪恶的政治势力，它们对西方的政治中心施加影响……在中国解放的道路上每前进一步都会受到这些隐藏在教会里的自私集团的抵制。”[①]兰巴格法官是一个虔诚的基督徒，他对美国传教事业的评论应该是最不具有偏见的。美国的传教士在传播圣经的同时，也在中国的土地上办起了新式的学校和医院，传播了科学技术。美国传教士在早期翻译和介绍西方科学技术书籍方面起过桥梁作用。他们的学校培养了一些买办，但也有不少中国的科学家和政治家是在他们影响下成长的。

---

① 保尔·兰巴格:《教会与美国在华政策》(The Church and the American policy in China)，载保尔·克赖德编:《美国对华政策百年要件选读》(United States Policy toward China)，杜克大学报(1940年)，第320—321页。

五

促进两国人民的了解是中美历史学家责无旁贷的任务。中美两国虽有将近200年的交往，但相互了解还很不够。美国人过去主要是从马士以及明恩溥牧师等的著作中了解中国的国家与社会，难免继承了他们的观点与偏见。至于对新中国的了解那就更不够了。美国用了30年的时间，付出了昂贵的代价，走了一大段弯路（封锁、禁运、遏制、拒不承认）才弄清了以下三个基本事实：新中国不是苏联扩张主义的马前卒；新中国是一个爱好和平的国家；共产党“自行崩溃”（杜勒斯语）①是一个神话。而这些事实本来早就是一清二楚的。由于时代的转换和将近30年的隔绝往来，中国也需要了解美国。作为一个高度发展的资本主义国家，美国的社会和制度确有其不可克服的痼疾和阴暗面，但它还没有到“濒临崩溃的边缘”，它的生产力还有巨大发展的潜力。美国人民是开朗、率直、勤劳和讲求效率的，这些好的品质，我们新的一代知道得很少。历史的教训告诉我们，对中美关系的历史给予科学的、实事求是的总结，在增进中美友谊的现实生活中是多么重要。在这一方面还有很多工作要做。应该承认，美国历史学界在这些领域中已经走在我们前面了。据不完全的统计，从1949年到1977年，国外研究中国近代史（包括中美关系史）的书籍出版了1 864册，其中约800册是美国历史学家的著作。相比之下，我们远远落在后面了。1949年后我国在这一方面的著作只有寥寥可数的几本。当然，已出版的著作在质量上还有待于提高。在西方世界，像24卷本的《历史学家的世界史》那样大部头的著作把中国的贞节牌坊当作凯旋门②的笑话，近年来是没有了，但美国在20世纪50年代和60年代出版的著作中，还有错把义和团运动当作太平天国革命和把袁世凯当作辛亥革命领袖的③。除了

---

① 美国新闻处，华盛顿1958年10月28日电。

② 《历史学家的世界史》(The Historians' History of the World)第24卷，伦敦1907年版，第523页。

③ 哈路德·福克纳：《一八九七—一九一七年，放任主义的衰微》第7卷，《美国经济史》(The Decline of Laissez Faire, 1897—1917. vol.7, The Economic History of the United States)，纽约1951年版，第85页。福克纳：《美国经济史》(American Economic History)（远东节），纽约1960年第八版（商务印书馆1964年版，中译本）下卷，第273页。

对中国的历史情况不熟悉以外，还有一些美国历史学家脑子里仍然被反动的“白人的负担”的幽灵所缠绕，把帝国主义在中国的侵略活动打扮成“救世主”的角色①，公开宣称美国商人在华经济活动“不是帝国主义的”②，并发明了许多“理论”证明他们在中国的所作所为促进了中国的“进步”③。有的甚至在论述中美关系史时，一再扬言对标志着中国革命胜利的共产主义采取“强烈的批判态度”④，等等。这自然已经不是无知，而是明显的偏见。我们不能期望从这种“强烈的”资产阶级偏见中，获得有关中美关系史的公正、科学的论述。而且理所当然地要对他们的论点持以认真的商榷和反批判的态度。

国家间交往的阻隔也限制了学术研究的质量，密执安大学的费伟凯教授关于中国早期工业化的书是一本呕心沥血之作⑤，但关于书里的主角盛宣怀却没有一条第一手的资料。而我们写“门户开放”政策却看不到海约翰的亲笔文书（藏美国国会图书馆），写早期中美关系史的看不到旗昌、琼记洋行的档案（藏哈佛大学图书馆）。缺少第一手的资料就不能不影响科学研究的质量。我们相信通过今后两国友好交往，会逐步提高我们的历史研究的质量。

---

① 登柏格：《外人在中国经济发展中所扮演的角色》(The Role of the Foreigner in China's Economic Development)，载柏金斯编：《中国近代经济历史透视》(China's Modern Economy in Historical Perspective)，斯坦福大学 1975 年版，第 46—47 页。登柏格教授甚至说日本侵占中国东北带来了“杰出的经济成效”，因而证明外国侵略中国促进了中国的“进步”。

② 坎伯尔：《英国和美国在远东，一八九五——九〇三年》(Great Britain and the United States in the Far East 1895—1903)，载《剑桥历史学报》(The Historical Journal) 1958 年第 1 卷第 2 期，第 164 页。

③ 持这种论点有代表性的是侯继明。他的理论有：“反外资压迫论”、“中国经济双元论”、“外资、华资互相补充论”等。见侯继明：《国外贸易、外国投资与国内发展：中国的经验》(External Trade, Foreign Investment, and Domestic Development: The Chinese Experience)，载《经济发展与文化变迁》(Economic Development and Culture Change)芝加哥版第 10 卷第 1 期（1961 年 10 月），第 26—27、41 页。后来，侯继明又在 1963 年的 9 月和 12 月的《经济史杂志》(The Journal of Economic History)的 24 卷第 3 期和第 4 期及 1965 年哈佛大学出版社出版的《外国投资与中国的经济发展》(Foreign Investment and Economic Development in China, 1840—1937)一书中反复论证中国近代经济的发展是受益于外国（包括美国）在中国的经济活动。这是一个当前美国有代表性的论点。毫无疑问这些“理论”都是塔虎特总统的“金元外交”的注脚。

④ 赖德烈：《美国人在远东的记录，一九四五——九五二》，(The American Record in the Far East, 1945—1951)，1954 年纽约版，第 4 页。赖德烈教授在 1956 年伦敦再版的《中国近代史》(A History of modern China)一书的序言第 13 页中再一次表明了对中国共产主义采取了“强烈批判态度”的观点。

⑤ 费伟凯：《中国早期的工业化》(China's Early Industrialization)，哈佛大学出版社 1958 年版。

六

有关中美关系的史册中,友谊的篇章不应该泯灭。19 世纪 40 年代到 70 年代,中国工人对美国西部建设起过很大的作用。当时中太平洋铁路公司的筑路工,五分之四是中国工人。他们炸山洞,开险路,越过落基山的风雪按每天一英里的速度把路轨从西部铺向了盐湖平原。有不少的人在塞拉山的雪崩中献出了生命。美国人至今还怀念他们。前几年《太平洋历史评论》对铁路华工的艰苦耐劳、纯熟的技巧和劳动贡献作出了高度的评价①。今日横贯美国大陆的铁路干线就是最好的历史见证。在中国灾难深重的年月,美国朋友见义勇为的高尚行动,至今还令人记忆犹新。被鲁迅称为"洋烈士"②的肖特就是其中的一个。在 1932 年的"一·二八"事变中,这位美国民航机飞行员目击日本帝国主义的侵略与屠杀,激于义愤,单枪匹马地与日本侵略者鏖战于苏州上空,竟以身殉职,献出了年轻的生命。在我们的记忆中,还有一连串难以忘却的美国朋友的名字:斯诺、史沫特莱、斯特朗、马海德、阳早、寒春……他们有的跋山涉水来到延安,有的同红军同甘共苦 40 余年,有的在艰难的岁月里,用笔把中国红军和中国共产党的英雄事迹传向世界各方。在那风雨如磐的日子里,他们锋利的笔触像掠空而过的闪电,划破了黑夜的长空,让世界人民知道在东方的一角还有那么一些战斗不屈的人们。他们有的把鲜血洒在中国的土地上,有的把遗骸埋在中国的泥土里,有的为中国的解放事业耗尽了年华。还有一些美国朋友仅仅是因为同情中国的革命事业受到反动的麦卡锡主义的无情迫害。中国是一个不会忘记老朋友的国家,人民的友谊将永远珍藏在人民心里。

---

① 亚历山大·萨克斯顿:《广东大军在塞拉山》(The Army of Canton in the High Sierra),载《太平洋历史评论》第 35 卷,第 2 号(1966 年 5 月),第 141—152 页。

② 鲁迅:《伪自由书》,人民出版社 1973 年版,第 13 页。

回顾和前瞻：新中国成立以来中美关系史的研究①

一、两个阶段的发展

解放以来中美关系史的研究大体上可分为两个阶段：1949—1979 年为第一阶段；1979—现在为第二阶段。

第一阶段：1949—1979

新中国成立以后，中美关系史的研究是在中美两国之间激烈对抗的历史条件下开始的，到 1979 年的三十年中（十年"文化大革命"中这一领域的研究基本停顿。实际上只有二十年不到的时间）共出版了 20 多部专著和小册子，发表了论文和文章 220 多篇。这与解放前将近五十年（1901—1949 年）中文章不过 300 多篇，专著更少的情况相比，应该说成就是很突出的。这一阶段的研究成果，有以下的一些特点：

第一，对中美关系史进行了较全面的回顾。从纵剖面看，自广州一口通商时期的鸦片贸易一直到 1950 年美国入侵朝鲜，几乎每一个历史时期都有所论述；从横断面看，政治、经济、外交、文化、宗教和人物等各个领域都涉及了。近百年来有关中美关系史的研究，还从来没有把问题铺得这么广阔，把时间串得这么紧密，可以说揭开了我国同美国关系史研究的新的一页。

---

① 原载《复旦学报》1984 年第 5 期。此文与王邦宪同志合写。

第二，对美国侵略的一面有较深刻的揭露。解放以前，由于资产阶级的学术传统的束缚和反动政府对美国的依附地位，在中美关系史的研究中，对美国侵略活动的揭露，存在着思想上和实际上的障碍。解放后，美国对新中国采取的一系列敌对行动和新中国独立自主的外交地位，为中国历史学家在精神上和政治上准备了条件，因此能比较彻底地揭露美国的侵略活动。特别是对历来隐藏在"善意"、"宗教"、"文化"、"援助"面纱下的侵略活动作了很有力的揭露，不仅使中美关系的不同侧面有了较完整的反映，而且也帮助其他国家的人民澄清了在这些问题上的模糊认识，其影响是具有国际性的。

第三，开始用马克思列宁主义的观点来剖析中美关系史的问题。新中国成立以后，在历史学家中掀起了一个学习马克思列宁主义的高潮，通过学习，思想境界开阔了，目光更敏锐了，开始以马克思列宁主义的科学原理为武器，对中美关系史的各个方面进行剖析和再评价，使这一门学科的研究，无论是在方法论上或在问题分析的科学性上，都达到了新的高度。

第四，初步建立了中美关系史的框架与结构。在这一阶段出了几本有关中美关系史的书，虽然都是从美国侵略的角度进行论述的，但是作为建立这一学科的体系来看，毕竟提出了初步的结构与框架（如分期问题；历史与逻辑的一致性问题；具体结构的安排问题等），这就为今后这一学科的建设提供了初步的基础。

当然，这一阶段中美关系史的研究也存在不足之处。由于这一学科的研究是在当时中美双方处于敌对的情况下进行的，现实政治与学术的关系十分密切，研究的题目几乎无一例外地集中在美国的侵略活动这一方面。这在当时的历史条件下，是完全必要的，但对非侵略活动与交往历史的研究，就几乎是一个空白。其次，同其他的学术领域一样，中美关系史的研究也受到"左"的思潮的干扰，因而在不同程度上带来了片面性，影响了它的科学性。再次，由于受到档案材料和第一手资料不充分的限制，对中美关系史中一些历史过程还没有弄清楚，评论也不够全面。即使是对美国侵略活动的揭露也还不够充分（例如美国在历史上对中国采取的军事活动或准军事活动，都还没有系统地研究过）。

第二阶段:1979—现在

党的十一届三中全会以后，在正确的方针路线指导下，中美关系史研究又有了恢复与发展。这一阶段仅五年时间，就发表了60余篇论文。这些论文，思想开阔，选题多样，论点新颖；特别是对某些问题初步展开了学术性的争鸣。在已发表的论文中，新课题的研究占了一半；用新资料来重新研究旧课题的又占了一半。可以说进一步全面考察中美关系的历史是这一阶段的中美关系史研究的一个主要特点。因此，把中美关系史的研究推到了一个新的水平。

第一，开拓了新的研究领域。中美两国在过去两个世纪的关系中，“有过友好的相处和交往，也有过相互对抗和冲突”。如果说在第一阶段的中美关系史的研究比较集中在“对抗和冲突”的话，那么这一阶段的研究，开始注意到较完整地理解中美关系的两个方面，并对“友好相处和交往”也有所探讨。同上一阶段不同，历史学家不但从中国的角度来看中美问题，而且从世界的角度、从地域政治的角度来看中美关系；有的学者还从美国内部的政治与经济的结构变化与利益集团的消长来看美国对华政策的演变。这样，就把中美关系史放在更广阔的视野中来考察，这无疑是符合马克思主义认识论的，有助于更全面、更深刻地了解中美之间的历史关系。

第二，新档案材料的公布与国际学术交流推动了这个学科的研究。随着时间的推移，美国国家档案有一部分已超过了保密期限，逐步对外界开放。迄今为止，学者已可利用50年代的美国国家档案。中国档案也部分对外开放。这样就为历史学家提供了更广阔的历史基础，并使他们有条件探索一些新的课题，如抗日战争时期美国与中国共产党的关系问题；史迪威问题；国民党崩溃前美国政府对华政策的形成与决策问题。两国关系的正常化也为中美之间学术交流创造了条件。两国学者之间相互的研讨与启发，打开了各自的眼界，这比学术上的“闭关自守”显然更有助于推动这一学科的发展。

第三，党的十一届三中全会的正确方针，赋予学术上的“百家争鸣”以新的生命力。在中美关系史的研究中，也初步出现了不同观点的争鸣，只要这一势头健康地保持下去，使不同的观点都能各抒所见，在讨论与争鸣中取长补短，存是去非，中美关系史这一门学科研究，必能达到更高的水平。

这一阶段中美关系史的研究虽有较显著的发展，但也有不足之处，首先是我国的档案资料工作进展缓慢。我国藏有丰富的对外关系档案，但编纂整理工作至今还没有提上日程。历史学家既不应该以史代论，也不应该以论代史。但是史与论的结合必须以历史的事实（特别是第一手的史料）为基础，档案资料问题长期没有解决，限制了这一学科的发展。其次是课题研究的发展不够平衡。这一阶段研究注意到了中美之间还有友好合作的一面，并在这个课题上取得了不少新的研究成果，这是对的，今后还应注意这一方面的研究。但中美关系史的研究历来就有“是敌人一切都否定，是朋友一切都肯定”的绝对化倾向。其实历史是复杂的，友好与对抗的关系，在现实的历史中是相互联结、相互交织、相互破坏的。历史学家的任务正是要把它们综合起来进行考察，片面性与科学性总是不相容的。在这一阶段中，研究工作者注意到友好交往的一面，但对抗一面的研究显得不够。例如美国对华政策，强权政治是它的一个特点。执行侵略政策的美国当局，往往推说是在贯彻议会的决议（其实是利益集团的利益），好像理所当然地应该把美国的意志强加于人。这也许是美国的“议会民主”，但对其他的国家来讲，则是道道地地的强权政治。美国 1888 年的史葛特排华案、1934 的白银法案、1979 年的与台湾关系法……都是在这一套逻辑下，一脉相承的强权政治。这种对外政策的“美国传统”，一再激起中美关系的对抗，但迄今我们还没有对这一类问题作系统的研究。从部门方面看，研究课题也有些不平衡，关于中美经济关系的论述就比较薄弱。例如，我们还没有看到详细论述鸦片战争后中美贸易的研究成果。而这个课题在中美关系史中占有很重要的地位，并且具有很多特点。再次，中美关系是一个很复杂的历史过程，有许多事实需要进一步弄清，有些问题应该给予新的评价，有的揭露还应该深刻化，这都要在独立研究与相互讨论中发展。事情弄得越清楚，问题讨论得越彻底，侵略揭露得越深刻，就越有利于我们总结历史经验，并作为今天制定政策的参考。这样做是符合科学性，也符合国家利益的。但这就要求我们以同志式的平等的地位，采取以理服人态度开展学术讨论，而不能与此相反。我们希望有影响的学术机构和有影响的学者在树立良好的学风方面起一个带头作用。

二、 几点设想

中美关系史的研究，在新中国成立后虽已有很大的发展，但无论是从广度和深度来看，还有很多工作要做，包括问题的探讨，资料的编纂，人才的培养，等等。有一些不成熟的想法，提出来就教于同志们。

（一）要应用对立统一的规律来研究中美关系史。这包括三层意思：第一，要研究矛盾的两个方面。研究中美关系史，不仅要研究中国的一方，也要研究美国的一方，不仅要研究美国对华政策使中国受害的情况，还要研究它的对华政策是怎么形成的——它的经济结构、政治集团、舆论动向和人物素质等在形成对华政策中的作用和影响。因此，研究中美关系史的人，除了熟悉中国历史之外，还应该熟悉美国的历史。把矛盾的两方面都搞清楚，才能了解事情的来龙去脉，从中总结出规律性的东西。第二，要了解矛盾诸方面，相互联结的关系。同中美关系这一对矛盾相联结的还有许多其他的矛盾。它们常常会对中美关系这一对矛盾起影响，有时甚至起主要的作用。中美关系从来就不是一个单纯的双边关系，它常常受其他国家相互之间的关系的影响。因此，研究历史上的中美关系，必须考虑世界的格局及列强在中国的格局。特别重要的是要探究英、日、俄、美在亚洲和太平洋地区的势力消长与它们之间的纵横捭阖的矛盾。只注意中美之间的矛盾而忽视了与这对矛盾相联结的其他诸矛盾及其相互之间的作用与反作用关系，是不可能把中美关系研究透彻的。第三，要研究矛盾的转化。事物在不断地发展，矛盾的组合关系和主要矛盾与次要矛盾起伏升降也在不断转化。历史学家的任务就在于透过现象来剖析与历史事件相关联的公开和潜在的矛盾转化，对历史事件的发展与变化作出合理的解释。曾经有这样的说法，假使罗斯福总统不在任期内逝世的话，后来的中美关系将不会急转恶化。这种看法就可能忽视了矛盾转化的因素。抗日战争时期，罗斯福总统采取了接近中国共产党的政策，甚至派遣美军观察组进驻延安，这一切都是当时一个压倒一切的主要矛盾——美国与日本生死决战——所支配的。当德国投降，日本已成困兽，胜负之局已定的时候，这一主要矛盾逐渐从地平线上消失；另一个主要矛盾——美国称霸世界，扩张资本帝国主义势力与反对或阻碍这种称霸与扩张的矛盾——就上升为主要矛盾的地位了。矛盾已经转化，美国的政策与策略作了相应的调整，终于拉下了面纱直接参加与国民党政府镇压中国共产党领导的新民主主义革命。因为在亚洲一个广阔而关键性的地域，出现一个赤色的中国，是美国当权派所忍受不了的。我们相信，即使罗斯福总统不在任期内去世，也会同样地执行后来杜鲁门所执行的扶蒋反共政策的。不承认矛盾的转化，认为事物总是一成不变，在实际的历史进程中并不存在。

（二）要过细地分析中美关系中各种矛盾的性质及其影响。在帝国主义时代，一个最先进的、拥有强大军事力量并享有不平等条约特权的美国，与一个落后的，经济、政治和军事力量非常脆弱的中国之间的关系，除了是一个帝国主义与半殖民地、半封建国家的侵略与被侵略的关系外，难道还可能有其他的关系吗？问题是在这个侵略与被侵略的大前提下，中美之间的接触会带来相互影响的许多因素，从而产生很多的矛盾。例如：用武力迫使中国打开大门接触世界与妄自尊大、闭关自守的矛盾；先进的资本主义生产方式与落后的封建主义生产方式的矛盾；“德”先生、“赛”先生的输入与中国反动政府专制与愚民政策的矛盾，等等。这样分析矛盾不是为帝国主义侵略开脱罪行吗？非也。帝国主义的侵略使中华民族遭受到深重的灾难，这个罪行是客观事实，谁也否认不了。但是事物矛盾的本身是错综复杂的。这些矛盾确实伴随侵略俱来，并且是为侵略服务的，但是它给中国社会带来了影响，促进中国社会内部结构发生变化，促使中国在精神和物质上都产生了帝国主义侵略的对立物。马克思曾指出：英国侵略印度，给印度带来沉重的灾难，但又在印度的社会革命中充当了“历史的不自觉的工具”①；毛泽东同志指出，帝国主义侵略中国的目的只是要使中国变成它们的半殖民地和殖民地，但又“促进了中国城乡商品经济的发展，给中国资本主义生产的发展造成了某些客观的条件和可能”②，这样的科学分析并没有开脱西方侵略者的罪行；相反，却更有助于认识侵略者的破坏性。直到1949年以前，在帝国主义侵略的一百多年来，中国“失掉了他的旧世界，而没有获得一个新世界”③。漫漫长夜，中国的旧世界是怎么失去的，新世界又怎么迟迟不来？为什么在文化传统同我国基本相似的日本，也受西方的侵略，也搞闭关自守，但后来发奋振兴，而旧中国却成了另外一个模样？这是值得我们深思的问题。我们应该像马克思那样，在科学的分析中要超越那些使我们“感到悲伤”的“感情”进行冷静的探索④。既要理所当然地、理直气壮地揭露、谴责美国的侵略活动，也要对与此俱来的一些矛盾进行具体的、过细的分析，这才能更深刻地揭露，也才能更深刻地认识自己，有助于我们更好地总结历史经验，奋发图强。不愿意或回避探究这些问题，并不是科学的态度。

（三）我国是一个有优秀文化传统的国家，典籍的丰富在世界上是少有的，但是近代外交关系史档案的编纂出版工作进展比较缓慢，以至于现在研究中美关系史（特别是清季以后的）主要还得依靠美国的公私档案，这种不正常的现象应该及早结束。当然，世界上没有一个国家的对外档案是全部公开的，但不能以此为借口不去做我们应该做而且完全能够做的事情。我们建议有关部门应有计划地、分期分批地、按国别地编纂出版一批档案资

①④ 马克思：《大不列颠在印度的统治》，《马克思恩格斯全集》第9卷，第150页。
② 毛泽东：《中国革命和中国共产党》（1939年12月），载《毛泽东选集》第2卷，第589页。
③ 马克思：《大不列颠在印度的统治》，《马克思恩格斯全集》第9卷，第146页。

料。国家在作出中美关系史的研究规划时，首先应考虑组织各方力量把编纂出版档案资料作为第一步。我们遗憾地看到国家关于这一学科的社科规划并没有反映这一愿望和要求。

（四）加强培养人才的工作，展开学术争鸣。由于种种原因，中美关系史历来是一个“禁区”，老一辈的只是兼搞一下，新一代的也不愿涉足这个“是非之地”。对比一下，美国方面在这一领域的研究成果的涌现与人才辈出的情况，我们应该有一个紧迫感。“我们已经承认自然科学比外国落后了，现在也应该承认社会科学的研究工作（就可比的方面说）比外国落后了。”①我们高兴地看到，在党的十一届三中全会以后，有些高等学校已开设了有关中美关系的历史与现实的课程，并正在培养这一专业方面的研究生。这就为这一学科的发展准备了人才条件。

任何学术的发展，都必须在讨论与争鸣中前进，而任何一个认真的科学研究者，都欢迎学术上的争论，哪怕是尖锐一点也是欢迎的。通过争鸣，可能会使一个研究工作者获得一个长期搜求不到的资料；或打开一条苦苦思索的思路；或补充一个片面的判断；等等。这些收获常常会使一个研究工作者更接近真理一步，其乐无穷。健康的讨论与争鸣总是促进学科向前发展而不是相反。我们应该打破中美关系史是一个“禁区”的这个“传统”，鼓励更多的人（特别是中青年学者）来投身于这一学科的研究，产生更多的高水平的成果，这才是一代新中国繁荣之道。

① 邓小平：《坚持四项基本原则》（1979 年 3 月 30 日），《邓小平文选》，第 167 页。

回顾与展望：1979—1993年我国中美关系史研究[①]

我国1949年以来的中美关系史研究，以“文化大革命”时基本停顿为间隔，大体上可以分为前后两个阶段。与前一阶段相比，1979年以后的15年，由于抓住了国内外极为有利的历史机遇，中美关系史研究无论在学科建设方面还是在学术成果方面，都取得了长足的进步。回顾这15年来的研究历程，总结其中的经验教训，当有助于使这门学科在未来跨世纪的时代再上一个新的台阶。

1949年以后，我国学者开始用马克思列宁主义的观点来剖析中美关系史，初步建立了它的框架与结构，并对这段历史进行了较全面的回顾。从学术成果看，据我们编纂《中美关系史百年论著目录》时所作的初步统计，1949—1978年这30年间，共出版了173部各类专著、译著和小册子，论文和文章则有516篇。从这些论著的内容看，无论在纵剖面的各个历史时期，还是在横断面的政治、外交、军事、经济、社会、文化、人物等各领域，都有所涉猎，尤其对近代历史上美国对华侵略的一面进行了较深刻的揭露。因此，虽然自1966年后研究因“文革”而基本停顿，这一阶段的中美关系史研究仍为其以后发展成一门独立的学科奠定了基础。

1979年以后，在党的十一届三中全会正确路线指引下，中美关系史研究得到迅速恢复与发展。从表1可以看出，1979—1992年，关于中美关系史的

① 原载资中筠、陶文钊主编：《架起理解的桥梁——中美关系史研究回顾与展望》，安徽大学出版社1996年版。此文与王立诚博士合作。

研究，发表论文 3 220 篇，出版著作 249 部。这一时期的研究成果，占 1949—1992 年论文总数(3 736 篇)的 86%，著作总数(422 部)的 59%。像对中国很多其他的事情一样，党的十一届三中全会对中美关系史研究的蓬勃发展也是一个划时代的起点。贯彻了“百家争鸣”的方针就能繁荣学术研究，难道还有比这更清楚的事实吗？归根到底，这对国家对社会主义都是有好处的，爱国的人们不应该忘记这一点。

表 1　1949—1992 年发表论著主题时期表

发表年份	1949—1971		1972—1978		1979—1989		1990—1992		总　计	
主题年份	论文	著作	论文	著作	论文	著作	论文	著作	论文	著作
1840 前	8	1	—	—	92	1	11	—	111	2
1840—1900	99	8	3	—	161	10	30	4	293	22
1900—1931	103	8	4	—	285	8	53	5	445	21
1931—1937	17	5	—	—	92	13	17	3	126	21
1937—1945	26	4	1	1	306	26	63	6	396	37
1945—1949	58	14	—	—	145	10	32	—	235	24
1949—1950	16	19	—	—	28		9	—	53	19
1950—1972	91	39	—	3	105	9	104	25	300	76
1972—1979	—	—	5	1	53	10	20	3	78	14
1979—1992	—	—	—	—	897	38	319	8	1 216	46
跨时期	79	69	6	1	358	43	40	27	483	140
总　计	497	167	19	6	2 522	168	698	81	3 736	422

资料来源：汪熙主编《中美关系史百年论著目录》(中、英、日文)的中文部分。其篇目还要作最后的审定，以避免疏漏和分类不清的情况。因此这一统计还不能够说是完全精确的。——作者注

综观这 15 年的学科建设和学术发展状况，可概括出以下特点：

表 2　1949—1992 年发表论著主题分类表

发表年份	1949—1971		1972—1978		1979—1989		1990—1992		总　计	
主题分类	论文	著作	论文	著作	论文	著作	论文	著作	论文	著作
古代中国与美洲	2	—	—	—	58	1	3	—	63	1
条　约	7	—	1	—	21	1	11	1	40	2
外　交	16	1	—	—	80	10	23	1	119	12

续表

发表年份	1949—1971		1972—1978		1979—1989		1990—1992		总　计	
主题分类	论文	著作	论文	著作	论文	著作	论文	著作	论文	著作
多边关系	41	11	—	—	97	3	19	2	157	16
政治法律	45	21	1	4	150	19	27	2	223	46
美国对华政策	48	8	—	—	206	9	77	6	331	23
中国对美政策	—	—	—	—	10	—	9	—	19	—
军　事	40	14	2	—	122	9	76	25	240	48
经　济	64	10	3	—	359	7	154	3	580	20
抵货运动	21	4	—	—	5	—	1	—	27	4
科　技	—	—	—	—	40	2	13	—	53	2
文化、学术交流	26	4	3	1	133	8	70	—	232	13
教　育	8	1	—	—	123	2	32	3	163	6
宗　教	16	3	—	—	21	1	5	2	42	6
华　侨	6	4	—	—	182	16	31	2	219	22
地　区	71	16	1	—	56	3	9	1	137	20
社　会	9	8	2	—	86	28	10	4	107	40
人　物	41	7	6	—	619	36	107	24	773	67
综　合	19	55	—	1	6	13	3	5	28	74
中美关系史研究	1	—	—	—	46	—	8	—	55	—
书　评	16	—	—	—	102	—	10	—	128	—
总　计	497	167	19	6	2 522	168	698	81	3 736	442

资料来源：同上表。——作者注

1. 学术园地的开辟和专业研究队伍的形成。以前，中美关系史研究是分散在那些从事中国近现代史（主要是帝国主义侵华史）、中共党史和世界史等研究的学者中进行的，没有较为专业性的学术机构和学术园地，也没有专业性的研究队伍。进入20世纪80年代后，情况起了变化。首先，1981年中国社会科学院美国研究所成立。其主办的《美国研究》和《美国研究参考资料》杂志，多年来坚持不懈地刊登了大量的具有较高学术水准的中美关系史论文，因而成为中美关系史研究的重要园地。其次，一些专门研究美国的学术机构陆续建立。复旦大学于1984年成立了跨系科的美国研究中心，南京大学于1986年与美国约翰斯·霍普金斯大学联合成立了中美文化研究中心，北京大学于1987年成立了燕京美国问题研究中心，其他如四川大学、武汉大学、南开大学、中山大学、山东大学等综合性大学，乃至一些外国语学院，也都先后成立了美国研究中心或研究所。这些机构不同程度地成为中美关系史的研究基地，在积累资料、培养人才、组织学术研究和交流等方面作出了贡献，有的还开辟了像南京大学《中美文化研究》这样的学术园地。再者，一些学术团体，如中华美国学会、中国“三S”研究会、史迪威研究会等在80年代也先后成立。这些学术团体汇聚了一批从事中美关系史研究的学者，为在这一领域形成一支专业研究队伍创造了条件。此外，在出版方面，从80年代开始的两套丛书《中美关系史丛书》和《中美关系研究丛书》的编纂和陆续出版，为有关的专著、译著和论文集等提供了园地，较集中地反映了这些年来中美关系史研究的学术成就。

更可喜的是，这些年来在专业人才培养方面取得了丰硕的成果。我国中美关系史硕士点和博士点陆续建立。从1981年起就培养出了该专业的硕士。自1988年后，更有以中美关系史为研究方向的博士研究生陆续毕业，获得学位①。此外尚有不少中青年学者在美国撰写了有关中美关系史的硕士、博士论文，获得了相应的学位。这些新鲜血液的注入，使我国该领域的研究真正形成了一支具有老、中、青学术梯队的专业研究队伍，推动了中美关系史研究的勃兴，给研究带来了活力与后劲。

因此，如果说前一阶段的中美关系史研究还只是分散的游击作战，那么如今在这一领域已经是正规化的集团军作战了。正是有了这一变化，才使近年来这一领域的学术繁荣成为可能。

2. 国际交流与合作的建立。中美关系史作为一门对于理解与发展中美两国关系具有重要的理论和现实意义的学科，不只是我国在研究，而且它在美国的对中国研究中占据很大的比重。毋庸讳言，美国自费正清一代开始，

① 据统计，20世纪80年代国内以中美关系史为题的硕士学位论文有46篇，博士学位论文有4篇。杨玉圣：《中国美国学的一株奇葩——80年代的中美关系史研究》，《美国研究参考资料》1991年第3期。

在这门学科中一直是人才济济、成果甚丰。在前一阶段，由于中美两国关系处于激烈的冲突与对抗状态，两国学术界不可能有交流和合作。这是不言而喻的。自1979年中美建交以后，两国关系的正常化为双方在这一领域的交流与合作创造了条件。这些年来，这种交流与合作发展很快。美国大量的有关专著在中国被翻译出版（遗憾的是中国的有关专著在美国被翻译出版的迄今还很少）；两国的学者频繁地越洋往来，进行考察、进修、讲学或参加学术会议；更有不少合作项目在中美间渐次确立，例如南京大学的中美文化研究中心，就是我国首家中美合办的教学科研实体。而且国内迄今已多次举行中美合办的中美关系学术讨论会。例如1986年在北京由北京大学与美国美中学术交流委员会联合举办的“1945至1955年中美关系史学术讨论会”，是1949年以来两国学者第一次平心静气地坐在一起，就中美关系史上这段两国冲突最激烈的时期所涉及的一些敏感问题进行讨论的会议。又例如1988年在上海复旦大学和美国伯克利加州大学共同举办了“中美经济关系：现状与前景”学术讨论会，两国学者就中美经济关系从宏观与微观、理论与现实、障碍与如何扫除障碍等方面阐述了各自的观点，形成了直接的学术对话。

这种国际交流与合作的建立，改变了以往那种封闭、隔绝的状况，是有利于学术进步的。两国学者通过相互的资料交换和切磋研讨，开阔了各自的眼界。对于两百多年的中美关系史，由于彼此的政治立场、社会经济文化背景、意识形态和价值取向大相径庭，中国人有中国人的看法，美国人有美国人的看法，这是很自然的事。国际交流的好处就在于，通过相互的研讨乃至辩论，两国的学者即便不能达成共识，也至少能较准确地理解对方的见解。这无疑有助于在各自的研究中克服偏见，提高研究的客观性和科学性。

3. 研究领域的开拓。在前一阶段，我国这一学科的研究是在中美双方处于敌对的状况下进行的，受此政治环境的影响，研究的课题几乎无一例外地集中在美国侵华的问题上，其他问题的研究则几乎是一片空白。这在当时的历史背景下，是可以理解的。1979年以后，国内外政治环境的改变，使人们能够把中美关系史放在更广阔的视野中加以考察，由此推动了学术研究的蓬勃展开。这些年的论著，从纵剖面的各历史时期的研究情况看，一些以往较薄弱的环节得到了有力的充实。在主题所涉及的新中国成立以前的历史时期中，关于中美同处于反法西斯阵营的抗战时期的论著在数量上有很大增长，无论是绝对数（369 篇论文，32 部著作）还是增长比率（1 153%）都居首位。关于 1840 年以前中美尚处于友好平等关系（尽管这种关系已逐步被鸦片贸易所毒化）的时期的论著，增长比率为 1 055%，仅次于抗战时期。这从一个侧面反映了学术界对于中美关系史，已不但注意其相互对抗和冲突的一面，而且亦研究其友好相处和交往的一面。当然，中国是一个受欺压的弱国，两国关系即便是友好相处也总是与矛盾和冲突及欺压和被欺压的关系交织在一起的。

在内容上，这一阶段的论著总体上说可谓思路开阔、选题多样，令人耳目一新。除了对原有的课题深入研究、发掘新材料、阐发新观点以外，在一些过去较少或缺乏研究的课题上，也涌现出一批较有质量的论著。例如，外交方面，多边关系的研究，尤其是以雅尔塔体系为中心的中美苏三国关系的研究受到了重视；政治方面，就美国与国共两党的关系，围绕着美军驻延安观察组的活动、史迪威事件、赫尔利使华、马歇尔调处等一系列问题，产生了一大批研究成果；政策方面，不仅在较充分地利用美国方面的档案资料的基础上，对各个历史时期的美国对华政策作了较深入的研究，而且开始通过发掘中国方面的档案资料（虽然极有限），开展中国方面，包括共产党和国民党的对美政策的研究；经济方面，关于中美早期经贸关系，以及美国在 20 世纪初的金元外交、30 年代的白银法案、抗战时期的对华援助等，出现了一些填补空白的研究成果，并且在如英美烟公司、花旗银行等美国在华企业的史料编纂和研究上取得了一些成就。此外，社会文化方面，诸如美国在华传教士的活动、教会学校、留美学生、旅美华人以及中国人的美国观和美国人的中国观等课题，开始有了专门的研究；人物方面，除了关于斯诺、史沫特莱、斯特朗等人的研究成果甚丰以外，史迪威、陈纳德、司徒雷登、拉铁摩尔等一大批对于中美关系有过重要影响的人物研究也受到了注意。因此,可以说进一步全面考察中美关系是这一阶段研究工作的一个主要特点。

4. 研究方法的更新。在前一阶段,中美关系史研究作为帝国主义侵华史研究的一个组成部分,是几乎单一地运用列宁关于帝国主义与民族解放斗争的观点与方法进行研究的。必须承认,列宁的这套理论对于认识近代处于压迫与被压迫、剥夺与被剥夺的不平等状态下的中美关系,是分析与批判的锐利武器。然而,过去在"左"的思潮的影响下,这种观点与方法往往被教条化了,乃至忽视了历史的复杂性,忽视了马克思主义认识社会历史发展的一些基本原理,这就不同程度地使研究带有片面性,影响了它的科学性。1979 年以后,这种错误倾向逐渐得到纠正,从而给中美关系史研究带来了勃勃生机。历史学家不但在开拓课题、发掘资料上下功夫,而且对于研究方法的推陈出新也日趋重视。综观这一阶段的研究,其方法论上引人注目的变化是:(1)比较研究的方法得到较广泛的运用。不仅对中美两国的情况进行比较,而且将中美关系同中国与其他国家的关系进行比较,这样就不但从中国的角度来看中美关系,而且从世界的角度,从地区政治经济文化的角度来看中美关系,对问题的分析也就更为全面。(2)借鉴与吸收当代政治学、经济学、社会学、文化人类学等学科的一些概念与方法,用来分析中美关系历史与现状的一些基本结构、决策程序、事件过程和观念形态等,试图作出一些新的解释。(3)注意研究的层次区分。研究中美关系,国家利益和民族利益是最基本的分析层次,但除此之外,还有诸如国际结构、各自国内的政治经济结构和势力集团等社会关系、两国的文化与意识形态差异及个别关键人物的素质与心态等层次的问题。区分这些层次,对于逻辑性地分析复杂的历史现象是有益的。曾经有人问,如果我们既以民族解放斗争的眼光,又以社会发展的眼光来研究中美关系史,那么我们会不会陷入二元论?答案是否定的。因为这两者并非处于同一层次,在深刻揭露帝国主义侵略的同时,客观地认识这种侵略给中国社会内部结构带来的各种变化,正是符合马克思主义一元论唯物史观的。

5. 学术争鸣的展开。党的十一届三中全会的正确方针，赋予学术上的"百家争鸣"以新的生命力。在中美关系史研究中，也初步出现了不同观点的争鸣。这些讨论既涉及对中美关系史性质的总体估价，也涉及对一些具体问题的评价，如关于"门户开放"政策的实质和作用，关于美国在中国大革命时期是否"怂蒋反共"，关于从"九一八"事变到珍珠港事变的美国远东政策是不是绥靖政策、是否存在过"远东慕尼黑阴谋"，关于杜鲁门推行的扶蒋反共政策与罗斯福的对华政策有无连续性，关于马歇尔在调处中国内战中究竟起怎样的作用，等等。争鸣，使不同的观点都能各抒所见，在讨论中取长补短、存是去非，这对于解放思想、活跃学术气氛、促进研究的深入展开是有巨大的推动作用的。只要这一势头健康地保持下去，中美关系史研究必能达到更高的水平。

6. 研究重点的后移与历史研究和现状研究的交汇。从这 10 多年中美关系史研究动向看，人们所关注的"热点"显然在逐渐向后挪移，如据表 1 统计，主题年份集中在 1979—1992 年的占论文总数的 33%，占著作总数的 11%。这种后移似乎已成为一个不可逆转的趋势。论著的主题从最初集中于 19 世纪末 20 世纪初，逐渐移向抗战时期、冷战时期、中美建交时期乃至建交以后的 10 年，日益显露出当代史的特征。这样，历史研究就几乎和现状研究交汇，至少可以说是靠得越来越近了。新档案材料的公布是促成这种"热点"后移的一个重要原因。美国国家档案是随着时间的推移逐步开放的，迄今已开放到越战时期，这样就给历史研究开辟出一块块随时间推移而出现的处女地。但更主要的原因，则是由于这门学科自身有着很强的现实性。中美两国关系在现实政治中的特殊地位，曾使这门学科过去被人视为"是非之地"，而如今，在思想解放的大背景下，这块"是非之地"又成了学贯历史与现实的"风水宝地"。两国现实关系中的许多问题必须有历史的探根溯源，才能作出有深度、有科学性的解释。对于中美关系的未来，则又需要随其历史的发展不断地总结经验，才能作出较科学的预测。对于历史学家来说，这种历史研究与现状研究的交汇，是一种严峻的挑战，因为他(她)不可能像在一般历史研究中那样处于超脱的地位;但这同时也是一种机会,赋予他(她)的研究成果以直接的现实意义。

总之,中美关系史研究15年来取得了很大的进展,成就不可抹杀。但是,研究这段上下200多年又与现实有密切关系的历史,无论就其深度和广度来看,还有许多潜力可挖,还有许多事情要做。这里就研究工作的展开提出一些设想,以就教于同志们。

1. 要进行立体研究。所谓立体研究,就是在研究一个课题时,我们应该对它进行全方位的考察、全方位的收集资料、全方位的分析。这样,我们得出的结论,可以更少一些片面性,更多一些实事求是。中美关系史上下200多年,历史与现实中的各种矛盾与纠葛错综复杂,必须运用辩证唯物主义的原理来理清头绪,具体地、细致地分析各种矛盾的性质及其影响,分析矛盾的关联和转化,因此需要这种立体研究。

一个事物的各个方面的表现可能并不一致,也可能互相抵牾。立体研究提供了比较鉴别的机会,也提供了由表及里、去伪存真的可能性。这里既需要博学,更需要精思。这15年来中美关系史研究的前进之处,主要在于对一些政策和事件的分析比过去远为深入细致,各方面的资料更加充分,叙述更为完整。应该说,这是迈向立体研究的一个良好开端。但必须指出的是,全方位的考察不是意味着多罗列些问题、多填充些资料。如果以为这样就能把所研究的东西立体化,那就错了。剖析一个事物的各个方面表现,目的是通过比较鉴别,找出其内在的逻辑关系,说清事物的本质。只有这样才能立体地还这个事物的本来面目。因此,我们既需要各方面的分析,更需要理论的概括与抽象,两者不可偏废。综观这些年的研究成果,我们也不能不注意到存在着另一种倾向,这就是文章越做越细,资料堆砌得淹没了观点,而且论说缺乏思辨的光彩。这反映了这些年来我们在理论建树上所下的功夫还不够深。长此以往,是会制约研究水平的提高的。因此,我们主张立体研究,就是一方面要全方位地收集和分析资料,防止因某种"死角"而造成的片面性;另一方面要提高综合与理论思辨的能力。研究历史,终究是要讲清一些道理的。在这里，我们觉得马克思主义的辩证唯物主义仍然是一个犀利的武器，一点也没有过时。

2. 研究课题的发展要平衡。中美关系史研究这些年来不再局限于帝国主义侵华史，呈现了百花齐放的局面，这是好的。但这不等于说我们对历史上美国对华的侵略已经研究透了。事实上，我们的揭露在许多方面尚有待深化。例如，在军事方面，虽然美国一贯标榜自己不以战争为扩张手段，但事实上美国军方，特别是海军方面，在美国对外扩张政策的制定和执行中一直扮演着重要角色，其影响不可低估。在对华问题上，美国海军从19世纪的谋占台湾、20世纪初中国反美抵货运动中的跃跃欲试，到“桔计划”、“二战”时的在华情报活动、战后的陆战队登陆驻扎、冷战时期的第七舰队进驻台湾海峡，等等，一直是美国军事侵华的先锋，并且还形成一套以马汉“海上实力论”为代表的扩张理论。所有这些都是美国对华政策的一部分，是与它长期侵略中国的活动互为表里的，但我们对此迄今还缺乏系统的研究。这一课题应该尽快补上，否则我们对美国侵华问题的认识就留有太大的缺口。

此外，从这些年的选题分布情况看，大部分的选题仍集中在政治与外交（包括有关的人物）方面。经济方面论著虽然较多，但主要是关于现状的研究。其他关于社会文化等方面的研究还处于起步阶段，大有深入的余地。这种不平衡的状况影响了中美关系史研究的系统性，不利于我们对这一历史形成一个完整的认识。而且，即便在选题较集中的美国对华政策方面，也还缺乏联系其政策背后的美国外交理论，如特纳的边疆论、乔治·凯南的遏制论等，以及美国外交史的学派，如理想主义派、现实主义派、修正派和后修正派等，进行探根寻源的研究。这也无疑会影响研究水平的提高。因此，通过开拓与深化，促进研究课题发展的平衡，是一个必须注意的问题。

3. 要强化档案的公布与编纂出版工作。常言道，巧妇难为无米之炊，第一流的研究必须以掌握第一手的档案资料为基础，这是人所共知的道理。我国在有关档案的公布与编纂出版上的落后，一直是制约中美关系史研究深入进行的顽症，以致我们的研究至今仍主要依靠美国的公私档案。正如

表2所示，“中国对美政策”研究的论文只占“美国对华政策”研究的论文1/17，而著作是一片空白。难道中国的学者缺少“中国对美政策”的研究的能力吗？非也。其原因有多种，而其中一个很主要的原因是没有足够的中国档案来作为研究的基础。于是我们发现了一个奇怪的现象，许多美国学者利用美国的档案进行“中国对美政策”的研究，这无疑是把这一重要的领域拱手让给别人。这种不正常的现象早就应该结束了。我们非常欣赏、也感谢我国档案工作者若干年来为收集和整理档案而付出的有成效的辛勤劳动，但我们仍强烈呼吁国家应该结合保密法的实施，制定一个定期解密档案的法规，使档案的公布和使用有章可循(任何国家通过立法都有权保留一部分秘而不宣的档案，这是合理的，学者并无异议，但关键是“一部分”)。这方面的制度要与国际接轨，防止有些部门为了这种或那种出于自身利益的原因对国家的档案资料实行垄断，甚至在部门内部实行割据，妨碍研究工作的正常进行。同时，我们建议国家在制定中美关系史的研究规划时，首先应考虑组织各方力量把编纂出版档案资料作为第一步。

4. 要加强信息交流。经过这些年的努力，我国的中美关系史研究已形成了一个相当规模的学术群体，成果也堪称丰富，这就相应地产生了如何进一步加强信息交流的问题。这些年来，国际、国内大大小小的学术讨论会也先后举办过多次。学术交流虽然受到注意，但总的看来，还缺乏一种通盘的组织。会议主要还是集中在北京、上海、南京等几个大城市，参加的人数也还不多，因此影响有限。从这些年来的研究情况看，同一课题上重复研究、资料和观点雷同的现象屡见不鲜，这种人力的浪费在信息交流比较充分的条件下本是可以避免的。因此，在此中美关系史研究会成立之际，我们建议该会在这方面多做些工作。除了召开学术讨论会和构筑一个比较发达的资料信息网络外，还应定期出版这一学科的学术研究动态的信息资料。在当今的信息社会，讨论、交流及不同观点的争鸣，对于任何学者的学术水平的迅速提高是不可缺少的。在这里顺便提一个问题，即与国外学术界争鸣的问题。国外同行(特别是美国同行)对中美关系史的研究成果应该经常置于我们的视野之内。这些成果中有的可以给我们以启发或借鉴。但也确有一些论著，违背历史事实，立论乖谬。可是十几年来，很少看到同国外同行辩驳争鸣的文章和著作。“百家争鸣”不仅可以繁荣国内学术研究，也是繁荣国际学术研究的好方针，弃而不用，未免可惜。再说，国外同行也应该听听我们的声音。沉默带来了寂寞，要解决这个问题，首先要做好信息交流工作。希望在这一学科领域能出现较定期的反映国外学术动态的信息资料。

5. 要有长远的研究规划。中美两国都是太平洋两岸的大国，两国在国际上纵深与横向的影响无论从经济发展还是从安全因素上讲都是深远的。两国关系的好坏，其影响所及不会仅限于两国的双边关系，而将覆盖地球上一大片地域，甚至牵动全局。邓小平同志指出：“中美两国之间尽管有些纠葛，有这样那样的问题和分歧，但归根到底中美关系是要好起来才行。这是世界和平和稳定的需要。”①而要促进两国的友好，首先必须促进彼此的了解。应当承认，中美两国虽有200多年的往来，但由于种种原因，两国并不完全互相了解，在处理两国关系上都曾经有过一些原来可以避免的失误，因而也带来一些原来可以避免的损伤。如何加强对美国的认识，同时也促进美国对中国的认识，这需要探根溯源、全方位的研究，需要有一个长远的研究规划，对历史与现实进行全面的探讨。这是学术研究的需要，同时也是现实政治的需要。然而，从目前国家社会科学的规划情况看，有关方面还对此缺乏认识。有些领导往往只着眼于短期效应，只考虑应付眼前的这样那样的问题，一听到“史”字便以为不是当务之急，不排上日程，对组织这种长期的学术研究工作缺乏热情。这对于提高我国的对外政策水平是很不利的。须知一门需要长期研究的基础学科虽然不可能围绕着一时的需要转，对随时发生的各种问题并不总能拿出现成的答案，但它却是科学决策的基础、是正确的方针政策得以出台的依据。

6. 要树立良好的学风。进一步发展中美关系史研究，虽然有许多问题

① 《邓小平文选》第3卷，人民出版社1993年版，第350页。

需要考虑，但最关键的问题，则是要树立良好的学风，无此一切均为空谈。要培养刻苦钻研、扎扎实实做学问的精神，在当今市场经济浪潮冲击下的时代，确非易事，但只有这样，我们才可能培养出真正的人才，获得更多高水平的学术成果。因此，我们应当提倡严以自律、尊重他人学术成就的风气，增强学者们，尤其是青年学者们在这一领域艰苦奋斗的荣誉感和成就感。同时，我们还应当努力创造健康活泼、宽松平和的学术气氛，鼓励开拓新课题、提出新观点，采取以理服人的态度开展学术讨论和争鸣。健康的讨论和争鸣总是促使学科前进而不是后退。我们希望有影响的学术机构和有影响的学者能在这些方面起到带头作用，为树立良好的学风作出贡献。

展望中美关系史研究的未来，我们相信是美好的，因为这一学科对于我们国家乃至国际社会的重要意义是明摆着的。只要我们勇于开拓进取、埋头苦干、不骄不躁，就一定能在未来跨世纪的时代把这门学科推进到一个更高的层次，从而为促进世界和平与发展作出贡献。

考验与挑战：1989—1999中美关系[①]

二战以后，在战场上曾几度兵戎相见的两个大国——中美两国，到1979年终于结束了近三十年的对抗与敌视，建立了正式外交关系。这一重大的历史转折点到现在已经十年了。当时促使中美两国接近的主要推动力是安全因素(或称“战略因素”)，即为了共同对付咄咄逼人的苏联扩张势力。两国建交以后虽历经波折，但总的关系发展是良好的。中美关系的稳定发展对维护亚洲和世界和平作出了重要贡献。现在由于苏美关系的缓和及中苏关系的逐步正常化，世界格局正在向更多极的方向变化，促使中美接近的安全因素已没有当年突出，中美关系发展的基础有所改变。

在安全因素退居次要的条件下，经济与文化的因素将成为今后中美关系发展更为重要的基础。此外，伴随着亚太地区经济的崛起而形成的世界经济重心由大西洋向太平洋的转移，也将促使中美共同关心亚太地区的发展并谋求这一地区的局势稳定。中美两国将在经济、文化和地区等基础上寻求共同利益的复合点。当然，不能说中美关系中的安全因素已全部消失，苏联“新政”的实质以及它在国内外的实践尚有待于验证。长期对抗的美苏关系也不会消泯于一旦。事态的发展仍需密切注视。

前景广阔，这是未来十年中美关系发展的总趋向。前十年双边经济关系发展的良好势头仍将继续并可望有较大扩展；中美两国相会于太平洋，在

① 原载《解放日报》1989年1月13日。

经济和政治上(除台湾问题外)趋向于合作,因为这对双方都更有利;两国文化的进一步交流会有助于沟通意识形态的隔阂,跨越两种文化的深沟,促进相互间更深刻的理解。

当然,中美关系今后的发展不会是没有障碍的。台湾问题仍然是一颗不定时的炸弹。美国对华贸易的歧视和对技术转让的限制以及美国少数右翼人士对中国内政不负责任的干预,仍将使中美关系的发展遇到这样或那样的挫折。但是,过去十年的经历已使中美双方在处理双边关系问题时更臻于成熟,若都能严格遵守和平共处五项原则办事,这一符合中美两国人民根本利益的友好合作关系必将进一步发展并将能承受得起各种考验与挑战。美国新当选总统布什曾为促进中美友好合作做了很多有益的事情,我们相信布什一定会同意他的前任里根总统1984年在复旦大学发表演说时所指出的:“我们的后代将因为我们开始了这一旅程并携手前进而褒扬我们。”

中美关系问题的几点思考

——《中美关系研究丛书》20年[1]

从《中美关系研究丛书》中的第一辑《中美关系史论丛》1985年面世，截至2005年5月出版的《150年中美关系史论著目录(1823—1990)》，正好是20年了。像这样一套大型丛书，能够坚持不懈地出版，是很不容易的。这当中既有作者的合作，又有编者的筹划与编辑，而出版社无疑也是至关重要的关键之一。本文通过对有关著作的简要评论，力图展现该《丛书》上下求索的漫漫长路。

一、 立体研究

长时期以来，我总以为研究一个课题，不论是历史的还是现实的，我们都应该把它悬在空中，对它进行上下左右前后、四面八方的全方位的考察和全方位的分析，因而也全方位地收集材料。这样做也许会费力一些，但可以少一些片面性而多一些实事求是。一个事物的上下左右前后及四面八方的表现可能并不一致，也可能互相抵牾，但这才能提供比较、鉴别的机会，也提供了去伪存真的可能性。多少年来我一直想这样做，但结果总不太理想。一者，主观上，因为自己的功力不够；再者，客观上，有些情况(如材料与档案)由于种种原因不尽如人意。因此，无法使一个研究课题"立体"起来，也

---

① 本文原载《社会科学论坛》2005年第6期。标题为编者所加。原标题为《漫漫长路 上下求索——〈中美关系研究丛书〉20年》。

无法进行全方位的研究。但我仍不死心,总想朝这一方向做去。

后来,我决定以中美关系这个课题来做一次试验。选择这一课题,因为它的潜力很丰富。时间跨度上下200多年,有很多问题还没有搞清楚,有很多问题至今还在激烈争辩,有许多资料还在不断涌现。此外,它又是一个很有挑战性的课题。中美两国虽有200年的往来,但由于种种原因,两国之间并不完全互相了解。在处理两国关系上都曾经有过一些原本可以避免的失误,因而也带来一些原本可以避免的损伤。如何加强对美国的认识,同时也促进美国对中国的认识,这就需要探根溯源,全方位地去研究。从学术上探索,也许比采用其他的方法更细腻一些,可以获得更全面、更理性的认识和解决的方案。

中美两国是太平洋两岸的大国,它们在国际上纵深与横向的影响,无论从经济发展还是安全因素上讲都是深远的。两国关系相处得好坏,其影响所及不会仅仅限于两国的双边关系,而是将覆盖地球上一大片地域,甚至牵动全球。这两个不同地区、不同人种、不同文化、不同制度、不同经济发展水平、不同历史背景的大国将会发展成什么关系呢?是敌还是友?是祸还是福?未来的发展可以借鉴历史,历史也可能使我们变得更聪明一些,尽量减少一些盲目性。

中美关系在历史上有过对抗,中国基本上是一个受欺负的弱国;也有过友好交往,友好的篇章值得回顾。许多历史因素促成了这一发展,人们也曾提出很多解释与论说,前人的成果为进一步研究提供了很好的基础。但学者们也公认,过去对这一课题的研究涉及的方面还不够全面,有些地方还是"死角",涉及的层次还不够深,有些地方还没有触及"要害",因而还有很多工作要做。我想,立体研究也许是一个好办法,《中美关系研究丛书》就是这样一种尝试。

《丛书》围绕中美关系这一课题,从政治、经济、文化、外交、多国关系到军事、政策、人物、宗教等不同角度,来探索中美关系的各方面的问题。既包括历史,也包括现实,因为两者是互相呼应的。中美关系,作为一个客观存在,美国有美国人的看法，中国有中国人的看法。既然是立体研究，自然包括一种“看法”对另一种“看法”的研究。有批驳，有借鉴，也是题中应有之义。

二、经济关系

经济关系是国家关系的重要基石。因此，研究中美经济关系的历史和现实无疑是十分必要与重要的。

王邦宪的《贸易保护主义对中美经济关系的影响——中美纺织贸易争端》一书，是《中美关系研究丛书》中的第二辑。它是理论联系实际、分析双边与多边国际经济关系问题的一个初步尝试。20 世纪 80 年代，美国贸易保护主义的抬头，使中美纺织品贸易面临前所未有的困难。这个问题甚至一度成为中美贸易中最有爆炸性的争端之一。纺织品是发展中国家最主要的出口制成品，往往在发展中国家制成品出口率上占到 30%左右。作为世界纺织品贸易中举足轻重的国家，美国的纺织品贸易政策对国际纺织品贸易具有深刻的影响。因此，分析美国的纺织品贸易政策，将有助于了解发达国家贸易保护主义的性质、内容、特点及其对经济发展和贸易发展的影响。在本书中，作者从较广阔的国际背景，对中美纺织品贸易发展趋势、世界各国工业发展对纺织品生产和贸易的影响、贸易保护主义和美国限制纺织品进口政策和演变过程、关税和限额对中美纺织品贸易的影响、关税和限额对美国生产和就业的影响、美国限制纺织品进口的经济代价、中国对美纺织品贸易问题等，分别加以探讨。这将有助于我们对中美纺织品贸易问题、纺织品贸易这一当前南北经济关系中的敏感问题有进一步的了解。

中国自 1978 年下半年开始实行新的经济改革以来，中美两国的经济关系虽然出现过一些紧张和相互埋怨的情况，但一直在稳步发展。《中美经济关系：现状与情景》（汪熙、霍尔顿编：《中美关系研究丛书》第 5 辑）一书所汇集的 1988 年 3 月在复旦大学召开的国际研讨会的论文，有助于通过讨论来促进相互间更进一步的理解。由于长期以来中国把自力更生作为经济管理政策的主要目标，1979 年时，中国国际贸易额还相当小，而当时的美国却是世界上最大的贸易国。这一对国际贸易中的大小伙伴如何相处，成为人们关注的问题。事实证明，它们还是能够和谐相处的。问题主要是由于两国各自面临的国内和国际形势的变化而引起的。中国正在朝着以市场机制作为计划经济的补充为特征的经济模式发展，市场力量在指导资源分配中逐渐起着较大的作用。同时，经济现代化要求中国的工厂和基础设施的技术状况得到迅速改进，而要做到这一点，就必须从世界上高度工业化的国家获取大量的现代技术，因而需要大量外汇。但中国的工业化尚未发展到足以在世界市场上轻松自如地同其他国家竞争的程度，所以，必须以传统出口品即纺织品和纺织产品以及其他劳动密集型产品换取所需要的外汇。与此同时，美国也遇到了外汇难题。因为工人人均生产率增长缓慢和研究、开发工作的萎缩，再加上美元升值，进口增加，出口减少，贸易赤字 1987 年即达到 1 600亿美元。而且外贸中的不平衡比大多数经济学家预料的持续时间还要长。总之，此时的美国开始日益关注它在世界市场上的竞争能力。由于生产“向外流失”和进口竞争的激烈，国际贸易中的“公平”问题成了美国特别敏感的问题。

由上述发展所产生并且影响着美国对中美经济关系的态度，引起了学者们的关注：第一，美国国内表示要采取更加严厉的保护主义措施的呼声，似乎越来越频繁和高涨；第二，美国逐渐意识到技术作为一种资源必须得到保护，他人不能无偿地享用这些成果。上述因素的相互作用导致了中美经济关系的持续的紧张局面：一方面，中国认为美国对中国纺织品和纺织产品的限额严重违反了自由贸易原则；另一方面，美国仍然将中国视为基本实行计划经济体制的国家，其价格主要是通过政府指令而不是由自由市场的力量来确定的。因此，美国人认为如果中国自己不准备采取自由市场政策，也不该指望别人这么做。中国认为两国人均收入之间有巨大差距，美国为何不能向中国全部的纺织品开放市场，或者至少提供一个比目前更大的纺织品限额来帮助中国发展经济。绝大多数美国经济学家或许会同意，如果美国对纺织品采取自由贸易政策，将有助于提高美国人民的福利，但纺织品限额政策不是美国经济学家制定的，而是美国国会中的政治持续的结果。迄今为止，与纺织品攸关的各州议员仍占上风，所以纺织品进口限额就取消不了。这是政治权力较量的结果，而不是着眼于美国公众长期福利的经济逻辑的产物。我们可以预料，中国要求放宽限额的压力将会继续存在，同样，美国的抵制放宽限额的阻力也将继续存在。另一个引起争议的重要原因是美国对向中国转让技术的态度。这是两国对技术知识的性质采取截然不同的观点所产生的结果。长期以来，中国人认为技术信息是公共财产，因而可以无限制地、自由地获取。一个单位取得的技术进步，其他单位也可以分享，因而科技信息也会很快从一个单位传递到另一个单位。而在美国，一旦技术经过某种鉴定、并获取专利后，它便成为技术发明者的财产。美国人把知识产权看成是一种宝贵的资源。私人公司的研究与开发人员创造发明一项新技术总要付出一定的代价，其中最主要的是雇用研究与开发人员的支出。由于许多研究项目没有达到预期要求而不得不废弃，很多公司的许多研究和开发活动往往毫无所得，所以，"成功者"的成本中必须包括补偿失败者的损失。如果美国的公司想要继续其研究和开发活动，并为其股东的财产追求最大利益，它就得全力维护其智力财产，并使之最大限度地增益公司的总资产。所以，美国的公司不会轻易地与国内或国外的任何人分享其智力财产的。美国在中国的直接投资的前景是乐观的。《中美经济关系：现状与情景》，详细讨论了上述问题以及中美经济关系的政治环境、农业在中美经济关系中的作用等问题，有助于增进双方不同观点的相互了解。

张任在《美国对华直接投资(1980—1991)》(《中美关系研究丛书》第9辑)一书中，专门探讨了中美建交以来的美国对华直接投资问题。两国关系正常化以后，特别是中国对外开放以后，中美经济关系在一个新的基础上迅速发展起来。美国在历史上第一次真正成为中国的投资与贸易的重要伙伴。在一定意义上讲，投资比贸易的重要性更深远一些。因为投资特别是直接投资，代表一种较长期的、较稳定的经济关系，能更直接地促进被投资国家内部经济发展；国外投资的结果，由于管理和技术水平的提高，使产品更具有竞争力，往往又会推动被投资国家的出口贸易。美国在华投资具有较高的生产性和较先进的技术性，因而是一种较优质的投资。但美国对华投资始终没有超过美国对外投资总额的1%。这使过去一个半世纪美国在华投资的老格局，至今没有突破。直接投资的增长与萎缩同有关两国之间的政治关系、政策导向、经济发展、投资环境、区域经济等有密切关系。因此，其消长也是两国之间经济、政治关系发展的综合标志，也是一个国家经济开放程度的重要标志。这些年来世界经济中的一个重要特点是国际资本流动的急剧扩大，直接投资作为经济生活国际化的重要内容和手段正处于起飞阶段。亚洲和太平洋地区正在成为世界经济发展的新兴地区，是美国资本的未来流向地。在这一态势中，中国将何以自处？中美尽管经济发展水平不同，但都具有巨大的潜力。如何在互惠互利的基础上把这两种潜力衔接起来，使之沟通运转，是一个重大课题。这种潜力发展的重要性，将会远远超过经济的范畴。《美国对华直接投资》提供了相关的信息和进一步研究的有价值的问题。

顾云深、石源华、金光耀主编的《鉴往知来：百年来中美经济关系的回顾与前瞻》(《中美关系研究丛书》第19辑)，是1997年5月在复旦大学美国研究中心召开的第三届中美关系史研究会年会的专题论文集。该书有以下特点：第一，时间跨度很大。学者们观察的视野，从美国独立战争后东海岸商人的航海贸易一直延伸到现在沃尔玛(Wal Mart)在深圳的活动，一些有代表性的历史课题基本上都扫描到了。第二，内容涉及面很广。属于经济方面的贸易、投资、美援等自不必说了，属于上层建筑的文化、教育也被纳入考察的范围之内。在中美关系史中，文化教育的交流本来就是伴随着经济关系的交往而来，而且始终相伴，从未分离。把两者结合起来研究，是在这一领域内跨学科研究的尝试。第三，有相当的深度。有些论文对政治与经济缠绕在一起的历史事件，层层分析，终于使历史还原了本来的面目；还有一些论文，以缜密的考订、周详的分析，对学术界长期以来接受的固定说法提出了质疑。至于会议期间就材料与观点的反复辩驳，不仅给会议带来了生气，而且把讨论引向深入。更可喜的是，本书的作者大多数是中青年学者，正是“芳林新叶催陈叶，流水前波让后波”。这一批新生力量的崛起，正如同本书的丰富内容一样，在中国的中美关系史研究中立下了一个耀眼的标记。

胡涵钧的《当代中美贸易（1972—2001）》（《中美关系研究丛书》第22辑），集中论述了从中美复交以来的两国贸易问题，对双边贸易提供了一个较为全面、系统的框架。作者自上个世纪80年代初起随笔者研究中美贸易，这本书可以说他对多年来研究中美贸易的一个总结。本书论述的都是中美贸易的实际，但要提醒大家不要忘记理论与政策，而且本书字里行间所透露的仍然是理论与政策。在这里，笔者愿意重复几年前的几句话：“有的同志担心实际情况千变万化，强调联系实际会给科学发展带来不稳定性。其实，这种担心是多余的。复杂多变的事物经过科学的抽象与概括，自然会显示出规律，必然具有一定的稳定性。这正是科学（包括自然科学与人文社会科学）应承担的任务。当然所谓稳定性也是相对的，事物在永不停息地向前发展，科学的稳定性也是在不稳定中发展的相对稳定而已。科学的生命力正在于这种不稳定中的相对稳定。若谋求一劳永逸的绝对稳定，那就是理论的僵化和科学的萎缩。”（汪熙主编：《国际贸易与国际经济合作》，复旦大学出版社出版）这也就是通常所说的“与时俱进”的道理。

三、政治关系

美国历史学家研究中国近代史，70年代以前一个时期是以哈佛大学教授费正清教授的“冲击—反应论”为主，即中国近代史是西方政治、经济、文化、宗教、军事等对中国冲击的反应。70年代以后，美国史学界研究中国历史的思想倾向有所改变，开始强调中国自身的历史发展与变化来研究中国历史，这就是费正清的学生科文教授提出的中国历史的“中国中心论”。我认为，研究中国的对外关系史时，两者不能偏废，因为两国关系的历史总是在相互影响中发展的。即使是植根于中国本身所发展的历史事物，也必然会向外辐射并承受外国对这种辐射所做出的反应；而西方冲击的影响也只有通过中国历史本身的发展才能显露出来。研究国际关系史总会碰到双边和多边的复杂矛盾，但最主要的应该是当事国的双边关系这一对矛盾。因此研究两国关系史，必须要研究一对矛盾中的两个方面而不是一个方面。研究中美关系史，不但要研究中国，而且要研究美国；不但要研究中国对美国的反应，而且要研究美国对中国的反应；不但要研究这些互为作用的反应，而且要研究这些反应通过各自国家内部因素而起的作用及其连锁反应。只有把一个事物的矛盾双方及其运动的全过程都研究清楚了，才能对这一事物有较深刻的理解。美国对华政策的形成，是各种因素交织在一起的复杂过程。这些因素大体上包括美国人的价值观念、美国的经济发展和军事扩张、国内势力集团的斗争、党派之间的权力角逐、政治家的野心及其素质、资本家追逐利润的权衡、东亚及世界范围的力量均势，等等，最后汇合成一个综合体，即美国的国家利益。对于美国所执行的有些对华政策进行批判，但更重要的是探索其政策决策的过程，以追溯这些决策过程的一些政治的、经济的、文化的、人物的因素，弄清它为什么会做出某种特定的反应而不是其他。只有这样，才能把中美关系史研究好。正是因为这样，我们想到翻译孔华润教授的《美国对中国的反应》(《中美关系研究丛书》第 4 辑)。孔华润教授是美国的知名历史学家，多年从事美国外交史特别是中美关系史的研究，曾任美国历史学家外交学会会长，多年主编《外交史》杂志。他的《美国对中国的反应》一书问世后，引起了美国学术界和外交界的重视，后又出了增订版。本书的中译本就是根据第二版翻译的。通过本书，我们可以看到一个美国历史学家眼中的美国对中国的反应，即在不同历史阶段美国对华政策形成的过程。孔华润教授在本书中有很多好的见解，但翻译这本书并不意味着我们全部同意他的观点。同样，我们也并不主张去介绍那些同我们的观点完全一致的外国著作。我们若坚持学术上的“闭关自守”，那就失去了国际学术交流的意义，失去了切磋问难的机会，也就没有我们自己学术上的长进了。

韩德教授的《一种特殊关系的形成——1914 年以前的美国与中国》(《中

美关系研究丛书》第10辑)是另一本美国学者撰写的中美关系史名著。他在论述中美关系时,不但没有完全落入丹涅特和格里斯沃德的窠臼,而且在一定程度上还跳出了费正清的框框。这些美国前辈学者的著作是美国历史学家在论述中美或者东亚关系时被奉为经典的。韩德教授破成说、立己见,走出了一条自己的路子。中美之间的所谓"特殊关系",其说由来已久。它是美国人引以为自豪,而又常常是某些中国人寄予幻想的。在很长一段时期(甚至一直到现在),"特殊关系"的内容往往是美国对华政策的"无私""善行"和"保护中国"的同义词。在这种"特殊关系"的覆盖下,美国的政治家和政策决策者认为他们有理由对中国愤激、诅咒,说一些难听的话,甚至动武。影响所及,美国学术界把中美关系塑造成"又恨又爱"的模式。所有这些,根子都在对"特殊关系"的理解。韩德以大量的历史事实对这种"特殊关系"做了比较冷静、客观的分析。他认为,过去人们如此这般地理解"特殊关系",是历史的误解,一方不必以"恩人"自居,另一方也不必对这种关系寄以不切实际的幻想。他很尖锐地把19世纪美国排外主义者虐待华工的活动,与义和团时期中国人打击传教士的活动进行对比。应该说,当时在美华人受到美国排外主义的攻击、凌辱和虐杀,其令人震惊的程度并不低于美国传教士在中国的遭遇,但在美国,其结果是制定了彻底禁绝华人的移民法律,而在中国却是丧权辱国的辛丑条约。这是一种什么样的"特殊关系"?《一种特殊关系的形成》的另一个特点,是把意识形态(包括文化、价值观等)因素引入了美国的对外政策的分析,从而也引进了中美的"特殊关系"之中。美国人自建国起就认为他们的意识形态及民主制度是人类进步的楷模,而且认为以美国的模式来改造世界是美国人的职责。这种意念是如此强烈,甚至不惜以激烈的手段把美国模式强加给对手国。这样,美国的对华政策就成为"拯救"与"统治"融为一体的产物。韩德教授在本书的结尾意味深长地指出:美国不应把自己设想的一套强加于他国,应该承认美国这样做而想达到的效果是有限度的。这是一个很好的历史总结,至今读起来仍令人有新鲜感。在论述中美关系时,本书着重分析了两国间文化的差异和相互撞击,这是很有特色的。不过，文化的差异固然在中美“特殊关系”中激起了波澜，但在美国的对华政策中，最终起决定作用的还是美国的国家利益。当美国的国家利益受到冲击时，意识形态的因素会退居次位。比如，与美国在意识形态上没有根本差异的孙中山的革命事业，为什么也受到美国的冷遇和歧视呢？美国不是宣扬自由和民主吗？在我看来，就在于孙中山的民族独立特别是废除列强不平等条约的纲领触犯了美国的利益。因为在旧中国，条约权利是美国对华政策的基石，也是美国的国家利益之所在。不管在意识形态上与美国是多么接近，但孙中山的废除不平等条约纲领损害了美国利益，因而他寄希望于美国支持的幻想破灭了。在这里，意识形态的因素显得苍白无力。中美关系的历史是非常复杂的。我们赞赏韩德教授在中美关系史研究中所拓展的新思路。对于他的观点，也许赞同或部分赞同，也许反对或部分反对，但这并不重要，重要的是通过交流，才能看出一致和差异。有了比较和鉴别，再加上独立思考，才能使我们的学术繁荣起来。

吴心伯的《金元外交与列强在中国(1903—1913)》(《中美关系研究丛书》第16辑)同样值得重视。美国对华“金元外交”是在一个复杂的历史背景中推出的一个复杂的外交政策，经历了一个复杂的过程，导致了一个复杂的结局，给历史学家留下了不少令人费解的难题。19世纪60年代以后美国综合国力的迅速发展是“金元外交”背后的推动力，但它是在一个很特殊的历史条件下亮相的：中国有了辛亥革命，但诞生的却是一个分崩离析的民国，同已被推翻的清王朝一样，在要弄“以夷制夷”的策略、列强的威逼和争夺的夹缝中不敢说“不”，丧权辱国的过程加速进行。处于大战前夜的欧洲，勾心斗角，英国担心德国的崛起，但不愿开罪可能牵制德国的法国、俄国和日本，对美国正咄咄逼人地侵入其昔日的亚洲领地深感不安，故对威胁日、俄利益的“金元外交”采取了冷漠甚至抵制的态度；德国寄希望于美国在亚洲钳制日、俄和牵制英、法，故对金元外交采取了不太勉强地靠近美国的暧昧态度；日本正同其昔日的宿敌俄国几度密约，以联合抵制美国势力进入中国的东北地区。国际政治是很现实的。严格地说，20世纪初的美国还不具备以“金元外交”来实现其“门户开放”政策的条件。从国际金融实际的对比上讲，美国要运用“金元外交”来作为有力的外交武器还有点力不从心，纽约金融市场的实力还不能同伦敦相抗衡。在军事上，美国在太平洋的舰队一直处于日本炮舰威胁的阴影下。在策略上，阅历不深的美国外交官还蒙在鼓里，受日、俄密约的玩弄。但是，美国资本主义的成熟与发展驱使它有扩向中国市场的强烈要求，于是司戴德其人就应运而生了。作为美国派驻中国东北地区的基层外交官，司戴德对列强(特别是日、俄)在中国的侵夺有较深的感性认识，他感到美国在华利益正在受到威胁，华盛顿应该有所作为。在与纽约的大财团加深交往以后，司戴德更增强了他的信念，终于离开国务院的要职，弃官“下海”，风尘仆仆地来往于华盛顿—纽约—北京之间，游说于伦敦、巴黎、圣彼得堡，力图以“金元”在中国筑起一道美国围墙，力图在列强争夺中国的棋盘上植上一颗关键性的“金元”棋子。但是，形势比人强，他疲于奔命的跋涉并未使其梦想实现。在“金元外交”的酝酿、结束过程中，美国三易总统，各行其是，都为如何才能体现“门户开放”政策的精神、如何才能真正维护美国在亚洲的利益等等问题争论不休，于是参加银团，退出银团，出尔反尔。金元外交引发了国际关系的重组，影响是深远的。它所触及的国家包括英、美、德、法、俄、日六国，几乎囊括了当时所有的欧亚强国。吴心伯是一个研究问题锲而不舍的学者，他把这一扑朔迷离的过程理清了头绪，并进行剖析，这一辛勤劳动的成果将会引发历史学家们对这一段历史更多的思索。

项立岭教授所著《中美关系中的一次曲折——从巴黎和会到华盛顿会议》(《中美关系研究丛书》第 11 辑)，研究的是从巴黎和会到华盛顿会议这一时期的历史，这也是中国人的一部辛酸史。在巴黎和会中，美国是主角。美国总统威尔逊在和会前提出了著名的“十四条”，标榜前所未有的国际准则，如“对殖民地之处置，须推心置腹，以绝对的公道为判断”；“国无大小，一律享同等之权利”，等等，引起了国际社会的注意，也激起了中国人的希望。如同本书所说：“中国人民对美国的好感，特别是对美国总统的崇敬、信任和赞美，达到顶峰。”但最后的结果，在美、英、法等大国操纵下，竟然满足了日本的蛮横要求，将战败国德国应该交还给中国的山东权益转交给了日本，真是“前门拒虎，后门进狼”。这一结局使中国人惊悟了。昔日的美好言辞一旦化为乌有，统治一切的仍然是帝国主义的强权政治。中国人被迫吞下这颗苦丸，对美国的崇敬与信任也由巅峰坠落。巴黎和会成为中国伟大的五四运动的直接导火线。

巴黎和会标志着日本在太平洋的崛起，而日本独霸中国的野心也使美国感到威胁。于是，英、美、法、意、日、中、比、荷、葡九国在 1921 年召开华盛顿会议。由于美国的斡旋，解决了日本归还山东权益的问题；签订了关税条约，为日后中国恢复关税自治权奠定了基础；签订了《九国公约》，承认“门户开放”原则；规定了美、英、日海军的比例；拆散了英日同盟。在这次会议上，中国的要求与美国的利益基本一致，故中国在会议上的提案得到了美国的支持。美国如愿以偿地在太平洋和亚洲建立起了所谓的华盛顿会议体制，均衡了美国在太平洋上与日本的对峙，遏制了日本独霸中国的势头，回到了几个帝国主义国家共同支配中国的局面。但这只是列强间暂时的妥协。十年后，日本悍然对中国东北发动武装侵略，又十年，日本处心积虑地清算华盛顿会议体制，终于发动了太平洋战争。从巴黎和会到华盛顿会议期间的中美关系，确实经历了一个起伏曲折的变化过程，但中国始终处于被动的地位，这是一个典型的弱国外交的模式。靠别国的怜悯和施舍的“正义”度日子是不能维护自己的国家权益的；但中国的权益与施舍者的权益冲突时，连这点怜悯和“正义”也不存在了。美国在华盛顿会议上确曾支持中国收回山东权益，没有美国的支持，中国是很难在会议上同日本较量的，但一旦涉及美国的切身利益时情况就不一样了。正如孔华润教授在其《美国对中国的反应》一书中所说：在华盛顿会议上，美国对它在中国所分享的一些帝国主义特权，“采取比较暧昧的态度”。在不允许中国立即恢复关税自主权、不同意取消治外法权等方面，美国的顽固立场同其他列强没有什么两样。把自己的命运寄托在别国的喜怒哀乐上，这是旧中国对外关系的特点与悲剧。

值得庆幸的是，这种屈辱的日子现在终于一去不复返了。

20 世纪的 30 年代至 40 年代是世界上多事的年代：30 年代初，日本明目张胆地侵占了中国东北，随后又试图一举侵占华北。1937 年，中国抗日战争全面爆发，战争的烽火燃遍了中国大地。两年以后，欧洲反法西斯战争的帷幕拉开；再两年后，日本偷袭珍珠港，使整个太平洋地区几乎没有一片宁静的土地。一场史无前例的真正的世界大战载入了人类史册。为什么这些不幸的年代都交织在这一历史交叉点上？为什么火星常常首先在东亚爆发？这场人类浩劫可以避免吗？这种从局部冲突发展为世界的战争可以推迟吗？在这一历史的关键时刻，美国扮演了什么角色？美国的东亚政策是否明智？其成功、失误或错误之处在哪里？人们可以从这段历史中吸取什么教训？回顾与反思的重任落在了历史学家的身上。在著名国际关系史学者、哈佛大学入江昭教授的组织下，美、中、日三国的历史学家经过几年的研讨，由入江昭、孔华润教授合编为《巨大的转变：美国与东亚（1931—1949）》文集，试图回答上述问题。就我所知，在第二次世界大战以后把美、中、日学者会聚在一起，以不同国家的背景为基础，共同讨论其都曾一度深深卷入的历史，这还是首次。尽管历史学家们皆从良好的愿望出发，运用了丰富的学术知识，对这一段历史做出了各自最佳的论述和分析，但细心的读者还是会发现，他们对历史的理解有共同之处，也有分歧之点。这正是本书的特点，也是它的可贵之处。像这样的多国学者聚议一堂，可以扩大视野和思路，促进相互之间的理解；也有助于学术水平的提高，期望有更多这一类的学术活动。

罗素博士的《院外集团与美国东亚政策——30 年代美国的白银集团的活动》（《中美关系研究丛书》第 8 辑），围绕 1933 年至 1936 年美国的白银政策，把白银集团对国会的操纵、国会与罗斯福总统之间既对立又统一的错综复杂的矛盾关系论述得淋漓尽致。本书对美国白银政策引发的英、美、日诸国企图控制中国金融的活动以及中国最后被迫走上币制改革的过程，均有详尽的论述。罗素成功地把这一连串横跨太平洋、大西洋的历史事件和纵横捭阖的国际关系比较忠实地再现出来了。历史是一面镜子。本书精心地铸成了这面镜子。

1945年二战的结束，共同的敌人从地平线上消失，促使美、苏、中结成盟友的纽带已不复存在，世界的主要矛盾正在转化。在新的全球性的政治格局里，美、苏在欧洲和亚洲都形成了对峙的局面。这两个大国都从各自的国家利益考虑，调整其对外政策，以适应新的国际环境。当时的中国，内战正迫在眉睫。复杂的是，中国内战的结局不仅是政治领导权的转移问题，而且也是两种不同社会制度的交替问题，因而也是这一地域今后国际政治力量的较量与平衡的问题。这就不能不引起美国决策人的严重关注。在国共对峙中，美国若明目张胆地卷入中国内战，帮助蒋介石消灭共产党，这在当时是冒天下之大不韪的事，美国总统若这样做，将在国内外遇到很多的麻烦；但眼看着蒋介石政府倒台，那也是不堪设想的。在这种情况下，杜鲁门总统在关键性的时刻派出了关键性的人物——马歇尔将军使华。老练的马歇尔，为了美国的长期战略目标，一只手想不露痕迹地扶助蒋介石不倒台，另一只手又貌似公正地企图把中共纳入蒋的政权体制之内，这一台戏很不好唱，最终唱砸了锅，以失败而告终。尽管如此，这一段历史留下了很多值得探索的东西。马歇尔使华前后，正是美国战后对华政策的转换时期，也是中美关系演变的一个关键时刻。屠传德所著《美国特使在中国》(《中美关系研究丛书》第3辑)，除了引证美国方面的资料外，还大量引用了中国方面的资料，这样有可能把问题的探究引向深入。本书既是一本论述马歇尔调处国共关系的专著，也是一本较好的教学参考书。

美国学者唐耐心的《艰难的抉择——美国在承认新中国问题上的争论(1949—1950)》(《中美关系研究丛书》第20辑)，充分利用已解密的官方档案(特别是利用一些美国在华企业的私家档案)，对当时可以影响美国对华政策的几乎所有方面——共产党、国民党以及教会、商人、传播界、国会、学者、国务院、白宫等，分门别类，加以详细阐述。由于"尘埃"已经"落定"，加以事过境迁，人们可以更平静地回顾往事，对当时错综复杂的关系加以梳理评述。本书的另一个特点是，资料丰富，注解详明。该书的注解占全书的三分之一的篇幅，公私档案及专著、论文目录也约占三分之一篇幅。这正是本书的精华之处，故不遗余力地全部译出。这样做是很费力的，但有助于人们的进一步追溯借鉴，从学术上讲也是比较周到的。至于承认与不承认新中国，并且后果又如此严重，这是百年来中美建交后美国人从未遇到过的一个棘手的问题。本书在这一重要的节骨眼上，把在尘埃弥漫中众说纷纭的不同意见，有根有据地罗列出来，从历史上讲是比较郑重的，也体现了一种严谨治学的优良学风。

四、 文化关系

两国交往，看清对方很重要，但这不是一件很容易的事。这是一种专门学问，是社会科学各种学科综合运用的产物；如有可能，还应加上直接观察的印象。它的视角必须是科学的(即辩证的)、历史的、宽容的、真实的，否则看不清楚。中国人看美国，美国人看中国，看来看去看了两百多年，还没有看清楚，有时甚至看错。这也难怪。中美两国都是大国，美国历史虽短，但也够复杂的。至于中国，几千年文化传统的积淀，再加上近代各种政治观念(有的不是观念，是偏见)的影响，铸成了审视外国人特别是美国人的特殊视角。由此看来看去，看对了的固然不少，看错了的也不为不多。看一个民族、一个国家及其人民，不是看“西洋镜”。它常常是两国感情导向和政治决策的看不见摸不着的基础。一旦看不清或看走了样，往往会引起严重后果。中美之间在处理两国关系时，因此而引起的失误，历史上和现实中都已屡见不鲜。

说到中美两国彼此互看、追求理解，据我所知，美国人比我们做得地道。他们传教士的著作(曾经影响过美国几代人的中国观)、商人的呼吁、新闻记者的评论、旅游者的记载，真可以说汗牛充栋。远的不说，90年代初，戈敦斯坦教授等编的《美国看中国——过去和现在中国在美国人心目中的形象》一书，内容从早期中美贸易开始，一直到现在，包括了商业、传教、文化、外交、传播和旅游者等不同角度的全方位的观察。此书尽管还有很多不足之处(特别是近代部分),但毕竟是一个认真的探索。应该讲,在这一方面,美国同行走在我们前面了。在中美建交后,人际交往增多,有些新一代的美籍华人(或称“洋同胞”)置身于美国社会之中,用他(她)们自身的酸甜苦辣或得意之处的感受,写出了报道美国社会和分析美国人的书(如周励的《曼哈顿的中国女人》、张效武等的《我在美国当律师》、陈燕妮的《告诉你一个真美国》等)。这些书的特点是把自己同美国社会交融在一起,向读者传递了美国社会深层面的芸芸众生的面貌。从这些书在我国畅销的情况看,也反映了中国人渴望了解美国的迫切心情。这些作品也算是当代中国人的美国观吧。但这些作品比较是“个案研究”,更不必说书中的真真假假还有争讼了。我认为(这也许是我的偏见),要更好地了解中国人如何看美国,还得从历史的深度上下功夫。杨玉圣所著《中国人的美国观——一个历史的考察》(《中美关系研究丛书》第15辑),确是在这一方面的一个尝试。这本书从中美关系的“开天辟地”开始,直到当代,涵盖了不同历史时期的不同历史人物和不同的政治团体及不同的社会阶层对美国的看法。把中国人的美国观放在变动的历史背景中去考察,而且言之有物、言之有据。如此这般地来分析或考察美国,应该说是在这一领域填补了一个空白。玉圣同志自提出做这个题目开始,数易其稿,几度增删,到现在正式出版,前后已将近10年了,真是“十年磨一剑”。现在剑一出鞘,我们希望这本书的出版能引起一些共鸣和反对,让这一课题的研究能继续发展。

应该说,中国人的美国观和美国人的中国观都是中美关系中的一个重要组成部分。“观”的定位是否正确?“观”的目测与标的物距离多远?是学者的“观”还是“政客”的“观”?等等,都会给中美关系带来意想不到的影响,甚至灾难。但迄今为止,中国观也好,美国观也好,由于种种原因,这个“观”还没有得到应有的认真研究,还是一片可耕的沃土。张济顺同志也在这片沃土上辛勤地耕耘,虽是开创性的,但取得了可喜的成果。他的《中国知识分子的美国观(1943—1953年)》(《中美关系研究丛书》第18辑),把处于历史巨变的时代的知识分子的美国观集中起来加以考察，是别具匠心的。这是一个难度很大的课题，但作者以执著与潜心的研究终于啃下了这块硬骨头。1943—1953 年这一时期，中国出现了一些前所未有的大变局，因而也产生了一些前所未有的特定环境，从而使知识分子也蕴蓄了一些前所未有的美国观。这些特定的环境包括：第一，1943 年外国在华不平等条约体系解体，这可是鸦片战争以来的“盛事”，但被拉到（或抬到）“四强”的中国，在不平等条约下的不平等待遇还是很明显的。既“平等”，又不平等，知识分子想在美国观中找到新的视角。第二，在这一时期，中国经历了一场历史上从未有过的有国际背景的国内战争，时打时停，造成了长时期政治前途扑朔迷离的局面。在这样的时候，联系到个人和国家的命运，诱发了很多知识分子对美国的新看法和想法。第三，中国的国体发生了根本变化，一个社会主义的国家在中国大地上崛起，这是中国历史亘古未有的事。革命来得如此迅猛，在知识分子中，有的雀跃，有的彷徨，有的观望，有的疑惑，产生了不同的美国观。第四，中国同美国兵戎相见，在朝鲜半岛打了一场世界水平的间接战争，朋友变成了敌人。很多知识分子不适应这样的移位，在思想中激起了爱国主义与他们心目中对美国良好印象的矛盾，他们的美国观进入了另一种框架。第五，中美两国自 50 年代初开始断绝了关系，这是中美望厦条约以来的第一次。中美两国的分裂就意味着中国投入了世界上分裂的两大阵营之一。中国将何以自处？知识分子的美国观变得更复杂了。第六，思想改造。对于知识分子来说，这也是一种全新的政治运作模式，清除了“崇美、亲美、恐美”思想以后，剩下来的是什么样的美国观呢？在这些特定的历史环境下，中国知识分子的美国观出现了一些新的走向、新的分化、新的萌芽。尽管有的是自然发展，有的是以一种扭曲的形式出现的，但总体来讲，中国知识分子的美国观毕竟由此进入了一个前所未有的新境界。以这种特定的环境为背景，作者在把中国知识分子作为一个复合体的知识群体来考察的同时，又对不同类别、不同阵营以及同一类别、同一阵营但在不同阶段的知识分子的美国观，加以细致的剖析，思想缜密，佐证确凿，知人论世，分寸适宜。

五、 结束语

20 年来,《中美关系研究丛书》顽强地坚持出版下来,除了前述专著外,还有王立诚著《美国文化渗透与近代中国教育——沪江大学的历史》(《中美关系研究丛书》第 21 辑),汪熙、魏斐德编《中国现代化问题——一个多方位的历史考察》(《中美关系研究丛书》第 12 辑),汪熙、杜恩编《中国经济改革:问题与前景》(《中美关系研究丛书》第 13 辑),汪熙、段志煌编《市场经济与中国农业问题的前景》(《中美关系研究丛书》第 17 辑),矶野富士子整理《欧文·拉铁摩尔回忆录——蒋介石的美国顾问》(《中美关系研究丛书》第 14 辑)。

《中美关系研究丛书》最新出版的是一部大型工具书,此即 2005 年 5 月面世的由汪熙、田尻利主编(傅德华副主编)的《150 年中美关系史论著目录(1823—1990)》(吴心伯、刘永涛、王立城、金光耀、鹿锡俊、杨玉圣编)。中美历史关系,从美国来讲,经历了 55 届总统;在中国来讲,经历了清政府、北洋政府、国民党政府及人民政府,其间千变万化,"横看成岭侧成峰",各人分析都不相同,但是"前水复后水,古今相续流",任何一种对中美关系的现代看法和对未来的预测,都不能不考虑到过去的历史及说法。因此我们痛感到需要一个"文字既少,披阅易周"的读物,在讨论或研究中美关系问题时放在案边参考。我们十余年来努力的成果,就是这本详细分类、检索方便的《150 年中美关系史论著目录(1823—1990)》。"日月不居,天道酬勤"。今后,希望每隔 20 年,复旦大学美国研究中心或历史系都能相继有这样一本在时间上相衔接的"目录"问世。年复百年,成为复旦后来者永远保留的一个项目。

这套《中美关系研究丛书》,与复旦大学美国研究中心的发展历程相一致,2005 年 5 月也是本中心成立 20 周年。今年还是复旦大学 100 周年校庆。双喜临门。在这样一个值得特别庆祝的喜庆日子里,我愿意把美好的祝愿送给我多年服务的复旦大学和美国研究中心。

第二部分

中美经济关系

中美经济关系研究述评[①]

中美经济关系史是我们应倾注力量加以研究的，但它却又是一个比较薄弱的环节。说应该倾注力量，是因为在中美关系史中，经济关系常常是决定性的因素之一；说是比较薄弱的环节，是因为在这一领域中，还有许多重要的问题没有进行系统的研究，有的甚至还是空白。中美关系是从经济关系开始的，广州贸易时期固然如此，中美《望厦条约》又进一步发展了这一关系。在《望厦条约》中，除前言“共保万万年太平无事”，后语“书名画押”外，在实质性条款中，直接有关经济的达 1/3 以上。其余的条款也是与经济有关的政治与司法的条款。它从根本上规定了中美之间不平等的关系，构筑了美国处理同其他各国在华关系的准则——“利益均沾”。从这一根线延伸下来，触发出许多大大小小的问题值得深入探讨。

15 年来，我国学者对中美经济关系史的研究明显地分成了两大块。一块是关于从广州贸易到 20 世纪 50 年代中美经济关系的研究。研究者大多是历史学家，以历史学为治学方法，因此可以称之为严格意义上的中美经济关系史研究。另一块则是关于 20 世纪 70 年代中美关系正常化以后直至现今中美经济关系的研究。研究者大多是经济学家，以经济学为治学方法。他们研究的着眼点不是中美经济关系的历史，而是其现状和前景。但尽管如此，由于这一时期本身已构成了长达 20 多年的历史，他们的研究已在某种

① 原载资中筠、陶文钊主编：《架起理解的新桥梁——中美关系史研究回顾与展望》，安徽大学出版社 1996 年版。此文与王立诚博士合作。

意义上构成了对这段历史的发展状况及其规律的探讨，而且有些也部分地追溯到历史发展的源流，因此这部分研究可以称得上是扩展意义上的中美经济关系史研究。

1949—1992 年有关中美经济关系史的著作与论文

撰写年份	1949—1971		1972—1978		1979—1989		1990—1992		总计	
主题	著作	论文	著作	论文	著作	论文	著作	论文	著作	论文
美国对华经济侵略	7	9	—	—	—	—	—	—	7	9
鸦片战争前的中美贸易	—	6	—	—	—	26	—	5	—	37
中美贸易，1842—1936	—	—	—	—	—	2	1	4	1	6
中美贸易，1937—1970	—	—	—	—	—	2	—	—	—	2
中美贸易，80 年代	—	—	—	—	—	32	—	—	—	32
中美贸易，90 年代	—	—	—	—	1	—	—	6	1	6
美国贸易政策与中美贸易	—	—	—	—	—	34	—	17	—	51
中美贸易摩擦	—	—	—	—	—	—	—	7	—	7
最惠国待遇问题	—	—	—	—	—	1	1	13	1	14
美国对华投资——概述	1	3	—	—	—	10	—	1	1	14
美国对华投资——行业	—	17	—	1	1	7	1	4	2	29
湖广铁路案	—	6	—	—	—	9	—	1	—	16
美援与美国对华贷款	1	12	—	—	—	7	—	1	1	20
美国与中国的农村经济	—	4	—	—	1	5	—	3	1	12
美国与中国的海关、邮政	—	5	—	—	—	1	—	—	—	6
多国关系中的中美经济关系	—	—	—	—	—	2	1	—	1	2
美、日、俄在东北的经济角逐	—	—	—	—	—	10	—	1	—	11
30 年代美国白银政策与中国	—	—	—	—	—	4	1	1	1	5
香港、台湾地区与中美经济关系	—	4	—	—	—	11	—	4	—	19
中美经济关系的回顾与前景	—	—	—	—	1	40	—	12	1	52
其他	—	—	—	—	—	43	—	3	—	46
总计	9	66	—	1	4	246	5	83	18	396

资料来源：汪熙主编《中美关系史百年论著目录》（中、英、日文）的中文部分。本表有些项目收有非“史”类的研究成果，有待于进一步筛选定稿。本表与《回顾与展望》一文的取舍标准不同，故两表经济类的数字不一致。——作者注

于是，由于这种明显的分野，考察我国中美经济关系史研究的情况，就只能从这两个方面的成果分别进行。

一

关于从广州贸易到20世纪50年代的中美经济关系，1949年以来直至1978年作为美国对华经济侵略的研究，曾产生过一批综观整个历史的论著。但这些年来，这样的论著却很少见到。而对一些特定的历史阶段和一些重要的专题进行剖析，成为近年来这项研究的一个基本特点。

关于鸦片战争以前的中美贸易研究居相当突出的地位，近年来以此为专题的论文就不下30篇，表明了学术界对这一问题的浓厚兴趣。而且，可以说首先在这个问题上，学者们开始突破早先把它视为美国侵华开端的简单化的大批判方法，代之以对历史事实作客观深入的分析。对于这段历史的基本评价，人们现已普遍同意："这是中美两国初步建立贸易交往的时期，两国的关系基本上是平等的和友好的。"①

论者指出，1784年"中国皇后"号来华，是美国在独立战争结束后面临国内财政经济困难，海外市场受英国、西班牙等国抵制的背景下发生的。此举的成功，为日后中美关系的发展铺平了道路，它给美国的商人带来了希望。②

关于早期的中美贸易，论者注意到：(1)中美贸易虽发端较晚，但后来居上，迅速跃居仅次于中英贸易的地位。在初期贸易中，转口贸易占较大比重。欧洲连年战争和美国造船业的发展，为扩大中美贸易提供了有利条件。(2)双方贸易商品结构的变化与美国经济发展有密切关系。早先美国输华以人参、棉花、毛皮、檀香木等土特产为主，换取中国的茶、丝和土布。19世纪20年代后，随着美国棉纺工业的兴起，输华商品中棉织品数额大增，而中国输美的土布额则骤减。(3)这一时期贸易顺差一直在中国一边，美国是向

① 罗荣渠：《关于中美关系史和美国史研究中的一些问题》，《论文集》(1)。

② 齐文颖：《关于"中国皇后"号来华问题》，《论文集》(1)；《"中国皇后"号首航成功原因初步分析》，《论文集》(2)。

中国输入银元的最主要的国家。19 世纪 30 年代后，美商鸦片走私日益猖獗，输华银元数量下降，但即便如此，每年仍有相当数量的银元输入中国。(4)在鸦片贸易方面，美国的数额虽远不及英国，但无疑是第二号鸦片贩子。美商从事鸦片贸易，不仅仅是为了解决贸易逆差，而且是为攫取超额利润。(5)中美贸易在美国整个外贸中所占比重虽然不大(18 世纪约为 2.7%，19 世纪上半期约为 4%)，但对于美国经济的发展却有重要影响。由于利润丰厚，许多美国经济巨头都由此发家。该贸易成为美国早期资本原始积累的重要手段，并促进了美国的西进以及工业化。相比之下，中国方面却没有把贸易的利润转化为资本。(6)两国政府对贸易持截然不同的态度。美国政府出于发展本国经济的需要，采取各种积极鼓励的政策，而清朝政府则在闭关思想的指导下，对贸易持轻视态度，采取限制政策。(7)随着历史的发展，美国政府的政策逐渐从一般的鼓励朝对华攫取特权的方向演变。①

论者普遍同意，中美《望厦条约》的签订，使两国贸易开始处于不平等的地位。在不平等条约的束缚下，由于中美两国的经济实力的差异，贸易的主动权操于美国之手。美国可以控制中国的市场，而中国却无力影响美国市场。“这种地位的不平等，会导致贸易利益分配的不平等。”②

然而，研究近代中美贸易的实际发展，单分析条约文本是不够的，还必须注意到其他各种因素。就两国贸易的发展进程看，它不是直线上升，而是呈现出较大的起伏。1845—1860 年是中美贸易迅速增长的时期，16 年间两国贸易额增长了 1.35 倍。不平等条约直接促成了这一增长，即口岸的开辟和低关税刺激了贸易的扩大，鸦片走私规模也更大、影响更为恶劣。虽然这时期贸易顺差仍在中国一边，但美国已视中国为其廉价商品的出口市场。在美国北方纺织工业的崛起以及新兴都市的兴起等方面，中美贸易对刺激

① 汪熙、邹明德：《鸦片战争前的中美贸易》，《论丛》；乔明顺：《1840 年以前中美关系述略》，《论文集》(2)；梁碧莹：《略论早期中美贸易的特点》，《史学月刊》1985 年第 5 期；项立岭：《论早期中美贸易》，《北京师范学院学报》1983 年第 4 期。

② 张仲礼、李荣昌：《中美贸易与旧中国经济的近代化》，《中国近代经济史研究资料》(8)，上海社会科学院出版社 1987 年版。

美国资本主义发展起了重要作用。①

但是,19 世纪 60—90 年代,中美贸易却进入了一个下降和停滞的时期。一些早期的美国大商行如琼记、旗昌、同孚等纷纷撤出中国。究其原因,除了 60 年代初期受美国内战的影响,日本茶、丝的竞争以及中国购买力因银价下跌而削弱等因素的制约外,主要是由于美国内战后的西部开发,国内投资的利润率远高于处在各国竞争下的对华贸易利润率。“东印度不再是理想的黄金国了”。直到 90 年代后,美国国内市场已无法满足其高速发展的工业的需要,中美贸易才又出现迅速增长,此时中国的贸易地位也从长期以来的顺差转为逆差。由此可见,中美贸易这时已成为美国扩张海外市场的一个组成部分了。②

有一个问题值得注意,这就是中美贸易对于中国经济近代化究竟产生怎样的影响?这些年来人们在指出这一贸易在不平等条约的框架下具有掠夺性的同时,也看到它对于中国经济近代化客观上有积极影响。这表现在正常的商品交换产生显著的比较利益、促进中国进口替代和出口导向型产业的兴起以及技术转移等方面。③

论者一致认为,“门户开放”政策的基础,是美国企图凭借其经济实力在华谋取更为广阔的市场。正是在这个前提下,美国于 19 世纪末 20 世纪初在中国东北同实行“门户关闭”政策的俄、日两国进行了激烈的角逐。论者指出,东北是美国输华棉制品的主要市场,“对美国来说,东北不仅是它对华贸易的重点,而且是一个无法估量的潜在市场”。俄国占领东北,不仅使美国的贸易活动受到阻挠,更使美国担心有朝一日俄国将利用它在东北的特殊地位排斥美国,“那将是美国对华贸易的末日”。④因此,美国提出“门户开放”

① 邹明德:《1845 至 1860 年的中美贸易》,《史林》1988 年第 3 期。

② 张仲礼、李荣昌:《中美贸易与旧中国经济的近代化》;王继祖,李育良:《中美早期贸易初探》,《历史教学》1984 年第 12 期。

③ 张仲礼、李荣昌:《中美贸易与旧中国经济的近代化》,《中国近代经济史研究资料》(8),上海社会科学院出版社 1987 年版。

④ 邹明德:《美国“门户开放”政策起源研究》,《论文集》(2);《“门户开放”政策的起源:19、20 世纪之交美国和俄国在中国的争夺》,《档案与历史》1986 年第 4 期。

来反对俄国独占东北，其后也以同样的原因反对日本的独占。

关于日本在夺取东北南部后对美国的贸易是否采取了歧视和限制政策，学术界有不同的看法。一般认为，日本的“差别待遇”是美日矛盾激化的主要原因①。有人研究了“九一八”以前美国在东北的贸易后指出，美国虽然在日俄战争后控制了北方的市场，但在南部的贸易却徘徊不前，远不如日本。日本对美国的优势是通过“差别待遇”实现的，政治因素影响了贸易的发展是美国在东北贸易的一个特点②。但是，也有人指出，在西奥多·罗斯福时期，所谓日本“差别待遇”的说法并无事实根据。“这个时期，无论就资本输出还是就商品输出而言，日本在东北南部的势力范围，对华尔街财团在华现实的经济利益的损害是有限的。”这才是西奥多·罗斯福最终对日妥协的真实基础。③

塔夫脱总统“金元外交”的出台，使美国同日、俄的角逐趋于白热化。司戴德是在华执行“金元外交”的主要人物。有关研究认为，他的活动表明了美国在资本输出方面加紧赶超英、法等老牌资本主义国家，同时努力破坏俄、日等国的瓜分政策④。在这场角逐中，铁路权是各方争夺的焦点。有关“诺克斯计划”的研究指出，美国觊觎东北的路权由来已久，诺克斯提出的东北铁路“中立化”计划，是与早先的“田贝计划”、“康格计划”、“哈里曼计划”等一脉相承，其真正目的在于使美国在“门户开放”的旗帜下，凭借其经济实力，通过国际共管的形式，使东北铁路名义上的“中立化”变为事实上的美国化⑤。“诺克斯计划”及与之配合的“锦瑷铁路案”由于缺乏英、法、德等国的支持，在日、俄的抵制下终于流产，但论者都认为其影响仍不可低估。它冲击了列强在远东以及欧洲的力量对比关系，并为以后美、日在远东及太平洋地区的争霸埋下了伏线。⑥

---

①⑤　余伟：《美日在东北的一场激烈争夺》，《论丛》。

②　王学良：《九·一八事变前美国与东北之贸易》，《社会科学战线》1989年第2期。

③　卿斯美：《辛亥革命前夕美国对华政策研究——兼论清末预备立宪的失败》，《论文集》(1)。

④　汪熙、吴心伯：《司戴德与美国对华“金元外交”》，《复旦学报》1990年第6期和1991年第1期；王宁：《司戴德与中国东北》，《社会科学战线》1992年第3期。

⑥　余伟：《美日在东北的一场激烈争夺》；王英文：《美国资本入侵东北与“满铁中立化”计划》，《求是学刊》1990年第6期。

“湖广铁路借款”是美国实施其“金元外交”而在中国采取的第一项重大行动。由于1882年美国亚拉巴马州地方法院就此案对中国作出无理的“缺席判决”,引起学术界的广泛注意。有人论证了该项借款的恶债性质,指出它是中国封建统治阶级与帝国主义列强相互勾结的产物。一方面,清政府为了维护其反动统治,急需得到国际帝国主义的支持;另一方面,列强通过相互勾结,强行借款,以达到它们控制中国的目的。此案侵犯中国主权的严重性不亚于列强强加于中国的其他不平等条约①。也有人从法律角度进行研究,指出美国无视国际公认的国家主权豁免原则,是企图以其国内法凌驾于国际法,强迫别国服从美国法律,这是完全违反国际法上主权平等原则的②。

“金元外交”是集合经济和政治企图为一体的帝国主义扩张政策,其实质是为美国的资本输出开辟道路。然而,有关研究认为,作为“门户开放”政策的首次实践,“金元外交”随着美国退出六国银行团而宣告失败。经济上,美国对华的贷款额低于其他大国;政治上,英、法、日、俄通过双边或多边的协约形成了同盟,主宰着远东的国际舞台,美国则被排挤在外。美国之所以失败,除了美国处境孤立、自身缺乏军事实力以及华盛顿决策失误等因素外,经济上美国此时金融力量有限也是一个重要原因③。美国的主观意图与其实际力量脱节,可以说是这一阶段中美经济关系的特点。这在评价有关问题时应予注意,否则就会得出不切实际的结论。

研究美国的在华投资,自然离不开对其在华企业的研究。这些年来,有关英美烟公司的研究获得了较大的进展,编辑出版了它的档案资料,有关的论文也不少。论者指出,英美烟公司是外国垄断资本集团在旧中国进行掠夺性经济活动的典型案例。它以托拉斯组织形式,凭借条约特权,通过与反动政府勾结,并利用已形成的一个遍及城乡的买办销售组织体系,在华大肆

① 刘大群:《谈湖广铁路借款的恶债性质》,《论文集》(1)。

② 陈体强:《湖广铁路债券案与国家主权豁免问题》,《世界知识》1983年第6期。

③ 吴心伯:《“金元外交”与列强在中国,1906—1913》,博士论文,复旦大学,1991年。

掠夺超额利润，抑制并打击民族卷烟工业①。此外，关于美国银行的在华活动，近年来也有资料集和研究论文问世。②

1934 年美国的“白银法案”，导致了一场世界性的银价暴涨狂潮，中国作为银本位国家，成为这个狂潮的主要受害者。在白银大量外流、通货紧缩、外贸呆滞、企业纷纷倒闭的情况下，中国经济趋于崩溃的边缘。③有关研究认为，“白银法案”是美国统治阶级屈从某个利益集团（白银集团）的压力，而损害别国利益和美国自身总体利益的典型案例。在远东国际关系上，它削弱了中国，事实上助长了日本的对华侵略，从而使美国所倡导的“门户开放”政策面临了一次严峻的考验。④

白银危机迫使中国政府于 1935 年冒险进行币制改革。关于美国与币制改革的关系，有人认为，美国以操纵银价涨落的方式，迫使中国政府与之签订向其售银的《中美白银协定》，使法币实际上依附于美元，从而达到它控制中国经济命脉的目的⑤。也有人认为，美国的行为与它政权内部各部门间的关系有关。虽然中国一直在寻求美国支持其币制改革，但美国在政出多门的情况下，一直持消极态度，使中国不得不寻求英国的帮助。直到摩根索的财政部掌握了对华财政金融关系的处置权后，美国才有积极的动作。通过售银协议，美国支持了中国的币制改革，同时也打破了早先法币与英镑的连锁⑥。论者认为，美国的白银政策，削弱了中国对日抗争的力量，助长了日本

---

① 汪熙：《一个国际托拉斯在中国的历史记录——英美烟公司在华活动分析》，《帝国主义工业资本与中国农民》，复旦大学出版社 1984 年版；张仲礼：《旧中国外资企业发展的特点——关于英美烟公司的资本积累和超额利润》，《社会科学》1980 年第 6 期；陈曾年：《英美烟公司在中国的销售网》，《学术月刊》1981 年第 1 期。

② 中国人民银行金融研究所编：《美国花旗银行在华史料》，中国金融出版社 1990 年版；陈曾年：《美国银行 20 世纪初在上海的扩展和上海逐步形成国际汇兑中心之一》，《上海研究论丛》（第 3 辑），上海社会科学院出版社 1989 年版。

③ 马德舫：《30 年代前期美国白银政策对中国经济的影响》，《财经研究》1989 年第 5 期。

④ 汪熙：《“门户开放”政策的一次考验——美国白银政策及其对东亚的影响（1934—1937）》，《巨大的转变：美国与东亚（1931—1949）》，复旦大学出版社 1991 年版。

⑤ 郑会欣：《〈中美白银协定〉述评》，《论文集》（2）。

⑥ 吴景平：《美国和 1935 年中国的币制改革》，《近代史研究》1991 年第 6 期。

的侵略活动，使远东局势更加失衡，这与美国当时抑制日本的总政策是相抵触的。其关键在于白银集团的操纵①。

有关抗战前后的中美经济关系研究，大多集中在美国对华借款和援助方面。关于“中美棉麦借款”，有人指出，这项借款盘剥重、条件苛，是美国的一种倾销、掠夺手段。国民政府借款的目的是要加强与欧美以及国联的联系，寻求其支持以抵御日本的侵略，但这一目标在日本的破坏下最终没有实现②。关于抗战时期的美援，有关研究指出，在1941年租借援助之前，美援采取贷款形式，数量少、次数多、利息高、条件苛，其目的是既使中国维持抗战，又不招致日本对美强烈报复。在对华实施租借援助后，1941—1946年，除1942年春5亿美元贷款外，美国总共给予中国16.02亿美元的物资与劳务援助，仅占美国该类援助总额的3.2%。而且在时间分配上，抗战最艰苦的1941—1944年的4年间，总共只得到2.8亿美元，其余都是在1945和1946年两年中抵华。因而美援事实上主要不是用于抗日，而是用于国民党发动内战。在史迪威事件前，美国力图掌握对华援助的监督和控制权，这反映了中国在反法西斯同盟中的不平等地位，但也保证了美援用于抗日，遏制了国民政府的腐败和反共。然而，抗战胜利后，美国在给予国民党政权大笔美援的同时，却放弃了监督。于是，一方面美国企图调停国共矛盾，避免内战；另一方面，巨额美援使蒋介石有恃无恐地发动内战，使美国的调停最终宣告失败③。

新中国成立以后，美国采取对华全面遏制政策，中美之间遂无经贸关系可言。然而，有关研究表明，美国的政策并非铁板一块。在50年代中期，由于西欧和日本的要求，以及美国需要盟国特别是法国的支持，并出于分裂中苏的策略考虑，艾森豪威尔政府曾就放宽对华贸易限制问题进行过讨论。

---

① 汪熙：《“门户开放”政策的一次考验——美国白银政策及其对东亚的影响（1934—1937）》，《巨大的转变：美国与东亚（1931—1949）》，复旦大学出版社1991年版。

② 郑会欣：《1933年的中美棉麦借款》，《历史研究》1988年第5期。

③ 任东来：《抗战期间美援与中美外交研究》，《兰州学刊》，1991年第1—2期；《评美国对华军事“租借”援助》，《论文集》(2)。

但由于政府各部门意见不一致，并由于国会的限制，这种放宽到 1957 年中美大使级会谈中断时仍未实现[①]。

二

1972 年中美《上海公报》发表以后，中美两国的经贸关系开始解冻。1979 年两国建交后，美国迅速成为中国重要的贸易伙伴。这些年来两国的经济关系日益密切，但同时也风波迭起，引起各界关注。因此，70 年代以来的中美经济关系，成为研究的“热门”，这在前面的统计表中已有明显的反映。

论者指出，中国的经济体制改革对于推动中美经济关系的发展起了重要作用。中共十一届三中全会以后，对内搞活经济和对外实行开放成为经济改革的两个基本方面，中国开始从高度中央集权的计划经济体制向社会主义市场经济体制过渡。为实行对外开放，中国采取了一系列重大的改革措施，包括改革外贸体制、建立经济特区和开放沿海城市、制定吸引外国投资的政策和法律等。这些措施改善了中美经贸往来的环境，促进了中美经济合作。论者同时也指出，中国的经济体制改革是一个旧体制逐步萎缩和新体制不断成长的过程，双重体制长期并存是中国经济的现实，它既反映在宏观的国家管理机制和行为上，也反映在微观的企业运行机制和行为上，并对中美经济合作产生深远的影响[②]。因此，进一步扩大两国的经济合作，从中国方面讲，需要深化经济体制改革，加速与国际接轨；从美国方面讲，需要正视中国经济的现实，删除其立法中不利于发展两国经贸关系的过时条款，尤其不应以某些政治或意识形态因素干扰正常的经济交往。论者注意到，近年来中美之间虽然在“反倾销”以及最惠国待遇等问题上风波迭起，但在保护知识产权、市场准入等问题上取得了谅解，这些进展从长远来看符合中美两国的共同利益[③]。

---

① 贾庆国：《50 年代中期美国政府内部在对华贸易政策问题上的讨论》，《美国研究》1990 年第 2 期。

② 王林生：《中国经济体制改革及其对中美经济合作的影响》，《中美经济关系》，复旦大学出版社 1989 年版。

③ 龚秀国：《浅析中美知识产权保护谅解备忘录》，《国际贸易》1992 年第 4 期；侯玲、肖炼：《中美经贸关系的现状、问题和前景》，《美国研究参考资料》1993 年第 1 期。

贸易在两国经济关系中一直占据着主导地位。有关研究指出，中美两国都拥有世界上最富有吸引力的国内市场，而且由于经济发展水平不同，中美双边贸易结构在相当长一段时间基本上是互补型的，中美贸易有广阔的发展前景。这些年来，中美两国开展贸易大体遵循了比较利益原则，发展了各自的比较优势，这是双方得以保持比较实际的贸易关系的坚实基础①。两国的贸易额，根据中方的统计数字，1979 年为 24.52 亿美元，1987 年达到 78 亿美元，1990 年则达到 117.7 亿美元，增长速度迅猛，而且除个别年份外，呈持续增长。进出口商品结构也渐趋合理，中国自美进口由农产品为主向机械产品和高新技术产品为主转化，向美出口则由初级产品为主向加工制成品为主转化。而且，两国的贸易方式从单一的以物易汇转向多样化，包括以产顶进、合作经营、来料加工、补偿贸易等；双方的贸易功能，也由单纯的商务向金融等多功能方向转化。这一切说明，这些年来中美两国贸易的发展水平有了较大的提高。②

然而，近年来学术界更为关注的，却是那些影响中美贸易继续深入发展的障碍因素。首先是关于贸易不平衡问题。论者注意到，这些年来中美双方各自都认为在双边贸易中本国存在着大量逆差。对于中美贸易，两国各自的统计数字差异甚大。以 1990 年为例，美方的统计是其进口 150 亿美元，出口 48 亿美元，逆差 102 亿美元。该年两国贸易额占美国外贸总额的 2.3%，逆差额则占逆差总额的 10%，中国被美国列为其第三大贸易逆差对象。然而，按中方的统计，该年中国出口 51.8 亿美元，进口 65.9 亿美元，中方逆差 14.1 亿美元③。这种统计差异基本上是由中美各自对到岸价格和离岸价格的解释不同，以及对经由香港地区或日本转口到美国的转口贸易额计算不同引起的，但由此形成了中美双方对纠正贸易不平衡各自应承担责

① 汪熙、陈亚温：《中美贸易问题：中国的观点》，《中美经济关系》；熊性美、佟家栋：《中美贸易十年来的基本估价——兼论两国贸易中的比较利益》，《中美关系十年》。

② 见汪熙、陈亚温：《中美贸易问题：中国的观点》引文；陈亚温：《中美经济关系的回顾与展望》，《世界经济》1986 年第 12 期；黄芳泉：《论进一步发展中美经济贸易关系》，《世界经济》1989 年第 4 期。

③ 邱希淳：《论中美贸易不平衡和两国贸易的发展》，《中国对外贸易》1991 年第 9 期。

任和应采取措施的认识上的分歧，双方都要求改变自己不利的逆差地位。①

有的论者对美国方面指责中国方面不公平竞争导致贸易不平衡的观点进行了反驳，其论点大致为：(1)关于中方的出口补贴问题。早期中方虽有补贴，但金额很小，仅占出口总值的4%(1988年)。同时中国对进口商品也有补贴，两者大致相等。自1988年起，中国冻结了补贴总额，到1991年外贸新体制实施后，中国已全部取消了出口补贴。(2)美方统计的进口额中有相当部分是经香港等地的转口贸易，这些都是通过自由贸易进行的。(3)近年中国出口增长幅度最大的是三资企业和乡镇企业的产品，这些企业都是按市场经济运作的。(4)关于中国的进口限制。中国的原则是保持进出口平衡，优先进口先进的技术和设备，而美国在这方面却自我限制。至于进口许可证制度，中国的用意只是确认进口所需外汇的来源及所申请进口的公司是否有进出口经营权。(5)中国没有针对某一国的特殊进口限制，然而美国方面对中国市场的重视和研究不够，因而竞争能力往往不如日本等国。②

关于中国市场的开放问题，论者大多同意，中国市场确实存在着某些保护，但作为发展中国家，可以逐步开放，美国方面若以此为由采取报复性制裁措施就必然引起严重后果，对于中美双方都是不利的③。有的论者认为，美方对中国进口政策的意见，如关税数次调整、发放许可证等，有的可以根据国际惯例加以改进。至于在标准、检验、标签和证明等方面的国民待遇要求，可以考虑相互给予。④

论者指出，由于中美科技水平相差悬殊，美国技术本应在中国有巨大的市场，并由此推动中美贸易的扩大。然而中美技术贸易这些年来发展很不稳定，美国在中国引进技术中的地位从首位退居到德、日、意、法等国之后。造成这一结果的原因，主要是美国的政策限制，对华技术转让一直受到美国

① 见汪熙、陈亚温：《中美贸易问题：中国的观点》引文。

② 邱希淳：《论中美贸易不平衡和两国贸易的发展》，《中国对外贸易》1991年第9期。

③ 见侯玲、肖炼：《中美经济关系的现状、问题和前景》引文。

④ 汪一鹤：《美国国家贸易政策纲要与中美贸易中存在的问题》，《国际商务研究》1990年第2期。

对外战略和政治因素的影响。它最初被视为美苏关系的一种反应，直到1983年末，随着三角战略关系的重要性减弱，中美双边经济关系的重要性增强，美国才决定对中国放宽双重用途技术出口控制，中美技术转让进程随之大为加快，并推动了中美贸易额的上升。但1989年政治风波以后，美国的一系列制裁措施，使两国的技术贸易大受打击。因此，扩大中美技术贸易，首要条件是美国放宽其政策限制。此外，贸易方式也有改善的余地。美国的专利许可证交易与其资本输出脱节，其竞争力便不如日本通过给予贷款让中方购其技术，使技术与资本这两种输出结合的方式。而从中国方面看，加强知识产权的保护，也是扩大技术贸易的一个必不可少的条件。①

按照中国的观点，对美贸易持续的逆差需要通过扩大对美出口来平衡，而美国对中国实行差别性待遇，限制了中国扩大对美出口。美国的贸易保护主义是影响中美贸易发展的主要障碍。这些年来学术界关于美国贸易保护主义与差别性待遇的研究主要集中在以下方面：

1. 关于中美纺织品贸易的争论。纺织品是中国最大的输美商品，也是中国最有竞争力的商品。然而，20世纪80年代以来，美国对中国纺织品的输入施以愈来愈严格的限制，导致了双方的贸易摩擦。论者指出，美国的做法是违反关税及贸易总协定的自由贸易精神的，是贸易保护主义的典型表现。美国的纺织服装工业一直处于健全状态，并未受到进口的破坏。而中国在美国进口纺织品总额中仅占很小的比例，根本不会造成美国的“市场紊乱”。另一方面，纺织品是中国目前赚取外汇的重要来源，美国的做法使中国缺少足够的外汇来支付美国产品的进口，只好被迫削减从美国进口的规模，这对中美双方都是不利的。论者认为，对于这一争端，中国应努力扩大出口商品的多样化并提高纺织品的档次，美国方面则应当理解，中国贸易结构的调整和改革需要有过渡的时间和条件。②

---

① 郑寅：《美国对华贸易政策的变化》，《世界经济与政治（内参）》，1984年第7期；黄芳泉前引文；孙海顺：《从美国对外技术转让的特点看中国的技术引进》，《美国研究》1990年第2期。

② 《贸易保护主义》；章嘉琳：《贸易保护主义对中美两国的危害——试析美国的纺织品贸易政策》，《中美经济关系》；见汪熙、陈亚温：《中美贸易问题：中国的观点》引文。

2. 美国反倾销法对中美贸易的制约。1980—1988年，中国有16种商品在美国先后因反倾销投诉而受到调查。其中有些中方虽然胜诉，但也为此付出了高昂的代价。论者指出，对中国采用不公平的反倾销法已成为中国对美出口贸易的一大障碍。在该法的实施中，中国被作为非市场经济国家受到了歧视性待遇，其所谓商品倾销差价的确定不是根据该商品的实际成本，而是以某个不可预知的“替代国”的价格来定。这使得中国无法预测美国的所谓公平价格究竟是多少。为了避免反倾销调查，中国被迫人为地提高商品价格，这样便不公平地限制了中国商品进入美国市场的机会。论者同时认为，中国的企业应当增强反倾销的法律意识，提高我国商品在美国市场的适应能力，不能单靠廉价取胜；在对美出口时，应避免在短时期内集中向一地出口大量同类产品。①

3. 最惠国待遇问题。美国1974年贸易法第402款规定，美国国会每年要单方面检查一次计划经济国家（包括中国在内）的移民情况和做法，才能决定是否继续给予特定国家的最惠国待遇。1989年政治风波以后，每年的最惠国待遇给予，成为中美两国的敏感问题，影响所及，已不仅限于两国间的经贸关系。论者认为，美国这种做法，不仅不利于改善中美关系，而且在法理上也是站不住脚的，因为中美之间订有相互给予最惠国待遇的条约，其国内立法不应妨碍国际义务的履行。美国以此作为“以压促变”的工具，是干涉别国的内政②。有人认为，美国若停止给予中国最惠国待遇，不但中国内地经济将受损害，香港地区的经济也将严重受损，而且有导致中美关系全面破裂的危险。这不符合美国的战略利益，也不符合全球的利益。③

此外，在有关美国拒绝给予中国普惠制待遇、美国贸易法“301条款”对

---

① 见汪熙、陈亚温：《中美贸易问题：中国的观点》引文；周世俭、何建雄：《美国反倾销法对中国对美出口的影响》，《中美关系十年》；张天刚：《美国的反倾销法及我们的对策》，《国际商务研究》1990年第4期；毛乾斌：《美国反倾销法对中美贸易的影响及我国的对策》，《世界经济研究》1991年第3期。

② 武桂馥：《最惠国待遇与中美关系》，中共中央党校出版社1992年版；李仲周、王毅：《中美贸易关系中的最惠国待遇问题》，《国际贸易问题》1991年第3期。

③ 周世俭：《今年美国对我国的最惠国待遇问题》，《国际贸易论坛》1991年第4期。

我国的影响等问题上，论者普遍认为，近年来美国经济衰退，导致其贸易保护主义上升，但从长远来看，保护主义对于美国经济的发展是有害无益的。

投资是中美经济关系中的又一重要方面。有关研究指出，美国对华直接投资始于 1980 年合资兴建北京长城饭店。1983 年后投资额迅速增长。到 80 年代末，美国在华投资额仅次于港、澳地区，居各国家和地区对华投资之首。1989 年政治风波以后，其增长因美国方面的“制裁”而受到影响，但进入 90 年代后又有所恢复。

论者指出，美国对华直接投资有如下特点：(1)投资地区最初集中在北京、上海、天津、广州等大城市及经济特区，80 年代中期后扩展到沿海和内地的中小城市，范围逐渐遍及全国。(2)投资形式多样，包括合资经营、合作经营、合作生产、联合开发、独资企业等等。(3)投资规模较大，向中、大型项目方向发展，不少项目的合同金额超过 1 亿美元。(4)行业分布逐步扩展，从最初以能源、旅游服务业为主发展到轻工、机械、电子、化工、汽车和航空等领域。(5)投资经济效益普遍较好，大部分企业都能盈利和创汇。

论者认为，美国这些年来本国的产业结构调整、西部经济的崛起及其国际竞争战略，使它对亚太地区的投资呈高速增长趋势。亚太地区已成为美国对外经济的战略重点，这在客观上为中国吸引美国投资提供了有利条件。另一方面，中国的政局稳定、劳动力费用低廉以及沿海地区经济的发展也为美国对华投资提供了有利条件。然而，这些年来美国对华投资虽有较大发展，但总体上仍处于试探阶段，尚有很大的潜力。①

学术界关于影响美国对华投资因素的讨论，主要集中在中国自身的投资环境改善方面，包括克服官僚主义，惩治腐败以及深化经济体制改革，比如制定有关外资企业法规、扩大企业自主权、完善市场机制、提高中方管理人员素质、改革外汇管理制度等。

是否向外资(包括美资)企业让与国内市场是个较有争议的问题。有人

---

① 《美国对华投资》；孙海顺：《美国在华直接投资的发展现状与前景》，《中美关系十年》；陈宝森：《特区和开放城市与美国对华直接投资》，《中美经济关系》。

认为，中国还是发展中国家，外汇短缺是长期存在的困难，如果对外资只能引进而不能创汇，其结果就使外汇储备枯竭，因此强调“外向型”和进口产品的国产化①。但也有人认为，这是个进口替代和出口导向战略的选择。中国不同于亚洲“四小龙”，其市场条件是外商投资的兴趣所在，并有较大回旋余地，因此可以出口导向和进口替代并举。在轻纺等劳动密集型行业实行出口导向战略，对重化工业、基础设施、电子工业等方面实行进口替代战略。后者一方面可以减少我国在进口短缺产品方面的外汇开支，另一方面也带动了这些行业技术水平的提高，为其他行业发展外向型经济提供了保障。②

中美双边投资保护协定的谈判，是中美间的一桩悬案。论者指出，该协定虽经长期谈判仍未最终达成一致，是由于双方在投资者标准、征用补偿、资金转移、投资争议仲裁等问题上有较大分歧。此事悬而未决，将对美国对华进行大规模投资有一定影响。

关于中美之间的金融往来，有关研究指出，这些年来双方的合作有了较大发展，美国银行除外汇买卖、资金拆放等一般业务外，还参与进出口银行贷款，为中国能源、交通等大型项目提供资金支持。中美双边贸易与投资的发展为双方的金融合作提供了条件。但总的说来，美国对华的信贷规模不大，这种滞后的主要原因是美国政策的限制。③

三

这些年来中美经济关系史研究的成果数量已颇可观，但在质的方面仍有不足。

总的来看，不足之处有两点：从纵的方面讲，是不系统；从横的方面讲，是不全面。以中美贸易而论，自“中国皇后”号来华开始，迄今也有200多年

---

① 陈宝森：《特区和开放城市与美国对华直接投资》。

② 《美国对华投资》；柯居韩：《美国对华投资发展趋势及政策建议》，《世界经济与政治》1988年第3期。

③ 吴念鲁：《中美金融往来十年》，《中美关系十年》；刘夏莲：《中美金融关系的历史演变和新发展》，《世界经济文汇》1988年第5期。

了，但我们还没有一个完整的中美贸易的数量统计。中美贸易额的消长变化如何？这些消长变化的原因和影响如何？中国有哪些年份是出超或入超的，它产生的原因和后果又如何？在这一段长时间，中美贸易的商品结构几度发生变化，它反映了什么问题等等。以投资而论，在这个领域里，至今还没有一本像徐义生先生编撰的外债史那样的有关美国在华投资的统计资料。即使有一些数字资料，也带有很浓的感情色彩，根据不扎实，使人不敢引用。因而，像雷麦那本老掉牙的外国在华投资的书还很吃香（尽管雷麦这本书的可信性在西方也是有公开争议的，但是我们拿不出像样的替代物）。从横的方面讲，研究的布局很不平衡，例如美国在华企业的研究，几乎全集中在英美烟公司。当然，英美烟公司确有可写之处，但是还有一些其他的美国在华企业也很典型，但至今都还没有碰过。在这一方面，日本人走在我们前面了。为了侵略的需要，他们在三四十年代就对英美在华企业逐个地进行了较深入的调查，而且网撒得很广。说来惭愧，我们至今还不得不使用他们的资料或调查报告。应该承认我们的工作不如他们。此外，还有一些重要问题，我们还很少触及，如美国在华投资与贸易同对日投资与贸易的比较；美国参与列强对华贷款的多国关系；美国在东北地区两次尝到日本"门户关闭"政策的反应与对策，等等。这些重要问题我们都还没有提出有分量的研究成果。要做好这些工作是比较费力的，要有甘于坐冷板凳，敢于在档案馆碰壁的韧劲。既要锲而不舍地把资料汇总起来，还要旁征博引，辗转查证（例如光是计价单位就要参照当时世界的金价、银价，有关国家的外汇比价加以折算）。在这一方面的工作，中国社会科学院经济研究所的几位老先生给我们树立了榜样。

本文的统计表表明，我国学者对鸦片战争前的中美贸易很感兴趣，但这里也显露了几个带有普遍性的问题。首先，我们还没有充分利用美国方面的第一手资料。早期从事中美贸易的一些美国商人的个人和家族档案（包括日记、书信、账务等），在哈佛大学商学院和麻省地区若干早期中美贸易据点的图书馆收藏极丰。这些资料是供公开阅览的，但我们在研究工作中没有充分利用。其次，没有完全挖掘我们自己手中的第一手资料。早期中美贸易与十三行关系密切(特别是浩官)，这是我们眼皮底下的富矿，只要认真求索，可能会使我们在鸦片战争前中美贸易的研究方面迈上一个新台阶(值得庆幸的是中山大学章文钦先生已经开始做这一工作了)。再次，我们在研究工作中常常忽略事物矛盾运动与转化的机制。鸦片战争前的中美贸易固然对中美双方都是有利的，但对美国更为有利。美国第一代巨富产生了，他们有的成为纽约的大地产商；有的成为美国纺织业的先驱、铁路公司的巨擘。中美贸易带动和促进了美国工业化的进程。这是中美经济关系中不可忽视的一页。它是事物矛盾运动互为作用的结果。假如我们能把握矛盾对立的运动，也许可以把历史解释得更生动一些、更深刻一些。以上这几点，不仅在研究鸦片战争前的中美贸易时不应忽略，在研究中美经济关系史的其他方面，似乎也不宜忽略。

研究中美经济关系史的另一个薄弱之处是把历史与现实截然分开。本文统计表所收入的关于80年代和90年代的中美经济关系的研究成果，很少是历史学者的产品。这涉及对历史学者的培养和训练问题。在历史学的训练中应有经济学、世界经济和统计学的课程。这样可以使知识结构更加完备。历史学者看到一大堆数字就感到无能为力，而经济学者感到“过去”好像与他(她)无涉，这样就会在中美经济关系领域中形成一块没有人敲打的冷门地区。这会使整个中美经济关系史的研究，在前进中更加步履维艰。专著一般是比较集中地代表学术水平的，以专著而论，中美关系史的专著占这一领域研究成果(包括论文)总数的10%；而中美经济关系的专著只占这一领域研究成果(包括论文)总数的5%；剔除非“史”类(即现实经济类)的研究成果，则只占2%。相比之下中美经济关系的研究比较薄弱，是显而易见的。

从统计表看，1972—1978年几乎是空白，这是多年来视这一领域为禁区的必然结果。奇怪的是在1979年以后，研究的主题还是大部集中在鸦片战争以前和80年代以后，仍然留出一片空白(特别是剔除了非“史”类的现实经济研究以后，更是如此）。这说明客观环境虽有所改变，但在这一领域的研究进展仍然迟滞，有待于我们进一步的努力。

讲了一些不足之处，若不赞誉这些年来我们的成就，那是不公允的。1979 年以后，研究成果成倍地增长，这本身就是欣欣向荣的气象。这一段时期，出版了一系列有关经济的资料书（其中有很多涉及中美经济关系），一些大部头的美商企业史料出版了。鸦片战争前的中美经济关系的研究很活跃。对于一些重大问题（美国白银政策、美援及贷款、湖广铁路等）也开始有所涉及。一些具有丰富史料的外国著作的译本也增多了。特别令人高兴的是近年来涌现出一批很有才华的中青年学者，他们的潜心研究、广阔的视域和敢于探索的勇气，必然会把这一领域的研究推上一个新的台阶。记得若干年前（是解放后，但已是若干年前的事了）一位美国知名的历史学家，鉴于中国历史学界有时把历史硬塞进教条的框子，以“白马非马”为题，讽刺和抨击中国的历史学界。物换星移，事情已经过去，时代也转换了，我们相信有作为的中青年一代历史学家会以自己高质量的研究成果，准确无误地回答这位美国学者。“白马非马”揭示事物与概念之间、个体与一般之间的差别，包含了事物皆是可分的精髓思想。这正是我们历史学家要做的事。他们的研究成果会给他一些新的启示。

中美贸易的历史、现状和前景[①]

中美贸易已有两百多年的历史，中美贸易作为中美关系的一个组成部分，不仅受到两国政治、军事、文化等其他领域里相互关系的影响，还受到两国与世界上其他大国关系的影响。

本文将对两百多年来的中美贸易勾勒一个粗略的框架，并在此基础上分析中美贸易发展的前景。

一、1949年以前的中美贸易

远在美国独立之前，中国和北美地区就有贸易往来。

1784年8月25日，美国纽约和费城的商人集资的“中国皇后”号商船抵达广州，被公认为是中美贸易的起点。到1844年，中美商品贸易额达844.3万元，其中中国对美国出口为668.6万元，美国对中国出口175.7万元，中国顺差492.9万元。[②]

中美贸易的历史几乎和美国独立的历史一样长，在中美贸易最初的六十年里，中国长期处于贸易顺差。中国出口到美国去的主要商品是茶叶、丝绸和土布，从美国进口的主要是人参、毛皮和棉花。

当时的中美贸易是在中国闭关自守的情况下进行的。清朝政府认为中

---

① 原载顾云深、石源华、金光耀主编：《鉴往知来——百年来中美经济关系的回顾与前瞻》(《中美关系研究丛书》第19辑)，复旦大学出版社1999年版，第11—21页。本文与胡涵钧合写。

② 戴维兹编：《美国外交和政策文件：美国与中国》第1辑，第18卷，第59页。

国物产丰富,进口的商品都不是必需品,因此采取限制对外贸易的对策。除指定广州为唯一对外通商口岸,规定在广州经商的外国人只能在“商馆”内活动外,还授予“公行”对外交易的垄断权。禁止外商直接在中国开展交易活动,并对交易商品征收约占价值三分之一的税。

而美国政府则鼓励本国商人对外贸易。刚刚从英国殖民统治下解脱出来的美国,经济以农业为主,手工业分散而且落后,国内市场尚未形成,无法筹集大量资金开发本国资源。美国对中国贸易的商人除了进行直接中美贸易外,还经营相当数量的转手贸易,把从中国购买的茶叶等商品转卖到其他国家去,运到中国来出售的也有从太平洋和印度洋沿岸收购的“东方产品”。

这一时期中美贸易在两国对外贸易中的比重不大,中国对外贸易中,英国占了第一位。经过半个多世纪的交往发展,双方的贸易额有了相当程度的增长。中美贸易占中国对外贸易的比重从初期的6%上升到21%左右,而中美贸易占美国同期对外贸易的比重则从2.7%上升到4%①。这数据表明美国对外贸易的规模和增长速度大大超过中国。

中国政府限制对外贸易的政策阻碍了外国商人在中国攫取巨额利润的野心,而日益猖獗的鸦片输入,更使中国和外国,特别是与英国的矛盾激化。但是,在中美贸易初期,美国商人却显得较为克制,他们不希望同中国政府有正面的冲突,即使在1821年,中国处死美国“埃米莉”号上的一名海员后,情况仍然如此。

1844年《中美五口贸易章程》(亦即《中美望厦条约》)的签订是中美贸易史上的一个重要事件,其中规定了美国商人在中国的最惠国待遇,开始了中美之间的不平等贸易。

鸦片战争以后,中国从被迫开放通商口岸到领土割让,以值百抽五的协定关税到外国商品进入中国只要交纳2.5%的子口税(以后运往中国各地,不必再交纳任何国内税),逐步沦落为半殖民地国家。而美国商人凭借不平

① 汪熙、邹明德:《鸦片战争前的中美贸易》,《复旦学报》1982年第4—5期。

等的最惠国待遇，可以享受各种特权。虽然中国的关税主权在1929年得以恢复，但不平等条约直到1943年才被废除。①

在这一百多年里，中美两国所走的道路截然不同，在中国是多次农民起义，长期军阀混战，日本的入侵更给中国带来了深重的灾难。而美国虽然经历了两次世界大战，但经济上不仅没有遭受重大损失，反而因祸得福，一跃而成为世界上最强大的国家。

用一组可比数据，可以清楚地说明中美两国在此期间贸易发展的巨大差异：

1868年，中国对外贸易总额为19 391.8万美元，其中出口9 583.1万美元，进口9 808.7万美元，贸易逆差225.6万美元。到了1945年，中国对外贸易总额为70 943.9万美元，其中出口14 888.4万美元，进口56 055.5万美元，贸易逆差41 167.1万美元。在78年时间里，中国对外贸易增长为3.66倍。从1877年起，中国对外贸易年年逆差，到1948年连续了72年之久。1945年中国的对外贸易额仅占中国历史上贸易额最大的1919年（进出口总额177 615.2万美元）的40%。②

同期美国对外贸易从1870年的8.13亿美元增加到1945年的136.83亿美元，增长为16.83倍③。如果说1868年中国出口占美国出口的四分之一，那么到了1945年就仅占了1.5%了。

在第一次世界大战之前，中美贸易占中国对外贸易的比重一直保持在10%左右。到30年代，随着英国地位的衰落，美国在中国对外贸易中上升到首位。日本发动侵华战争后，控制了沦陷区的对外贸易，但美国仍然是国民党统治区以及除日本之外沦陷区最主要的贸易国。抗日战争胜利后，中美贸易占中国对外贸易的60%左右，美国在联合国善后救济总署运入中国的

---

① 郑友揆：《中国的对外贸易和工业发展》，上海社会科学院出版社1984年版，第15页。

② 郑友揆：《中国的对外贸易和工业发展》，上海社会科学院出版社1984年版，第334—337页。

③ 樊亢等编著：《主要资本主义国家经济简史》，人民出版社1973年版，第357—358页。

物资总值中占76%。

同期中国出口商品的结构并没有发生大的变化，茶叶、丝绸比重有所下降，但增加的商品是桐油、猪鬃、金属矿砂等初级产品，制成品出口仅占20%，其中大部分是棉纺织品。

而中国进口商品的结构则有了明显的改变，从1887年美国对中国出口煤油之后，中国进口工业制成品的比重迅速上升，钢铁制品、机械设备、化工染料的进口不断增加。反映了中国民族工业和外国在中国投资的企业所需的生产设备和工业原料，主要是依赖进口。抗日战争结束以后，进口粮食和生活用品的比重有所增加，但制成品进口仍占50%以上。

二、1949年以来的中美贸易

中华人民共和国的成立，并未立即对中美贸易产生影响。1948年，中美商业性贸易1.36亿美元。1950年，中美贸易2.38亿美元。说明中美贸易不仅得到延续，而且略有增长。

1950年的朝鲜战争导致中美关系恶化，两国贸易也随之急剧下降。1953年，中国对美出口仅有2 000美元，从1954年起，中美贸易完全中断。

中美贸易的恢复也是以中美关系的恢复为前提的，1972年美国总统尼克松访华，当年两国贸易额为1 288万美元。1973年达到2.6亿美元。从1973年到1977年，中美贸易波动很大，1974年曾达到4.75亿美元，而1977年又下降到2.94亿美元，其中中国对美出口增长比较稳定，中国从美国的进口变动很大，主要是中国当时处于“文革”期间，对外贸易受计划管理，国内经济计划的变动对两国贸易有直接影响。①

中美贸易恢复后，中国对美国的出口主要是纺织品、土畜产品、工艺品等轻工业产品，从美国进口的主要是粮食、纺织品原料、化工产品和机械设备等。在1972年到1977年的中美贸易中，美方有5.97亿美元的顺差。

从1950年到1977年，中国对外贸易的进出口总额从11.35亿美元提高

① 参见《中国对外贸易年鉴·1984年》，中国对外经济贸易出版社1984年版，第Ⅳ—82页。

到148.04亿美元,增长倍数为13.04倍。同一时期,美国1977年的对外贸易进出口总额为2 816亿美元,为1950年188.86亿美元的14.91倍。美国对外贸易增长的速度快于中国。如果用贸易额来相比,美国更是遥遥领先了。

1977年,中美贸易的金额基本上恢复到1950年的水平,但是二十多年过去了,中国和美国经济差距进一步增大,两国的贸易金额与70年代的两国经济规模是很不相称的。1977年中美进出口总额占中国当年进出口总额2%,占美国当年进出口总额仅千分之一。

1978年起,中国改革开放的战略决策对经济发展产生了重大的影响,中国的经济开始起飞,中国的对外贸易也进入了高速增长的时期。从1978年到1996年,中国进出口总额从206.38亿美元上升到2 899.0亿美元,年增长率15.8%,18年间,金额增长14倍,这在中国历史上是从来没有过的。同期美国进出口总额从1978年的3 298亿美元上升到1996年的14 110亿美元,年增长率为8.4%,金额增长4.3倍。中国外贸增长速度第一次超过了美国,中美贸易的差距开始缩小,而且速度很快。

中美贸易在两国对外贸易中的地位迅速提高。1978年,中美贸易9.9亿美元,占中国对外贸易额的4.8%,占美国对外贸易的千分之三。1996年两国贸易达635亿美元,占中国对外贸易的21.9%,占美国对外贸易的4.5%。1996年,美国成为中国第二大贸易伙伴,仅次于日本。中国也成为美国的第五大贸易伙伴。两国贸易的年增长速度平均为26.0%,不仅超过美国的外贸增长速度,也超过了中国的外贸增长速度,是两国同期发展最快的贸易伙伴。①

三、 中美贸易的现状

中美两国的贸易关系,已经经历了两百多年,其中的曲折是非,是很难用一篇几千字的短文论述清楚的。但是即使从简略勾画出的框架中,也可

① 本小节70年代的中方数字,引自《中国对外贸易年鉴·1984年》,70年代的美方数字,引自《主要资本主义国家经济简史》,1996年的数字引自《国际商报》,1997年1月11日,第1版。

以得出一个明显的结论：

1.《望厦条约》以前，中国处于闭关自守的封建社会，美国商人想扩大中美贸易，但受到本国经济发展水平的制约，因此不得不通过转手贸易来获取贸易利益，而大量鸦片输入中国，则给中美贸易的历史留下了不光彩的一页。

2.《望厦条约》以后的一百年，对中国来说是不平等的贸易，中国经济、贸易的艰难曲折和美国经济、贸易的快速增长形成了鲜明的对照。中美贸易在这一时期至少是停滞不前的。

3. 中华人民共和国成立以后的二十八年间，中国的经济和贸易得到了发展，但是计划经济的弊病和多次决策的失误，使中国发展的速度比美国慢，战后初期“冷战”格局的形成又使中美贸易中断了将近二十年，直到1977年才恢复到1950年的双边贸易水平。

4. 改革开放以来，中美贸易迅速发展。回顾两百多年走过的路程，我们有充分的理由认为：当前的中美贸易正处于历史的最好发展时期。

尽管中美贸易受整个中美关系发展的制约和影响，从美国方面而言，美中关系的发展必须符合于美国的政治利益和经济利益，特别是要有利于美国的全球战略构想，其中的因素极其复杂。即便如此，从目前两国自身的战略考虑与两国交往的现实状况来分析，结论仍然是：中美贸易正处于历史的最好时期。

首先，中国的改革开放是一项长期的战略方针，以经济建设为中心已成为全国上下的共识，把这一条放在首位，并非空洞的政治口号，而中国人能够达成这样的共识，是付出了惨痛的代价的。

其次，“冷战”格局的结束使世界各国，特别是大国的注意力从军备竞赛、政治斗争转到经济发展上来，打破了全球处于军事对峙，经济割裂的状况。

第三，科学技术的发展缩小了各国空间上的距离，跨国界的直接和间接投资，以及劳动力国际间流动的增加，使“无国界经济”的规模日益扩大。世界各国相互间的合作和依赖更加紧密。

第四，世界贸易组织（WTO）以及其他国际经济组织正在形成和完善国际间经济活动的行为准则，或者说是“游戏规则”。而一套完整的、非歧视的、有透明度的、可操作的“游戏规则”对规模不断扩大，内容日益丰富、复杂的国际经济活动来说，是必不可少的。

第五，中美两个大国在经济发展程度、资源分布、产业结构、消费水平各方面都有很大的差异，双方的贸易基本上是互补的。从近期美国对中国的出口来看，主要是粮食、棉花等农产品，以及飞机、化肥和通讯设备等资本、技术密集型产品；而中国对美国出口的主要是纺织品、服装、玩具、箱包、鞋类等劳动密集型产品。中国丰富的劳动力和美国丰富的资本、技术，是两国具有贸易潜力的主要基础。

上述五个方面是密切相关的。贸易基础再好，没有适当的环境，潜力就发挥不出来；反过来说，环境再好，贸易没有基础也发展不起来。

充分肯定中美贸易的有利条件，并不是说中美贸易就不存在障碍。事实上，1979 年以来，中美贸易关系中的纠纷一直没有停止过，用“天无三日晴，地无三尺平”来形容这一时期的中美贸易是再恰当不过的了。

人权问题，核扩散问题，台湾、西藏以及最近凸显的香港问题，本来与贸易并没有什么联系，而且类似的事情在其他国家也时有发生，拿一个国家的民族或地区问题来说，英国有北爱尔兰问题、加拿大有魁北克问题，美国并不认为这些与双边贸易有什么联系，但是只要事情发生在中国，即使只是一张关于孤儿院的照片，或者一则失实的情报，都会在美国掀起轩然大波，甚至危及中美两国的最惠国待遇问题。这种现象的存在，说明中美两国的贸易虽然发展很快，但基础还很脆弱。

美国对中国的最惠国待遇问题，仍然坚持一年一度的审批手续。虽然 1994 年，克林顿宣布将最惠国待遇的延长同人权问题分离开来，但只是指最惠国待遇同杰克逊—瓦尼克法案分离，克林顿发布的行政命令规定把 7 个方面的人权进展作为进一步延长中国最惠国待遇的条件，其中关于移民国外和监狱劳动两项是强制性条件，而“遵守世界人权宣言”、“公布政治犯情况”、“允许国际红十字会访问囚犯”、“保护西藏传统和文化”、“允许国际电台和电视台播放”作为5项由国务卿评估的条件。从这7项条件的内容，可以看出非贸易因素对中美贸易的影响。

另一类对中美贸易有关的纠纷是涉及中国的“非市场经济”问题。中国作为一个社会主义市场经济国家，既不同于传统意义上的社会主义计划经济国家，也不同于当前大多数的市场经济国家，客观地说，中国目前的大部分国内外经济活动，都是在市场经济基础上进行的。

但是，美国坚持把中国划在“非市场经济”的范畴里。“非市场经济”实际上就是计划经济，美国在一些国内外法律和协定中为了避免对当时的苏联、东欧国家指名道姓，采用了“非市场经济”这个概念。

中国被划入“非市场经济”国家，在中美贸易中就遇到很多问题，或者说，是受到美国很多方面的歧视。

例如：一年一度的最惠国待遇问题，就是美国根据1974年的贸易法402条款（即杰克逊--瓦尼克法案）采取的行动。该条款规定非市场经济国家要享受美国的最惠国待遇，必须每年受到美国对该国在移民方面是否侵犯人权的审查。

又如，中国至今未能享受美国的普遍优惠制方案，普遍优惠制（GSP）是联合国贸发会议上通过的一项决定，按照这项决定，发达国家给予来自发展中国家的出口商品，主要是制成品和半制成品单方面的关税优惠。也就是说，发展中国家出口到发达国家去的大部分商品，可以享受比最惠国待遇更加优惠的关税待遇。目前，大部分普惠制方案中的制成品和半制成品都做到了免除进口关税（也称为零关税）。但是，因为中国被看作非市场经济国家，而美国对非市场经济的发展中国家作出了更为严格的规定，例如，必须是国际货币基金组织和关税与贸易总协定的正式成员等。所以尽管中国属于发展中国家，仍然不能享受美国的这一优惠方案。

反倾销税也是中美贸易经常遇到的棘手问题。从关税与贸易总协定到世界贸易组织，都有关于倾销和反倾销的专门规定，但是美国对中国出口到美国去的商品是否属于倾销，是否应该征收反倾销税并不按国际惯例办事，理由就是中国属于非市场经济国家。美国现行的针对非市场经济国家的反倾销做法，带有很大的主观随意性，在很多案例中，作出的结论对中国是不公正的，而一旦中国的一种商品构成倾销，并被征收高额反倾销税，这种商品出口的数量和金额都会大幅度下降。美国的这一做法，对中国出口增长较快的商品，构成的威胁尤为严重。

中国恢复关贸总协定成员地位的问题，也受到非市场经济问题的严重阻碍，美国以此为理由，要求中国接受选择性保障条款，而一旦中国被迫接受，就会丧失大部分进入关贸总协定可以带来的利益。

在中美贸易中，贸易不平衡也是一个大问题，中国国务院新闻办公室在1997 年 3 月 21 日发表的关于这个问题的白皮书，对此作了详尽的分析，本文就不再重复了。

四、中美贸易的前景

中美贸易中存在的种种问题，都会影响双边贸易的发展。但是，1978 年以来中国对美商品出口的持续快速增长，说明这些问题尚未对中美贸易造成严重的阻碍。

中美贸易能否进一步发展，很大程度上取决于下面两个问题的妥善解决。

首先是中美两国关于国际经济新秩序的认识。“冷战”时期的大国关系，曾经对中美关系起过决定性的作用，“冷战”结束后，美国视领导世界各国为己任，希望建立一个超级大国领导下的国际经济体制。中国和其他很多国家都不同意美国的设想，希望今后能建立一个互利互惠、平等合作的经济体制。如果美国今后继续坚持现有的主张，就会把迅速发展的中国看成对美国的威胁，就会认为中国的强大不可避免地会同美国发生冲突。在此基础上产生的政策和措施，肯定不利于中美贸易的发展。

第二个问题是台湾，台湾是中国不可分割的领土，中国对此是绝对不会改变的。美国现在采取的做法是口头上承认一个中国，实际上承认“一中一台”。问题是台湾问题并不完全取决于中美双方，一旦台湾方面采取过激行动，就会随时把中美两国推入危险的境地。

前面一个问题是基本格局的问题，后面一个问题是牵动全局的问题，并带有突发性，这两个问题解决好，中美贸易就有更加广阔的前景。

今后在中美贸易中，不发生纠纷是不可能的，现有的问题全部解决也是不可能的，只要大局把握住，中美贸易中晴天就会多一些，道路就会平坦些，发展就会更快些。

中美贸易问题：中国的观点[①]

自1972年中美历史性对话以来，中美贸易经历了一个由零的突破到后来居上的迅速发展过程。1987年中美贸易额高达78亿美元之巨[②]。美国已经成为中国最重要的贸易伙伴之一。中美贸易的稳步增长趋势使人们对今后两国贸易前景保持乐观瞻望。但是，中美贸易从其发轫之初也开始在孕育着一些不利因素。这些不利因素目前已经成为影响中美贸易继续扩大的障碍，引起了两国有关人士的重视。

本文将分成三个部分。第一部分简单回顾中美关系解冻前后双边贸易发展过程及中美贸易现状。第二部分着重分析中美双边贸易中存在的问题及其双方对问题的不同认识，重点阐明中国的观点和看法。第三部分根据对现实条件和可能条件的分析，探讨解决中美贸易现存主要问题的途径，展望中美贸易发展前景。

一、 中美贸易的发展及现状

中华人民共和国成立后，中美间的贸易关系仍继续保持了几年时间。1949年美国自中国大陆的进口达1.06亿美元，1950年为1.46亿美元，均高

① 原载汪熙、[美]霍尔登主编：《中美经济关系：现状与前景》（《中美关系研究丛书》第5辑），复旦大学出版社1989年版，第190—212页。本文与陈亚温合写。感谢刘夏莲女士为本文收集了材料。刘夏莲女士是复旦大学的博士研究生。

② 《国际商报》1987年1月23日，第1页。

于同期美国从联邦德国、法国和日本的进口①。1950 年朝鲜战争的爆发导致两国关系遽然恶化,致使双边贸易锐减。至 1954 年,中美贸易关系完全中断。

1972 年和 1979 年是中美关系发展史上的里程碑。1972 年中美两国领导人举行了历史性对话,打开了关闭多年的中美关系大门,中美贸易关系开始解冻。1979 年中美正式建立外交关系,从此中美贸易关系翻开了新的一页。

根据中国统计,1979 年中美贸易额为 24.52 亿美元,1987 年已达 78 亿美元,8 年中增长 2.18 倍,平均年递增率为 15.5%②。1987 年中国出口贸易总额为 399.21 亿美元,其中对美出口额为 30 亿美元,占中国出口贸易额的 7.5%(若包括香港地区的转口输出,美国在 1987 年是中国出口商品的第二大市场)。1987 年中国进口总额为 438.56 亿美元,其中从美进口 48 亿美元,占中国进口贸易额的 10.9%③。按进出口贸易总额计算,美国居港澳地区、日本之后名列中国第三大贸易伙伴。中美贸易额占美国对外贸易总额的 1%强,是美国第十六位贸易伙伴④。

1979—1987 年期间,中美贸易商品结构也发生了明显变化。80 年代早期美国对华粮食出口占其对华总出口的三分之一强⑤。中国第六个五年计划期间(1981—1985 年)从美进口粮食的比重逐渐降低⑥,制成品(主要是机

① 《美国历史统计》1976 年纽约版,第 905 页。

② 根据王大新《中美贸易关系的回顾》(载《国际商报月刊》1987 年 12 月号)第 31 页和《国际商报》1988 年 1 月 23 日第 1 页数字计算。

③ 《国际商报》1988 年 1 月 23 日,第 1 页。美国驻华大使温斯顿·洛德 1988 年 6 月 23 日在"美中工业、贸易和经济发展联合会议"上说,1987 年中国对美出口占中国出口总额的 16%(不是本文所说的 7.5%)。洛德大使所使用的中国对美出口数字是根据美国的海关统计,即 62.9 亿美元。这个数字与中国的海关统计(30 亿美元)相差 32.93 亿美元。美国海关的统计数字很明显是包括内地经香港的转口输美数字。1987 年经香港的转口输美为 35.53 亿美元,这个数字减去运费和保险费(一般在 8%左右)正好相当于中、美统计的差额(32.93 亿美元)。因此,16%与 7.5%的差额其原因在于是否包括内地经香港的转口输美数字。

④ 前揭王大新文,第 31 页。

⑤ 陈迺润:《美中贸易结构》《中国商业评论》1986 年第 11—12 月号,第 16 页。

⑥ 1983—1985 年期间,美国对华粮食出口占其对华出口贸易额的比重由 20%降至 2.5%,参见前揭陈迺润文,第 16 页。

械产品和技术)进口比重逐步增加[①]。这一结构转变趋势仍在继续,并在已经开始进行的第七个五年计划(1986—1990 年)中体现出来。另一方面中国对美国的出口商品结构也发生了一些变化。传统出口商品已被石油、纺织品等替代。1987 年纺织品已列中国对美出口的首位商品。其他制成品如玩具、运动器械、机电设备等也开始对美出口。但是同中国从美进口商品结构相比,中国对美出口商品结构改变不大,仍以劳动密集型产品为主。这表明中国对美出口,商品比较单一集中,其中纺织品的过快增长已经成为中美贸易中一个不稳定的敏感性因素。

随着中美贸易的发展,中美相互间投资也开始进行。到 1987 年 9 月底止,美国在华直接投资额为 31 亿美元,占境外在华投资合同金额的 14%,仅次于港澳地区[②]。投资领域包括旅游业、纺织业及轻工、煤矿、海上石油、飞机制造等领域。同期中国在美投资 0.8 亿美元,主要集中在餐馆业、木材、渔产、食品加工等业[③]。不过无论美在华投资或中国在美投资的规模都不大。

由于 1983 年末美国决定对中国放宽双重用途技术出口控制,中美技术转让进程大大加快了。在此之前,中国一直受到美国技术转让的严格限制。1949 年中华人民共和国成立后,美国根据《出口管制法》把中国列入 Y 组。朝鲜战争期间把中国再降到 Z 组(一个全面禁运的类别,延续了将近 20 年)。1971 年对华贸易禁令解除后,中国又恢复到 Y 组位置,对中国技术转让仅限于非战略性物资。中美建交后美国于 1980 年 4 月单独给予中国 P 组位置。虽然从 Y 组上升到 P 组,使中国在技术转让中的地位有所改善,但技术转让性质却没有改变:中国仍然受到在 Y 组时一样的限制(即对华技术转让必须要有有效许可证)。美国对华技术转让限制所产生的消极影响在

---

① 例如,美国对华机械和运输设备的出口额占其对华出口总额的比重由 1983 年的 27%上升到 1985 年的 50.8%,参见前揭陈迺润文,第 18 页。

② 张皓若(经贸部副部长):《美国在华投资的回顾与展望》,载《国际商报月刊》1987 年 12 月号,第 4 页。

③ 经贸部合作局官员在《全国第二次国外企业工作会议暨学术讨论会》上的发言,1987 年 7 月 9 日。(发言材料未印发)

1982—1983 年达到顶点:1982 年中美贸易自 1979 年贸易协商签订以来首次出现了负增长[①]。技术转让限制已经成为影响双边贸易关系的一个重要障碍[②]。为了克服这一障碍,美国采取了积极行动,于 1983 年将中国归入大部分市场经济国家在内的 V 组,放宽了对华绿区和中间区双重用途技术的出口。1984 年中美贸易额开始回升,由 1983 年的 44.92 亿美元增到 64.70 亿美元,1985 至 1987 年双边贸易总额均达 70 亿美元以上[③]。其中技术贸易增长幅度较大。例如数据处理自动设备对华出口由 1983 年的 0.36 亿美元增长至 1984 年的 0.77 亿美元,建筑和采矿机械的出口由 1983 年的 0.51 亿美元增至 1984 年的 1.36 亿美元,检测、监视、控制和分析设备的出口,由 1980—1982 年的年平均 0.52 亿美元,1983 年的 1.39 亿美元增至 1984 年的 1.76 亿美元[④]。此外,中美双方在核销售和武器转让等许多关键性商业领域也取得了有效进展。中美签订了《中美核合作协定》[⑤]。这一协定对双方均意义重大:就中国而言,该协定消除了美国在向中国核能计划提供技术和设备方面的法律障碍,使中国有可能获得美国先进技术和设备。就美国来说,中国对美国核能企业和销售商敞开了巨大市场,使美国有希望从中国核能计划执行中获得可观的订货。

在武器贸易方面中美也进行了有限接触。自从 1983 年末对中国放宽双重用途技术出口控制以来,美国向中国出售与军事有关的技术有所增加。1985 年销售额达 20 亿美元,而 1983 年则是 9.3 亿美元[⑥]。

总体来看,中美贸易,投资和技术转让虽然逐年发展较快,所涉及的领域也越来越多,但是毋庸讳言,对于目前的贸易和投资水平,中美双方都不

---

①③ 见前揭王大新文,第 32 页。

② 关于 1982—1983 年中美贸易猛烈缩减的原因,有不同的看法。例如,美国官方认为是由于中国削减了从美国的粮食进口以及中国国内经济调整政策压缩进口所致。见美国商务部国际贸易署陈迺润文:《中国经济与外贸》(1981—1985 年),1984 年 9 月,第 34 页。

④ 陈迺润:《美中贸易近期趋势》,美国商务部国际贸易署刊物 1985 年 10 月,第 5 页。

⑤ 丹尼尔 · L.施皮格尔等:《对华贸易和投资:国会与制度化进程》,上海《国际经济贸易讨论会》美方材料之四,1987 年,第 15 页。

⑥ 前揭丹尼尔文,第 19 页。

是完全满意的，尚有巨大潜力没有发挥出来。还需要进一步消除障碍。为此，中美双方都必须作出努力。

二、 中美贸易现存障碍和问题分析

1. 两个贸易“逆差”和两种对立的看法

中美双方各自都认为在双边贸易中本国存在着大量逆差。这种认识差异形成了双方对纠正不平衡各自应承担的责任和应采取措施的认识上的分歧。

这种对贸易顺、逆差根本不同的看法，是由中美贸易统计口径的差异产生的，而这种统计差异基本上又是由各自对到岸价格和离岸价格的解释以及对经由香港地区或日本转口到美国的转口贸易额计算不同引起的①。现在双方都宣称自己处于20亿—30亿美元左右逆差的不利地位。美国方面认为，中国纺织品输美增长过快和中国商品低价倾销是引起美方逆差的主要原因，因此要求中国限制纺织品输美和开放市场。相反，中国则认为，中国对美贸易持续逆差需要扩大对美出口来平衡。美国对中国实行差别性待遇(至今未给予中国普惠待遇，实施有条件的最惠国待遇，进行反倾销调查等)，限制了中国扩大对美出口，致使贸易逆差难以纠正。因此反要求美国取消贸易保护主义，进一步向中国开放市场。中美双方对贸易逆差性质的主要分歧集中在纺织品贸易问题上。

2. 中美关于纺织品贸易的争论

纺织品是中国最大的输美商品，也是中国最有竞争力的商品。1987年中国纺织品出口额达68亿美元，其中对美出口32.64亿美元，占中国纺织品出口的48%②。因此纺织品出口贸易对中国经济非常重要。美国认为中国纺织品损害了美国工业，扰乱了美国市场，并对中国纺织品实行限制。这种看法和以此为基础而制定的政策是否明智颇值得怀疑。因为：

---

① 卡伦格林:《美中贸易现代化》,《中国商业评论》1987年3—4月号,第1页。

② 《国际商报》1988年1月23日和1988年2月4日公布的海关统计数字。

(1) 美国1987年(1—11月)贸易逆差总额是1 590亿美元①。美中贸易逆差在同期内(1987年1—11月)为33.3亿美元②,中国只占美国贸易逆差的百分之二,根本不足以对美国贸易逆差状态产生严重影响。把减轻美国贸易逆差的压力转移给中国,显然是有失公允的。

(2) 中国纺织品若按平方码计算,占美国纺织品进口的不到10%,按价值计算只占美纺织品进口的7%③。即使减少中国纺织品输美数量,也不会使美逆差状况得到实质性改善。

(3) 纺织品是中国有比较优势的产品,是目前中国赚取外汇的重要来源。中国其他主要贸易伙伴如日本、欧洲共同体等国都表示理解中国困难,放宽了对中国纺织品进口的限制。但美国却在1982—1987年期间,对中国输美纺织品配额限制种类一提再提,由14种扩大到87种,覆盖了中国纺织品出口的85%④,使中国对美出口能力受到很大限制。美国对纺织品贸易采取保护主义的做法,不仅没有能够减缓美国日益严重的贸易逆差状况,反而妨碍了中美贸易的健康发展,因为中国缺少足够外汇来支付从美国的进口,只好被迫削减从美进口的规模。这样反过来也使美国经济利益受到损失⑤。

(4) 中国正在努力扩大对外出口多样化。1987年中国机电产品在整个出口额中所占比重比1986年增长89.4%,技术出口成交额达1.5亿美元⑥。作为贸易伙伴,美国也应理解中国贸易结构的调整和改进需要有过渡时间和过渡条件。中国也正在制定新的产业政策进行结构调整。随着中国一个

---

①② 美国驻上海总领事馆新闻文化处:《经济政策背景资料》EB-1359,1988年2月3日,第2页。以下简称EPB。

③ 杰恩·特鲁:《纺织品贸易的剑拔弩张之势》,《中国商业评论》1986年9—10月号,第28页。

④ 吴曙东:《中国对美纺织品出口与美国贸易保护主义》,载《中国对外贸易》(1987年9月),第10页。EPB第EP-1325号,1987年12月21日,第1页。

⑤ 例如1983年美国单方面宣布对中国纺织品实行进口配额限制,致使中国也削减了从美国的粮食进口。

⑥ 周可仁:《1987年中国对外经济贸易工作成绩喜人》,《国际商报》1988年1月23日,第1页。

比较合理的产业结构的形成，中国进出口结构也会逐步趋于合理化。

1987 年底中美达成一项新的纺织品贸易协议。这项协议定于 1988 年 1 月 1 日生效，至 1991 年 12 月 31 日截止。协议涉及所有主要进口项目，其中包括以前两个协议中所没有的化纤和服装类。根据这项协议，中国纺织品和服装向美国出口年增长率将从大约 19%下降到 3%①。协议的签订暂时缓和了中美纺织贸易的紧张状态。但是，只要美国贸易严重逆差状态不改善，美国国内的保护主义压力仍会加强，中美间的贸易矛盾仍然不会平伏。美国国会最近通过的一系列贸易保护主义法案及修正案均显示出这一倾向。

3. 美国现行贸易法规和政策对中美贸易的影响

美国现行的贸易法规和政策以及国会正在酝酿讨论的贸易修正案在一些主要方面都不利于中美贸易的今后发展。

(1) 美国“一九七四年贸易法”第 402 款规定，美国国会每年要单方面检查一次计划经济国家(包括中国在内)的移民情况和做法，才能决定是否继续给予特定的国家最惠国待遇。尽管当时制定这项条款主要是针对苏联的，但由于条文泛指概念模糊，因而对中美贸易亦带来不利影响。美国单方面每年对中美之间的最惠国待遇检查一次，这就使美商同中国的贸易产生了不稳定性和不必要的障碍。从法律上说，中美之间的双边互惠最惠国待遇应是一项国际义务，美国这样做既不符合国际法的对等原则，也不利于两国贸易的现状的改进。

(2) 在适用反倾销法方面，众议院最近提出“1974 年贸易法第 406 款修正案”②。该修正案允许美国产业界可以不经侵害试验就提出救济保护，对倾销实行制裁而不管非市场经济国家(包括中国)对美国的出口公平与否③。这样，修正案就不顾中国是美国市场的后来进入者，武断地规定中国任何商

① EPB，第 EB-1324 号，1987 年 12 月 21 日，第 1 页。

②③ 韩叙(中国驻美大使)：《美国法律不利于中美贸易的今后发展》，《中国商业评论》1986 年 11—12 月号，第 6 页。

品对美国市场的增加都可援引第 406 款。修正案这样规定显然有三个不妥之处。第一，目前中国经济体制正在向有计划的市场机制转变，中国企业行为很多已经市场化了，用一个固定的框框去套一个正在转化和变动的事物，是一个带有偏见的假设，很难由此产生公平合理的贸易政策。第二，尽管 1980—1986 年期间中国出口占美国进口的年平均不到 1%，中国商品却受到了十五次反倾销调查，占美国对外国的反倾销调查的 5%①。这种同中国输美商品比例很不相称的反倾销调查主要是由于对中国适用不公平的反倾销法引起的。中国除了因此损失了一部分市场份额外，还支付了额外的司法等费用，有些甚至超过了被调查商品的总价值②。这极大地损害了中国出口贸易的利益。第三，修正案及美国对中国适用的反倾销法同法律的基本特征(连续性 Consistency，稳定性 Stability，可预测性 Predictability 和公平性 Fairness)互相矛盾。美国确定的倾销差价不是根据中国产品的真正成本而定，而是根据某一指定国(Surogate)的价格作为定价基础③。这种任意确定的“公平价值”使中国无法预测美国所谓的公平价格究竟为多少。同时为了避免反倾销调查，中国被迫人为地提高商品价格，这样便不公平地限制了中国商品进入美国市场的机会。此外，在一些对中国商品的反倾销调查中，美国商务部不公正地选择了一些经济发展阶段与中国完全不相同的国家作为比较，结果使所确定的倾销差价人为地增大了④。

(3) 美国正在或即将审议的另外一些保护主义立法，也将对中美贸易产生消极影响。例如第九十九届国会提出的一项适用非市场经济国家的议案，提出以美国进口商品的平均价格作为公平价值的基准来取代按指定国的成本定价的做法⑤。这一议案也同样忽视了中国经济不是非市场经济的事实。华盛顿大学的拉迪教授在美国参议院评论美国对中国的贸易与投资政策时，曾经指出，中国现有的产品已经有一半不是按国家计划规定的价格

---

①② 米契尔 · 菲尔茨伯：《中国贸易内部研讨会论题》，华盛顿 1987 年 11 月 19—20 日，第 5 页。

③④⑤ 前揭韩叙文。

分配，而是通过市场或准市场的渠道销售的。在两三年内，预计中国产品将有70%或更多一点通过市场或准市场的渠道出售。拉迪教授令人深思地提出："根据截至目前的中国经济转型的进程，人们可以合理地提出这样的问题，即：美国的贸易法律，是否仍应继续把中国归属为非市场经济国家。"他建议"美国的贸易法与政策应重加审订，以保证其能与[中国]新的现实一致"①。美国歧视性的保护主义在纺织品贸易中表现最突出。尽管美国已确定了1 500项进口配额，而且签署了41项双边协定来贯彻配额；尽管，正如美国贸易代表尤特所指出的，美国国内纺织品生产商已完全可以免遭纺织品大量进口的威胁并且获得可观的利润②，但美国国会仍在积极地要推出新的纺织品法案。这一法案如果出笼的话，是直接违反多种纤维协定，关税及贸易总协定（第19条）及美国大部分双边纺织协定的。美国将为此付出沉重的代价，它将失去关税总协定90多个成员国的尊重③。

（4）在普惠待遇方面，其他发达国家都给予了中国普惠待遇，美国至今仍拒绝给中国这一待遇。理由是中国现在还没有正式成为总协定的缔约国。这一理由显然也很难站住脚：第一，中国是总协定的创始缔约国，中国在条件具备时将"恢复"缔约国地位。第二，普惠待遇是发达国家给予发展中国家的一种单方面非互惠贸易优惠待遇，法律上和实施中并没有受惠国一定要是缔约国的规定。否则，就无法解释为何其他发达国家给予中国普惠待遇的做法了。

4. 中国投资环境和其他有关问题

在当今世界经济中，贸易与投资的关系已密不可分。中国在扩大贸易规模的同时，也积极注意利用外国投资。但是许多外国投资者抱怨中国投资环境差、交易成本太高。所谓投资环境差，指的是投资硬环境（工业基础设施等）不完善和软环境（官僚主义盛行，法律结构等）不健全。所谓交易成

① 尼古拉斯·R.拉迪：在美国参议员中国贸易小组有关今后十年美国对华贸易投资政策讨论会上的发言（还未出版，第1，2，4页），1987年11月19日。

②③ EPB，第EB-1367号，1988年2月10日，第4、5页。

本高，指的是劳动力的生产率（Productivity）低而使劳动力影子成本（Shadow Cost）提高、境内购买不到适合标准的原材料而导致进口生产成本增加（特别是人民币对美元比价调低后使进口成本更加昂贵），以及再加上公文行事效率低下而贻误商业机会等等。中国关于外贸企业外汇自行平衡的规定更是使外国投资者望而生畏，停滞不前。

外国投资者所反映的上述问题确实存在。产生这些问题的原因，一方面是由于长期“关门”政策所形成的保守思想和不同程度的“左”倾思想在起作用；当然，众所周知的官僚主义作风也是一大弊害，另一方面由于中国正处在从完全计划经济到有计划的市场经济转换的时期，适应市场经济的宏观调控管理机制还没有有效建立起来，市场机制刚刚开始发育。再加上从中央到地方、从沿海开放城市到内地，从东部到西部，各地方各部门开放度不一样，经济发展水平不一致、利益要求不相同，对政策的理解和执行也不同。经济体制的开放搞活，各地方各部门有了较大自主权，同时也形成了一些利益集团。各利益集团都试图对国家政策制定施加影响，使之符合本地方本部门利益。这样就使宏观管理显得软弱无力、政出多门、矛盾混乱，以致引起外商不满。

中国政府已注意到上述问题并着手采取纠正措施。新颁布的规定决定给予外国投资者更多优惠，包括在一定条件下减征免征企业所得税和工商统一税的优惠①。在外汇平衡方面，中国政府也提供了一些新的解决措施。除了鼓励外资企业产品出口和再投资外，还实行了以产顶进（Production for Import）、补偿调剂（Compensation Transaction）、建立外汇交易市场（Establishing Foreign Exchange Market）等方法。以产顶进同一般的进口替代（Import Substitution）不同，它鼓励外商投资中国需要进口的关键部门，这

① 1986年10月11日国务院颁布了《鼓励外商投资规定》（简称“22条”），各省市又根据国务院的规定制定了本地区鼓励外商投资的优惠措施。财政部在1988年6月颁布了《关于沿海经济开发区鼓励外商投资减征免征企业所得税和工商统一税的暂行规定》（《人民日报》1988年6月29日）。

些部门生产出来的产品由中国外贸公司按进口计划购买(用外汇支付),以代替原来从国外的进口。外汇交易市场供外资企业以及得到批准的中国企业进行外汇调剂,使急需外汇的企业和要出售外汇的企业各得所需。外汇交易价格根据人民币牌价而上下有一定的波动幅度。在上海,外汇交易市场从1988年9月27日正式开业。交易很旺盛,在外汇交易市场成交的汇率一般都高于政府牌价。如美元在市场中的成交汇率高于官价100%①。

虽然外国投资者抱怨外汇交易市场规模太小、管制太严而没有多大用处,其他调剂外汇平衡的方法也是隔靴搔痒,治标不治本。这些看法也许有一些道理,但是,中国外汇管理的放松肯定会有一个过程,因为中国现代化建设需要进口大量物资,外汇又非常紧张,不能不对外汇实行严格计划管理。然而应该说明的是,中国对外汇的计划管理和使用,只是中国经济起飞时期和向市场经济体制转轨时期的暂时性权宜措施,既不是中国的长远之计,也不是中国改革开放的目的。外汇交易市场的建立,标志着中国在外汇市场管理方面迈出了重要的一步。随着中国经济发展和外汇储备积累增多,市场机制发育成熟,中国外汇紧张状况会有所缓解,外汇管理也将趋于自由化。这一点也为很多新兴工业化国家经济起飞的经验所证实。

根据不久以前,一个美国咨询公司对中美合资企业中的美方行政负责人的调查,其结果是投资收益大大超过预期的占22%,超过预期的占28%,完成了既定目标的占44%,没有完成目标的占6%②。当然,我们很难说这就是一个结论性的调查,但是在勇敢地进入国际经济领域的总方针指导下,投资环境的改进会越来越好,这恐怕是一个合理的估计。

5. 贸易信贷安排问题

中美贸易水平远远低于其实际潜力,发掘潜力的一个重要方面是美国能向中国提供充分的出口融通资金。同日本相比,美国在这方面的步子明

① 中国银行上海分行:《国际金融快讯》第243号(1988年10月21日)。

② 这一家美国咨询公司是克纳瑞咨询公司。调查结果见《国际商报月刊》1987年12月号,第5页;《解放日报》1988年7月28日。

显落后。日本海外互助基金向中国提供了35亿美元的贷款,资助中国国内建设项目①。贷款大部分用来购买日本商品和设备。日本进出口银行也向中国提供了数十亿美元资助中日贸易②。欧洲共同体国家也都向中国提供官方发展援助和出口信贷,从而使中国与共同体国家的贸易有了很快增长③。相比之下,美国进出口银行迄今为止只向中国提供了为数极微的贷款,美国也从未向中国提供过官方发展援助。这也是近年来中美贸易发展不及中日贸易和中国与欧洲经济共同体贸易发展快的原因之一。

6. 中美贸易关系中的政治因素

政治因素也是经济环绕中美贸易关系的一个敏感问题。这一现象在美台关系、人权和人口政策等问题上尤为显著。从某种程度上来说,台湾问题影响着中美之间几乎所有一切重要的贸易问题,例如中国参加亚银、美国对华技术转让、中美武器交易等。每当美国国会审议涉及中国的贸易或商业问题时,总有那么一些人必然提及台湾问题。其他如人权问题、中国人口政策、西藏问题,有些纯属中国的内政问题,由于美国的干预也引起两国外贸之间的摩擦,从而影响了双边贸易的正常发展。中美之间也常会因信仰原则或文化背景不同而产生分歧争议。中国所倡议的国际间相处的五项原则应该是调整中美政治关系的最好根据。中美政治关系的改进与发展,其重要性与影响之深远不仅限于经济领域,这也是众所周知的。损害这种关系对谁都不利。

三、 发展与未来展望

尽管中美贸易关系中存在着上述障碍和问题,但我们深信问题一旦找了出来,就有可能找到解决的办法。这是因为中美贸易的进一步发展,有着如下重要的有利条件:

---

①②③ 爱德华特·L.费里亚:《美国对变化中的中国的法律和经济政策,历史遗产和当前环境》,本文提交美国参议院中国贸易小组,刊于美国参议院与中国公平贸易委员会的通报,华盛顿特区,1987年11月15日,第3页。

1. 在开放性的世界经济结构中，中美两国同处于经济增长率最高的太平洋地区之中。两国经济政策重点有交叉性。即美国的经济贸易发展重心逐渐从大西洋沿岸移向太平洋沿岸。美国自1985年起同亚太地区的贸易额超过了它同欧洲地区的贸易额。美国主要贸易逆差国都在亚太地区。鉴于亚太地区在2000年以前是世界上经济发展最快、最有活力的地区，美国对该地区的兴趣日浓，传统的重西欧倾拉美的政策已有所变化。1987年美国与东亚太平洋地区贸易额达2 408亿美元，比1986年增加12%。美国与这一地区的贸易总额占美国的世界贸易总额的36%①。

同样，中国最重要的贸易伙伴也集中在亚太地区。中国目前对亚太地区的出口额占中国总出口额的55%，从亚太地区的进口额占中国总进口额的70%②。随着这一地区经济增长，中美两国最终将相会于太平洋，为这一地区的经济繁荣与增长共同作出贡献。

2. 中美两国市场是世界上最富有吸引力的市场。美国的进出口额1987年达5 500亿美元，占国民生产总值的21%③，美国又是世界上人均购买力最高的市场之一。中国是世界上人口最多的国家。虽然目前人均购买力较低④，但中国现代化建设和总需求水平的迅速增长已为外国投资者和贸易商展示了可观的市场远景。因此，中美两国实行有远见的贸易政策，会给两国人民带来巨大福利。

3. 中美双边贸易结构在相当一段时期内，除了少数商品是竞争型的，其他都是互补型的，因此有贸易扩展的比较利益。就粮食来说，中国劳动生产

---

① 美国总统里根1984年在接受中国记者采访时说：美国是一个地道的太平洋盆地国家，而中华人民共和国当然是这一盆地最大和最重要的国家。见《世界经济导报》1986年11月17日，第1页。EPB，第EB-1359号，1988年2月3日。

② 沈觉人（经贸部部长助理）在“中国亚太地区国际贸易研究与培训中心”成立大会上的讲话。《国际商报》1987年12月19日第1页。

③ 克莱顿·尤特：《美国有远见的贸易政策》，参见EPB，第EB-1333号，1988年1月5日第1页。

④ 据国务院经济体制改革研究所的一份研究报告，中国1986年人均消费水平为450元，折合成美元为120美元（$1=￥3.71），参见《中国居民消费水平的国际比较》，《世界经济导报》1987年9月17日，第14页。

率还比较低，农业生产也很不平衡，需要继续从美国和其他粮食生产大国进口农产品。就化肥、纸浆、木材等资源性商品来说，中国供给与需求之间的缺口比较大，需要进口一部分来平衡。这方面美国也能为中国提供帮助。此外，中国现代化建设所需要的技术和设备等，也为美国贸易商提供了机会。同样，随着中国经济和贸易的发展，中国可向美国提供的商品和劳务也会越来越多。

上述有利条件对中美贸易关系发展的促进作用进一步取决于其他一些因素。只有当这些因素单独地或共同地发生作用时，中美贸易发展的潜力才能比较充分地发挥，各种有利条件也才能得以转变为现实的和将来的贸易关系发展的动力，并最终消除双边贸易中存在的障碍，这些因素是：

第一，中美两国的经济增长。

美国经济是世界经济的火车头。美国经济增长速度放慢或进入衰退，会对国际贸易带来紧缩性影响，根据美国商务部的报告，美国经济增长已经持续了 57 个月，创造了 1 300 万个就业岗位，失业率为百分之五点九，是 8 年来最低的数字①。经济增长是美国进口大量增加的重要原因。如果美国经济继续保持增长，将有利于中美贸易和世界经济的稳定与增长。

中国经济建设速度也制约着中国对外贸易的规模。中国自改革开放以来，经济一直保持着发展的趋势。“六五”计划(1981—1985)期间，中国国民生产总值(GNP)年均增长 10%。“七五”计划期间 GNP 年增长率将是 7.5%②。虽然“七五”计划的增长速度不如“六五”时期快(这是因为基数的增大和控制经济增长过热)，但仍将保持较高的增长率，因此对外贸易也将保持相应的增长率。不仅美国是中国商品日益重要的市场，而且中国也将为美国高技术产品、资本货物和工业原料提供巨大市场。

---

① 克莱顿·尤特：《国会不能以立法来削减贸易赤字》，EPB，第 EB－123 号，1987 年 9 月 18 日，第 3 页。

② 《中华人民共和国国民经济和社会发展第七个五年计划》(1986—1990)，《解放日报》1986 年 4 月 15 日。

第二，中国经济体制深化改革的速度。

中共十一届三中全会以后，中国经济建设的战略部署大体分为三步走。第一步实现国民生产总值比 1980 年翻一番，解决人民的温饱问题。这个任务已经基本实现[1]。第二步到本世纪末使国民生产总值再翻一番，人民生活达到小康水平。第三步到下个世纪中叶人均 GNP 达到中等发达国家水平，人民生活比较富裕，基本实现现代化。现在最重要的是走好第二步。经济发展战略的实现从根本上来说要依靠经济体制改革的加快和深化以及进一步扩大对外开放的广度和深度。目前中国正在分阶段地进行计划、投资、物资、财政、金融、外贸等方面体制的配套改革。

外贸体制已经进行的改革，主要是各专业外贸公司实行承包制（Contracting Responsibility System），承包创汇额、亏损额和利润这三项指标，进一步实现企业化。中国过去的外贸体制僵化，没有活力，企业缺乏参加国际经济循环和竞争的动力。但是现行外贸体制的改革，由于其他方面配套改革没有跟上而又使外贸管理上出现了一些问题：

(1) 价格双轨制造成了哄抬出口商品原料价格，各口岸自相竞争。

(2) 现行税收制度使出口企业低利，外贸公司高亏。

(3) 经济特区享受特殊政策，一些企业违反国家法律规定，走私活动猖獗。

(4) 有活力的市场体系尚未形成，宏观管理约束无力。这些问题都需要在外贸体制的深化改革和开放中逐步加以解决。由于出口能力的大小在很大程度上决定着中国对外贸易的规模，因此加速外贸体制改革，使之适应国际经济的需要就有着极重要的意义。中国外贸体制进一步改革的方向是推进外贸企业自负盈亏，放开经营，工贸结合和推行代理制。

我们相信，随着中国有活力的市场机制形成和外贸体制改革成功，中国对外贸易一定会有一个较大的突破，中国也将成为对美国投资者和贸易商

---

① 中共十三大的报告：《沿着有中国特色的社会主义道路前进》，《解放日报》1987 年 11 月 4 日。

最有吸引力的市场之一。

就中国经济改革的深化而言，总的趋势是越来越深化，最近一些重要的立法措施，引起了人们普遍的注意。中国政府正通过立法程序允许私营经济在法律保护下存在和发展；确立土地所有权与使用权分离的原则并允许国有土地使用权有偿出让和转让①。这涉及对宪法的修改，它已由全国人民代表大会通过并由国务院颁布了实施的法规。这一行动必将给中国经济带来更大的活力，其影响之深远怎么估计也是不会过高的。

第三，中美两国市场的开放程度。

中美两国领导人都高度认识到中美贸易取决于一个更加开放的经济环境。美国国务卿舒尔茨说："对中国和美国以及其他国家来说：这个新的信息时代要求我们各自向对方敞开大门。通过人员、货物和思想的自由流动，中美两国人民可以相互学习。通过开放，中美两国社会将更富有活力和充分发挥两国人民的内在动力和创造性。"②中共十三大报告也强调指出，坚持改革开放是中国的基本国策，社会主义的市场体系必须是竞争的和开放的。在"七五"计划期间，中国对外开放目标是以提高出口创汇能力为中心，推动对外经济贸易和技术交流进一步向纵深发展，扩大对外贸易、利用外资、引进技术和其他对外经济技术合作的规模，具体目标是：

(1) 进出口总额平均每年增长 7%，1990 年达到 830 亿美元，其中出口平均每年增长 8.1%，进口平均每年增长 6.1%。在出口商品中逐渐增加制成品所占比重。进口商品的重点是引进软件，先进技术和关键设备以及国内短缺的生产资料③。

(2) 利用外资的重点一是能源，交通、通讯和原材料，特别是电力、港口、石油等方面的建设，以及机械电子等行业的技术改造。二是放在扩大出口

---

① 《人民日报》1988 年 6 月 29 日。截至 1987 年底，雇工 8 人以上的私营企业全国已有 22.5 万户，雇工总数在 360 万人。《解放日报》1988 年 7 月 23 日。

② 乔治·舒尔茨：《中国和美国面临未来的经济挑战》——在大连管理培训中心的发言，1987 年 3 月 3 日。

③ 前揭"七五"计划，第 3 页。

创汇能力和实行进口替代上，为增强偿还能力和进一步扩大利用外资的规模创造条件。

(3) 继续有重点、有步骤地扩大技术引进和智力引进。技术引进的重点是对现有企业的技术改造，优先引进有助于扩大出口能力与发展进口替代产品的技术和设备。

中美两国都保持对外开放的态势，将有助于两国双边和多边贸易关系的发展，适应世界经济发展的潮流。

第四，中美政治关系的稳定。

这是因为在国际政治中，对外贸易始终是一个经常使用的制裁武器。在中美经济关系中政治因素经常起着干扰作用。目前中美都希望对方国家和整个国际社会保持稳定和经济增长。双方一再重申不在世界任何地方谋求建立霸权。虽然中美两国的政治制度、价值观念不同，对人权问题、西藏问题、台湾问题等的认识亦有分歧，但如果双方都能各自尊重和理解对方的立场，通过友好磋商和平解决彼此之间的分歧，那么就会形成一个有利于中美贸易顺利发展的国际政治环境。而中美经济关系的发展，反过来又会成为促进中美政治关系密切的重要因素。

第五，中国的外汇盈缺程度和美国的外贸逆差状况。

中国的进出口能力受到外汇紧张的限制。就进口来说由于支付能力不足而被迫限制进口规模。就出口而言只能竭力发展能够出口赚汇的低值产业，无暇顾及产业升级。这也是造成中国出口商品相对集中，结构简单的原因之一。中国今后必须根据国际市场的需要和本国的优势，“积极发展具有竞争力、见效快、效益高的出口产业和产品，大力提高商品的质量，合理安排出口商品结构，多方位地开拓国际市场，以争取出口贸易较快地持续增长。同时积极发展旅游业，发展劳务出口和技术出口，努力增加非贸易外汇收入”①。为此必须大力推进同美国以及其他国家的贸易往来。但是目前美国

① 前揭十三大报告，第2页。

国内的保护主义倾向对中国很是不利。中国真诚希望美国有识之士能正确对待中美贸易平衡问题,对扩大中美贸易起积极的而不是相反的作用。

美国当前贸易赤字居高难下,这使美国国内保护主义势力抬头。美国的高贸易逆差究其根本原因,是由美国政府预算赤字和美商品竞争能力下降引起。美国的高预算赤字引起美国经济不稳定,导致联邦借款增加,利率提高,吸引外资流入美国,使美汇提高,削弱了美国商品竞争能力,引起贸易逆差增大。外贸逆差引起国内保护主义压力,同时亦引起美元不稳定,美元动荡又引发美汇下跌,股市趋疲,资金复流出美国,使美经济增长放慢,贸易量减少,并进而对整个世界经济带来紧缩性影响。因此美国的高贸易逆差状态如无较大改善,也将会影响中美贸易的扩大。

虽然这些因素是不确定的,处于发展变化之中;对中美贸易今后发展的具体增长速度和实际可能达到的规模亦很难做出精确预测,但我们对今后中美贸易的发展趋势持乐观估计①。同时,为了更好地促进双边贸易的发展,中美两国还必须采取如下一些措施:

1. 彼此增加对对方市场透明度的了解

中美双方由于长时期处于贸易隔离状态,两国社会经济制度不相同,心理文化背景不同,故在许多方面的做法都有许多差异。例如中国很多商品通过香港地区转销到美国,美国人民到中国做生意不知该找哪一个机构。又如中国企业纳税是按净收入计算应税额,而美国税法则规定按总销售收入计算应税额。再如中国有些商品不按照美国技术标准生产,而美国有些商品又过于先进而不适合中国国情。中美企业要在对方市场上销售自己的产品,就要对对方的商业习惯和国内市场和销售渠道有所熟悉和了解,才能做到适销。对于中国来说,培养合格的外贸人才也是当务之急。

2. 彼此提高各自商品的竞争能力

中美各方均有一个提高各自商品竞争能力的问题。中国有很多商品在

---

① 美国对今后中美双边贸易趋势也表示乐观。参见陈迺润文:《美中贸易结构》,《中国商业评论》。

美国市场上竞争不过韩国、中国台湾的产品。美国也有一些商品(特别是汽车、家用电器等)在中国市场上不敌日本产品。双方均应在质量、价格、适应对方国情上作出改进。应该认识到,保护主义的做法是不明智的,被动的。例如美国纺织工业被保护了二十多年,至今还必须依靠政府保护。美国对中国纺织品的限制也反而迫使中国不断开发新的纺织品种类、提高深加工度。因此,中美各方只有从根本上改进商品结构质量,才能提高国际竞争力。

3. 提供双边多边优惠

中国已申请恢复在总协定的资格,中国也已经参加了国际货币基金组织、世界银行和亚银、巴黎公约等机构和组织。美国在这些组织中起着重要作用。中国参加这些组织有助于进一步加强同美国和国际经济社会的联系。中国希望美国能够向中国提供双边和多边援助,帮助中国现代化建设。

4. 开展多种形式的经济合作

中美目前已在加工贸易、补偿贸易、相互投资,技术转让,劳务合作等方面进行了多种经济合作,并取得了一定经验。中美双方今后可进一步利用这些形式,加快贸易和投资步伐。事实上近年来美国在华投资已有较显著的增长。以上海地区为例,美国参与投资的企业(包括合资经营、合作生产和独资经营)从 1985 年的十五家增加到 1987 年的四十三家,增加了将近两倍。其中合资企业由九家增加到三十三家,增加了两倍半以上。增加的势头还在继续发展。从全国来看,1988 年上半年,新批准外商企业的协议外资金额达 20.21 亿美元,为去年同期的 1.86 倍。特别使人注目的是,独资企业的数目明显增加,它的数目与协议外资金额比去年同期分别增加 6 倍与 23 倍(2.62 亿美元)。美国商人来华投资比去年同期增长2.3 倍①。

① 上海外经贸委:《上海市利用外资企业一览表》(统计数字截至 1987 年底)。《解放日报》1988 年 7 月 28 日。

5. 加强官方和民间的贸易联系

中美已建立了三个部长级协调委员会①。中国国际贸易促进会、美国的贸易发展署(Trade and Development Agency)等也都为促进中美贸易做了大量的、卓有成效的工作。今后应进一步利用这些机构和组织,扩大中美企业之间的交往和了解。

最近,美国"综合长期战略委员会"(Commission on Integrated Long-Term Strategy)向里根总统递交了一份研究报告,预测到 2010 年中国的国民生产总值将仅次于美国而超过日本居世界第二位②。尽管对这个报告的估计方法还有争议,而且二十年以后的事也还有待实践发展来证实。但是,这一预测代表了一种对趋势的观察。果真如此,中美经济关系必将会有一个更大的突破。我们相信中美双方都寄期望于这一时期的到来。但推进这一时期的早日来临,尚需中美两国人士的开拓和努力。尽管道路是坎坷的,我们对中美贸易的前景持乐观的态度。

---

① 它们是:(1) 科技联合委员会;(2) 共同体经济委员会;(3) 商业和贸易联合委员会。

② 唐·奥伯多佛:《中国经济第二,苏联经济第四》,《华盛顿邮报》1988 年 1 月 12 日,PA17。

析美国对华直接投资(1980—1994)[①]

美国对华投资始于1786年,在第一次世界大战后扩展起来。资料表明,1900年美国对华投资为1 700万美元,1914年为4 200万美元,1930年为1.5亿美元。截至1949年美国对华直接投资约14亿美元[②]。从朝鲜战争爆发到中美两国建交,美国对华投资为零。1980年开始,美国恢复对华投资。与以往不同,这期间美国对华投资以直接投资为主。本文主要分析这段时期美国对华投资的状况并作一些展望。

一、 美国对华直接投资的状况

1979年元月1日,中美两国建立了正式外交关系。同年7月,中美两国政府在北京签署了《中华人民共和国和美利坚合众国贸易协定》,协定中规定双方相互给予最惠国待遇。1979年7月中国政府颁布了《中华人民共和国中外合资经营企业法》。1980年4月首家中美合资企业——北京长城饭店开业,从而揭开了美国对华直接投资的新一页。

20世纪80年代初美国开始对华直接投资时,正值美国在国际直接投资领域的优势地位急剧下降。总体上看,80年代上半期美国对外直接投资出现了停滞的局面。但同期美国对亚太发展中国家和地区直接投资的增长,

---

① 原载《复旦学报(社会科学版)》1996年第2期,第7—13页。本文与张耀辉合写。

② Ernest R. May and John K. Fairbank: America's China Trade in Historical Perspective, Harard University Press, 1986.

无论在绝对量上，还是在增长率方面都十分突出。1980 年至 1985 年美国对亚太发展中国家和地区的年平均增长率为 17%，远远高于同期美国对发达国家地区 3%的年平均增长率①。截至 1985 年底，以实际投资额计算，美国对华直接投资累计金额达 9.2 亿美元，在美国对亚太发展中国家和地区直接投资累计金额中居第六位，但其增长率为 63%，却居第一位；1986 年累计金额上升到第四位，其增长速度仍居第一位②。中国成了美国对外直接投资热点中的热点。

头两年，美国对华直接投资属于投石问路的阶段，美国对华直接投资金额占其对外直接投资金额的比重微乎其微。1982 年 12 月在华盛顿中美经济委员会会议上中美两国签署了《关于投资条约要点议定书》后，美国对华投资迅速增加。1983 年仅一年投资金额就达 4.78 亿美元，超过前三年美对华直接投资的累计金额③。1984 年中国对外开放 14 个沿海城市，1985 年又进一步开放长江、珠江两个三角洲，及闽南三角地区。与此同时，中国的涉外经济立法逐步完善，投资环境进一步改善。1985 年美国的对华直接投资协议项目和协议金额均超过前五年的累计数。这一年，美国的当年对华直接投资金额和累计金额上均超过日本④，从外商对华直接投资的第三位上升到第二位。但 1985 年美国对华直接投资累计金额仍未突破美国对外投资累计金额的 1%（见表 1）。

1986 年中国政府加强了对非生产性项目和重复建设项目的限制，由于初期美国的对华直接投资大多集中在服务业，美国投资受此影响连续两年下滑。为了促进外商来华投资，1986 年 10 月中国发布了《关于鼓励外商投

---

① 孙海顺：《80 年代美国对亚太发展中国家和地区直接投资的快速增长及其特点》，《美国研究参考资料》1987 年第 11 期，第 34 页。

② 陈宝森：《特区和开发城市与美国对华直接投资》，汪熙、（美）霍尔顿主编：《中美关系研究丛书》第 4 辑，第 257 页。

③ 叶其湘：《中美经济贸易关系的发展及存在的问题》，《国际商务研究》1987 年第 1 期，第 4 页。

④ 《中国对外经济贸易年鉴》1984，第Ⅴ—184 页；1985，第 1072、1073 页；1985，第 1218、1220 页。

表 1　美国对华直接投资累计金额占美国对外直接投资累计金额的比重(1980—1994 年)

(单位:亿美元)

年　份	美国对外投资	美国对华投资	%
1980	2 154	0.4	0.01
1981	2 283	0.6	0.02
1982	2 078	3.8	0.02
1983	2 072	7.6	0.03
1984	2 115	9.2	0.04
1985	2 297	21	0.91
1986	2 592	26	1.01
1987	3 080	29	0.94
1988	3 269	32	0.97
1989	3 734	39	1.04
1990	4 305	42	0.99
1991	4 678	48	1.02
1992	4 990	79	1.58
1993	5 486	147	2.67
1994	6 000	207	3.45

资料来源:《中国对外经济贸易年鉴》:[中国批准签订利用外资协议(合同)分国家(地区)统计表]1984—1994、1995 年;《世界经济》1990 年第 8 期,第 40 页;《世界经济》1995 年第 6 期,第 82 页;《国际经贸消息》,1995 年 9 月 4 日,第 2 版。百分比系计算而得。

资的规定》。美中贸易全国委员会主席罗杰·沙利文认为该规定"将使得外国投资者对来中国投资的兴趣大增"。1987 年中美两国又签署了《中美避免双重征税协定》。自 1980 年以来,中美两国签署了一系列有关投资的规定和协议,为美国对华投资提供了法律上的可靠保障。1988 年美国对华直接投资开始回升。

1989 年上半年美国对华直接投资金额为 6.3 亿美元,有望成为美国对华直接投资最多的一年。但 1989 年下半年,美国对华进行经济制裁,对华协议直接投资金额仅 600 万美元①。以后连续两年,由于中国经济进行调整,加上中美摩擦时有发生,美国对华协议直接投资金额均未超过 1989 年的金额。

80 年代下半期,美国对外直接投资有所回升,平均年增长在 10%以上,

① 王绍熙:《中国对外贸易经济学》,对外贸易教育出版社 1994 年版,第 221 页。

但较之其他投资大国的投资增长速度明显落后。值得注意的是，虽然1988年和1989年美国对外直接投资流量均低于英国和日本，但美国对华直接投资却高于英国和日本。1991年美国恢复了其最大对外直接投资国的地位，但美国对华直接投资反而低于日本（见表2，表3）。可见美国对华政策是影响美商对华直接投资的重要因素。

表2　1988—1993年美英日德法对外直接投资（单位：亿美元）

年　份	美国	英国	日本	德国	法国
1988	140	370	340	130	140
1989	340	350	440	180	140
1990	240	190	480	290	350
1991	330	160	310	220	240
1992	330	160	170	160	310
1993	500	260	120	170	210

资料来源：联合国贸易与发展会议跨国公司与投资司：《1994年世界投资报告》，第17页。

表3　1988—1993年美英日德法对华直接投资（单位：亿美元）

年　份	美国	英国	日本	德国	法国
1988	3.7	0.4	2.8	0.5	0.2
1989	6.4	0.3	4.4	1.5	0.1
1990	3.6	1.2	4.5	0.5	0.1
1991	5.5	1.3	8.1	5.6	0.1
1992	31.2	2.9	21.7	1.2	2.8
1993	68.1	2.0	29.6	2.5	2.4

资料来源：《中国对外经济贸易年鉴》：[中国批准签订利用协议（合同）分国家（地区）统计表]1989—1994、1995年。

1991年美国经济陷入衰退，美国对外直接投资大幅度增长。同时中国经济自1991年开始高速增长，1992年和1993年经济增长率分别达13%和13.4%①。1992年中美关系得到了改善，为了保护美商在华的利益，中美两

① 《1993中国经济年鉴》，第698页；《经济纵横》1994年第3期，第2页。

国签署了《关于知识产权谅解备忘录》。1992 年邓小平南方讲话后，中国各地努力优化硬、软投资环境，全方位地加快吸收外资的步伐。1992 年美国对华协议直接投资比 1991 年骤增了 5.7 倍，1993 年又比上年翻了一番。

1994 年美国对外直接投资额基本与 1993 年持平，但美国对华协议直接投资却开始回落。中国从 1994 年以来通货膨胀居高不下，美商投资的风险有所增加，部分美资流向回报率高、风险低的国家和地区。再加上 1994 年中国进行的财税、金融、外汇、外贸等方面的有些改革措施直接触及了部分美商的利益①。这些都是造成美国对华协议直接投资下降的主要原因。但 1994 年美商对华投资实际到位金额有所增加(见表 4)。这表明美商对华投资还是有信心的。

表 4　美国对华实际直接投资金额占美国对华协议直接投资金额的比重(1983—1994 年)

(单位:亿美元)

年　份	美国协议投资	美国实际投资	%
1983	8.6	2.0	23.2
1984	1.7	2.5	147.0
1985	11.5	3.5	31.3
1986	5.2	3.1	58.4
1987	3.4	2.6	76.4
1988	3.7	2.4	64.8
1989	6.4	2.3	43.7
1990	3.6	4.5	125.0
1991	5.5	3.3	60.0
1992	31.2	5.2	16.6
1993	68.0	20.6	30.2
1994	60.1	24.9	41.4

资料来源:《中国对外经济贸易年鉴》:[中国批准签订利用外资协议(合同)分国家(地区)统计表]和[中国实际利用外资分国家(地区)统计表]1984—1994/95 年;《国际贸易》1995 年第 5 期,第 60 页。百分比系计算而得。

事实证明美国对华直接投资不仅受到美国对华政策和对外直接投资格局的影响，而且也受到中国引资政策和投资环境的影响。目前从总体上看美国对华直接投资形势喜人。截至 1994 年底，美商在华投资项目 16 234

① 《中国贸易报》1995 年 8 月 24 日，第 3 版。

个，协议金额207亿美元，实际投入金额77.2亿美元。在对华直接投资的150个国家和地区中，美国在投资项目、协议金额和实际投入金额上位居第三，仅次于港澳地区和台湾地区（见表5、6、7）。

表5　1980—1994年外商对华协议直接投资项目数的比重

国家和地区	项目数	%
香港和澳门	138 674	62.5
台　湾	27 229	12.3
美　国	16 234	7.3
日　本	10 198	4.6
其　他	29 383	13.3

表6　1980—1994年外商对华协议直接投资累计金额的比重

（单位：亿美元）

国家和地区	累计金额	%
香港和澳门	1 957	65.2
台　湾	238	7.9
美　国	207	6.9
日　本	134	4.4
其　他	463	15.6

资料来源：《中国对外经济贸易年鉴》：[中国批准签订利用外资协议（合同）分国家（地区）统计表]1980—1994、1995年；《国际贸易》1995年第5期，第60页。百分比系计算而得。

表7　1980—1994年外商对华实际直接投资累计金额的比重

（单位：亿美元）

国家和地区	实际对华投资	%
香港和澳门	586.8	58.6
台　湾	84.1	8.4
美　国	77.2	7.7
日　本	72.7	7.3
其　他	179.9	18.0

资料来源：《中国对外经济贸易年鉴》：[中国实际利用外资分国家（地区）统计表]1984—1994、1995年；《国际贸易》1995年第6期，第60页。百分比系计算而得。

二、 美国对华直接投资的特点

十五年来,美国对华直接投资经历了从无到有、从小到大的过程,在其发展过程中逐步形成了几个明显的特点:

(一) 地区分布广。美国对华直接投资最初主要集中在三个直辖市和经济特区。中国宣布开放沿海城市后,美国对华直接投资不仅在沿海城市有了很快进展,而且也延伸到了开放城市和特区以外的许多中小城市。截至1993年底,美商在中国大陆的30个省、市、自治区中均有投资。但目前的投资还主要集中在三个直辖市和一些沿海省份(见表8)。

表8 1980—1993年美国对华直接投资项目的地区分布

地　区	1980—1985	1986	1987	1988	1989	1990	1991	1992	1993
北京市	14	12	14	22	23	44	104	328	578
天津市	25	8	4	*	13	13	35	193	513
河北省	*	*	3	*	9	11	23	130	219
山西省	—	—	*	2	2	2	6	39	74
内蒙古自治区	—	—	1	—	—	1	—	24	41
辽宁省	*	*	*	40	*	*	44	234	501
吉林省	*	2	3	*	*	5	7	51	143
黑龙江省	—	—	*	*	*	*	20	67	*
上海市	*	*	*	68	90	122	156	397	*
江苏省	4	9	10	*	24	31	100	797	1 087
浙江省	*	*	2	13	14	22	43	189	459
安徽省	*	*	*	*	*	*	*	*	*
福建省	*	*	*	21	7	8	11	53	115
江西省	*	*	*	*	*	—	6	43	67
山东省	*	*	*	13	35	47	95	441	*
河南省	—	—	*	*	*	6	8	41	132
湖北省	*	3	*	*	*	*	*	*	*
湖南省	*	*	2	5	3	*	*	36	*
广东省	*	*	*	*	*	*	64	147	289
广西壮族自治区	—	—	5	*	*	7	9	24	114
海南省	—	—	—	*	*	*	*	*	*
四川省	*	2	*	*	*	*	*	104	107
贵州省	—	—	—	*	—	1	2	11	35

续表

地　区	1980—1985	1986	1987	1988	1989	1990	1991	1992	1993
云南省	—	—	—	1	*	*	—	12	37
西藏自治区	—	—	—	—	—	—	—	2	1
陕西省	2	1	1	—	*	2	3	26	128
甘肃省	—	—	—	—	—	3	1	2	49
青海省	—	—	—	—	—	—	—	1	*
宁夏回族自治区	—	—	—	—	1	—	2	10	*
新疆维吾尔自治区	—	—	—	—	—	—	—	—	*

资料来源:《中国对外经济贸易年鉴》:(地方经贸)1987—1994/95 年;陈国峰:《国际直接投资格局对我国引进外资技术的影响》,《中国国际经济合作学会第二届学术年会论文选集》1988 年,第 84 页。

注:* 数字不详。—没有投资。

(二) 行业分布宽(见表 9)。美商对华直接投资领域,前期以能源开发和饭店服务业为主,后来逐渐扩大到电子、有色金属的开采和利用以及机械、电子、航空等项目。目前美资已涉及中国数十个行业,包括冶金、化工、

表 9　1990—1993 年美国对华直接投资的行业分布

(单位:百万美元)

行　　业	1990	1991	1992	1993
石　　油	114	117	80	223
食　　品	12	12	69	66
化　　工	29	54	47	67
金　　属	1	−1	−3	*
机　　械	*	12	14	16
电气、电子设备	10	*	3	*
运输设备	*	*	*	*
批发商业	*	94	76	144
金　　融	*	*	12	*
服　　务	7	*	*	*
其　　他	17	*	*	*

资料来源:美国《商业现况》1994 年 8 月,第 136—139 页。
注:按历史成本计算(U.S. Investment Position on a Historical Cost Basis)。
* 数字不详。

通讯、交通等重化工业和基础工业，也有轻纺、食品、医药、服装等轻工业，还有旅游、建筑设计、信息咨询等服务业。近年来，随着中国经济的发展，一些行业陆续对外商开放，美商正在逐步进入中国的银行、保险、律师、公证、会计、零售等服务行业①。

（三）形式多种多样。美国对华直接投资形式较多，有联合开发海上石油、合资经营、合作经营、合作生产、独资企业、股份制企业以及补偿贸易等等。初期的美国对华直接投资以近海石油勘探为对象。自1980年以来，美国的石油大公司对华的业务与日俱增。美国在华的合资企业一开始在数量上就占有优势，1984年美国在华直接投资的60%是合资企业。目前中美合资企业仍占多数，一些知名度很高的大公司，如IBM、杜邦、福特、AT&T等都在中国建立了合资企业②。美国在中国兴建的合资企业，大体有两种：一种是中国企业的厂房和设备作为股本，美方投资加以改造，如上海的老头牌刀片厂；另一种是完全新建，如杜邦、摩托罗拉等。美国对华的合作伙伴大多为中国的国有企业。合作企业数量虽小，但平均投资额较大。中国通过举办中美合资、合作企业引进了美国的先进技术和管理方法。美国在华的独资企业无论在数量上和投资额方面都是较小的。但近年来中国放宽了对外国独资企业的限制，美国在华的独资企业有增多和增大的趋势。股份制企业起步较晚，还处于尝试阶段③。中美补偿贸易等形式数量有限，不占重要地位。

（四）规模较大。美国对华直接投资的项目规模一开始就比其他外商的要大得多。从1979—1989年底，美国对华直接投资的平均单个项目投资金额为575万美元，远大于全国外商平均金额168万美元的水平④。1989年下半年开始因受中美关系的影响，美国大公司对华直接投资减少，投资项目规

① "The Economist", Vol.323, No.7764, June 1992, p.26.

② 《国际经贸消息》1995年7月4日，第1版。

③ 彭辉：《世界经济新形势与利用外资中的新问题》，《世界经济》1994年第9期，第42页。

④ 蔡双南：《港台美日欧对中国大陆投资的战略比较》，《国际贸易问题》1994年第5期，第32页。

模变小，1991 年至今为止美国对华直接投资的平均单个项目投资金额始终没有超过全国外商的平均额。近年来由于美国跨国公司的投入，美商在华投资的企业规模出现持续扩大的趋势（见表 10）。美国《幸福》杂志评选的美国 500 家最大企业中，已有 100 多家在中国投资。目前在对华直接投资的 150 个国家和地区中，美国的平均单个项目投资规模排在第七位（见表 11）。

表 10　1983—1994 年外商对华协议直接投资平均单个项目投资金额

（单位：万美元）

年份	美国平均水平	外商平均水平	年份	美国平均水平	外商平均水平
1983	1 492.3	300.5	1989	232.1	96.9
1984	266.4	132.2	1990	100.0	90.7
1985	1 152.0	206.1	1991	89.0	92.3
1986	517.0	189.2	1992	95.6	118.8
1987	3 290	166.1	1993	100.7	133.6
1988	137.7	89.1	1994	142.3	173.9

资料来源：据《中国对外经济贸易年鉴》：[中国批准签订利用外资协议（合同）分国家（地区）统计表]1984—1994/95 年，和《国际交易》1995 年第 5 期，第 60 页上的数据计算而得。

表 11　1979—1994 年外商在华直接投资平均单个项目投资金额

（单位：万美元）

国别（地区）	项目数	协议金额	平均单项外资额
香港和澳门	139 674	28 058 018	200.9
台　湾	27 229	2 382 689	87.5
美　国	16 234	2 043 818	125.9
日　本	10 198	1 333 529	130.8
德　国	883	269 014	304.7
新加坡	4 565	867 096	189.9
英　国	1 006	577 338	573.4
泰　国	1 823	287 633	157.8
澳大利亚	7 086	209 592	29.6
加拿大	2 170	210 033	96.8

资料来源：据《中国对外经济贸易年鉴》1994/95 年，第 49 页，和《国际贸易》1995 年第 5 期，第 60 页上的数据计算而得。

（五）技术管理水平较高。美国在华的投资企业技术水平一般都比较高，尤其是美国的跨国公司。如北京吉普车有限公司引进的技术，使中国吉普车制造技术在一年内推进了30—40年①。美国跨国公司始终把技术领先作为其发展海外经营的基础，每年拨出大量的费用从事研究开发工作。例如，中国惠普公司坚持动态的技术引进，自行从事研究开发。公司成立时，双方决定头3年利润不分红，全部留存企业作为发展基金。1990年中国惠普设立研究开发机构，该年净得15％被用作研究开发的初始投资，该投资比例延续至今，有增无减。美国投资企业的管理相对科学化，规章制度严格，注重长期发展战略。美国大企业很重视职工培训，许多投资企业办起了技术人员、管理人员学习班，青工补习班，举办了技术管理讲座，并选一些技术人员去美国考察、学习、工作。例如，天津奥的斯电梯公司每年用于职工培训的经费高达300万元左右，并已建成拥有先进教学设备的职工培训中心；摩托罗拉公司在天津的企业还未正式开业，就陆续派出十几位硕士生到美国培训②。

（六）效益显著。美商在华绝大部分投资在生产经营、产品销售、投资回收等方面均较成功。1987年一家美国咨询公司与中国有关机构对70家中美合资企业进行调查。调查结果证实，有22％的合资企业大大超过了美方投资者的目标，72％的合资企业超过了或达到了预期的目标，只有6％的合资企业未能达到投资者的预期目标③。在由对外贸易经济合作部外资司、国家统计局贸经司、世界经济年鉴编辑部等联合排名以销售额为序的“1994年度中国最大的500家外商投资工业企业”中，美国49家榜上有名，其中前十位中，美国有2家④。

---

① 张匀月：《对中国利用外商直接投资的思考》，《世界经济》1994年第7期，第35页。

② 张锐：《关于吸引跨国公司来华投资的建议》，《引进与咨询》1994年第3期，第7页。

③ 孟德意：《美国对华投资的进展与前景》，《中国对外贸易》1988年第1期，第5页。

④ 《国际经贸消息》1995年9月5日，第2版。

三、 美国对华直接投资展望

十五年来美国对华直接投资有了长足的进展。但今后中国在吸收美资方面,依然是机遇与挑战并存。据联合国贸易和发展会议发布的《1993 年世界投资报告》,流入发展中国家的外部资金 80 年代下半期平均为 260 亿美元,1991 年增至 390 亿美元,分别占全球对外直接投资总额的 17%和 26%。又据《1994 年世界投资报告》,尽管全球直接投资总量下降,但流向发展中国家的直接投资 1992 年仍增到 515 亿美元,占全球的 32%。1993 年则进一步上升到 800 亿美元。1993 年中国吸收外商直接投资达 260 亿美元,为全球第二大外资引进国,仅次于美国 320 亿美元。美国《商业日报》1994 年 10 月 20 日载文指出,如果按目前这种趋势继续发展下去,三年之内中国必将成为世界上接受外资最多的国家。

随着国际经济形势的发展,全球吸引外资的热点地区日趋增多。东南亚近邻发展中国家进一步放松了对外资的限制,正成为国际资本的投资热点。1993 年美国经济走出衰退,1994 年全年增长 3.5%,1995 年可望保持这一水平①,国内需求趋旺,资本流向发生变化。加上美元兑日元、马克贬值,人民币相对美元升值,在一定程度上影响了美商对华投资的积极性。中国在吸收外资方面面临着强大的国际挑战。

1992 年开始美国对华投资出现了前所未有的高潮。这种高潮是否能持续下去或能否再次出现新的一轮高潮,既取决于美国资本流动格局的总体变化趋势,更取决于中国投资环境的改善程度。目前中国的投资环境从整体上看,是有利于充分发挥美商来华投资效益的。至今中国颁布实施的各类经济法律、行政法规已有 900 多件,还有大量的部门规章和地方性法规②。与此同时,一直制约着中国经济快速发展的基础设施建设正在不断加强。目前中国外汇储备已达 626 亿美元。在未来 5 至 15 年间,中国将争取使外

① 吴强:《国际资本供求的新变化》,《国际贸易》1995 年第 1 期,第 37 页。

② 李岚清主编:《中国利用外资基础知识》,对外经济贸易出版社 1995 年版,第 100 页。

资继续保持占中国每年全社会固定资产投资13%—15%的规模。中国对外投资中，对美国的投资是较多的。截至1994年底，中国在美投资协议总额约4.5亿美元，中美投资出现的双向流动趋势，有利于美商打消对华投资的疑虑。

中国现在比以往任何时候更需要外国的资金，但中国不是需要一般的外资，而是需要具有高新技术和规模经济的外资。美国的资金，尤其是美国跨国公司的资金，正具有这一优势。尽管近年来美国跨国公司对华投资呈上升态势，但不少项目带试探性，如IBM公司年销售额680亿美元，在天津项目的投资仅30万美元，在深圳的软件公司总投资也不过500万美元。美国跨国公司对华投资项目数和金额与其投资实力相距甚远。据统计，美国大的跨国公司13年累计对华投资总额不足这些公司1992年一年的海外投资额的1%①。中国要加快吸引美国跨国公司的直接投资至少有以下几方面问题值得思考：

第一，政策要有稳定性。法令周全，政策稳定，是历来外商对华投资的要求。在立法方面，近年来我国已做了许多工作，还会进一步完善。但在稳定性方面做得较差。这给投资方带来很大的困难，引起了不少的批评与怨言。须知法令政策一经公布就有其严肃性，不可轻易变动。言必信，行必果。这是我国改善投资环境的一个重要方面，应引起有关方面的注意。

第二，加大产业倾斜政策的力度。目前中国外资优惠政策偏重数量，不利于吸引技术较为先进、规模较大的美国资本。1995年6月由国家计委、国家经贸委和外经贸部联合发布的《指导外商方向暂行规定》和《外商投资产业指导目录》两个文件，是有利于美资进入中国市场的。但中国政府还应尽快制定出相应的具体的产业政策。美国杜邦公司总裁伍洛德先生说："杜邦农化仅是杜邦公司的试金石，有了2 500万美元的投资，将来就会有2.5亿美

① 朱晓勤：《美国跨国公司对华的直接投资》，《世界经济》1994年第9期，第42页。

元甚至更多投资。”中国应在政策上对美国在华直接投资的项目给予更多的优惠和支持。

第三,进一步开放市场。目前中国的市场容量与市场开放程度不成比例,不少美国跨国公司在华投资项目都是在提供先进技术和管理经验的前提下以内销其产品为主,硬性确定产品销售和出口比例难以吸引美国的跨国公司对华投资。

第四,加强高科技产业的配套优势。美国跨国公司以高新技术投资中国,但因中国高科技产业配套优势不足,无法寻求优势互补,投资回报率较低。中国应通过教育与培训开发本国的人力资源,建立合理的人才竞争和流动机制,增加科研经费,充分发挥科研单位的作用,使美国的先进技术和管理经验能够充分被中国吸收和消化。

第五,保护知识产权。美国跨国公司特别强调保护知识产权,由于缺乏对知识产权的充分保护,美商往往减少对东道国的投资。中国近年来逐步加大了对知识产权保护的力度,特别是对各地软件盗版行为进行了规模空前的打击。美国商业软件联盟副总裁高纬莉表示:“我们高兴地看到中国政府有关部门已扩大了反软件盗版斗争的范围,也为他们陆续采取一些行动而受到鼓舞。我们期待着继续与这些部门以及中国软件联盟合作。”①但要切实解决软件的法律保护问题,同时强化对假冒商标的法律制裁手段等,中国还有许多工作要做。

中国12亿人的巨大市场对外商具有很大的吸引力。中国市场毕竟还没有充分开发出来,美国利用中国市场还有许多事情能够做②。1994年与世界上主要资本输出国相比,美国对华直接投资的步子明显落后(见表12)。按目前美国对华直接投资的状况估算,到本世纪末美国对华协议直接投资累计金额仍将达约500亿美元。

---

① 《中国贸易报》1995年8月7日,第1版。

② 《邓小平文选》第3卷,第332页。

表 12　1993、1994 年美英日德法对华协议直接投资

（单位：万美元）

国　别	1993	1994	比上年增长(%)
美　国	681 275	601 018	－12
英　国	198 832	274 838	38
日　本	296 047	444 029	50
德　国	24 938	123 314	394
法　国	23 623	24 813	5

资料来源：《中国对外经济贸易年鉴》1994、1995 年，第 712—719 页；《国际贸易》1995 年第 5 期，第 60 页。

中美两国政治制度和价值观念虽不同，但两国在投资领域的互补性很强。按人口计算中国是世界上最大的市场，美国是世界上资金最雄厚的国家，双方可以通过合作增强国际竞争力。

鸦片战争前的中美贸易①

1844 年清朝和美国政府签订了《望厦条约》。在此之前，中美两国之间已经有了半个多世纪的贸易往来关系。美国为什么在其建国之初便开拓通往中国贸易的道路，并如此重视对华贸易的发展？中美两国当时的贸易往来表现出哪些特点，这些特点又说明了什么问题？中美贸易对美国资本主义的发展和美国历史的进程起了哪些作用？在鸦片战争之前，美国政府是否已经逐步形成了对华政策，其原则又是什么？本文试就这些问题作一些初步的探讨。

一

1783 年，美国人民经过长期的艰苦斗争和流血牺牲，终于迫使英国政府在《凡尔赛条约》上签字，放弃对北美殖民地长达 160 余年的殖民统治，承认美利坚合众国。新诞生的美国，面积仅仅 32 万平方公里，人口只有 200 万。在殖民地时代，英国政府为了掠夺北美人民和保护本国工业，颁布了一系列法令，抑制和禁止北美殖民地工商业的发展，使殖民地完全成为宗主国的原料供应地和商业销售市场。由于英国的残酷掠夺，赢得独立的美国在社会经济生活各个方面都遇到了严重的困难。它的国内经济以农业为主，工业力量非常微弱，并且主要是手工业。18 世纪 80 年代末期，美国从事工业活动的人口仅为 10%，而且集中于新英格兰地区。发展资

① 原载《复旦学报》1982 年第 4—5 期。本文与邹明德博士合写。

本主义大工业所迫切需要的大量资金，不可能指望从农业和弱小的手工业方面迅速获得。同时，新生后的美国地处北美大陆东隅，除茂密的森林以外，资源贫乏，国内市场尚未形成。仅仅依靠国内经济，筹集大量资金，建立和发展大工业，走上独立发展资本主义的道路是不可能的。但是，美国濒临大西洋，有漫长的海岸线。这一有利的地理条件使对外贸易成了美国的唯一出路。

早在殖民地时代，北美同西印度群岛和地中海地区的贸易是北美殖民地商人的主要生活来源，从这些航海和贸易生涯中锻炼出了一批具有航海经验的冒险商人。而且，新英格兰地区丰富的森林资源，是造船业的天然的原料，为发展海外贸易提供必要的运输工具。特别像纽约、波士顿、撒冷和费城这些港口城市拥有大批的船主和优良的商船。但是，独立后的美国海外贸易受到英国的百般阻挠，昔日贸易频繁的加勒比海地区在英国的控制下变成了可望不可及的禁区；同欧洲的贸易也受到英国和一些封建王国的排斥。新生的美国为了生存，为了经济上的独立以保证彻底摆脱原宗主国的控制，必须寻求贸易的新出路。远航亚洲和东印度群岛几乎成了当时美国商人海外贸易的最后选择。远在美国独立以前，北美地区就和中国发生过间接的贸易往来。美洲的人参就曾运销中国，中国的茶叶也由英国东印度公司的商船远渡重洋载往北美市场销售①。因此，广阔的中国市场和诱人的中国商品，对新生的美国并不陌生。这样，在摆脱殖民地的枷锁之后，美国和中国的直接商业往来便应运而生了。

二

1783 年 4 月美国取得独立后，波士顿商人就在当年 12 月集资装备了一艘名为“哈里特”号(Harriet)的商船满载人参前往中国，企图叩开神秘中国的大门。在它行至好望角时和英国东印度公司的商船相遇。由于英国商船

① 潘序伦:《美国对华贸易》(The Trade of the United States with China)，纽约 1924 年版，第 5 页。据统计在 18 世纪 60 年代，美国进口的中国茶叶每年达 120 万镑。

船长害怕美国商人在中国市场和英国竞争而加以阻挠，“哈里特”号船长对莫测的中国市场产生了动摇，宁愿以一磅人参换取二磅茶叶的价格和英国人做成了一笔易货买卖，失去了首航中国的机会①。接着，在1784年2月22日，纽约和费城的商人在莫里斯(Robert Morris)的倡议下，集资12万元装备了载重360吨的“中国皇后”号(Empress of China)首航广州，开拓了对华贸易的直接通道。“中国皇后”号于8月25日抵达广州，12月27日驶离。次年5月10日返抵纽约。据该船的商务总管山茂召(Samuel Shaw)的航行志记载，这次航行的净利润为30 727美元，占投资总额的25%②。“中国皇后”号的首航成功，成为当时北美耸人听闻的头条新闻，纽约的报纸纷纷对航行的情况作了长篇报道，有一家报纸甚至要纽约全城的“教堂敲起钟来，一起向上帝感恩”③。“中国皇后”号的首航成功燃起了新英格兰航海商人开拓东方市场、追逐利润的强烈欲念。同时，这次航行也证实了美国商人不必害怕英国东印度公司对中国茶叶和丝绸的垄断④。他们到底突破了英国的控制和阻挠，开辟了一个崭新的贸易领域。对于刚刚独立不久的美国来讲，这次成功的航行意味着它在外交上和商业上已被一个东方大国作为平等的伙伴来接待。这个政治意义也是非同小可的。在整个18世纪，跟随“中国皇后”号纷至沓来的美国商船共有118艘之多⑤。

“中国皇后”号运至中国的货物为：棉花316担，铅476担，羽纱1 270匹，毛皮2 600张和人参473担，总值为189 519元。载回美国的货物主要有：红茶2 460担，绿茶562担，土布24担(计864匹)，瓷器962担，丝绸490

① 高尔德斯坦：《一六八二至一八四六年费城对华贸易》(Philadelphia and the China Trade, 1682—1846)，宾夕法尼亚大学出版社1978年版，第27页。

② 山茂召：《山茂召航行志》(The Journais of Major Samuel Shaw)，转引自潘序伦：《美国对华贸易》，第7页。

③ 载1875年5月12日《劳顿氏纽约邮班报》，转引自郝华德：《纽约与中国贸易》(New York and the China Trade)，纽约历史学会1984年版，第18页。

④ 杜勒斯：《旧中国贸易》(The Old China Trade)，波士顿和纽约1930年版，第26页。

⑤ 根据杜勒斯著《旧中国贸易》第210页所列数字统计而出。

匹,肉桂 21 担,总值为 99 676 元。在广州的各项开支约为 10 486 元[①]。这张货单开列的商品是早期中美两国贸易的主要货物。

美国运往中国销售的商品,按其来源区分,可以分成西方产品和东方产品两大类[②]。所谓西方产品即美国商人运自本国、北美的土特产(如棉花、人参、皮毛等)和从欧洲贩运来华的工业制品(如棉毛织品和金属制品)。18 世纪后期和 19 世纪的最初一二十年间,美国输华商品始终以人参、皮毛和棉花为大宗。但是,19 世纪 20 年代后,美国输华的工业制品(特别是棉毛织品和金属制品)急剧上升,人参、皮毛和棉花输华的金额相对下降。

人参是贵重的药材,当时在广州出售的美洲人参是以"黄金来衡量"其价值的[③]。因此,它始终是早期美国对华贸易的主要商品之一。1785 年,美国人参在广州的市价是 55 元半一担。到 1836 年和 1845 年则分别上升到 60 元和 62 元。18 世纪运往中国的人参数量很不稳定,最高年份如 1789 年达 2 055 担,而最低年份如 1796 年仅为 30 担,平均每年输华 830 余担。到了 19 世纪有了更为迅速的增长,最高年份如 1822 年达到 5 469 担,平均每年输华 2 005 担,几乎比上个世纪增长了 2.5 倍(参阅本文表 1)。

美国商人输往中国的人参数量究竟是有限的,不可能随着对华贸易的迅速扩大而大量增加,而他们从中国买走的茶叶、土布、生丝和丝绸的数量却急骤上升。美国商人处于逆差的地位,虽然竭力搜求白银运至中国,仍然不足抵消对华贸易的巨大差额。因此,寻找到能在广州出售的新的货物品种,是解决当时对华贸易逆差的关键问题。1784 年发表的古克船长(Captain James Cook)在西北海岸的航行报告;赖亚特(John Ledyard)关于俄国人在白令海峡从事皮毛生意的报告;以及山茂召关于英印商人在广州

---

① 马士:《东印度公司对华贸易编年史》(The Chroniclies of the East India Company Trading to China, 1635—1834),牛津 1926 年版,第 2 卷,第 95 页(以下简称《编年史》)。货物种类与数字根据英国东印度公司广州商馆的报告,其中皮毛价值与在广州的各项开支在原报告中是估计数。

② 有人将美国输华商品分成本国产品和外国产品。见潘序伦:《美国对华贸易》第 15 和 22 页。

③ 杜勒斯:《旧中国贸易》,第 5 页。

出售阿拉斯加海豹皮的消息，引起了美国的对华贸易商人的兴趣和注意[1]，并驱使他们大批涌向北美的西北海岸收集皮毛。由于从事对华皮毛和鸦片贸易而成为美国巨富的约翰·阿斯托(John J. Astor)，于1800年首先装运皮毛到广州[2]。从此，北美洲的西北海岸呈现一派繁忙景象。到1812年，美国人几乎垄断了整个西北海岸的皮毛贸易[3]。皮毛在广州市场上的售价虽非固定不变，但一般总在20美元到40美元之间[4]。美国的皮毛商人通常在印第安人居住区挨家挨户地搜集皮毛。用一些廉价的日常生活用品、小工具和食品，如刃具、刀叉、铁器、凿子、小刀、衣服、毛毡、珠子、糖浆、食糖、旧式步枪和酒，和印第安人交换皮毛。美国商人用这种不等价的欺诈交易从印第安人那里骗取大批皮毛，然后贩运到中国高价出售，转手之间，赢得高额利润。据当时一位实际从事皮毛贸易的商人记述：价值六便士的物品就可以换取能在中国以100元高价出售的皮毛[5]。18世纪和19世纪之交，纽约市场上每张海豹皮的平均售价在3美元左右，而广州市场上的价格却在25至40美元之间，有时还要高于这个价格[6]。

美国商人在广州卖掉皮毛后，通常是购进中国的茶叶、丝绸和土布或者其他商品，运回国内出售，因此，"这些航行所获得的利润是非常高的"。1799年，一艘名为"合和"号(Concord)的美国商船投资13 680美元，一次航行后船只和货物的拍卖价高达67 794美元[7]。皮毛贸易不但本轻利重，而且

---

① 摩里逊：《麻省航海史》(The Maritime History of Massachusetts)，波士顿和纽约1924年版(第5版)，第46—47页。

② 普特：《约翰·阿斯托传》(John Jrocab Astor)，哈佛大学出版社1931年版，第1卷，第131—133页。

③ 卡罗塞斯：《美国在太平洋的贸易》(American Pacific Ocean Trade)，纽约1973年版，第19页。

④ 卡尔宾特：《早期中国贸易》(The Old Chinay Trade)，纽约1976年版，第86页。

⑤ 赖亚特：《古克船长最后之太平洋航行记》(A Journal of Captain Cook's Last Voyage to the Pacific Ocean)，哈特福德1783年版。转引自杜勒斯：《美国在太平洋——百年扩张史》，(America in the Pacific, A Century of Expansion)，波士顿和纽约1932年版，第11页。

⑥ 杜勒斯：《旧中国贸易》，第82页；卡尔宾特：《早期中国贸易》，第85页。

⑦ 杜勒斯：《旧中国贸易》，第83—84页。

资金周转极快。1790 年“希望”号(Hope)船长因格拉罕(Joseph Ingraham)只用了七个星期就从印第安人那里骗取了 2 250 张皮毛[①]。因而,在极短的时间里皮毛就发展成为对华贸易的主要商品。在 18 世纪,美国输华皮毛平均每年不超过 10 万张,但到了 19 世纪,特别是 1800 年至 1824 年的 25 年间,平均每年输华皮毛高达 168 384 张(参阅本文表 1)。从 19 世纪 20 年代中期开始,美国输华皮毛开始下跌,但也大致维持在数万张。《望厦条约》签订后的那一年,由广州入口的美国皮毛仍有一万余张。

表 1　美国对中国输出的主要商品及数量(1784—1845)

年　份	人参(担)	皮毛(张)	棉花(担)	年　份	人参(担)	皮毛(张)	棉花(担)
1784	473	2 600	316	1805	1 234	195 406	8 001
1786	340			1806	1 708	298 949	
1787				1807	1 075	130 606	4 680
1788	1 065		545	1808		50 514	2 050
1789	2 055		17 411	1809	1 364	49 503	217 757
1790	399		1 432	1810	1 162	93 425	1 904
1791	51			1811	1 557	367 215	7 369
1792	44	91 687	4 926	1812	250	122 941	3 660
1793			9 396	1813		122 742	
1794	50	43 770	4 964	1814	108	71 393	
1795	92	7 477	10 412	1815	2 933	115 126	320
1796	30	19 846	1 500	1816	2 570	64 648	
1797	90	29 172		1817	1 601	84 252	
1798	177	102 257		1818	1 414	139 084	600
1799	532	35 234		1819	659	56 808	19 149
1800	887	415 107		1820	2 016	38 055	120
1801	933	444 087	1 873	1821	2 498	160 009	3 597
1802	2 229	388 746		1822	5 469	79 932	843
1803	1 024	186 779	383	1823	2 607	163 329	28
1804	1 080	270 132	4 219	1824	4 326	100 794	20

① 杜勒斯:《旧中国贸易》,第 57 页。

续表

年 份	人参(担)	皮毛(张)	棉花(担)	年 份	人参(担)	皮毛(张)	棉花(担)
1825	2 427	65 958	195	1836	3 422	10 716	182 000+
1826	3 251	73 575	2 120	1837	1 597		231 000+
1827	1 904	71 075	877	1838	501	56 000+	563 000+
1828	1 644	81 688		1839	2 397	19 000+	262 000+
1829	3 971	45 169		1840	255	27 000+	383 000+
1830	2 299	18 068	3 271	1841	4 786	10 000+	190 000+
1831	2 678	24 579	167	1842	473	18 000+	337 470+
1832	3 058	24 579		1843			
1833	4 079	4 5872		1844	137 560+		166 965+
1834	1 333	11 389	194 000+	1845	2 286	10 948	32 945
1835	2 166	61 000+	230 000+				

有十符号者单位为元。

材料来源:1784年、1786年至1803年、1808年和1814年至1815年各类数字均根据马士:《编年史》第2卷,第95、119、152、173、180、184至185、193、202、205、256、266、278、295、311、322、348、358、389、401、416和417页,第3卷,第77、206和228页;1804年至1812年(原文为1804—05至1812—13贸易年度)的各类数字均根据《英国蓝皮书:中国》第36卷,第78至79、195和52至53页。

1816年以后各年份各类数字的材料来源为:人参:1816年至1818年根据《英国蓝皮书:中国》,第36卷,第78至79页,第40卷,第433页;1819年和1820年根据马士:《编年史》,第4卷,第384页;1821年至1842年和1844年根据戴维兹编:《美国外交和政府文件:美国与中国》,第1辑,第18卷,第8、103和105页(原文单位为磅,现以133.3磅折合1担计算)。皮毛:1813年和1836年根据《中国丛报》,第3卷,第558页和第6卷,第284页;1816年至1826年,1829年至1831年和1845年均根据《英国蓝皮书:中国》,第40卷,第195、244和433页;1827年至1828年和1832年至1834年均根据《中国丛报》,第3卷,第558页,1835年和1838年至1842年均根据戴维兹编:《美国外交和政府文件:美国与中国》,第1辑,第18卷,第103和105页。棉花:1818年根据《英国蓝皮书:中国》,第36卷,第53页;1819年至1820年,1825年和1830年均根据马士:《编年史》,第3卷,第347、370页和第4卷,第103和223页;1821年至1824年、1826年至1827年、1831年、1834年至1842年和1844年均根据戴维兹编:《美国外交和政府文件:美国与中国》,第1辑,第18卷,第11、105和59页;1845年根据《中国丛报》第15卷,第294页。

除人参和皮毛外,棉花在美国输华商品中也占有一定的地位。在19世纪20年代以后的大部分贸易年度,广州入口的美棉都在千担以上。即使在1845年,美国输华棉花也有294 645元①,占当年输华商品总额2 275 995元的13%左右。美国早期向中国大量输出棉花这一事实说明,当时它的纺织

① 《中国丛报》(Chinese Repository)第15卷,第293页。

工业还处于很幼稚的阶段。

现将“中国皇后”号驶华以后至《望厦条约》签订期间，美国输华主要商品及数量列表[①]（鸦片贸易另节专述）：

美国对华贸易的第二类商品是东方产品。这些商品是由美国商人在其赴华途中停泊于太平洋和印度洋各港口时，沿途收购，然后随同西方产品一起运往广州出售的。其中有斐济的海参、巴达维亚的糖和咖啡、苏门答腊的胡椒、夏威夷的檀香木、孟买的棉花、菲律宾的大米，以及土耳其、印度的鸦片（下面有专节论述鸦片贸易）。盛产檀香木的夏威夷是由英国探险家古克于1778年首先发现的。1791年，美国商船“希望”号在赴华途经夏威夷群岛时也发现了在广州颇受欢迎的檀香木，并装载第一批檀香木到达广州。由于檀香木“是一种几乎像海豹皮一样有利可图并能与中国的茶叶和丝绸进行贸易的贵重产品”，美国商人就绞尽脑汁，千方百计加以获取。他们利用夏威夷国王的“天真和好奇”以廉价的织花台布，各种酒类、马具、衣物和火药同夏威夷人交换檀香木[②]，运到广州后以高于产地33倍的价格出售[③]。获利之巨，令人瞠目。到1830年，小小的夏威夷群岛成了加利福尼亚和广州

---

① 本文各统计表，有的是从各方面的材料综合而成，因无前人系统的统计可为依据，事属开头，尚有待于进一步完备（如表2、表6）；有的比已刊见的统计数字增加了6年、13年、33年不等（如表1、表3至表6）。记载有鸦片战争前中美贸易的各类统计数字的著作，作者所见就不下几十种。但同一类数字，各书记载往往差异很大。经过反复比较和研究，作者认为戴维兹编：《美国外交和政府文件：美国与中国》(American Diplomatic and Public Papers: the United States and China)，威尔明顿1973年版，第1辑，第18卷；《英国蓝皮书：中国》(Area Studies Series British Parliamentary Paper: China)，爱尔兰大学出版社1971年版；马士《编年史》和《中国丛报》较为可靠。在有冲突之处，仍以《美国外交和政府文件：美国与中国》为主。因为此书所载均为美国官方原始文件，较有价值。《英国蓝皮书：中国》和《编年史》收集了当时英国驻华人员的原始材料，并且大体一致。《中国丛报》的编辑和主要撰稿人是美、英传教士和在广州的美英商人，他们所提供的数字也较为可信。各表中凡取马士著作的，如果几种著作中所载数字有所出入的，就不取其《中华帝国对外关系史》（张汇文等译）(The International Relations of the Chinese Empire)，中译本，三联书店1957年版，第1卷，第101和283至240页，而取其《编年史》的数字。因后者出版年份较前者为迟。在《编年史》中又不取其第4卷，第384至386页之统计表，而取其各卷和各章中有关中美贸易部分之数字。前者与后者数字常不一致，但后者有具体的商品数量和金额，相伴并列，故较精确。

② 杜勒斯：《美国在太平洋》，第139、40页。

③ 19世纪初，美国商人在南太平洋地区收购檀香木的价格是每磅1美分，而在广州的售价是每磅34美分。见杜勒斯：《旧中国贸易》，第96页。

之间的“贸易基地”，被人们称为太平洋上的“商业直布罗陀”①。

东方产品在美国对华贸易商品中占有很大的比重（约占美国输华商品总额的三分之一，由于鸦片走私的日益猖獗，东方产品的数额要比目前所掌握的数字更高），有时甚至超过了西方产品。这反映了在早期中美贸易中，美国的经济还比较落后，因此不得不奔波于世界各地，搜罗各地的商品来满足对华贸易的需要，弥补其输华商品货单上的不足。

表 2　美国输华商品中的东西方产品比较（1817—1845）

单位：元

年　份	西方产品	东方产品	年　份	西方产品	东方产品
1817	1 055 600	496 576	1832	2 404 033	503 903
1818	1 951 869	546 339	1833	2 907 936	500 000
1819	852 102	1 169 150	1834	256 000	755 000
1820			1835	336 000	1 533 000
1821	1 596 057	984 769	1836	1 697 195	1 517 531
1822	1 560 022	486 536	1837	319 000	312 000
1823	1 927 310	289 817	1838	656 000	861 000
1824	1 780 734	656 821	1839	430 000	1 103 000
1825	1 839 620	211 211	1840	469 000	541 000
1826	1 742 737	259 812	1841	715 000	485 000
1827	1 899 063	1 419 046	1842	738 000	707 000
1828	1 558 478	1 082 887	1843	1 755 000	664 000
1829	1 898 837	895 151	1844	1 110 000	647 000
1830	1 471 756	1 129 565	1845	2 079 341	196 654
1831	1 930 143	453 542			

资料来源：1817 年至 1819 年均根据马士：《东印度公司对华贸易编年史》，第 3 卷，第 328、344 和 365 页；1821 年至 1845 年根据潘序伦：《美国对华贸易》，第 15 和 21 页，原文西方、东方产品分别为本国产品和外国产品。

三

在殖民地时代，中国的茶叶就在北美享有盛誉。远在 1690 年，波士顿就

① 摩里逊：《麻省航海史》，第 264 页。

有定点出售中国茶叶的市场，到18世纪60年代，美国每年进口茶叶已达120万磅①。1773年12月16日，成为美国第一次独立战争爆发点的事件，即波士顿人民倾入大海的342箱茶叶，就是由英国东印度公司运销北美殖民地的中国茶叶。到美国独立战争爆发前夕，整个殖民地人民就已习惯于把茶叶当作日常生活中的重要饮料了。美国独立后，促使美国商人组织“哈里特”号和“中国皇后”号远航中国贸易的主要目的就是想买到中国的茶叶。“中国皇后”号从广州装载回程的货物，仅茶叶一项就占货载总额的92.10%②。据统计，在18世纪最后10年间，输往美国的茶叶平均每年为17 000余担，而到了1831年至1840年的10年间，中国输美的茶叶上升到每年平均113 600担左右，增长了近5倍(参见表四)。一直到鸦片战争前后(除个别年份)，中国输美的茶叶额在输美商品的货单上始终独占鳌头。从1817年至1845年间(有数字可考的为24年)，中国输美茶叶平均占输美商品总值的58.04%。最高年份(1840年和1841年)甚至超过81%。在这24年中，超过输美商品一半的也有14年(参阅表3)。据《中国丛报》记载，在签订《望厦条约》的那一个贸易年度(即1844年6月30日至1845年7月1日)，输美茶叶为149 311担，为18世纪最后10年的年平均数(17 000余担)的8.78倍。

输美茶叶的逐年增多，并不完全说明美国国内茶叶需求量的上升。因为许多美国商人在中国购买商品后，并不直接驶回美国，而是辗转于世界各地，出售部分中国商品(主要是茶叶)③，而且另有一部分茶叶在输入美国之后，再度由美国出口至其他国家，从中牟利。例如，1825年，输入美国的茶叶共计76 591担，其中22 774担从美国再度出口。从1826年至1828年间，由美国口岸出口的中国茶叶分别占这3年输美茶叶总数的27.75%、27.68%和18.40%④。早期中美商业往来中出现转手贸易有两个原因。将中国茶叶

① 郝华德:《纽约与中国贸易》，第22页。

② 参见本文表3及资料来源。

③ 由美国商人运往欧洲及其他地区的茶叶不包括在本文表4中。

④ 《英国蓝皮书:中国》第37卷，第356页。

运至欧洲各国，以便换取工业品输往本国或输往中国以抵消对华贸易的逆差。1824年至1826年和1829年至1831年，美国商人输华的英国工业品分别占输华商品总额的32.59%、39.53%、44.63%、40.16%、27.21%和26.76%①。此其一。其二，咖啡作为另一种日常生活中不可缺少的饮料在美国市场上的销售量日增。这样，中国输往美国的大量剩余茶叶只得另觅出路。1818年到1828年的十一年间，美国人民的咖啡消费量由前5年的平均每年125 379担猛增至后6年平均每年196 215担，增长了一半多②。

色泽艳丽，光滑柔软的中国丝绸和生丝在美国也久负盛誉，并且是早期中国输美商品中仅次于茶叶的第二大宗商品。1819年后的近20年间，丝绸和生丝在美国购买中国商品的货单上占有举足轻重的地位。在1821年至1831年的11年间，有10个年份的生丝和丝绸额占全部输美商品总额的三分之一以上。其中1822年、1823年和1825年的生丝和丝绸输美额还超过输美茶叶额。不仅如此，有些年份还大大超过当时中国最大的贸易对手英国购买的数额。例如，1832年，英国商人购买的中国丝绸只有54 683匹，而美国则为215 219匹③，后者为前者的近4倍。19世纪中期以后，由于美国丝织工业的兴起，也由于日本生丝的竞争，中国丝绸在美国市场的优势逐渐丧失。

中国输美的另一大宗商品是土布。19世纪20年代以前的美国纺织工业很弱小，只能以棉花换取质地坚牢的中国土布。中国土布一向以价廉物美著称，在西方国家有着广阔的市场。在一个时期内，甚至连英国纺织中心曼彻斯特工厂生产的机织布都无法与之匹敌④。1826年以前，美国是中国土布的第一号买主。虽然它在购买中国茶叶和丝绸方面(除个别年份)大大

① 《英国蓝皮书：中国》第40卷，第198和245页。原材料为1824—1825至1826—1827和1829—1830至1831—1832贸易年度，具体数字分别为794 514元、915 358元、893 836元、1 122 066元、781 429元和637 822元。

② 《英国蓝皮书：中国》第37卷，第361页。

③ 马士：《编年史》第4卷，第325页。

④ 格林堡著，康成译：《鸦片战争前中英通商史》(British Trade and the Opening of China)，商务印书馆1961年版，第1页。

落后于英国，但它对土布的购买(个别年份除外)却超过英国。例如，1801年，英国东印度公司和散商购买的土布仅18.47万匹，而美国高达140万匹①，后者为前者的758%左右。1822年，美国购自中国的土布高达252.2万匹，而英国商人只有52.167 8万匹②。1825年以后，随着美国纺织工业的发展，中国输美的土布数量也随之下跌。30年代中国土布下跌的趋势已成定局。到40年代，在美国的购货单上很难找到中国的土布了。

茶叶、土布、生丝和丝绸是当时中国输美的主要商品，合计占中国对美输出总额的绝大比重(见表3)。

表3 中国输美茶叶、土布、生丝和丝绸金额(1784—1845) 单位:元

年份	中国输美商品总额 A	输美茶叶额 B	B/A%	输美土布额 C	C/A%	输美丝绸生丝额 D	D/A%	B+C+D/A%
1784	99 676	91 806	92.10	503	0.50	3 472	3.48	96.08
1792	440 653	165 440	37.54	19 028	4.32	96 528	21.91	63.77
1817	5 703 000	1 325 500	75.85	500 000	8.76	722 000+	12.66	97.27
1819	9 057 000	3 041 942	33.59	1 334 060	14.73	3 228 570	35.64	83.96
1821	3 111 951	1 320 929	42.45	298 079	9.58	1 317 846+	42.35	94.38
1822	5 242 536	1 853 962	35.46	758 371	14.47	2 389 210+	45.57	95.5
1823	6 511 425	2 360 350	36.25	595 684	9.15	3 126 845	48.02	93.42
1824	5 618 502	2 785 683	49.58	117 015	2.08	2 430 865+	43.27	94.93
1825	7 533 115	2 725 675	36.18	310 548	4.12	3 065 643	40.70	81
1826	7 422 186	3 740 415	50.40	274 970	3.70	2 932 830	39.51	93.61
1827	3 617 183	1 711 185	47.31	172 668	4.77	1 434 740	39.66	91.74
1828	5 339 108	2 443 002	45.76	304 674	5.71	2 241 990	41.99	93.46
1829	4 680 847	2 045 645	43.70	452 873	9.68	1 718 489	36.71	90.09
1830	3 878 141	2 421 711	62.45	176 739	4.56	1 061 375	27.37	94.38
1831	3 083 205	1 416 045	45.93	87 184	2.83	1 382 463	44.84	93.6
1832	5 344 907	2 783 488	52.08	95 072	1.78	1 166 130	21.82	75.68
1833	7 541 570	5 483 088	72.70	30 339	0.40	1 387 064	18.39	91.49

① 马士:《编年史》第2卷，第358页。

② 《英国蓝皮书:中国》第36卷，第79页；马士:《编年史》第4卷，第53页。

续表

年份	中国输美商品总额A	输美茶叶额B	B/A%	输美土布额C	C/A%	输美丝绸生丝额D	D/A%	B+C+D/A%
1834	7 892 327	6 211 028	78.70	46 845	0.59	1 088 864	13.80	93.09
1835	5 987 187	4 517 775	75.46	6 443	0.11	930 677	15.54	91.11
1836	7 324 816	5 125 270	69.97	32 686	0.45	241 800	3.30	73.72
1837	3 965 337	5 893 202	65.73	35 990	0.40	2 203 515	24.58	90.71
1838	4 764 536	3 494 363	73.34	27 049	0.57	981 274	20.60	94.51
1839	3 678 500	2 413 283	65.61	2 379	0.06	978 183+	26.59	92.26
1840	6 642 000	5 415 000	81.53	2 000	0.03	922 000	13.88	95.44
1841	3 985 000	3 343 000	83.89			453 000	11.37	95.26
1845	7 285 914	5 022 600	68.94	1 064	0.01	927 227	12.73	81.68

有十符号者仅为丝绸金额。

材料来源：中国输美商品总额同本文表6材料来源；输美茶叶、土布和生丝、丝绸额：1784年、1792年、1817年和1819年均根据马士：《东印度公司对外贸易编年史》，第2卷，第95和204页，第3卷，第329和366页；1821年至1835年（其中1832年的生丝、丝绸额根据马士：《编年史》，第4卷，第340页）和1837年至1841年均根据戴维兹编：《美国外交和政府文件：美国与中国》，第1辑，第18卷，第25、29和104页；1836年（原为1836—1837贸易年度）和1845年土布额和生丝、丝绸额根据《中国丛报》，第6卷，第285至286页和第15卷，第293页；1845年茶叶额根据《英国蓝皮书：中国》，第38卷，第508页。

在中国输美商品单上，位于茶叶、生丝和丝绸及土布之后的是中国瓷器。瓷器在输美商品总额中虽然只占1%的比例，却大大超过其他商品（如肉桂等）①。美国人不仅把瓷器当作一般日常使用的容器，而且视作高雅的装饰品，或者作为馈赠亲友的高贵礼品。因经营对华贸易而致富的普金斯（Thomas Perkins）曾将一套绘有宝塔图案的中国瓷器作为其女儿的嫁妆，美国人对中国瓷器的尊重，由此可见，“中国皇后”号首航中国就带回了一批瓷器，其中有些是在中国定制的印有“中国皇后”号帆船图形的大瓷碗，现在

① 美国国会众议院：《1821年至1839年中国进口货值的年度报告》（Statement Exhibiting the Value of Imports from China Annually from 1821 to 1839），1840年第26届国会第一次会议，众议院第2号文件，第22至27页。转引自高尔德斯坦：《1682至1846年费城对华贸易》，第37页。

仍由新泽西博物馆珍藏①。有人估计，在《望厦条约》签订前，大约有数百万件中国瓷器运往美国各地②。中国瓷器运销美国的意义远远超越了其本身作为商品的价值。有位美国历史学家认为，通过中国瓷器，美国人民“能够了解到秦国(即中国)的博物学、地理特征、农艺、陶器制造术、冶金工艺、建筑学、书法、神话，以及其他无以计数的文化特征。就像随着首次直接的开拓性航运而来的商业信件所传递的形象一样，通过普通的手工业品传播而来的中国形象是积极的”③。而且，中国瓷器“具有社会意义：它们不同于茶叶或者平常的织物，更是在早期美国人家庭中的中国‘存在’”④。因此，瓷器成了早期美国人民了解中国人民和社会的重要渠道，太平洋两岸人民接触和交流的历史见证。

“中国皇后”号驶华以后至中美《望厦条约》期间，中国输美主要商品及数量见表4。

表4　中国对美国输出的主要商品及数量(1784—1845)

年　份	茶叶(担)	土布(匹)	生丝(担)	丝绸(匹)
1784	3 022	864		490
1785	5 213			
1786	8 864	33 920		
1787	5 632			
1788	8 916		256	
1789	23 199		660	
1790	22 860	166 700	184	
1791	7 397		55	
1792	8 077	27 400	25	155(担)

① 为纪念中美贸易200周年，纽约历史博物馆隆重举行了“纽约与中国贸易”展览会。作者在现场参观时注意到，由早期美国商人带回的各种瓷器是展览会中的主要展品。其中有一个在18世纪90年代由美国商人从广州带回的大碗，口径达16英寸，制作精致，并印有美国国旗，可能为当时的购买者所定制。

② 卡尔宾特：《早期中国贸易》，第55—56页。

③ 高尔德斯坦：《1682至1846年费城对华贸易》，第40页。

④ 同上书，第37页。

续表

年　份	茶叶(担)	土布(匹)	生丝(担)	丝绸(匹)
1793	15 075	255 000	36	
1794	18 461	220 000	3	
1795	17 810	685 000		
1796	17 331	475 000	97	
1797	15 067	200 000	283	
1798	14 186	1 530 000	61	
1799	33 769	735 000		
1800	28 489	6 366	35	
1801	30 659	1 400 000	138	
1802	32 032	750 000		
1803	45 420	630 000	11	
1804	27 178	2 648 000		9 385
1805	38 405	2 808 000	55	24 960
1806	51 544	1 764 000	4	17 680
1807	60 831	2 922 000	43	20 400
1808	36 104	345 000	126	9 132
1809	11 123	3 769 000	144	53 273
1810	58 811	2 048 000	178	77 710
1811	22 642	425 000	195	110 521
1812	22 926	201 000	36	12 670
1813		105 000	43	6 470
1814	7 133			115 939
1815	53 040	640 000	311	114 147
1816	70 455	1 794 000	229	201 536
1817	169 143	1 469 000	746	291 396
1818	90 287	2 289 600	823	201 536
1819	76 447	2 932 000	926	292 396
1820	40 153	1 761 528	250	281 187
1821	37 322	1 199 207	288	354 864
1822	49 883	2 522 000	158	375 340
1823	61 590	536 000	47	348 670
1824	67 025	721 000	$146\frac{1}{2}$	573 807
1825	76 591	248 725	586	618 564
1826	75 761	308 700	287	303 885
1827	44 078	619 000	1 909	420 494
1828	57 820	353 000	220	211 310
1829	45 287	305 568	380	169 391
1830	64 587	125 774	639	261 117

续表

年　份	茶叶(担)	土布(匹)	生丝(担)	丝绸(匹)
1831	38 881	122 285	459	265 117
1832	74 318	39 000	144	215 219
1833	109 826	30 339+	123 982+	
1834	122 153	46 845	79 000+	1 010 158+
1835	108 144	6 443+	4 000+	927 017+
1836	226 849	49 906	125	800
1837	127 400	35 990+	99 000+	2 104 981+
1838	108 163	27 049+	16 000+	965 572+
1839	70 141	2 379		987 183+
1840	150 087	2 000	142 000+	780 000+
1841	86 728		166 000+	287 000+
1842				
1843	106 957	10	285(箱)	4(担)
1844	155 676		84(箱)	79(担)
1845	149 311	22(担)	32	864(担)

有＋符号者单位为元。

材料来源:1836年(原为1836—1837贸易年度)各类数字均根据《中国丛报》第6卷,第285至286页。茶叶:1784年、1786年至1789年、1792年、1814年至1815年、1817年和1819年至1820年均根据马士:《东印度公司对华贸易编年史》第2卷,第95、119、136、152、173和204页,第3卷第206、228、308、347和370页;1785年、1816年和1818年均根据杜勒斯:《旧中国贸易》,第210页(原文单位为磅,现按每担为133.3磅折合,下同);1790年至1812年和1821年至1841年根据戴维兹编:《美国外交和政府文件:美国与中国》第1辑,第18卷,第99至100页;1843年至1844年根据《中国丛报》,第15卷,第396至399页。1845年根据《英国蓝皮书:中国》第38卷,第508页。土布:1784年至1803年、1826年至1828年和1832年均根据马士:《编年史》第2卷,第95、204、180、201、206、256、266、278、295、311、322、348、358和401页,第4卷,第123、145、162和325页;1804年(原为1804—1805贸易年度)至1815年(其中1813年原为1813至1815年),1815年(原为1815—16贸易年度)至1825年、1829年和1830—1831年均根据《英国蓝皮书:中国》第36卷,第78至79页,第40卷,第193至194和244页;1833年至1840年根据戴维兹编:《美国外交和政府文件:美国与中国》第1辑,第18卷,第24和105页;1843年(原为1843—1844贸易年度)和1845年根据《中国丛报》,第14卷,第409页和第15卷第293页。生丝:1788年—1808年、1827年—1828年和1832年根据马士:《编年史》,第2卷,第152、173、180、185、201、206、256、278、295、311、348、358、410页,第3卷,第2、27、56和77页,第4卷,第385和325页;1809年—1826年(其中1813年原为1813—1814贸易年度)和1829年—1831年根据《英国蓝皮书:中国》第36卷,第78—79页,第40卷,第193—194、244页;1833年—1835年、1837年—1838年和1840年—1841年均根据戴维兹编:《美国外交和政府文件》,第1辑,第18卷,第25和104页;1843年(原为1843—1844贸易年度)至1844年和1845年根据《中国丛报》,第14卷,第409页和第15卷,第293页。丝绸:1784年、1792年、1826年—1828年和1832年,根据马士:《编年史》第2卷,第95、204页,第123、145、162、325页;1804年(原为1804—1805贸易年度)至1825年和1829—1831年根据《英国蓝皮书:中国》第36卷,第78—79页,第40卷,第193—194、244页;1834—1835年和1837—1841年根据戴维兹编:《美国外交和政府文件:美国与中国》第1辑,第18卷,第104页;1843年(原为1843—1844贸易年度)至1845年根据《中国丛报》第14卷,第409页和第15卷,293页。

四

中美《望厦条约》签订以前，中美两国间正常贸易的顺差在中国一边，中国是一个出超国。随着贸易的发展，美国在对华贸易过程中出现的逆差日趋严重。中国输往美国的商品额往往是美国输入中国的商品额的好几倍。例如，1805年，中国输美商品额为512.7万元，美国输华商品额仅为115万元多一点①，两者相较，前者为后者的4.5倍左右。到了19世纪的30年代，中国输美和自美输入的商品额虽然倍数降低，但是差额却有更大幅度的增加。例如，1836年，中国对美国贸易的顺差高达481万余元②。在绝大多数的年份里，中国仅茶叶一项的输美额就足以支付全部的美国输华商品总值，并有结余。例如，1817年，美国输华商品额(不包括鸦片)仅为122.18万元，这年中国输美茶叶额就为432.55万元③。仅此一项，就可抵消美国输华商品总额，并有310万余元的余额。1833年，美国输华货物值为2 907 936元，如果将价值50万元的鸦片也包括在内的话，统共只有3 407 936元④，而那年中国输美的茶叶额就高达5 483 088元⑤。

对华贸易出现的巨大逆差，迫使美国商人向中国市场投入大量的白银和金币，以保证对华贸易的继续发展。美国输华的硬通货中大部分为银元，其中又主要是墨西哥银元和西班牙银元。这些银元通常是用南美洲出产的白银铸造的⑥，其中有一部分是美国通过和其他国家的贸易获得。1830年以前(除1829年)，美国对华贸易的逆差基本上都是用白银支付的。虽然早在1819年，美国就已开始使用伦敦汇票来支付中国商品，但是在1829年之前，各贸易年度的伦敦汇票通常不超过66万元，是作为银元的辅助手段出现的。1830年之后，美国输华的伦敦汇票突破百万元大关，加之对华鸦片输入

---

① 《英国蓝皮书：中国》第36卷，第188页。
② 《中国丛报》第6卷，第284至286页。
③ 马士：《编年史》第3卷，第327至329页。
④ 马士：《编年史》第4卷，第369页。
⑤ 戴维兹编：《美国外交和政府文件：美国与中国》第1辑，第18卷，第26页。
⑥ 卡尔宾特：《早期中国贸易》，第73页。

数量的激增，由广州入口的白银大量减少，从以前的数百万元下跌到几十万元(个别年份除外)①。1837年是美国输华白银最低的一个年份，仅为155 000元。1845年，美国商人携带来华的伦敦汇票高达5 352 033元②。当年美国对华贸易的逆差为500万元多一点。因而，输华的77万余元的银元不再起平衡对华贸易的作用了。1831年至1840年间，美国输华的银元及其他硬通货仅为前10年的21.37%③。在1822年至1845年的24年间，有8个年份美国反而从中国运走了白银306 262元④，但和各该年美国输华白银额比较，美国仍然是对华白银输出国。

美国不是白银生产国，通过和其他国家贸易获得的白银，数目毕竟有限。白银的匮乏成了美国扩大对华贸易的巨大障碍。19世纪初，美国商人找到了一种能代替白银的商品——鸦片，从而大大减少输往中国的银元。早在18世纪，山茂召就认为，在中国贩卖鸦片是"有厚利可图"的走私买卖(19世纪20年代左右，贩卖鸦片的利润一般都在进货成本的200%以上⑤)。虽然，鸦片走私所获取的利润如此之高，但是，当时主要的鸦片生产地印度的鸦片贸易，从1773年起就为英国东印度公司所垄断把持，美国商人尽管十分眼红，却无法问津。19世纪初叶，美国商人在地中海地区发现了质量不及印度出产的鸦片。1803年4月25日，美国驻土耳其士麦拿(Smyrna)的领事司德华特(William Stewart)发回国内的报告中就指出："土耳其和埃及有很多产品，可供美国国内消费者或对外推销之用。"其中便提到了鸦片⑥。1803

① 参见本文表6。1833年至1843年的伦敦汇票数暂缺。

② 戴维兹编：《美国外交和政府文件：美国与中国》第1辑，第18卷，第61页。

③ 参见本文表6。

④ 其具体年份和数额为：1822年和1845年分别为215 000元和262元(据《英国蓝皮书：中国》第40卷，第193页，第38卷，第509页)；1823年、1828年、1830年、1832年、1833年和1838年分别为22 000元、24 000元、9 000元、26 000元、6 000元和4 000元(据潘序伦著：《美国对华贸易》，第15页)。

⑤ 据1816年的记载，每箱鸦片的进货成本为200至250元，除去运费及各项开支后，可得到利润400至500元。见马士著《编年史》第3卷，第250页。

⑥ 司德华特致国务卿(William Stewart to the Secretary of State)，1803年4月25日。转引自丹涅特著，姚曾廙译：《美国人在东亚》(Americans in Eastern Asia)，中译本，商务印书馆1959年版，第101页。

年底或1804年初，司德华特返回美国后，积极向美国从事海外贸易的商人宣传土耳其鸦片。在他的鼓动之下，费城商人华尔尼（William Waln）和R.H·威尔考克斯（R.H. Wilcocks）于1804年派遣一艘名为“宾夕法尼亚”号（Pennsylvania）的美国商船驶往士麦拿。在该船商务总管本杰明·威尔考克斯（Benjamin Wilcocks）和詹姆士·威尔考克斯（James Wilcocks）的安排下装载了55箱土耳其鸦片扬帆东来。但是，此次航行的目的地不是广州，而是巴达维亚。第一艘贩卖鸦片来华的美国商船是“尤塔”号（Eutan）。它装载了26箱又53盒土耳其鸦片，抵达广州的时间为1806年6月。同年7月，又有一艘载有33袋鸦片的美国商船“风精”号（Sylph）在广州卸货。由于是首次运载土耳其鸦片，美国商人还估摸不透它在中国市场的销路，因此，像“风精”号还携带大量的西班牙银元，以便在鸦片无法脱手时，用银元购买回程货物①。而且，英国东印度公司广州商馆在1807年6月24日的一封报告美国商人贩运鸦片来华的信函也是有力的佐证，信中写道，“第一批从地中海直接装载鸦片到中国的船是去年六月和七月到达的，也有几袋是在不同的时间里绕道美国运来的”（重点符号是原件中用密码书写的字）②。因此，确定美国第一次贩运鸦片来华的时间当为1806年，是有根据的。另一种说法则认为，美国最早从事对华鸦片走私应在1804年③，但因缺乏贩运鸦片的具体船只和具体数量的旁证，似未可作定论。从1806年起至1819年止，土耳其鸦片基本上为美国所垄断。贩运鸦片的美国商船有的直接来自地中海地区，有的则是在地中海地区贸易的回程中，先携带鸦片回国。然后由另一些商船直接由美国运到中国④。例如，本文表5所载之1835年和1837年美国输华鸦片金额系根据美国海关报告所提供的数字，显然是经由美国运往中国的鸦片额，并非各该年输华鸦片的完整数字。有时，美国商人先将鸦片运

---

① 高尔德斯坦：《1682至1846年费城对华贸易》，第53页。“尤塔”号和“风精”号装运来华的鸦片数和公认的数字完全一致，均为102箱。

② 马士：《编年史》第3卷，第72至73页。

③ 卡罗塞斯：《美国在太平洋的贸易》，第87页。

④ 马士：《编年史》第3卷，第73页；卡尔宾特：《早期中国贸易》，第91页。

至英国，由做中英间生意的商船代运，也有的在直布罗陀附近委托过往船只运往中国①。

由于鸦片贸易是走私活动（清政府自 1796 年起多次重申严禁鸦片进口），因此很难核定美国商人将鸦片运入中国的确切数字。过去将马士著《中华帝国对外关系史》第 2 卷中的“鸦片走私估计表”所列土耳其鸦片即作为是美国输华鸦片的数量，这种计算似乎不太准确。因为，美国商人有时也装运非土耳其鸦片来华，或者间接地贩卖印度鸦片。虽然按照 1818 年 10 月和 1827 年 8 月的两次英美条约的规定，美国商人不得在印度和中国之间从事贩运活动，但是却无法阻止他们在广州充当代理人，销售由东印度公司船只运至广州的鸦片。尽管美国商人何时开始从事此项委托贸易尚不清楚。然而，至少在 1824 年或 1825 年，普金斯洋行（The Perkins and Company）曾贩卖过印度鸦片②。在普金斯洋行倒闭之后，从事非法的鸦片走私活动的主角是旗昌洋行（Russell and Company）。在大力贩卖土耳其鸦片的同时，旗昌洋行还致力于销售印度鸦片的委托贸易。旗昌洋行开展这项走私活动有三个方法。一是在印度雇用人员，为它在印度的拍卖市场上购买鸦片，然后负责联系装运上船事宜，由洋行付以一定数目的佣金。例如：1831 年曾雇用过两个名叫达（Aushootos Day）和都拉皮（Hormaju Dorabju）的印度人为其效劳③。其二，是利用旗昌洋行的职员到印度安排货源。例如，1837 年卡拉奇（J. Coolidge）前往印度帮助安排将印度鸦片装运来华的事宜④。第三，通过从事美国和印度之间贸易的美国商人贩运毒品。1834 年，一个在加尔各

① 丹涅特：《美国人在东亚》，第 102 页；斯蒂尔：《1821 年至 1839 年美国对华鸦片贸易》（American Trade in Opium to China，1821—1839），载《太平洋历史评论》（The pacific Historical Review），第 10 卷，第 1 期（1941 年 3 月），第 61 和 66 页。

② 博里格恩：《卡伯特家族的历史和家谱》（History and Genealogy of the Cabot Family，1475—1927），波士顿 1927 年版，第 1 卷，第 430 页。转引自斯蒂尔：《1821 年至 1839 年美国对华鸦片贸易》，第 69 页。

③ 《赫尔德致达函》（Heard to Day），1831 年 7 月 30 日；《福士致赫尔德函》（Eorbes to Heard），1831 年 8 月 14 日。均转引自斯蒂尔著《1821 年至 1839 年美国对华鸦片贸易》，第 71 页。

④ 斯蒂尔：《1821 年至 1839 年美国对华鸦片贸易》，第 71—72 页。

答名叫赫金逊(J.B. Higginson)的美国商人以波士顿普金斯洋行的名义定购了一大批孟加拉鸦片。6 月,他利用英船“依查拜拉·罗伯逊”号(Isabella Robertson)装运 100 箱左右的鸦片。以后又委托英国飞剪船“发尔更号”(Falcon)装载 175 箱运交旗昌洋行①。1834 年,英国东印度公司对华贸易垄断权被取消之后,美国商人贩运印度鸦片到中国的活动日益活跃,旗昌洋行和琼记洋行(Augustine Heard and Company)不仅在伶仃洋,而且到广州以北口岸走私印度鸦片②。在向中国贩毒的过程中,美国和英国的鸦片贩子,沆瀣一气,狼狈为奸,结成侵略中国的联盟。早在 1829 年,美国大鸦片贩子拉铁摩尔(John Richardson Latimer)曾对他的英国同伙说:“我们不会和你们发生对抗,我们所获得的一切,你们也会获得,我们大家都是为了追逐利润而来此地的。”③1839 年,美国商人交出的全部是印度鸦片,并且划在英商名下,谎称系为英商代销,而 50 余箱的土耳其鸦片却在英美鸦片贩子的合谋下匿藏起来了④。输往中国的土耳其鸦片也非完全由美国烟贩经营。英国、荷兰等国的商人也曾参与了地中海地区的鸦片贩运活动。1817 年 1 月 25 日,英国驻马德拉(Madeira)领事凡依奇(Henry Veitch)在向东印度公司的报告中说,有 31 箱土耳其鸦片由伦敦运至该岛后,又输入广州⑤。1825 年,由广州入口的 1 039 担土耳其鸦片中,美国商人经手的为 640 担⑥。1830 年,顾盛(John Perkins Gushing)在给旗昌洋行的信中说,当年进口 2 700 担土耳其鸦片,其中旗昌洋行 1 100 箱,荷兰东印度公司 500 至 600 箱(后运至

---

① 旗昌洋行致赫尔德函(Russell and Company to Heard),1835 年 8 月 21 日,转引自斯蒂尔著:《1821 年至 1839 年美国对华鸦片贸易》,第 73 页。

② 费正清:《中国沿海的贸易和外交》(Trade and Deplomacy on the China Coast),斯坦福 1969 年版,第 226 页和第 508 页注(1);斯蒂尔:《1821 年至 1839 年美国对华鸦片贸易》,第 73 页。

③ 约翰·拉铁摩尔致亨利·拉铁摩尔函(John Latimer to Henry Latimer),1829 年 11 月。转引自高尔德斯坦:《1682 年至 1846 年费城对华贸易》,第 61 页。

④ 丹涅特:《美国人在东亚》,第 102 页。

⑤ 马士:《编年史》第 3 卷,第 324 页。

⑥ 《普金斯备忘录》(Memorandum Book of T.H. Perkins),转引自斯蒂尔著:《1821 年至 1839 年美国对华鸦片贸易》,第 64 页。

巴达维亚)[1]。1836 年,美国输华土耳其鸦片为 466 担,英国则为 292 担[2]。

据估计,1807 年前,美国运往中国的鸦片每年在 105 箱至 150 箱之间,价值在 5 万至 10 万元之间[3]。1812 年后,美国输华鸦片急骤增加,1811 年至 1820 年,平均每年为 473 箱(除 1813 年和 1814 年暂缺);1821 年至 1827 年的 7 年间,增加了 22.5%,平均每年为 579 箱;到 1828 至 1833 年间,平均每年为 1 081 箱(参见本文表 5)。但是,这些数字也并非无懈可击。举例来说,1839 年,林则徐下令广州外商交出的鸦片中,为美国商人所有的是 1 540 箱[4]。加上隐藏未交的近 1 600 箱。根据我们所核定的数字,1837 年到 1838 年间,只有 1837 年输华 100 余箱(当年鸦片额 5 万余元,按 500 元一箱计算)[5]。如果我们假定 1839 年 3 月 26 日,林则徐下令封馆前,美国烟贩走私入口的鸦片为 600 箱的话,还有 900 余箱的鸦片是在 1837 年以前没有出售而积累起来的。但是,鸦片不同于西方的棉毛织品,在中国颇有销路。杜勒斯(Foster Rhea Dulles)说:"实际上,在 19 世纪二三十年代,鸦片贸易远比合法贸易容易经营,除了贿赂那些无耻官员的钱以外,根本无需交纳关税,而且购买鸦片的费用往往是预先支付的,所以可望获得肯定的高额的利润"[6]。因此,事实上美国商人不可能积存大量鸦片不售,到时一并交林则徐处理。由于鸦片战争前后鸦片走私的猖獗,特别是 1840 年以后,美国的政策和态度在公开的场合是反对鸦片走私,然而大部分美国商船在美国国旗的保护之下仍旧肆无忌惮地大规模贩卖[7],因此可以肯定,美国贩运来华的各类鸦片远

① 顾盛致旗昌洋行函(Cushing to Russell and Company),1830 年 4 月 13 日,转引自斯蒂尔著:《1821 年至 1839 年美国对华鸦片贸易》,第 64 页(原文即为"担"和"箱")。

② 斯蒂尔:《1821 年至 1839 年美国对华鸦片贸易》,第 73 页。

③ 斯蒂尔:《1820 年前美国鸦片贸易》(American Trade in Opium Prior to 1820),载《太平洋历史评论》第 9 卷(1940 年 3 月),第 429 页。转引自卡罗塞斯:《美国在太平洋的贸易》,第 87 页。

④ 《批美国领事士那续陈该国鸦片实系代英商销卖已交义律禀》,《林则徐集》公牍,中华书局 1963 年版,第 75 页。

⑤ 每箱鸦片价格为 500 元,系根据 1839 年第一季度的价格。见马士:《中华帝国对外关系史》,第 1 卷,第 251 页。

⑥ 杜勒斯:《旧中国贸易》,第 148 至 149 页。

⑦ 费正清:《中国沿海的贸易和外交》,第 226 页。

远超过我们现在所掌握的数字。1806 年至 1844 年美国输华鸦片，见表 5①。

表 5　美国输华鸦片数量(1806—1844 年)　　单位:箱

年　份	数　量	年　份	数　量	年　份	数　量	年　份	数　量
1806	102	1816	488	1824	1 651	1832	380
1807	180	1817	1 900	1825	640	1833	963
1808	150	1818	807	1826	805	1834	275
1809	32	1819	180	1827	1 000	1835	50 925+
1810	21 664+	1820	30	1828	1 256 $\frac{1}{2}$	1836	466
1811	200	1821	437	1829	1 741	1837	52 221+
1812	100	1822	383	1830	1 428	1839	1 590
1815	80	1823	140	1831	720	1844	286

有十符号者为元。

材料来源:1806 年根据高尔德斯坦:《1682 至 1846 年费城对华贸易》第 53 页;1807 年(原文为 1806—1807 贸易年度。下同)至 1808 年、1811 年至 1816 年、1818 年至 1819 年、1822 年和 1828 年均根据郭士立著:《中国史略》(Charles Gutzlaff: A Sketch of Chinese History),第 2 卷,附表 4; 1809 年、1817 年、1827 年和 1833 年均根据马士:《编年史》,第 2 卷,第 384 页,第 3 卷,第 339 页,第 4 卷,第 160、372 页;1810 年和 1820 年根据马士:《中华帝国对外关系史》,第 1 卷,第 101、236 页注(2);1821 年、1823 年至 1826 年、1829 年、1831 年至 1832 年、1834 年和 1836 年均根据斯蒂尔:《1821 年至 1839 年美国对华鸦片贸易》,载《太平洋历史评论》,第 10 卷,第 1 期(1941 年 3 月)第 57、60、66、68、72、73 页;1835 年和 1837 年根据戴维兹编《美国外交和政府文件:美国与中国》,第 1 辑,第 18 卷,第 18 页;1839 年根据美国商人经由英国商务监督义律(Charles Elliot)转交给林则徐的 1 540 箱印度鸦片加上隐藏未交的 50 余箱土耳其鸦片而成(见丹涅特:《美国人在东亚》,第 102 页)。1844 年仅为美国琼记洋行(Augustine Heard and Company)以英国怡和洋行(Jardine, Matheson and Company)的名义在广州以北中国沿海贩卖的上等麻洼鸦片数(见费正清:《中国沿海的贸易与外交》,第 508 页注①)。

由于鸦片输华数量的急剧增加，再加上美国输华货物数量的增加以及因贩运印度鸦片而换取大量伦敦汇票的使用等因素，美国输华白银也相应减少。尽管到《望厦条约》签订后的那一年，美国仍然向中国输出白银。但是在对华贸易的国际支付中，它的份额已大大降低。现根据已查得的材料，编制了 1784 至 1845 年间中美贸易的一个简略的国际收支表(不包括私人资

① 本表总计 18 357 箱(其中 1810 年按 800 元一箱，1835 和 1837 年按 500 元一箱计算)(不包括 1844 年)，以相同的起讫年份比较，比马士著《中华帝国对外关系史》(第 1 卷，第 238—239 页)所列数字多 8 713 箱;比绍溪著《十九世纪美国对华鸦片侵略》(生活·读书·新知三联书店 1954 年版，第 33 页)所列数字多 2 928 箱。

本的流动，如有些行商对美国企业的投资)，见表 6。

表 6　美国输华货物、鸦片与白银及中美贸易差额(1784—1845)

单位：元

年份	美国输华货物额			中国输美货物总额	中国对美贸易的顺差(+)逆差(−)	美国输华白银额	美国输华伦敦汇票
	货物总额	商品额	鸦片额				
1784	189 519	189 519		99 676	(−)89 843		
1788						4 500 000	
1792	152 522	152 522		440 653	(+)288 131		
1795	519 617	519 617		1 144 163	(+)624 546		
1801	877 276	877 276		4 558 356	(+)3 407 903	1 383 000	
1804	653 818	653 818		3 842 000	(+)3 188 182	2 207 400	
1805	1 150 358	1 150 358		5 127 000	(+)3 976 642	2 902 000	
1806	982 362			4 294 000	(+)3 311 638	4 176 000	
1807	908 850			3 476 000	(+)2 567 150	2 895 000	
1808	409 850			808 000	(+)398 150	3 032 000	
1809	1 021 600	21 664		5 715 000	(+)4 693 400	70 000	
1810	568 800			2 973 000	(+)2 404 200	4 723 000	
1811	1 257 810			2 771 000	(+)1 513 190	2 330 000	
1812	837 000			620 000	(−)217 000	1 875 000	
1813—1815	451 500			572 000	(+)120 500	1 214 220	
1816	605 000		54 160	4 220 000	(+)3 615 000	1 922 000	
1817	1 552 176	1 221 800	330 376	5 703 000	(+)4 150 824	4 545 000	
1818	2 498 208	1 951 869	546 339	6 777 000	(+)4 278 792	5 601 000	
1819	2 021 251	1 761 960	259 291	9 057 000	(+)7 035 749	7 414 000	200 000
1820	1 926 500		121 860	8 182 015	(+)6 255 515	6 297 000	
1821	2 580 826	2 165 676	415 150	3 111 951	(+)531 125	2 995 000	
1822	2 225 058	2 046 558	178 500	7 058 741	(+)4 833 683	5 125 000	
1823	2 217 127	2 084 127	133 000	7 523 492	(+)5 306 365	6 292 840	
1824	2 437 555	2 149 855	287 700	5 677 149	(+)3 239 594	4 096 000	
1825	2 315 311	2 050 831	264 480	8 501 121	(+)6 185 810	6 524 500	
1826	2 002 549	1 973 049	29 500	8 752 562	(+)6 750 013	5 725 200	400 000
1827	3 318 109	2 518 109	800 000	4 363 788	(+)1 045 679	1 841 168	500 000
1828	2 641 365	1 824 640	816 725	5 339 108	(+)2 697 743	2 640 300	657 300
1829	2 793 988	2 291 088	502 900	4 680 847	(+)1 886 859	740 900	393 650
1830	2 871 321	2 064 501	806 820	4 108 611	(+)1 237 290	1 123 644	2 480 871
1831	2 383 685	2 162 585	221 100	4 263 551	(+)1 879 866	183 655	4 772 516
1832	2 907 906	2 679 906	228 000	5 857 732	(+)2 949 826	2 480 871	4 772 516
1833	3 407 936	2 907 936	500 000	7 541 570	(+)4 133 864	682 519	
1834	1 010 583			7 892 327	(+)6 881 744	379 000	
1835	1 868 580		50 925	5 987 187	(+)4 118 607	1 391 000	
1836	3 214 726		275 921	8 025 869	(+)4 811 143	463 970	
1837	600 591	2 938 805	52 221	8 965 337	(+)8 364 746	155 000	
1838	1 516 602			4 764 536	(+)3 247 934	729 000	

续表

年份	美国输华货物额			中国输美货物总额	中国对美贸易的顺差(+)逆差(−)	美国输华白银额	美国输华伦敦汇票
	货物总额	商品额	鸦片额				
1839	1 533 601			3 678 500	(+)2 144 899	987 000	
1840	1 009 966			6 642 000	(+)5 632 034	477 000	
1841	1 200 816			3 985 000	(+)2 784 184	427 000	
1842	1 444 397			4 934 645	(+)3 490 248	606 714	
1843	2 418 958			4 385 566	(+)1 966 608	572 000	
1844	1 756 941	1 320 170	234 520	6 686 171	(+)4 929 230	1 125 000	4 240 301
1845	2 275 995			7 285 914	(+)5 009 919	772 253	5 352 033

材料来源:1784年、1788年和1792年各类数字均根据马士:《编年史》,第2卷,第95、152、202、204页;1801年各类数字根据卡罗塞斯:《美国在太平洋的贸易》,第90页。

其余年份的数字均出自不同的材料。美国输华货物总额:1804年至1815年根据《英国蓝皮书:中国》,第36卷,第188页;1816年至1833年根据马士:《编年史》,第3卷,第244、327、343、365页,第4卷,第20、67、84、99、120、139、158、181、195、248、271、339、369页;以上各年份均根据当年美国输华的正当商品(即除鸦片之外)加上本表之所列鸦片额而成;1834年至1835年和1837年至1839年均根据戴维兹编:《美国外交和政府文件:美国与中国》第1辑,第18卷,第5页;1836年根据《中国丛报》第6卷,第284页;1840年至1844年均根据杜勒斯:《旧中国贸易》,第211页,1845年根据卡罗塞斯:《美国在太平洋的贸易》。

美国输华商品总额:1804年至1805年根据《英国蓝皮书:中国》第36卷,第188页;1817年至1833年根据马士:《编年史》第3卷,第327、343、365页,第4卷,第22、67、84、99、120、139、158、181、195、248、271、339、369页;1836年根据《中国丛报》第6卷,第284页;1844年根据戴维兹编:《美国外交和政府文件:美国与中国》第1辑,第18卷,第59页。

美国输华鸦片额:1810年、1816年至1817年和1820年根据马士:《中华帝国对外关系史》,第1卷,第101页;1818年至1819年和1821年至1833年均根据马士著:《编年史》第3卷,第343、365页,第4卷,第20、67、84、99、120、139、158、181、195、248、271、339、369页(其中1825年的鸦片金额根据当年每箱平均售价570元计算);1835年和1837年根据戴维兹编:《美国外交和政府文件:美国与中国》第1辑,第18卷,第18页;1836年根据《中国丛报》,第6卷,第284页;1844年根据费正清:《中国沿海的贸易与外交》,第508页注(1)中,以每箱820元的价格在广州以北沿海地区销售的286箱鸦片。

中国输美货物总额:1804年至1819年(原文为1804—1805至1819—1820贸易年度)均根据马士:《编年史》,第4卷,第385页;1820年、1822年至1827年和1830年至1832年均根据《英国蓝皮书:中国》,第40卷,第192、243页;1821年、1828年至1829年、1833年至1835年、1837年至1841年和1844年均根据戴维兹编:《美国外交和政府文件:美国与中国》,第1辑,第18卷,第5、104、60页;1836年根据《中国丛报》,第6卷,第285至286页;1842年至1843年根据杜勒斯:《旧中国贸易》,第211页,1845年根据格里芬:《飞剪船和领事们》(Clippers and Consuls),第309页,转引自姚贤镐编:《中国近代对外贸易史资料》,中华书局1962年版,第1册,第654页。

美国输华白银额:1801年、1804年和1815年均根据马士:《编年史》第2卷,第358、416页,第3卷,第228页;1802年和1803年根据马士:《编年史》第2卷,第389、401页记载,美国输华银元分别为646箱和733箱,具体金额不详;1805年至1812年和1817年至1833年的数字,在下列各书中基本相同,如马士:《编年史》第4卷,第386页,格林堡:《鸦片战争前中英通商史》,第19页,《英国蓝皮书:中国》第36卷,第78至79页、188页,马士:《中华帝国对外关系史》第1卷,第101页和赖德烈著、陈郁译:《早期中美关系史》(The History of Early Relations between the United

States and China，1784—1844)，中译本，商务印书馆 1963 年版，第 23 页注①。但和马士：《编年史》第 3 卷和第 4 卷中各贸易年度，及潘序伦：《美国对华贸易》，第 15 页与郭士立：《中国史略》，第 2 卷附表 4 所列金额相比较，则有出入；1834 年至 1842 年和 1844 年均根据戴维兹编：《美国外交和政府文件：美国与中国》，第 1 辑，第 18 卷，第 105、59 页；1843 年根据潘序伦：《美国对华贸易》，第 15 页；1845 年根据《英国蓝皮书：中国》，第 40 卷，第 433 页。

美国输华伦敦汇票：1819 年根据格林堡：《鸦片战争前中英通商史》，第 199 页；1826 年至 1833 年根据马士：《编年史》，第 4 卷，第 139、158、181、195、248、271、339、369 页；1844 年至 1845 年均根据戴维兹编：《美国外交和政府文件：美国与中国》，第 1 辑，第 18 卷，第 59、61 页。

早期和中国发生贸易往来的美国商人几乎都参与了罪恶的鸦片贸易，其中比较著名的有赫尔德(Augustine Heard)、威尔考克斯兄弟、皮伯德(Joseph Peabody)、罗塞尔(Lord John Russell)、洛埃(Abbot A. Low)、福士(Robert B Forbes)、阿斯托和普金斯等[1]，并都因此而发财致富。其中普金斯是当时首屈一指的大鸦片贩子。早在 1805 年，他就计划贩运鸦片来华。他曾吹嘘说："我们有推销十万磅土耳其鸦片的把握！"[2]另一个美国大鸦片贩子是阿斯托。阿斯托以做皮毛生意起家，后转而经营鸦片。用皮毛换取土耳其鸦片，然后贩运到广州出售[3]。而旗昌洋行也毫不逊色。1839 年 3 月，在林则徐勒令下交出的 1 540 箱美国鸦片中，旗昌洋行占了 150 箱，价值 155 000 元，约为总数的 10%[4]。鸦片贸易毒害了中国人民，养肥了美国资本家。但是，福士却声称，他们"并不认为经营鸦片是一种走私贸易。只要鸦片在沿海出售，在中国公开声明的拥有管辖权的地区以外，鸦片贸易就应当认为是一种合法贸易"[5]。这自然是典型的强盗逻辑。根据这个"逻辑"，美国商人用可以赚大钱的鸦片走私代替输出白银，换走了同样可以赚取高额利润的中国商品。据普金斯自己供认："就我们的情况而论，事实是这样的，虽然几年以来我们进口的以丝绸和土布为大宗的中国产品每年都平均在一

① 杜勒斯：《旧中国贸易》，第 148 页；卡罗塞斯：《美国在太平洋的贸易》，第 21 页；斯蒂尔：《1821 年至 1839 年美国对华鸦片贸易》，第 74 页。

② 《普金斯书信选集》，转引自绍溪著：《十九世纪美国对华鸦片侵略》，第 21 页。

③ 普特：《约翰·阿斯托传》，第 2 卷，第 672 至 676 页。

④ 亨特：《广州番鬼录》(The Fan—Kwai'at Canton before Treaty Days)，上海、香港、新加坡和横滨 1911 年版，第 139 页。

⑤ 福士：《私人回忆录》(Personal Reminisceneces)，波士顿 1878 年版，第 174 页，转引自高尔德斯坦著：《1682 至 1846 年费城对华贸易》，第 49 页。

百万元以上，可是过去三年我们没有装运一枚西班牙银元到中国。我们的基金是出自从土耳其输出的鸦片。”①也有个别美国商人不从事鸦片买卖，而且加以谴责，如同孚洋行(Olyphant and Company)②。他们从不从事鸦片走私并非出于对中国人民的同情心，认为会对中国社会带来极其恶劣的影响，而是因为鸦片贸易同西方国家最终变中国为其商品市场的根本目的不相容。同孚洋行的老板奥利芬(David W.C. Olyphant)曾说：“我之所以要谴责[鸦片贸易]，是因为它犹如一座分隔基督教和世界上四亿人民的坚硬壁垒，是那些商品市场的破坏者。没有这些商品市场，西方国家的制造者们就会失却生计。”③同孚洋行的另一位股东金查理(Charles King)也认为：“由于为了几箱鸦片，完全是一些纯粹的眼前利益，而使我们国家在此蒙受耻辱，恐怕还遭受损害。”④过去有些论著说奥利芬及其同孚洋行纯粹是出于基督教信仰而未贩运鸦片是不全面的。作为商人，奥利芬是站在长期占有中国这个广大市场的立足点上看待鸦片贸易的。

美国商人企图平衡中美贸易的另一个方法是奔波于世界各地，寻找各种可以运销中国的商品，并将中国商品转运各地，从中牟利。正如马克思所指出的：“不断扩大产品销路的需要，驱使资产阶级奔波于全球各地。它必须到处落户，到处创业，到处建立联系。”⑤美国商人把中国茶叶、丝绸和土布运至南美洲、欧洲和亚洲其他国家销售，换取白银、特产或工业制品，并从地中海地区、南部非洲、东南亚各地搜集水银、大米、木材、皮革、香料、燕窝、鸦片等到广州出售。不仅如此，还打入印度，贩运棉花，甚至装运英国工业品来华。1817 年，波士顿商人开始贩运英国工业品来华以换取中国茶叶⑥。

---

① 丹涅特：《美国人在东亚》，第 18 页。

② 卡尔宾特：《早期中国贸易》，第 93 页。

③ 《中国丛报》第 5 卷，第 418 页。

④ “金查理致陶伯特·奥利芬公司函”(Charles King to Talbot Olyphant and Company)。转引自高尔德斯坦：《1682 至 1846 年费城对华贸易》，第 58 页。

⑤ 马克思和恩格斯：《共产党宣言》，载《马克思恩格斯选集》第 1 卷，人民出版社 1972 年版，第 254 页。

⑥ 摩里逊：《麻省航海史》，第 276 页。

1825年，美国商人从英国贩运来华的细平布11 554匹，长厄尔布11 370匹，羽纱4 510匹①，加上其他工业品，价值共为794 514元②。当年，整个美国输华商品额中，西方产品额仅为1 839 630元，英国工业品几乎占了43%，而产自北美洲的人参和皮毛只有358 945元，仅占19%强③。而且，美国商人输华的英国工业品在30年代呈现出一个不断上升的趋势，到1830年，突破百万元大关④。自华运出的商品也有很大比重是由美国商船直接运至其他国家的。这样，美国商人又从另一个渠道抵消了对华贸易的逆差。这种转口贸易的重要性正如后来有人指出的那样，“从事早期贸易的商船所航行的路线最初是直接驶往广州，恐怕沿途很少停泊，除了在佛得角群岛或在好望角

表7 美国商船自华运美和运至其他国家的中国商品金额(1820—1832)

单位：元

年份	自华运出金额A	运至美国金额B	B/A%	运至其他国家金额C	C/A%
1820	8 182 015	6 435 821	78.66	1 746 194	21.34
1824	5 677 149	5 223 243	92.00	453 906	8.00
1825	8 501 121	7 916 444	93.12	584 677	6.88
1826	8 752 562	8 067 706	92.18	684 856	7.82
1827	4 363 788	4 219 323	96.69	144 465	3.31
1828	5 339 108	3 337 480	62.51	1 214 720	22.75
1829	4 680 847	3 620 700	77.35	478 889	10.23
1830	4 108 611	3 629 722	88.34	907 000	22.08
1831	4 263 551	3 356 551	78.73	650 000	19.37
1832	5 857 732	5 577 732	95.22	130 000	2.22

材料来源：自华运出金额见本文表6。运至美国金额和运至其他国家金额：1820年，1824年至1827年，1830年(运至其他国家见马士：《东印度公司对华贸易编年史》，第4卷，第250页)和1831年至1832年根据《英国蓝皮书：中国》，第40卷，第193至194页；1828年至1829年根据马士：《编年史》，第4卷，第182至183页和196至197页。

① 马士：《东印度公司对华贸易编年史》第4卷，第106页。

② 《英国蓝皮书：中国》第40卷，第198页。

③ 马士：《东印度公司对华贸易编年史》第4卷，第118页。

④ 1830年输华的英国工业品金额为1 122 066元。见《英国蓝皮书：中国》第40卷，第245页。

得到新鲜的食品之外。然而，不久迂回的航行就开始了”，在多尼逊船长(Captain Johnathan Donnison)率领下的360吨级的普罗维登斯(Providence)商船“华盛顿将军”号(General Washington)最早于1787年在驶往广州的途中停靠了马德拉、马德拉斯和本地治里，回程途中泊于圣赫勒纳、阿森松岛和圣尤斯塔提斯。“加尔各答和孟买是赴华途中经常停靠的，装运印度棉花到广州成了东方商业的一个可赚钱的部分。”“在最初几次航行之后，直接回国的航程再也不是经常的了。访问从热那亚到圣彼得斯堡之间的欧洲港口，广州的茶叶在汉堡或里窝那出卖。丝绸在西班牙脱手，土布在法国销售”①。请参阅表7。

五

早期中美贸易在18世纪大约占整个中国对外贸易的6%强，到19世纪上半期上升至21%左右。但中美贸易在同期分别只占美国对外贸易的2.7%左右和4%强。中美贸易占中国和美国各自贸易总额的比重之所以如此悬殊，主要是因为当时美国实行对外开放与扩张的经济政策，而清王朝奉行的则是闭关与限制的经济政策，因此两者的对外贸易总额相差很大。18世纪末，美国对外贸易总额相当于中国的6倍，到鸦片战争前夕，美国仍为中国的3倍。美国对外贸易总额既较大，因而基数也较大，所以中美贸易占美国对外贸易总额的比重就较小了。它并不反映当时两国对贸易需求的倾向。尽管中美贸易占美国对外贸易总额比重较小，但它对美国经济的发展曾起过很大的影响。它和美国西部地区的开发，夏威夷群岛的占领，资本主义工业与金融事业的建立，以及和铁路的建设都有密切的关系。

维持和扩大对华贸易需要更多的商品，这就促使美国商人寻找新的商品来源，占有新的领土，同时，对华贸易所带来的高额利润，又成为美国国内开发的主要资金来源之一。

---

① 杜勒斯：《旧中国贸易》，第38—39页。

表 8　中美贸易额占美国对外贸易总额的比重(1790—1845)

单位:元

年　份	A 美国输出商品总额	B 美国输华商品总额	B/A%	C 美国输入商品总额	D 美国自华输入商品总额	D/C%
1790	20 000 000	724 384	3.62	23 000 000	1 763 912	7.67
1792	21 000 000	152 522	0.73	32 000 000	440 653	1.38
1795	47 055 556	519 617	1.09	69 756 258	1 144 163	1.64
1800	71 000 000	1 150 452	1.62	91 000 000	2 828 400	3.11
1801	93 020 513	877 276	0.94	111 574 876	4 558 356	4.09
1804	78 000 000	653 818	0.84	85 000 000	3 842 000	4.52
1805	96 000 000	1 150 358	1.20	121 000 000	5 127 000	4.24
1806	102 000 000	982 362	1.00	129 000 000	4 294 000	3.33
1807	108 343 150	908 850	0.84	138 574 876	3 476 000	2.51
1808	22 000 000	409 850	1.86	57 000 000	808 000	1.42
1809	52 000 000	1 021 600	1.96	59 000 000	5 715 000	9.69
1810	67 000 000	568 800	0.85	85 000 000	2 973 000	3.50
1811	61 000 000	1 257 810	2.06	53 000 000	2 771 000	5.23
1812	39 000 000	837 000	2.15	77 000 000	620 000	0.81
1813—1815	88 000 000	451 500	0.51	148 000 000	572 000	0.39
1816	81 987 000	605 000	0.74	147 000 000	4 220 000	2.87
1817	88 000 000	1 552 176	1.76	99 000 000	5 703 000	5.76
1818	93 000 000	2 498 208	2.69	122 000 000	6 777 000	5.55
1819	70 000 000	2 021 251	2.89	87 000 000	9 057 000	10.41
1820	70 000 000	1 926 500	2.75	74 000 000	8 182 015	11.06
1821	55 000 000	2 580 826	4.69	55 000 000	3 111 951	5.66
1822	61 000 000	2 225 058	3.65	80 000 000	7 058 741	8.82
1823	68 000 000	2 217 127	3.26	72 000 000	7 523 492	10.45
1824	69 000 000	2 437 555	3.53	72 000 000	5 677 149	7.88
1825	91 000 000	2 315 311	2.54	90 000 000	8 501 121	9.45
1826	73 000 000	2 002 549	2.74	78 000 000	8 752 562	11.22
1827	74 000 000	3 318 109	4.48	71 000 000	4 363 788	6.15
1828	64 000 000	2 641 365	4.13	81 000 000	5 339 108	6.59
1829	67 000 000	2 793 988	4.17	67 000 000	4 680 847	6.99
1830	72 000 000	2 871 321	3.99	63 000 000	4 108 611	6.52
1831	72 000 000	2 383 685	3.31	96 000 000	4 263 551	4.44
1832	82 000 000	2 907 906	3.55	95 000 000	5 857 732	6.17

续表

年　份	A美国输出商品总额	B美国输华商品总额	B/A%	C美国输入商品总额	D美国自华输入商品总额	D/C%
1833	88 000 000	3 407 936	3.88	101 000 000	7 541 570	7.47
1834	102 000 000	1 010 583	0.99	109 000 000	7 892 327	7.24
1835	115 000 000	1 868 580	1.62	137 000 000	5 987 187	4.37
1836	124 000 000	3 214 726	2.59	177 000 000	8 025 869	4.53
1837	111 000 000	600 591	0.54	130 000 000	8 965 337	6.90
1838	105 000 000	1 516 602	1.44	96 000 000	4 764 536	4.96
1839	112 000 000	1 533 601	1.37	156 000 000	3 678 500	2.36
1840	124 000 000	1 009 966	0.81	98 000 000	6 642 000	6.78
1841	112 000 000	1 200 816	1.07	123 000 000	3 985 000	3.24
1842	100 000 000	1 444 397	1.44	96 000 000	4 934 645	5.14
1843	88 000 000	2 418 958	2.75	42 000 000	4 385 566	10.44
1844	106 000 000	1 756 941	1.66	103 000 000	6 686 171	6.49
1845	114 000 000	2 275 995	1.99	113 000 000	7 285 914	6.45

材料来源:美国输出商品总额和美国输入商品总额1790年至1792年,1800年,1804年至1806年,1808年至1815年和1817年至1844年均根据瓦登堡:《殖民时代迄今之美国统计资料史》(Ren J. Wattenberg: The Statistical History of the United States, From Colonial Times to the Present),纽约1976年版,第904至905和907页;1795年,1801年,1807年,1816年和1845年均根据卡罗塞斯:《美国在太平洋的贸易》,第90页。美国输华商品总额和美国自华输入商品总额,1790年根据严中平等:《中国近代经济史统计资料选辑》,第4、5页(均为1790年至1794年年平均数。原文单位为银两,以每元值0.72银两计算),转引自姚贤镐:《中国近代对外贸易史资料》第1册,第266、267页;其余年份同本文表6资料来源。

表9　中美贸易占中国对外贸易总额的比重(1784—1845)

单位:元

年　份	A中国输出商品总额	B中国输美商品总额	B/A%	C中国输入商品总额	D中国自美国输入商品总额	D/C%
1784	6 955 921	99 676	1.43	2 770 301	189 519	6.84
1785	11 742 667	452 761	3.86	6 235 446	171 061	2.74
1790	10 206 139	1 763 912	17.28	8 162 032	724 384	8.88
1792	10 403 506	440 653	4.24	7 041 185	152 522	2.17
1795	11 203 964	1 144 163	10.38	8 206 857	519 617	6.33
1800	14 433 051	2 828 400	19.60	12 121 339	1 150 452	9.49
1805	15 512 199	5 127 000	33.05	17 150 443	1 150 358	6.71

续表

年　份	A中国输出商品总额	B中国输美商品总额	B/A%	C中国输入商品总额	D中国自美国输入商品总额	D/C%
1817	15 566 461	5 703 000	36.64	18 831 230	1 552 176	8.30
1818	19 128 905	6 777 000	35.43	13 880 844	2 498 208	16.07
1819	19 889 675	9 057 000	45.54	20 449 486	2 021 251	18.92
1820	17 704 691	8 182 015	46.21	21 430 018	1 926 500	11.71
1821	20 518 936	3 111 951	15.17	16 580 968	2 580 826	15.56
1822	20 235 721	7 058 741	34.88	18 977 633	2 225 058	11.72
1823	18 397 873	7 523 492	40.89	18 351 560	2 217 127	12.08
1824	20 548 057	5 677 149	27.63	18 491 670	2 437 555	13.18
1825	22 229 791	8 501 121	38.24	23 269 060	2 315 311	9.95
1826	18 027 121	8 752 562	48.55	23 583 530	2 002 549	8.49
1827	18 184 766	4 363 788	24.00	26 573 709	3 318 109	12.49
1828	18 482 998	5 339 108	28.89	23 954 891	2 641 356	11.03
1829	18 288 183	4 680 847	25.59	26 060 640	2 793 988	10.72
1830	17 602 365	4 108 611	23.34	26 814 660	2 871 321	10.71
1831	18 797 172	4 263 551	22.68	24 401 479	2 383 685	9.7.7
1832	21 258 198	5 857 732	27.56	27 301 417	2 907 906	10.65
1833	20 987 207	7 541 570	35.93	26 864 229	3 407 936	12.69
1836	34 866 423	8 025 869	23.02	37 650 348	3 214 726	8.54
1842	13 339 750	4 934 645	37.00			
1844	25 513 371	6 686 171	26.21	19 134 220	1 756 941	9.18
1845	31 664 996	7 285 914	23.01	17 212 364	2 275 995	13.22

材料来源：中国输出商品总额和中国输入商品总额两项：1784年、1785年、1790年、1792年、1795年、1800年和1805年均根据严中平等：《中国近代经济史统计资料选辑》，第4、5页（均为1780年至1784年、1785年至1789年、1790年至1794年、1795年至1799年、1800年至1804年和1805年至1806年年平均数），转引自姚贤镐：《中国近代对外贸易史资料》，第1册，第266、267页；1817年至1833年均根据马士：《东印度公司对华贸易编年史》，第3卷，第327至328、344至345、365至366、383至384页，第4卷，第20、22、67至68、84、86、99至100、118至119、139至140、158至159、181至182、195至196、248至249、271至272、339至340和369页〔其中1833年原文（第370页）仅为英国输华商品总额，现加上美国当年输华商品总额而成〕，1817年至1833年两项数字均扣除白银额；1836年根据马士：《中华帝国对外关系史》第1卷，第192页；1842年和1843年中国输出商品总额根据戴维兹编：《美国外交和政府文件：美国与中国》第1辑，第18卷，第58页；1841年和1845年中国输入商品总额，1845年中国输出商品总额均根据马丁：《中国》（R.M. Martin：China Political，Comercial，and Social）第2卷，第101页，转引自姚贤镐编：《中国近代对外贸易史资料》第1册，第622至623页（原文单位为英镑，以1英镑为4元计算）。中国输美商品总额和中国自美输入商品总额：1785年和1790年根据严中平等：《中国近代经济史资料选辑》，第4、5页，转引自姚贤镐：《中国近代对外贸易史资料》第1册，第269、267页；其余年份请参阅本文表6材料来源。

皮毛贸易的发现和对华皮毛贸易的巨额利润曾经激起了大批美国商人占有西部地区的热情。1811 年，美国大皮货商阿斯托在给亚当斯(John Quincy Adams，1825—1829 年任美国总统)的信中说，他在哥伦比亚河岸建立了一个永久性的仓库，作为搜集和存储皮毛的据点，“用以经营横越[北美]大陆到那条河流[哥伦比亚河]的贸易，并从那里和西北海岸等地把贸易伸向中国的广州”，并以他个人的姓氏命名该地为阿斯托里亚(Astoria)①。哥伦比亚河沿岸地区不仅盛产皮毛，而且和中国隔太平洋相望，输华皮毛可以不必绕道合恩角(Cape of Horn)而直抵广州，从而大大节约运输的时间和费用。占据哥伦比亚河岸地区又使原先面临大西洋的美国开拓一条横贯北美大陆直抵太平洋的通道，购自中国的茶叶、丝绸和土布可以在太平洋沿岸卸货，然后运往纽约、费城和波士顿等东部大城市，其货运速度比经太平洋而入大西洋，最后抵达美国港口要快得多。因此，随着西北海岸皮毛贸易的兴盛和扩大，美国占有西部地区的愿望也日益强烈。

美国商人赖亚特曾到过中国，他将美国对华贸易的状况和发展前景告知杰佛逊(Thomas Jefferson)，使之深信中美贸易对美国的发展极为重要。杰佛逊就任美国第三任总统期间，从法国手里买下了整个路易斯安那，其动机之一就是因为西北海岸最靠近中国②。

买进路易斯安那之后，杰佛逊又组织力量探察一条连接东部到达太平洋沿岸的通道。他在给这次探察的指示中说：“你们任务的一个目标是：密苏里河——它的主要河道的流向和通往太平洋的水道。也许可以证实，这是一条基于贸易目的而跨越大陆最径直和最有利的水路通道”③。杰氏所说的“贸易”实际上就是指中美贸易。后来的探察报告建议说：应在密苏里河至哥伦比亚河沿线设立一系列基地，哥伦比亚河口可以用来堆积运往中国

---

① 阿斯托致亚当斯函(J.J.Astor to J.O. Adams)。转引自杜勒斯：《美国在太平洋》，第 19 页。

② 卡尔宾特：《早期中国贸易》，第 122 页。

③ 斯查佛：《太平洋的西北海岸史》(A History of the Pacific Northwest)，纽约 1818 年版，第 49 页，转引自卡罗塞斯：《美国在太平洋的贸易》，第 35 页。

的皮毛;“来自中国不太庞大和不易腐烂的货物可以途经哥伦比亚河横越大陆而至,这比目前合恩角航线所费的时间更少”。[①]1821年,众议员福罗德(John Floyd)发动了向西部开发俄勒冈问题的讨论。他认为,美国占据西北地区和发展海外贸易有着极其重要的关系。特别指出,为了“鼓励与东方的贸易”,应该“发展横贯国土的内河航道,以便途经圣路易斯和中国进行贸易交换”[②]。他还说:“解决俄勒冈问题将能开拓航运事业和西部各州的财富宝库。用这些财富去购买中国工业品和产品远比用黄金和白银去购买更为有利。用这样方式取得的利润能比任何一年从美国运往广州的货物给美国带来更多的财富。”[③]主张立即把美国疆域向西延伸的那一派人深信:“从广州贸易而取得的财政收入,将证明这一步骤是正确的。”[④]有的历史学家指出:“西进的前驱者由于把俄勒冈和加利福尼亚极大程度地联结到东海岸,这时他们实际上已到达了太平洋沿岸,他们这一行动激起了我们对太平洋的各式各样的兴趣。一批分散的定居者们大踏步地跨过了西部大平原和落基山脉,从而为几年后随之而来的巨大的移民浪潮指明了道路,这个浪潮在涌向太平洋的进军途中扫除了横在它面前的所有障碍物。”[⑤]正是“对中国财富的探求促使美国将领土从大西洋扩展到太平洋”[⑥]尔后,控制和占领了夏威夷则将美国的疆域进一步伸向了东方。可以这样说,正是为了维持和发展对华贸易,美国在它早期的历史里从商界到政界都积极鼓吹从事西部地区的开发。对华贸易是吸引美国向西部发展的主要原因之一。

---

① 史蒂芬斯、波尔顿:《历史的太平洋》(the Pacific Ocean in History),纽约1719年版,第289至290页。转引自卡罗塞斯:《美国在太平洋的贸易》,第35至36页。

② 斯查佛:《太平洋的西北海岸史》,第96页。转引自卡罗塞斯:《美国在太平洋的贸易》;杜勒斯:《美国在太平洋》,第29至33页。

③ 巴克拉福特:《西北海岸史》(History of the Northwest Coast)第2卷,旧金山1884年版,第419页。转引自卡罗塞斯:《美国在太平洋的贸易》,第41页。

④ 普特:《约翰·阿斯托传》第1卷,第169页;卡罗塞斯:《美国在太平洋的贸易》,第42页。

⑤ 杜勒斯:《美国在太平洋》,第36页。

⑥ 卡尔宾特:《早期中国贸易》,第125—127页。

早期对华贸易养肥了许多美国资本家。他们赴华一趟往往就可赚取百分之数百的利润①。至于通过鸦片走私而获得的暴利更远远超过了正常贸易。在对华贸易中赚了大钱的美国人又以投资巨头的身份出现在国内。其中许多人从事金融或房地产事业，有的成为美国第一代的产业资本家或铁路巨擘，有的人则无孔不入，涉足各种投资领域。总的来说，投资于两个方面：一是发展船舶制造业和一些对华贸易直接相关的事业，二是发展本国的资本主义大工业。如各种制造业和新式交通运输业以及房地产业。

阿斯托就是进行皮毛贸易和鸦片走私而发财，成为美国第一代的富豪。1847 年他去世时，还留下 2 000 万元的遗产②。由于他还是中央铁路公司的大股东和纽约的大地产商③，拥有大批房地产，人们称阿斯托家族为“纽约的地主”，至今仍矗立在纽约市内的“华尔道夫—阿斯托尼亚”（The Valdorf—Astoria Hotel）豪华旅馆就是他们家族的产业④。波士顿的普金斯从对华贸易中所赚取的钱要远远超过纽约的阿斯托。据说，1829 年美国对华贸易总额的一半掌握在他的手中⑤。他在中国大发其财后，把资金转移到国内。他也投资于房地产事业，拥有两幢名噪一时的饭店。一幢是在 19 世纪 20 年代被人称之为“奇迹”的、坐落在波士顿城外的娱乐饭店，专供人消夏之用。另一幢是于 1829 年 10 月开业的“特拉曼德饭店”（The Tremont House）。他还拥有一家铁矿公司和一座铅矿，在罗卫尔开设了纺织厂，并成为美国最早的铁路投资者⑥。顾盛为广州普金斯洋行的首领，每年和中国成交数百万元

---

① “中国皇后”号只获得 25%的利润，但继“中国皇后”号从纽约驶往中国的第二条船“实验号”（Experiment）投资 7 549.50 元，净利润为 16 294 元，一次航行（在一年半中）获利 1 倍以上。见郝华德：《纽约与中国贸易》，第 25 页。当然，不能说从事中美贸易的商人没有失败和破产的。1826 年，纽约的头号茶商斯密士就因投机和经营不得法而破产，亏欠 300 余万美元。同上书，第 30 页。

② 莱特：《美国经济史》（Economic History of the United States），纽约 1941 年版，第 1037 页。

③ 普特：《约翰·阿斯托传》，第 1 卷，序言第 19 页和第 150 页。在阿斯托档案中至今保存着嘉庆十一年正月二十二日阿斯托开给严泉行潘浩官预收人参货款的收据。

④⑥ 卡尔宾特：《早期中国贸易》，第 135—139 页。

⑤ 丹涅特：《美国人在东亚》，第 16 页。

的生意，成为“在华最富有和受人尊敬的外国商人”①，后起的琼记洋行和旗昌洋行的行东也先后把在中国聚集的财富转移到美国，成为新英格兰地区纺织工业的开拓者和密歇根中央铁路公司的大股东②。

有的则成为美国政府国债的巨额投资者③。对华贸易的大商人、费城的奇莱德(Stephen Girard)则成为美国金融界的巨头之一。1812 年，他以 100 万美元买下了合众国银行在费城分行的所有资产④，并在这家银行存款 130 万美元。1816 年，由于他认购 150 万美元的股票，第二花旗银行(The Second Bank of the United States)才得以开业。当美国和英国爆发第二次战争时，奇莱德以 450 万元的巨款借给美国政府，作为抗英战费⑤。同时，他又是向美国政府提供 1 000 万美元长期借款的债主⑥。“他将他航海贸易所提供的资本建立银行和发行贷款，并用这些银行和贷款来维持和发展他的海外贸易”⑦。同时，他又是美国造船业的显贵，曾建造了专门适应对华贸易，特别是走私鸦片的飞剪船。他拥有一支 18 艘船只的船队，其中有 8 艘专供对华贸易之用。因此，有人说：“奇莱德飘扬着蓝色三角旗的船队的航海史可以作为这样的例证加以征引，即中国贸易在美国衍生出具有深远意义的工业与技术的发展并为投资者把他的利润再分别投于国内企业提供了来源。”⑧

活跃的美国投资市场也吸引了中国商人的资金。中国商人的这类活动大抵有三个途径，一是投资于美国商人对中国商品的贩运。例如，行商伍浩官委托美国商船装运茶叶到美国及欧洲市场销售。1810 年，仅一艘

---

① 摩里逊：《麻省航海史》，第 66、273 页。

② 海克：《美国资本主义的胜利》(The Triumph of American Capitalism)，纽约 1940 年版，第 236 至 237 和 265 页。

③ 1870 年 3 月 5 日《旗昌轮船公司股东会议记录》。转引自刘广京：《1860 至 1874 年英美轮船公司在华竞争》(Anglo—Ameican Steamship Rivalry in China，1860—1874)，哈佛大学 1962 年版，第 201 页注(120)。

④⑥ 本·巴鲁克·塞利格曼著、复旦大学资本主义国家经济研究所译：《美国企业史》(The Potentates，Business and Businessmen in American History)，上海人民出版社 1975 年版，第 99 页。

⑤⑦ 高尔德斯坦：《1682 至 1846 年费城对华贸易》，第 42 页。

⑧ 同上书，第 41 页。

美船就载有伍浩官托运的茶叶价值58 000多元，和另一行商潘丽泉价值32 000余元的货物①。二是赞助美国人在广州开办医院。1835年，美国公理会传教士巴驾(Peter Parker)在广州开办近代中国第一家医院——博济医院(为今广州医学院附属医院的前身)。伍浩官曾提供房屋和款项300元②。三是借款给美国商人，让他们发展在美国的事业。鸦片战争前后，旗昌洋行曾经从伍浩官那里获得50万两的资金以充实他们在美国的投资。到19世纪60年代旗昌洋行结束它在华业务时，积欠伍氏家族的款项已达100万两。旗昌洋行是纽约中央铁路公司的积极投资者，1846年又买下了密歇根中央铁路公司。其中也包含了中国商人的资本③。中国当时缺少一个资本主义发展的土壤，因此，像伍浩官那样拥有2 600万元财富的中国人只能在海外寻找投资场所④。于是，中国外贸商人的资金也成了美国早期工业资本的一部分。

中美贸易对美国历史和美国资本主义发展史都起过直接的影响。这正如泰勒·丹涅特(Tyler Dennett)所说的："先驱者的时代尽管已成为陈迹，但是他们对于美国工商业的发展却起过最有益的作用。'商业大王'已经出现于广州，但同时很多在本国的美国人，退出了对华贸易，并且随身抽去足够的资本，以供参加国家新工业生活的需要。早期对华贸易提供了一个积累资金的手段，使大笔资金在几年之内就得以积累起来，供迅速发展中的各州的迫切需要之用；它的重要性正应该以这项事实来衡量，而不应该以每年贸易的净利润来衡量的。"⑤

---

① 丹涅特：《美国人在东亚》，第51至52页；杜勒斯：《旧中国贸易》，第128至129页。

② 嘉惠霖和琼斯：《在手术刀尖上：1835年至1935年博济医院史》(At the Point of a Lancet: One Hundred Years of the Canton Hospital, 1835—1935)，上海1935年版，第50页。

③ 洛克伍德：《琼记洋行》(Augustine Heard and Company, 1858—1862)，哈佛大学1975年版，第86页；海克：《美国资本主义的胜利》，第237至238、265页；雷麦著、蒋学楷等译：《外人在华投资》(Foreign Investments in China)，商务印书馆1959年版，第181页。

④ 杜勒斯：《旧中国贸易》，第129页。

⑤ 丹涅特：《美国人在东亚》，第16页。

六

美国是鸦片战争前继葡萄牙、西班牙、荷兰、英国等国之后和中国发生贸易往来的西方国家。18世纪末到19世纪初,欧洲各国处于不断的骚动与战争之中,无力兼顾海外贸易,这给美国的海外商业扩张提供了天赐良机。特别是19世纪30年代以后,美国造船业设计的一种"飞剪"式帆船以载重多、航行快著称。到40年代末期,美国"飞剪"式的商船往返中国一次的时间已比当年"中国皇后"号的航期缩减了一半。这种新型航船的投入使用,带来了资金周转快和货物质量好(保持茶叶的芳香)等优点,使美国商人处于更优势的地位①。在短短的几十年中,美国对华贸易的份额虽不及英国②,但很快就大大超过了法、荷等国而成为中国第二大贸易国。1789年,山茂召已开始长期居住中国;从1820年至1830年间,美国商人已在广州陆续建立了6个商馆,改变了过去来去飘忽,同中国商人不稳定的商业联系③。美国来华商船也在逐年增加。1795年以后,美国从广州出口的船只已领先各国而仅次于英国④。从1856年到1860年间,由广州驶往纽约的美国商船,每年平均已达50艘之多⑤。魏源曾说:"若谓英夷货多事赜,则弥利坚国每年货艘至粤之多,亦亚于英吉利。"⑥在18世纪末叶,美国每年来华商船仅为数艘或10余艘,而到了19世纪,则每年均为20、30艘,有时高达40余艘(个别年份除外)。根据清朝文献记载:从乾隆五十年(1785年)到道光十八年(1838年)的54年间,来华贸易的外国商船总共为4 519艘⑦。在相同的

---

① 克拉克:《飞剪船的年代》(The Clipper ship Era),纽约1910年版,第57至72页。

② 在1833年英国东印度公司撤出广州以前的16年间,美国对华贸易额仅占英美对华贸易总额的25%。一直到《望厦条约》签订后的1845年,这个比重上升到33.59%。见雷麦著《外人在华投资》第179页和《中国丛报》第15卷,第292至295页。

③ 郝华德:《纽约与中国贸易》,第87页。

④ 同上书,第59页。

⑤ 埃宾:《纽约港的兴起,1815—1860》(The Rise of New York Port, 1815—1860),纽约1939年版,第203页。转引自郝华德:《纽约与中国贸易》,第28页。

⑥ 《海国图志》卷一,筹海篇四,议款,第61页。

⑦ 根据《粤海关志》卷二四,市舶,第37至41页,所列数字统计所得。

起讫年间，来华的美国商船总数为 1 150 艘[①]，占来华外国商船总数的 25.45%。所以，当时有记载说："溯查贸易各国有佛兰西、荷兰、吕宋、咪唎堷、堪㗭啦、喘国、嗹国等处货船，每年多寡不齐。自嘉庆七年以后，各国船只稀少，唯暎咭唎祖家船、港脚船、咪唎堷船为多"[②]。美国来华商船的艘数虽然不少，但同英国商船相比较，船只的吨位相差甚大。从 1826 年至 1830 年的 5 年时间里，英国来华商船总数为 372 艘(平均每年 74.4 艘)，美国商船为 144 艘(平均每年 28.8 艘)，后者约为前者的 38.7%。但英国商船的总吨位高达313 349吨(平均每年 62 669.8 吨)，而美国商船总吨位只有 58 004 吨(平均每年11 600.8吨)，后者仅为前者的 18.5%[③]。这一状况一直到鸦片战争结束后，才有所改变。1845 年，英国赴华商船共为 182 艘，美国商船为 83 艘，后者为前者的 45.6%。英国商船总吨位为 86 087 吨，美国商船总吨位则上升到38 658吨，后者为前者的 44.9%[④]。

鸦片战争前的中美贸易具有一些重要的特点：

首先，从中美贸易的商品结构来看，中国输美的主要是茶叶、丝绸和土布这类不必加工就能投入市场供消费的商品。从 1784 年到 1845 年(除个别年份)，这三种商品的输美金额要占中国输美商品总金额的 90%以上。美国输华以皮毛、人参和棉花这类特产和原料为主。美国把棉花出口到中国，是为了换取质地坚牢的中国土布。这一情况表明，刚刚走上独立发展资本主义道路的美国还无力充分利用本国资源加工成品后出国。到 1814 年，美国出现了第一个新式的纺织工厂。1822 年，棉纺工业的中心罗卫尔兴起。特别是"从运回美国的货物中产生了巨额利润"，给新生的美国带来了空前的繁荣景象，"许许多多的新英格兰财富出自于茶叶，这些财富后来又投资于

---

① 根据杜勒斯著《旧中国贸易》，第 210 至 211 页所列 1784—1785 至 1837—1838 贸易年度的数字统计而出。

② 《清代外交史料》(嘉庆朝)卷四，第 22 页。

③ 马士：《编年史》第 4 卷，第 123、145、162、185、223 页。

④ 《中国丛报》第 15 卷，第 165 页。

纺织企业"①。美国纺织工业的兴起对中美贸易的商品结构产生了一定的影响。罗卫尔的平布和斜纹布开始在广州出现，而中国输美的土布数量开始下降。1825 年，美国商人运销广州的美国棉纺织品共达 16 万美元之多，1830 年达到 50 万美元，到《望厦条约》签订后的那一年，则突破了 100 万美元的大关②，与此同时，中国输美土布额从数十万元开始下跌至数千元（除个别年份），在鸦片战争后，土布结束了远销美国的历史。从此以后的半个世纪，中国不但失去了在美国的土布市场，反而成为美国棉纺织品出口的主要对象。到 19 世纪末和 20 世纪初，美国输华棉纺织品已占美国该项商品输出总值的一半以上③。

其次，这一时期的中美贸易，顺差在中国一边。美国是向中国输入银元最主要的国家。30 年代后，美国商人走私鸦片的活动日益频繁，输华银元开始下降。即使如此，由于清政府的禁烟措施，也由于美国工业品（主要是棉纺织品）尚不足以抵偿自中国的进口，所以 30 年代以后，美国输华银元每年仍保持在几十万元（有个别年份也达到 100 万至 200 余万元）。尽管个别贸易年度，美国既向中国输出银元，也自中国运走银元。但是，银元的输华总额大大超过运走的数量。《望厦条约》签订后的那一年，美国仍然向中国输出 77 万余元的白银④。但是美国输华白银并非全部用于支付中国输美的商品，其中有相当一部分流入英国人的钱包。在广州的美国商人将银元付给英国东印度公司，以换取汇票，作为购买印度鸦片和棉花的支付手段⑤。

第三，在鸦片贸易方面，虽然美国的数额比不上英国，但它是第二号鸦片贩子，则是毋庸置疑的。同英国的鸦片贩子一样，许许多多的美国商人也

---

① 杜勒斯：《1784 年以来中美关系史话》(China and American: the Story of Their Relations Since 1784)，新泽西 1946 年版，第 6 页。

② 巴德斯特：《美国在亚洲和太平洋地区影响的兴起》(The Rise of American Influence in. Asia and Pacific)，密歇根州立大学 1960 年版，第 27 页。

③ 见潘序伦：《美国对华贸易》，第 59 至 60 页；又见费佛尔：《1906 至 1913 年：中国和美国》(The United States and China, 1906—1913)，新泽西 1955 年版，第 9 页。

④ 《英国蓝皮书：中国》第 40 卷，第 433 页。

⑤ 斯蒂尔：《1821 年至 1839 年美国对华鸦片贸易》，第 72 页。

是走私鸦片的好手。他们都备有武装快艇(或称快蟹、扒龙),往来于伶仃洋面"行驶如飞,兵船追拿不及"①,"遇兵役巡船向捕,辄敢抗拒,至致杀伤"②。1826年以前,在美国对华的商品与鸦片输出总额中,鸦片额占10%左右③(有的年份要高于这个比例)。1827年以后,随着鸦片走私数量日增,它所占的份额也逐渐上升。1827年至1833年间,平均为18.99%。其中以1828年为最高。这一年,美国输华商品总额(包括鸦片)为2 641 365元,而鸦片高达816 725元,占商品总额的30.92%④。鸦片大量输华的同时,银元输入开始减少。马克思曾引用R.M.马丁的话指出:鸦片贸易比奴隶贸易更狠毒,因"贩卖鸦片者使不幸的人们的精神本质腐化、堕落和毁灭以后,还毒杀他们的身体",这是"向吃人神的神座上供献祭品"⑤。美国资产阶级为了追逐厚利并解决自己的贸易逆差,积极参与了这一罪恶的毒品贸易。在无数的风高月黑之夜,美国烟贩偷运鸦片入口,用走私毒品把中国人"供献"在吃人妖魔的祭坛上。

第四,对于中美贸易,美国政府采取鼓励政策,清政府则采取限制政策。早期的中美贸易是在中国闭关自守的条件下进行的。清政府认为,"天朝富有四海,岂需尔小国些微货物"⑥,"呢羽、钟表等物,中华尽可不需,而茶叶、土丝在彼国断不可少,倘一经停止贸易,则生计益穷",因此把对外贸易当作是天朝对外国的"体恤之恩"⑦。可是,美国政府出于本国经济发展的需要,制定种种有利于对外贸易,发展本国航运事业,提高与外国竞争能力的政策和法令。1789年7月4日,美国国会通过"第一号关税法案"(The First Tariff Act),其目的在于"鼓励和保护制造商"和增加税收。据该法案规定:美国商船直接从广州运来的武夷茶每磅收税10美分,从欧洲贩运入口的征

---

① 《粤海关志》卷二七,夷商二,第32页。
② 《筹办夷务始末》(道光朝)第1卷,中华书局1964年版,第3页。
③ 丹涅特:《美国人在东亚》,第103页。并参阅本文表6。
④ 参阅本文表6。
⑤ 马克思:《鸦片贸易史》,《马克思恩格斯选集》第2卷,第23至24页。
⑥ 《清代外交史料》(嘉庆朝)卷四,第29页。
⑦ 《粤海关志》卷二六,第21至22页。

税12美分(如果由外国商船运进,则征税更苛,每磅高达15美分);若运进的是名贵的熙春茶则按茶级分别征收32.4和50美分的差别税率①。1794年,为了优惠本国的航运业与贸易商人,美国再次提高外国商船装载入口的中国货物的关税,在原来税收的基础上再征收10%②。由于美国政府实施鼓励本国商人同中国直接贸易的政策,对华贸易得以迅速发展。1795年,美国输入货物总额为6 975万余元,其中,中国商品为114万余元,占总数的1.64%。18世纪前10年(1800至1809年),提高到平均每年占美国输入货值的4.11%。而到中美《望厦条约》签订的前10年(1835至1844年),增长至5.52%。其中最高的是1826年,占11.22%。③

最后,在鸦片战争前半个多世纪的中美贸易过程中,美国政府已逐步由一般性地鼓励对华贸易逐步发展为以政治和军事力量为后盾,要求在中国本土取得同其他列强(当时主要是英国)一样的侵略特权。大体上说,在19世纪30年代以前,美国由于建国之初百废待兴,顾不上向东方发展,因此,美国商人在东方不像英国商人那样可以获得本国政府的有力支持。当时美中航行,从北美东部绕道好望角或合恩角抵达广州,往返一次需要一年左右的时间,在华美商遇事无法同本国政府取得敏捷的联系,因此被迫比较注意与东道国保持良好关系。而且,由于经济发展还比较弱小,来华商船都是逐批由个别冒险商人集资经营,资力有限,经不起风险,因而总是尽量避免同中国政府发生公开的对抗,以免断绝财源。19世纪初,英美两国之间多次发生军事冲突(著名的如1812至1814年美国抵抗英国的第二次独立战争),互相劫持商船的事时有发生④。美国海军力量微弱,对于在华美商的利益无力保护,因此美国商人曾多次向广州当局申诉英国海军在中国海域(甚至黄埔内河)"对美国

---

① 摩里逊:《麻省航海史》,第166页注(1)。

② 卡罗塞斯:《美国在太平洋的贸易》,第10页。

③ 参阅本文表8。

④ 如嘉庆十五年十月(1810年11月),"所有英吉利船常被米利坚在夷洋拿获"(见《粤海关志》,卷二九,第14页)。嘉庆十四年(1809年),"英国独立师船截合众国商船……拽入澳门"(见王韬:《西学辑存六种·华英通商事略》,第9至10页)。

公民和国格所犯的暴行和侮辱”。为了寻求安定，美国政府与商人也不敢过分得罪中国①。道光元年（1821年），美国商船“埃米利”号（Emily）的水手，以瓦罐击死华人民妇。在广州官员“封舱的威胁下，美国船长也只得听任中国官员上船逮捕肇事水手，经过审判，处以死刑；美国政府事后也默认了中国政府的处置”②。所以，当时有美国“不桀骜中国”之说③。1831年，一艘美国赴华商船在苏门答腊受到当地土酋的袭击，美国政府随后派遣“波多玛克”号（Potomac）兵船到出事地点进行报复。这是美国第一次为对华贸易在太平洋区域采取的军事行动。随后，美国海军部长伍德柏瑞（L. Woodbury）命令“波多玛克号”继续访问澳门和广州，但在训令中说：对于在华美商“在你能力范围内给予临时性的协助或支援，但不要同中国的官方发生任何敌对行动”④。这是美国对中美关系的最早的政策性指令，基本上采取的还是支持美国商人的对华贸易，但又避免同中国政府发生公开对抗的政策。

30年代以后，随着形势的发展（美国国力逐渐增强，美国商人积极参与了鸦片走私活动，美国传教士对中国国情的深入了解，清政府腐朽无能的进一步暴露，新兴的美国工业需要打开中国市场，等等），美国政府的对华政策更多地趋向于支持美国商人对中国市场的突破，并给予远洋的海军支持，使美国商人在同英国商人的竞争中不处于劣势。

30年代以后，中美之间由于鸦片走私问题的激化，关系日趋紧张。美国对华贸易也处于关键性的时刻。由于在华美国传教士和商人都不满足于偏处广州一隅，都想冲破中国的大门，使中国成为资本主义世界的猎获物，他们之间

---

① 关于这一方面的评论可参阅黄恩彤：《道光抚夷纪略》（上海图书馆抄本），第30页；《筹办夷务始末》（道光朝）第5卷，第2471页；《林文忠公政书》乙集，两广奏稿，第19页；魏源：《海国图志》卷一，筹海篇四，议款，第61页。

② 杜勒斯：《旧中国贸易》，第126、134至135页；《清代外交史料》（道光朝）卷一，第7至9页。关于Emily号之汉名，我国一些史书都认为是“急晼仑”。其实，“急晼仑”应是Emily号船长Captain Cowpland的译名，而不是船名。

③ 《海国图志》卷三八，外大西洋总叙，第1页。

④ 瑞那尔兹：《美国巡洋舰波多玛克航行记》（Voyage of the United States Frigate Potomac），纽约1835年版，附录，第529页。转引自卡罗塞斯：《美国在太平洋的贸易》，第96页。

终于形成了一个无形的联盟，不断对美国政府施加影响，促使美国政府采取紧跟英国侵略步骤的政策。1839 年 5 月 25 日，在广州的美国商人（包括美国驻广州的副领事）致函美国会，建议美国同英、荷、法等国采取联合海军行动，迫使中国就范（开放其他口岸，派遣驻华使节，改变贸易制度，赔偿禁烟损失，等等），并要求清政府同意凡给予其他国家的特权，美国政府均有权同样享受①。1840 年 4 月，一批在美国的对华贸易商人也致书国会，要求派遣海军驻扎中国海域，但为了在中英冲突中以“旁观者”的地位捞取更多好处，又建议美国政府在行动上采取较谨慎的态度，不要轻率地介入中英争端②。与此同时（1840 年至 1842 年），在中国居住多年的美国公理会传教士巴驾也在美国与总统及国务卿频繁接触，为英国侵略中国的行动辩解，并推动美国政府积极采取措施改变美国商人和传教士在中国的处境③。到了 1842 年，美国政府终于派出了海军少将加尼（L.K. Kearny）率领的东印度舰队驶向中国。加尼抵达广州后，一方面重申美国政府禁止悬挂美国国旗的船只贩运鸦片（这是表面文章），另一方面又向广州当局要求：美国对华贸易商人享有“同其他外国商人一样的最惠国待遇”（这是实质要求）④。两广总督祈埈当即答复：“决不令美国商人致有偏枯也。”⑤为了炫耀武力和向清政府施加进一步的影响，加尼的旗舰“星座”号（Constellation）侵入中国的内河，直驶黄埔⑥。1842 年 12 月 31 日，美国总统约

---

① 《一八三五年五月二十五日广州美商致国会备忘录》，载克莱德：《美国对华政策百年要件选读》（United States Folicy Towards China），杜克大学 1940 年版，第 2 至 6 页。

② 福乌斯：《顾盛传》（The Life of Caleb Cushing）第 1 卷，纽约 1923 年版，第 403 至 404 页。

③ 古利克：《巴驾和中国的开放》（Peter Parker and the Opening of China），坎布里奇 1973 年版，第 113 页。《一九一六年博济医院报告》（Report of the Canton Hospital for 1916），第63 页。

④ 《1842 年 10 月 8 日加尼致两广总督祈埈函》，载戴维兹编：《美国外交和政府文件，美国与中国》第 1 辑，第 1 卷，第 64 页。

⑤ 按：加尼致两广总督函的一段原文为“be placed upon the same footingas the merchants of the nation most favored”，祈埈先将此句译为：“故敢请朝廷施恩惠顾，商人贸易，容其买卖，即同别国商人一样”（军机处档案，道光二十二年十一月十一日，祈埈单）；后在给道光皇帝的奏折中，祈埈又理解为：“其意欲恳求代为奏请施恩，俾该国夷商与英吉利夷商一样贸易”［《筹办夷务始末》（道光朝）第 5 卷，第 2471 页］。其实加尼所要求的乃是片面的最惠国待遇。祈埈的译文与理解和原文均大有出入。

⑥ 美国军舰“国会”号和“孔雀”号曾在 1800 年、1815 年和 1819 年多次东来，但仅在东印度群岛一带游弋或在伶仃洋下锚。但 1842 年“星座”号军舰在并无条约根据的情况下，擅自侵入中国内河，炮舰威胁其意甚明。

翰·泰勒(John Tyler)发表国情咨文,宣布美国的政策应该是从中国获得同英国在华贸易一样的“平等”地位,并建议派遣使节到中国进行谈判,以确保美国公民的在华利益①。1843 年 5 月 8 日,国务卿韦伯斯特(Daniel Webster)给赴华特使顾盛(Caleb Cushing)的训令中强调指出:“若其他国家的公民享有比美国公民更多的特权和商业便利时,美国政府不能与中国政府维持友好的关系。”②美国对华“利益均沾”的侵略政策,事实上在《望厦条约》签订以前就已经确立了。1844 年,中美《望厦条约》的订立标志着半个多世纪广州贸易时代的结束和随后 100 多年的美国对华侵略与掠夺时代的开始。

① 卡罗塞斯:《美国在太平洋的贸易》,第 106 至 107 页。

② 《一八四三年五月八日国务卿韦伯斯特给顾盛的训令》,载克莱德:《美国对华政策百年要件选读》,第 12 页。

一个国际托拉斯在中国的历史记录[①]

——英美烟公司在华活动分析

从19世纪的最后30年到20世纪初，是资本主义在世界范围内由自由竞争进入垄断，也就是由资本主义过渡到帝国主义的阶段。在这一时期，各主要资本主义国家的工业生产经历了迅速集中的过程，出现了庞大的垄断组织，并逐步向跨国公司发展。

1880年，美国的烟草大王杜克(James B. Duke)在兼并100多家烟草公司的基础上，成立了以杜克家族为首的美国烟草公司。高额的垄断利润和急风骤雨式的兼并活动，使美国烟草公司的资本迅速膨胀到23 000万美元，控制了美国将近90%的卷烟市场[②]。国内市场的饱和迫使美国烟草公司把它兼并的锋芒转向全球各地，同盘踞在欧洲的另一个烟草托拉斯——帝国烟草公司(Imperial Tobacco Company)发生了激烈的竞争。经过一阵子两败俱伤的火并以后，它们达成了共同瓜分市场的协议，联合投资组成了另一个专门夺取海外市场的国际烟草托拉斯，资本总额2 400万美元(600万英镑)。这就是英美烟公司(British—American Tobacco Company)[③]。所以英美烟公司是自由资本主义走向垄断资本主义的产物，在它身上从娘胎里就

---

① 原载陈翰生、陈绛译，汪熙校:《帝国主义工业资本与中国农民》附录，复旦大学出版社1985年版，第94—140页。

② 迈尔斯:《美国巨富的历史》，1936年纽约版，第704—705页。

③ 英美烟公司除在中国以外，在印度、泰国、东南亚、澳大利亚、新西兰、非洲、加拿大等地都有分支机构，在中国是辖区最广、获利最多的分公司。

带来了贪婪掠夺的烙印[1]。

1902年英美烟公司进入了中国。当年它就收购了原属花旗烟公司(American Cigarette Company)在上海地区的浦东烟厂。这是一个只拥有百余人的小厂。以此为基础,经过几十年的掠夺活动,除了每年汇出巨额利润外,到抗日战争全面爆发前夕,它已在中国各重要据点设有11个新式卷烟厂(包括在香港的1个厂)、6个大型烤烟厂、6个印刷厂、1个包装材料厂和1个机械厂。此外,还设立了经销卷烟、收购烟叶、购置地产和专营保险、投资、影片摄制等机构和工厂。据有案可查的资料,到抗战前夕,英美烟公司在中国内地和香港地区登记注册开业的工厂和销售机构及其附属企业共33个。经过几十年的掠夺,它成为无所不包"从事于一切商业的活动"的组织[2],在中国建立了一个庞大的"烟草王国",垄断我国的卷烟工业和销售市场达半个世纪之久。

英美烟公司在中国50多年的掠夺历史告诉我们,在帝国主义时代,一个外国垄断资本集团以帝国主义霸权为后盾,可以通过与半殖民地半封建国家的反动势力相勾结,把它的垄断特权渗透到这一社会的政治、经济结构的每一个角落,攫取数以亿万计的财富。其结果是使一个贫困的国家更加沦入苦难的深渊。在这一方面,英美烟公司确实为我们提供了一个难得的典型。这个反面教员是我们必须要加以认真研究的。

我们试从以下五个方面来剖析英美烟公司在旧中国的活动。

一、凭借不平等条约进行扩张与垄断

英美烟公司侵入中国时,腐败的清政府已经在列强的胁迫下签订了一

① 为了避免美国反托拉斯运动的冲击,英美烟公司的总部设在伦敦,但三分之二的股权控制在美国烟草公司手里,在18名董事中,有12名代表美国资本。一直到1922年,英美烟公司在中国地区的决策管理人员都是杜克集团的代表充任的。以后,公司的实际经营权大多掌握在伦敦总公司派出的英国人手里。参阅柯克润:《中国的大企业——1890—1930年在卷烟工业中的中外竞争》,哈佛大学1980年版,第13页。

② 和森:《美国资本奴隶中国的新计划》,载《向导》1926年1月18日,第16期,第126页。

系列不平等条约。因此，英美烟公司一踏上中国的国土，就可以凭借不平等条约取得各种经济和政治的特权，而且它还以曲解条约或造成既成事实等手段，攫取了远超过条约以外的特权。

烟税负担的多寡直接关系到卷烟厂在市场上的竞销能力，因此英美烟公司总是千方百计地以不平等条约为护身符，力图减少或豁免烟税负担（与反动政府勾结，享受特定的优惠税率的问题，下面另有评述）。1858 年的《天津条约》规定进口洋货只要按货值交纳 7.5%的关税和子口税以后，就可以不再交纳内地税（厘金等），“遍运天下”，深入内地。英美烟公司在华制造的卷烟既不是进口洋货，当然不能援用这条规定。但是它却以“洋货素不完厘”①为理由，出厂后拒纳内地税。至于地方税，本是地方行政捐税，不同于厘金，华洋商人都应同样交纳。但是英美烟公司的洋人却以“不符条约”为借口，以太上皇的姿态到税局胡搅蛮缠，拒绝纳税。事情闹得连素称善于同洋人打交道的盛宣怀都看不下去了，他向当时的度支部大臣载泽报告说：“英美烟公司洋人竟至税局勒令收回告示，免其完税，肆其强横以损中国政体。”②而华商各厂的卷烟，出厂时既须缴税，转运外埠还得“逢关抽税，遇卡完厘”。这是清朝末年的事。到了“民国”时代，英美烟公司抗拒纳税依然如故。1927 年南京国民政府实行卷烟统税，就厂征收。英美烟公司凭借租界保护，拒绝纳税，税收重担全部落在华商烟厂身上。于是，一方面是华商烟厂在重税压迫下削减产量，“开机什一，每日仅二三小时”；另一方面则是英美烟公司无税畅销，“日夜赶制竞销”③。英美烟公司不但凭借租界特权抗税，即使在非租界地区，也援引不平等条约抗拒中国税务机关的课征。它强词夺理地说什么“即使本公司有违章情事，也只能根据治外法权的程序处理。关于治外法权这一点是极端重要的，税局不得直接向本公司课征罚金”④。据统计，

①② 宣统元年（1909 年）十一月初八日，盛宣怀致载泽函，《盛宣怀未刊信稿》，中华书局 1960 年版，第 198 页。

③ 《新闻报》1927 年 8 月 9 日。

④ 1927 年 1 月 26 日英美烟公司致江苏外交特派员函，《英美烟公司档案摘录资料》，第二四(E)20 页。

在30年代，在华烟厂的烟税一般占烟值的27%左右①。英美烟公司凭借不平等条约拒纳各种捐税，就使它在与民族资本卷烟工厂的竞争中，处于压倒优势的地位。

帝国主义根据不平等条约可以在中国驻扎军队，于是英美烟公司对中国人民就享有武装镇压的“特权”。1927年英美烟公司上海厂的工人联合起来同外国垄断资本家展开了反压迫、反饥饿的斗争，连续罢工109天，迫使英美烟公司停工、减产，因而从根本上动摇了它的垄断地位。这时，外国资本家把使用刺刀的“特权”提上了日程。在英美烟公司的要求下，英国的海军陆战队进驻浦东烟厂“保护公司厂房”，镇压工人②。1928年1月，在罢工斗争的关键时刻，英美烟公司要求驻华英军当局“保护公司财产”；同一天就得到英国军事当局的保证：一旦形势需要“可以立即提供保护”③。可见，英美烟公司的扩张与垄断是在不平等条约的掩护下以帝国主义的大炮和刺刀为后盾的。

1922年，英美烟公司的董事罗斯代表公司为关税会议准备了一份秘密备忘录，声称：“所有在华的外国工业家所企求的只是取得同他们的中国竞争者一样的平等的机会。”④好一个“平等的机会”！同一个罗斯，3年以后却在英国下议院建议“把中国的主要税收——关税、盐税、烟税、酒税和铁路收入，按照海关的先例，由国际共管，并由外国官员来监督管理”⑤。什么是“海关的先例”呢？用长期担任海关总税务司赫德的话来说，就是：“海关总税务司不需要伙伴，不接纳劝告，也不接受外来的干预，他必须自行其是，自己作主。”⑥

---

① 《南洋兄弟烟草公司史料》，上海人民出版社1960年版，第382页。

② 《北华捷报》1927年10月5日，第103页。

③ 1928年1月19日英美烟公司董事坎特致英国总领事巴登函。同日，英美烟公司与英国总领事会晤备忘录。《英美烟公司档案摘录资料》，第三四(F)101页，118页。

④ 1922年英美烟公司关于关税会议的秘密备忘录。《英美烟公司档案摘录资料》，第二四(B)21页。

⑤ 1925年8月19日华士佛致罗斯函，《英美烟公司档案摘录资料》，第二六(B)265页。

⑥ 1911年9月19日赫德致阿格连函，莱特：《赫德与中国海关》，白尔德士特1950年版，第852页。

这是赫德控制中国海关几十年的经验总结。用明白的语言说，就是中国人不得对海关行使主权，帝国主义是中国海关的真正主人。用这样的“海关的先例”来控制中国的全部税收(包括烟税)，就是英美烟公司要给中国人民的“平等的机会”。事实上，在英美烟公司的字典里从来就没有“平等”两字。“条约应享之权利，毫不缩减或抛弃”①，这就是它向中国政府郑重“声明”的“平等原则”。什么“条约”？侵犯中国主权的不平等条约。什么“权利”？奴役中国人民的“权利”。对于它们来说，这是丝毫也不能“缩减”或“抛弃”的。可以这样说，英美烟公司在中国扩张与垄断的过程，实际上就是一个国际垄断资本行使和扩大不平等条约的特权迫使中国加速殖民地化的过程。

二、勾结反动政府取得优惠特权

除不平等条约以外，英美烟公司还以签订各种“合约”和“协定”，用威胁(“条约”加炮舰)和利诱(预缴部分税款或货款)的方式勾结反动政府，取得优惠特权。英美烟公司同清政府签订的“庆亲王合约”，同北洋政府签订的“声明书”以及同国民党政府签订的“统税合约”②，都使这个国际托拉斯享有比民族资本卷烟业远为优惠的特权，从而以极大的优势逐步巩固和扩大了它的垄断地位。

光绪三十年十二月二十六日(1905年1月31日)，清政府外务部总理大臣奕劻同英美烟公司签订的所谓“庆亲王合约”，规定该公司的名牌卷烟只按烟丝类抽税，仅值千抽三到值千抽七:而华商各厂则须按卷烟类抽税，值百抽五，此外还要负担数不清的厘卡税。两相比较，英美烟公司的纳税负担往往不及华商厂的十分之一。

1921年，北洋政府认定英美烟公司的烟税是一块肥肉，同该公司议订了所谓“声明书”，承认它只要缴纳2.5%的出厂捐和内地捐(即“二五捐”)后，

① 民国十年8月3日英美烟公司与北洋政府签订的“声明书”第九条，《英美烟公司档案摘录资料》，第二四(C)43页。

② 《英美烟公司档案摘录资料》，第二四(B)1页；二四(C)84页；二四(E)108—157页。

其他各税“均准免缴”①,但华商烟厂无此权利。北洋政府因此每年可从英美烟公司获得200万元的税款。1923年华盛顿会议以后,各国同意中国政府在取消厘金以后,可以对在华制造产品征收消费税。于是中国开始在各省征收20%的卷烟特税。尽管这一税率同各国所征收的卷烟税率相比较是很低的,但英美烟公司仍然依靠外交施加压力,甚至炮舰威胁,拒绝纳税;对已纳的特税则从“二五捐”扣抵,因此大大影响了北洋政府的税收。后来几经交涉,北洋政府又与英美烟公司在1925年议订“续补声明书”,由北洋政府代各省征收5%的“保护税”,连同原来的“二五捐”,一共7.5%,缴纳后,其余各税“均准免缴”,20%的卷烟特税也正式取消。当然,华商烟厂是不在“保护”之列的。因此华洋税负担相差悬殊。当时的全国工商业联合会就直截了当地指出,这实际上是一种“有损于独立国精神……直使国家税源立于万劫不复地位”的利洋损华的税收措施②。无怪乎当时民族资本卷烟工业要痛心疾首地呼吁,这是“聚九州之铁,铸成大错”,是“正中彼之阴谋,达其托拉斯主义,以垄断中国烟草业”了③。

但是北洋政府这种出卖主权的勾当同国民党政府相比却是瞠乎其后的。国民党奠都南京后,原议将卷烟税率改为50%。后来英美烟公司经理去上海宋子文寓所几度密谈,该公司愿意预购税票100万元,帮助国民党政府解决财政困难。作为交换条件,几天以后(1928年1月28日),国民党政府颁布了税率为22.5%的“统税条例”,也是一次征收后概免内地税。这一笔秘密交易使英美烟公司深受实惠。事情并没有到此为止。从1928年到1932年的几年间,国民党政府为了适应外国资本的利益,连续把卷烟税从七级制改为三级制,最后又改为二级制。英美烟公司主要生产高级烟和部分中级烟,民族资本卷烟工厂主要生产低级烟。征税级别的简化,从税赋负担

① “声明书”第5条。

② 1925年5月,全国商业联合会“对于烟酒事务署与英美烟公司续订声明书丧失权利转请政府撤废案”。

③ 民国十三年8月11日上海总商会反对烟酒署与洋商续订内地捐电文。

上讲，有利于高、中级烟，不利于低级烟。由七级制改为二级制的过程中，低级烟的税率不断提高，由 14.67％提高到 57.97％；而高级烟的税率不断降低，由 17.89％降低为 16％。低级烟的税率竟是高级烟的 3.6 倍①。国民政府合并征税级别以后，英美烟公司在平津地区的一个调查报告说："华商认为新税制将损害他们的业务，因为他们生产的牌号大多属于过去的第七级（按：即低级）卷烟。对本公司来说，新税制将证明是十分有利的，因为我们最行销的'大婴孩'牌过去每箱（按：5 万支装）须纳税四十五元，现在已减为三十九元了"②。在国民政府"简化"税制后，英美烟公司各地的销售机构像这样的报告纷至沓来，可以说是一片报喜声。

除公开逢迎帝国主义以外，国民政府还用秘密协定的方式出卖更多的主权。1935 年国民党政府向英美烟公司乞求 1 000 万银元或 75 万英镑的借款，提出的条件是：第一，除由中国银行担保外，财政部另以相当于借款金额的卷烟税印花票交付英美烟公司作为抵押品；第二，保证在借款期间两级制烟税及其税率都不变更③。英美烟公司的伦敦总公司同意以英镑借款，但提出更苛刻的条件，除特别强调两级税制的税率不得变更外，还规定：在国民政府无力偿还借款时，英美烟公司有权将所保管的烟税印花票抵充借款本息，不再另缴烟税；抵押品烟税印花票的总额应包括利息（按年息八厘计算），即交存的印花税票不是相当本金 75 万英镑，而是包括本息在内的 81.5 万英镑④。1935 年正是国民党政府对内搜刮，对外举债对长征中的红军进行所谓"围剿"的时刻。在那一年的 8 月，国民党的"中央政治会议"通过的议案决定："豫、鄂、皖、赣四省剿赤军费治标一百八十万元，治本一千五百万

---

① 根据陈翰笙《工业资本与中国农民》（1939 年上海别发洋行版）第 40 页资料计算。

② 1931 年 3 月 28 日英美烟公司调查报告（天津、北平地区）。《英美烟公司档案摘录资料》，第十三（G）29 页。

③ 1935 年 10 月 25 日国民党财政部致英美烟公司函，《英美烟公司档案摘录资料》第二四（I）25 页。

④ 1935 年 11 月 26 日伦敦英美烟公司致上海颐中烟草运销公司迭克逊函，《英美烟公司档案摘录资料》，第十三（P）33 页。

元"①。就是在这个"决议"以后，国民党政府为了所谓的"治标"与"治本"，就向英美烟公司乞求 1 000 万元的借款，其代价是有利于英美烟公司的二级税制及其税率不得变更，并外加折扣优待。很明显，国民党政府维护外国资本利益，压迫民族资本的烟税政策，是同它维持自身反动统治的政治目的密切相联的。

三、从城市到农村建立一整套的买办制度

英美烟公司在中国长期侵略活动中，把外商企业在中国实行的买办制度，在形式和内容上以及在运用的广度和深度上都向前大大推进了一步。

为了扩展业务和巩固垄断地位，英美烟公司需要了解中国政府的动态，刺探内幕消息并建立勾结的渠道。在这一方面，他们豢养了特种买办专司其事。在这一类买办中，最主要的一个是大买办沈昆山。1924 年 4 月，英美烟公司决定罗致沈昆山为买办时，该公司上海的董事罗斯曾经说："对我们绝对重要的事，是要有人能真正探知官场里究竟在搞些什么名堂。要靠一个外国人或我们所经常雇用的那一阶层的中国人去了解这类情况是太难了，除非我们能紧紧跟上中国官场形势的变化，我担心也许我们某一天早上醒来时会发现事情已经发展得不可收拾了。"②正是出于这种要求，英美烟公司雇用了"出身宦绅世家，并具有广泛社会影响"的沈昆山。把沈接纳为买办后，罗斯怀着满意的心情向伦敦总公司报告说："最近参加公司工作的沈君对我们帮助极大。他出身于一个总督的家庭(笔者按：应该说出身于两代督抚的家庭，沈昆山的祖父沈葆桢曾任两江总督，父亲沈瑜庆曾任贵州巡抚)……由于聘用了沈君，我比以前任何时候都接近中国的当权派了。假使我们能使沈昆山对我们的事业感兴趣并能聪明地使用他，我相信他不但接近官场方面，而且在加强公司的中国机构方面，都将成为本公司的一项极有价值的资产。"③沈昆山确实发挥了"极

① 《东方杂志》第 30 卷，第 18 号，第 68 页。

② 1924 年 4 月 5 日，上海英美烟公司董事罗斯致戈斯浮德函，《英美烟公司档案摘录资料》第四(C)27 页。

③ 1924 年 5 月 26 日上海罗斯致伦敦英美烟公司杰弗拉斯函，《英美烟公司档案摘录资料》第四(C)28 页。

有价值的资产”的作用。例如1935年在国民党政府向英美烟公司乞求1 000万元借款时，沈就刺探到国民党政府的借款计划、条件和金额，并密报英美烟公司①。抗战胜利后，沈昆山伙同国民党的“劫收”大员一起赶回上海替英美烟公司办理“接收”事宜，使英美烟公司得到很大的好处。所以，当这些英美烟公司的洋大班“一天早上醒来”从日本人的集中营走出来时，发现由于沈昆山的联系与“接收”，他们的“烟草王国”依然健在。

英美烟公司作为一个外商企业，受条约及中国政府法令的限制不得在内地经商或购置产业②，当然更不能担任政府公职。为了突破这种障碍，英国总领事曾经建议英美烟公司物色中国人，利用他们华籍公民的身份以规避条约和法令的限制③。英美烟公司通过买办实验了这个建议，结果是“大著成效”。在这一类买办中，比较主要的是邬挺生。邬早期曾任英美烟公司驻北京代表，以外国资本为背景，再披上“华籍公民身份”的外衣，当上了北洋政府的国务院咨议④。后来居然被英美烟公司塞进了上海卷烟同业公会任会长，掌握华商烟业的动态，并利用“会长”职位大肆为英美烟公司效劳⑤，成为一个得力的“坐探”。

建立买办化的企业机构是在利用买办的“华籍公民身份”的基础上的一个发展。这是一种既要发挥买办原有的职能，又可以对其加强控制的一种殖民地制度。英美烟公司提供资本，在使用邬挺生的基础上设立许昌烟叶公司和宏安地产公司，专在内地收购烟叶和购置房地产；在使用沈昆山的基

① 1935年10月24日沈昆山致上海英美烟公司密函，《英美烟公司档案摘录资料》第二四(I)243页。

② 根据1863年中荷天津条约(第三款)、1876年中英烟台条约(第三款第四条)、1895年中日马关条约(第六款第三条)、1896年中日通商行船条约(第四款)的规定，外人不得在内地(即条约通商口岸以外地区)设行经商、设厂制造和购置房地产。

③ 1918年1月25日南京英国总领事致英美烟公司函，《英美烟公司档案摘录资料》第十五(B)18页。

④ 上海工商联：《工商史料》第388号，买办类第122号。

⑤ 《英美烟公司档案摘录资料》第二四(F)346页。一个英国官员也承认这个以邬挺生为会长的卷烟业同业公会是为英美烟公司的利益服务的。英国外交文件FO228/2154。参见柯克润前揭书第29页。

础上设立英美烟股票有限公司，专门控制华人购买英美烟公司股票的股权①；在使用郑伯昭的基础上，改组设立永泰和烟草股份有限公司，专事加强销售业务。这种买办化的机构有两个特点：第一，由华人出面组织公司，因而企业机构取得中国法人的身份，既可以逃避中国人民反帝爱国斗争的冲击，又可以突破限制外商企业的条文和法令的约束②。例如宏安地产公司的公司章程里明确规定："其目的是在中国条约商埠以外地区购置地产。"③而这是英美烟公司作为一个外商企业所无能为力的。第二，是对这些买办化企业机构的严密控制。例如1921年将永泰和号改组为永泰和烟草股份公司以后，51%的股权必须控制在英美烟公司的董事柯森斯等9人手里④。1942年将"红锡包"委托永泰和公司为总经销时，在契约中第1条就规定，由英美烟公司"派驻洋员一名指导有关'红锡包'的销售事宜"⑤。宏安地产公司的股票虽分配给9个中国人，但全部股票必须"委托"英美烟公司保管⑥。上海外商企业的喉舌《北华捷报》曾经吹捧这种买办化的企业机构是"外商企业把它一部分重要业务转移给中国机构的一种实验"⑦。英美烟公司自己也吹嘘说，这些买办化的企业机构是"华商新兴事业"，并针对中国人民的反帝爱国斗争说："谁若扰乱其市面或阻滞其纸烟之销行，是将中国之公司及华商新兴事业摧残耳。"⑧众所周知，这种"华商新兴事业"愈多，套在中国人民颈子上的殖民地枷锁也就愈重。中国人民奋起对它"摧残"，是理所当然的。

建立买办化的经销网是英美烟公司买办制度的重要一环。英美烟公司销售组织主要分两个系统。一个是公司的管理机构，分为三级，即"部"（管

---

① 为了保持其控制权，英美烟公司的股票从不公开出售，华人只能购买其附属公司——"英美烟股票有限公司"的股票。参阅陈子谦、平襟亚：《英美烟公司史话》，载《文史资料选辑》第17辑，中华书局1961年版，第213页。

② 愈之：《论华洋贸易间之掮客》，《东方杂志》第14卷，第6号，第71页。

③ 《英美烟公司档案摘录资料》第十五(C)1页。

④ 《英美烟公司档案摘录资料》第五(E)200页。

⑤ 《英美烟公司档案摘录资料》第十三(F)28页。

⑥ 《英美烟公司档案摘录资料》第十五(C)13页。

⑦ 《北华捷报》1926年3月17日，第53页。

⑧ 《英美烟公司在华事绩纪略》（以下简称《事绩纪略》）（中文版）。上海1925年版，第43页。

辖范围包括好几个省，全国分四个“部”）；“部”以下设“区”（管辖范围约相当一个省）；“区”以下设“段”（管辖范围相当一个专区）[1]。这些机构主要是监督、管理各级经销商，调查了解“敌牌”竞争情况，执行公司经销政策等，并负责各地区的广告、运输、收款、发货工作。它并不直接经营业务。另一个系统是买办化的经销商和烟栈，这才是英美烟公司开拓市场、歼灭“敌牌”的主力军。经销商也分三级：在较大城市、县、镇设“大经销商”；在较小的县、镇、村设“分经销商”；在分经销商下则为零售商。根据一个日本人的调查，在抗战前，仅“天津部”就辖北方区、芦汉区、山东区、蒙疆区四个区，下设 24 个段，共有大经销商 320 家，小经销商 2 000 家，零售商 2.6 万家，层层管辖，网点密布[2]。为了保证供应，在经销商以外，在较大县、镇重要据点设“烟栈”，即储备卷烟的仓库。在争夺和占领市场时，英美烟公司早就把它一贯所标榜的什么“遵守条约义务”的原则抛在一边了，这时它所要遵循的“原则”是：挟持帝国主义特权，违反条约规定，在内地擅设烟栈[3]，无孔不入。连英国驻华公使朱尔典也说：“也许在十八个行省中，不论大小城市，英美烟公司没有不曾设立烟栈的。”[4]经销商与烟栈是平行的组织，都委托华人办理，订有契约，承办人须提供可靠保证，交纳巨额保证金（据 1937 年 7 月 30 日账面记载），经销商、烟栈承办人交给英美烟公司的保证金共达 393 万元[5]。经销商以佣金，烟栈则以栈租为其主要收入。在公司销售组织的“区”一级，又另设华人“督销”一名，虽属公司编制，但并不支薪，按全“区”销售额给予 1%到 2%的佣金。“督销”实际上也是买办，在各经销商与公司之间起纽带作用。担任

---

① 天津卷烟厂：《天津颐中烟草公司简史》，《天津颐中烟草公司全宗说明》，1962 年 2 月。

② 小林庄一：《英美烟草托拉斯贩卖政策》。1943 年油印本，第 145 页。一位颇负盛誉的美国学者也承认英美烟公司在中国之成功应归功于它的“推销制度组织严密”（雷麦：《外人在华投资》，商务印书馆中译本，第 276 页）。当然，雷麦所没有指出的是，这种严密的推销制度是与另一种极精细的买办制度相结合在一起的。

③ 《英美烟公司违约在皖省正阳关设立堆栈经理处》，1930 年 9 月，原件藏南京第二档案馆，全宗(二)，档号三二三一(一)。

④ 1912 年 5 月 31 日，朱尔典致外交部函。英国外交文件 FO228/2154，见柯克润前揭书，第 17 页。

⑤ 《英美烟公司档案摘录资料》，第三三(E)27 页。

经销和烟栈经理的，一般都是地方上的豪绅、巨贾和地主、权贵。如山西省“土皇帝”阎锡山的英文秘书黄贤（译音）曾经化名充当英美烟公司在山西地区的经销商达 25 年之久①。为了推销卷烟，英美烟公司对买办人才是网罗无遗的，有名门后裔（沈崑山）；有牧师的儿子（邬挺生）；有翰林院编修（江霞公）；有大学退休校长（曹云祥）；还有一些原来就已建立了自己的根深叶茂的销售系统可供英美烟公司利用的大商人（如太原的孔祥熙，京津的尤少增，河北的崔和轩，山东的马玉清，福州的秦松宽，南京的童楚江，上海的郑伯昭等）。这些人除执行其他的买办任务以外，有的曾出面代英美烟公司组织销售公司，有的则是重要的代理经销商②。英美烟公司通过这些经销商从沿海到内地；从城市到穷乡僻壤；从岭南到漠北乃至人迹罕至的山区边陲，建立了一个无孔不入、无远弗届的买办经销网。

关于这些经销商的功能，也许列举下列的一些较典型的例子就能说明问题了。在绥远、包头：经销商徐学源“旅行于北地冰雪之中，北至俄边，西达西藏，生意颇为畅旺”；在秦皇岛：永昌炽号“遇有各个演戏盛会等事，无不亲与同事人员携带留声唱机，备置彩券赠品及各种装饰物，令人注目，并到处演说，以致生意大见发达”；在昌黎：“虽僻居乡隅，风气未开”，莫荫滋“躬往各村镇，极力推销，饱尝艰苦，迄今销路大增”；在张家口：杨德富“雇大车一辆，售货员一名，拉各种纸烟，赴镇乡等处自行推广”；在保定：崔尊之，使英美烟公司的卷烟“占势力于保定一带，数百方里之范围，他烟不能侵蚀于间”；在辽阳：“风气未开，吸烟者寥若晨星”，刘玉振“昼夜筹划，竭力提倡，雇用小儿沿街叫卖；乡间小贩寄顿出售，不遗余力，嗣后销路即见畅旺”；在南京：吴克斋“奔走四乡……北而山东临城，南而蚌埠，足迹殆遍……费无穷之精神，耗几许之心血，始克使徐地（按：指徐州地区）纸烟销路日渐起色”；在汕头：江萧氏（女）“不辞劳苦，雇船运货往潮安、梅县、兴宁、潮阳、揭阳、澄梅等地推销”；在福建：“时闽侯下江各镇纸烟未见风行，经秦松宽君前往推广，

① 《英美烟公司档案摘录资料》，第四(C)52 页。

② 参阅柯克润：前揭书，第 29 页；前揭陈翰笙书，第 28 页。

生意骤见发达”；在云南：“地处边隅，见气锢蔽……销路欲其流行，诚不易易”，陈同泰“惟日孜孜，竭力提倡，未几即行活动，逐渐销行”①。至于永泰和替英美烟公司在销路上打出了半壁天下，那更是尽人皆知的事了。无怪乎英美烟公司的洋经理自己也承认在中国的销售业务，主要是中国人干的，洋经理的工作只限于监督、顾问和广告宣传而已。另一洋经理在谈到他自己在销售方面的作用时，干脆说：“我不过是公司的一个橱窗装饰而已。”②

在这一类经销商中，郑伯昭（永泰和经理）是最为突出的一个。20 世纪初，郑伯昭就代英美烟公司经销老刀牌（又名强盗牌），成绩斐然。接着该公司又将皇后牌（又名粉包）交郑经销，迅速占领了江浙市场。1905 年，我国兴起了声势浩大的反美抵货运动，郑即在皇后牌上加印“英国制造”字样，并改名为“大英牌”，借以回避反美斗争的锋芒。1925 年，在上海爆发了以对英帝国主义为主的“五卅运动”，郑又将烟改名为“红锡包”，并在广告中大肆宣传是“美国制造”，迷惑群众，避开反英斗争的锋芒。几经变化，红锡包始终立于不败之地。1927 年英美烟公司鉴于郑伯昭特殊强大的销售能力，就把红锡包的经销权突破原来规定的销售区划，让郑伯昭负责全国包销；到 1930 年索性将东方部（辖浙江全省及江苏省的一半）交郑伯昭经理，经销英美烟在这一辖区内的全部牌号，而郑伯昭的确不负所望，1924 年以“黄金牌”斗倒了民族资本华成烟公司的“菊花牌”；1927 年以“飞燕牌”及“美伞牌”分别在宁波及汉口摧垮了和兴烟公司的“时髦牌”；真是所向披靡，为英美烟公司立下了汗马功劳，席卷了长江三角洲最富庶的销烟区。据有人估计，在 1949 年以前，仅郑伯昭的永泰和销售的卷烟就占全国销售量的一半③，可以说是一个“烟霸”，他的后台老板就是英美烟托拉斯；其基础就是拴在他的经销网上的层次不同的大小经销商。为了酬答郑伯昭，英美烟公司给他很可观的佣金，

① 以上均引自《英美烟公司月报》（20 周年纪念刊），1923 年 9 月 1 日，英美烟公司刊印，第 39—115 页。

② 转引自前揭柯克润书，第 30 页。

③ 参阅程仁杰：《英美烟公司买办郑伯昭》，《文史资料选辑》，上海人民出版社 1978 年版，第 1 辑第 130、132、140—142 页。陈子谦、平襟亚前揭文，第 211 页。

这笔佣金酬劳是按销售额扣除捐税后的2.5%支付的。另外还按季付给为数不小的“季度红利”。估计每年佣金收入100万元左右。此外，根据英美烟公司与郑伯昭的秘密合同，由伦敦总公司每年付给郑一笔外汇佣金，直接存入美国纽约的保证信托公司(Guaranty Trust Company)的郑伯昭账户。郑除经营卷烟销售外，还大量投资房地产，在港、沪的房地产总值3 000万元以上。据估计，郑伯昭的总财产当在8 000万元以上，堪称上海的首富①。

英美烟公司对它自己的经销制度给予很高的评价。它曾经得意地说，“我们是废除旧买办制，建立直接与中国商人打交道的经销商制度的第一家在华外商企业。这种制度是如此的大著成效，以致许多外商企业都纷纷仿效”；“我们对经销商进行了审慎的选择，每个经销商有殷实可靠的担保。我们坚持对他们进行最缜密的考察。因此，中国买办经销商坏账损失的比重较之本公司在世界其他任何地方的比重小”②。英美烟公司对经销商的控制是十分严格的，每一个经销商都同英美烟公司订有经销合约。合约内载明了保护这一托拉斯权益的、多如牛毛的条款。经销商触犯了其中任何一条，英美烟公司就有权对他加以惩处，从撤销其经销权，直至把经销商投入监牢，迫使他倾家荡产。

事实上买办一经英美烟公司所雇用，一切都得按契约办事，无异是契约的奴隶。严格地说，人身自由已受很大的限制，他们本身常常随着企业的转让而被迫为新主人服务。如1902年上海公发英行(Rex and Company)代伦敦的惠尔斯公司(W.D. and H.O. Wells Ltd.)收购上海的花旗烟公司(The American Cigarett Company)时，在收购契约中明确规定花旗烟公司的彭萨克(Bonsack)制烟机及买办赵金祥(译音)都必须随同产权一并转移③。

英美烟公司在中国建立一个布满全国的买办经销网的同时，也造成了

① 上海市工商联史料科：《上海工商史料》，第217号；买办类第88号。

② 1925年5月28日，英美烟公司致南京英国总领事函。《英美烟公司档案摘录资料》第十三(D)11页。

③ 1902年7月9日，公发英行代惠尔斯公司收购花旗烟公司致花旗烟公司代理董事长弗郎(J.S. Fearon)函。《英美烟公司档案摘录资料》，第一五(C)174页。

数量庞大的买办商人，他们的利益完全与外国资本的利益一致，成为帝国主义掠夺中国人民的得力别动队。与外国资本利益一致的原则是买办和买办商人的一个重要标志，也是它们区别于民族资本的一条重要的界限，这一区别在民族矛盾上升时表现得更为突出。1937年英美烟公司的一位宁波地区的经销商曾经向该公司董事会写了一封表示忠诚记录的信，颇有代表性，摘录原文如下："先严(丁忠茂)服务贵公司已垂四十年，其间虽经意外风波，未尝稍事畏葸。始于抵制美货之际，各地经理莫不畏缩，而先严仍克尽厥职，勤慎从事；以后五卅案起，抗英急进会将所设老源记广货号施以捣毁；旋于中华民国十七年春间，复被就地不良分子加以同样蹂躏，而先严处此积威之下，态度泰然，继续努力不敢稍懈。"①这封信的重要性在于，它表明一个买办经销商历经两代人的岁月在中国近代的几次激烈的反帝风暴中(1905年、1925年、1928年)，都始终不渝地忠实于外国资本的利益。他们的利益已经与外国资本的利益融合为一体了。法国学者白吉尔认为：在半殖民地的中国，经济不能独立，就没有什么独立的民族资本企业；所有的资本家都得受外国资本的控制，不存在买办资产阶级和民族资产阶级的区别②。但是，同白吉尔教授的分析相反，在中国资产阶级中的确存在一类人，他们的利益是与外国资本的利益一致的(如永泰和的郑伯昭)；而还有一类人，他们的利益与外国资本有矛盾(如南洋兄弟烟草公司的简照南)。后者力图保持企业经营管理和财政上的独立性，拒绝外国资本的吞并和收买。当然，这两类人不是凝固不变的，有时可以互相转化，这在中国近代史中并不少见③。这一切都构成中国资产阶级的复杂性。但买办资产阶级和民族资产阶级的界限仍是存在的，与外国资本是否利益一致的这一标志，把中国资产阶级清楚地分为两个营垒。

① 1937年11月28日，宁波老源记号致颐中烟公司董事会函。《英美烟公司档案摘录资料》，法律部，第5—W抽屉。

② 白吉尔："资产阶级的作用"，莱特编：《革命中的中国》，耶鲁大学出版社1968年版，第249—250页。

③ 买办转化问题参阅汪熙：《关于买办和买办制度》，《近代史研究》1980年第2期，第177页。

英美烟公司还通过各种手段，把中国的农村封建势力纳入买办化的轨道。在20年代，英美烟公司的伦敦总公司就曾经建议在华英美烟公司，随着中国人民的反帝斗争运动的高涨，条约的特权终难持久，因而要特别注意培育同地方势力的“友谊”①。还在1914年到1917年间，英美烟公司已经开始通过地方上的地主和豪绅在山东潍县、安徽凤阳、河南许昌等地区推种美种烟叶。英美烟公司的得力买办山东的田俊川，河南的任伯年，本身就是大地主和高利贷主，长期与英美烟公司勾结，以他们自己的名义和堂名（如任伯年的永安堂）代英美烟公司购置地产和收购烟叶②。外国垄断资本在突破中国封建社会的顽固体并把它纳入半殖民地半封建的轨道中，需要前哨和中介。与英美烟公司紧密勾结的封建地主阶级承担了这一任务。英美烟公司只有通过这些地主买办阶级才能在许昌、凤阳、潍县等内地购买房产，诱使和迫使农民改种美种烟叶，设立大型烤烟厂并源源不断地取得优质廉价的原料供应。

英美烟公司造成的各种类型的买办是它在中国取得垄断地位，剥削中国人民的重要条件，也是帝国主义迫使中国一步一步地变成半殖民地半封建社会的重要手段。正如毛泽东所指出的：“帝国主义列强从中国的通商都市直至穷乡僻壤，造成了一个买办的和商业高利贷的剥削网，造成了为帝国主义服务的买办阶级和商业高利贷阶级，以便利其剥削广大的中国农民和其他人民群众。”（《中国革命和中国共产党》）

四、从生产到供销确立强大的垄断地位

烟叶是卷烟的主要原料，一般占原料成本的三分之二左右③。为了控制原料，英美烟公司挟其雄厚的资力，在我国各主要产烟区设有组织严密的收

---

① 1924年2月（日期不详），伦敦英美烟公司致上海英美烟公司函。《英美烟公司档案摘录资料》，第十(D)1页。

② 《英美烟公司档案摘录资料》，第一四(D)71—149页；第一四(E)28页。

③ 南洋烟草公司1936年3月7日，第一六九次董事会记录。见《南洋烟草公司》第190页。据美国农业部统计，烟草等原料占香烟总值（包括利润）的21.7%。参阅埃德帕：《美国工业的经济学》，1957年纽约第3版，第632页。

购网和大型烤烟厂。它与地主买办阶级相勾结，通过高利贷资本把烟农紧紧地拴在英美烟公司的收购网上。在抗日战争全面爆发以前，英美烟公司的烟叶收购量要占我国主要烟叶产区全部烟叶总产量的60%左右，在有的地方甚至达90%①。作为独占买主，英美烟公司完全控制了我国的烟叶收购价格，每到收烟季节，英美烟公司在各产烟区的挂牌收购价格即是当年的收购市价，也是烟农被迫接受的价格②。英美烟公司对烟叶收购的控制，保证了它取得比进口烟价格更为低廉的优质的原料供应③，从而大大加强了它的垄断地位。

如前所述，1902年当它收购花旗烟公司在浦东的烟厂时，在收购合约上就规定该厂先进的生产设备——彭萨克(Bonsack)卷烟机在华独家使用的专利权也一并在收购之列④。以后该公司对于彭萨克机器，包括它的零配件的图纸等都一直严格保密，不准外传。随着生产规模的不断扩大，英美烟公司陆续在上海、汉口、青岛、天津、哈尔滨、营口、沈阳、香港等地建立了11个烟厂。在抗日战争全面爆发前夕，这些烟厂共有卷烟机600多台。相形之下，华商烟厂的机器设备是远远落后的，在抗战前夕，民族卷烟工业最集中的上海地区，全部华商烟厂(共44家)卷烟机的数量只有英美烟公司的79%⑤。而且其中大部分是过时陈旧的设备。在生产能力大相悬殊的情况下，民族资本卷烟工业自然很难与英美烟公司相抗衡。从20世纪初侵入中国市场时起，英美烟公司的生产能力在中国卷烟工业中一直是遥遥领先的，

① 《英美烟公司档案摘录资料》第一四(D)168—208页。据陈翰笙同志的实地调查，在20年代，山东的烟叶有十分之六由英美烟公司收购，华商厂仅能收购十分之三，其余十分之一由日本烟厂收购。在安徽地区，英美烟公司的收购量为十分之九。见陈翰笙：前揭文，第42—43页。

② 陈翰笙：前揭文，第45页。

③ 据柯克润教授估算，英美烟公司在华收购的烟叶质量优异，但价格远较进口烟叶便宜。见柯克润：前揭书，第27页。

④ 《英美烟公司档案摘录资料》，第一五(C)174页；1902年7月9日，公发英行代惠尔斯公司收购花旗烟公司致花旗烟公司代理董事长弗郎函。彭萨克卷烟生产机是由美国人詹姆斯·彭萨克(James Bonsack)1881年所发明，是一种能连续生产的自动化的卷烟生产机。一般学者认为：美国烟草托拉斯的出现，正是彭萨克在生产力方面突飞跃进的结果。

⑤ 《南洋兄弟烟草公司史料》，第255页。

在个别年份，它一家的产量就超过整个华商烟厂产量的总和①。据它自己的生产统计，20年代到40年代，它的卷烟总产量平均占全国卷烟总产量的60%左右②，居于不可动摇的垄断地位。有一个西方资产阶级作者在评述外国资本在中国活动的影响时说："在中国很难找到任何一个外商企业的产量达到它那一类工业行业总产量的百分之二十。"③这个作者声称他是很注意深入"比较研究"的，但是在他精心论证外国资本在中国的"恩赐"作用时，却忘记了把英美烟公司这个庞然大物的产量垄断优势收入他的眼底。在他的很不完全的"比较研究"中，无法得出完全符合事实的结论，也就不足为奇了。

垄断组织总是从争夺市场开始，又归结为对市场的全面垄断。因为只有对市场的垄断才能充分实现它们的高额垄断利润。英美烟公司在这一方面花了很大的力气。在它的内部通函里，曾经明确宣称要"竭力阻挠竞争者的发展"，要"操纵在中国各处的卷烟营业"④。一个"阻挠"，一个"操纵"，这就是它垄断市场的全部手段和目的。为了达到垄断市场的目的，它采用了一切可以采用的经济的和政治的，公开的和秘密的，"文明"的和野蛮的手段。归纳之有以下几种：第一，通过买办经销商迅速而深入地占领市场。英美烟公司在1902年侵入中国后，通过宣传和推销，没有几年工夫，就使卷烟在市场上广为流行。1904年前后，不但大小商行以外国纸烟代替中国水烟敬客，很多青年人也竞相购吸，表示"时髦"。有诗为证："纸卷香烟广及时，年轻争买口含之。沪商多学洋人款，知己相逢赠一枝。"⑤不久，卷烟就已经突破了沿海口岸，渗透到内地各省。"北至俄边，西至西藏"，都有它的踪迹。

---

① 根据1933年"统税物品销量统计"，外商烟厂产量为685 000箱，华商烟厂为518 000箱，前者为后者的132%。外商烟厂主要是英美烟公司。见汪敬虞："第二次国内革命战争时期的中国民族工业"，《新建设》1953年第12期。

② 1937年英美烟产量为112万箱(每箱5万支装)，占当时全国产量的三分之二。

③ 侯继明：《关于外国在华投资的压迫论，1895—1937》；美国《亚洲研究季刊》1961年第20卷，第4期，第437页。

④ "段长须知"，《英美烟公司档案摘录资料》第十三(D)97页。

⑤ 颐安主人：《沪江商业市景词》(1960年)第4卷。转引自阿英：《帝国主义在旧中国香烟市场之争》，《人民日报》1960年12月19日。

至于在江南、华中地区，由于买办经销商的积极推销，“大著成效”自然更不在话下。一位作者在1934年写道：“在很多中国农村并不知道谁是孙逸仙，但很少有地方不知道‘红锡包’（大英牌）卷烟的。”①无怪乎早在1918年英国驻华商务参赞就极力怂恿英美烟公司等英商企业一定要在条约口岸以外地区广建买办的经销机构了②。第二，建立排他性的销售网。凡是英美烟公司的经销商，根据合约，一律不准销售其他烟厂产品。因此，只要是英美烟公司的势力所及，华商烟厂的卷烟就被排斥。还在1907年，当太子少保、四品京堂、“精通洋务，深悉商情”（张之洞语）的盛宣怀自办的三星烟厂被英美烟公司挤垮以后，他就深感排他性的经销制度是英美烟公司“最毒最辣之手段”，他说：“[经销商]合同一订，则以后只准销洋公司之烟，而华商所制之烟不准售卖。无论口岸内地，所有能销烟之家，均被该公司一网打尽。”③7年以后，当南洋烟草公司同英美烟公司竞争时，处境更劣，这种排他性的壁垒已深入到零售商一级。到20年代末期，英美烟公司在天津的两家大经销商，84家分经销商，1 200个零售商几乎控制了整个天津的卷烟市场④。在江南地区，英美烟公司则“以补助利益为饵”（包括对经销商津贴月费，津贴运费，或对出售英美烟产品的零售商给予额外补贴等方式）诱使各经销商和零售摊贩专售该公司的卷烟⑤。当排他性的经销网撒到零销商一级时，华商烟厂的销路也就更窒息待毙了。第三，跌价竞争。这是垄断组织打击对手最常用的手段。英美烟公司采用的方法是针对华商烟厂比较畅销的牌号，特地生产质量相当的新牌卷烟，在同一地区跌价销售（有时甚至跌价一半），对竞争激烈的牌号，更随烟附送赠品（包括金戒指、布匹、雨伞、肥皂、毛巾、日历、画片等），一直到把竞争者赶出市场才罢休。在这里值得一提的典型是盛宣

① 希超：“英美烟公司对中国国民经济的侵蚀”，载《中国经济论文集》第1集，第91—99页。生活书店1936年版。

② 1918年10月（无日期）英国驻华商务参赞同英美烟公司等英商企业会谈备忘录。《英美烟公司档案摘录资料》，第十三(C)50页。

③ 宣统元年(1909年)11月8日盛宣怀致度支部尚书载泽等函，《盛宣怀未刊信稿》，第199页。

④ 1929年5月27日天津英美烟公司的业务报告。《英美烟公司档案摘录资料》，第十三(B)16页。

⑤ 1916年10月简照南在京致港简玉阶函，《南洋兄弟烟草公司史料》，第70页，第58—59页。

怀。众所周知，盛宣怀在晚清是一个亦官亦商的大官僚。他所督办的“官督商办”企业曾经使一些民族资本家倾家荡产。但是当他自己以民族资本家的身份同外国资本相较量时，却彻底失败了。早在20世纪初期，盛宣怀就敏感到“纸烟虽细物，但天下皆同嗜”，认定“此琐事，后必发达”，于是投资创办了卷烟公司(三星、公顺等)①。他曾经以中国电报局督办的身份，利用电报局遍设全国各地的有利条件，派员“由沪航海而北，复由北附火车回南”，请各地电报局在宣传和推销上加以协助②。他一度曾雄心勃勃地要同英美烟公司“讲求比赛”，预备推销一种“罗汉牌”商标的卷烟来对付英美烟公司畅销的“老刀牌”(或称“强盗牌”)，“寓放下屠刀，立地成佛之意”③。但是太子少保毕竟敌不过国际托拉斯；戴花翎的“罗汉”并没有降服漂洋过海来的“强盗”，结果盛宣怀的三星烟厂“为英美烟公司跌价倾轧，尽致亏折”④，“统计各埠亏欠至七万数千元之多”⑤。“权倾朝野”的盛宣怀尚且如此，与他同时期的“华商大小二十余厂无不亏累停止”⑥就更不足为奇了。华商烟厂由于资力薄弱，在英美烟公司跌价倾销下，往往是不堪一击的。如1934年华成烟公司的“三鲜牌”在唐山一带颇为畅销，英美烟公司就用“象棋牌”在同一地区倾销，将售价由每箱81元削减为60元，并每箱赠送肥皂200块。不到两个星期，“三鲜牌”就在市场上绝迹了⑦。凡是华商卷烟历经艰辛打开销路的牌号，都无一例外地被它一一击垮。如以“哈德门”打击南洋兄弟烟草公司的“飞艇牌”；以“天桥牌”排挤华成烟公司的“金鼠牌”；以“炮车牌”击溃振胜烟公司的“黄包车牌”，等等。民族资本的烟厂在英美烟公司的围堵轰击之下，发展的生机早已摧残殆尽。第四，利用商标权打击华商卷烟业。英美烟公

① 《盛宣怀致张邵予再启》丙午年三月十九日。《盛宣怀档案资料》(以下简称《盛档》，藏上海图书馆)。

② 《盛档·盛宣怀致各电局电稿》，光绪三十三年五月二十日(1907年6月30日)。

③ 《盛档·秦辉祖致盛宣怀函》，宣统二年正月二十日(1910年3月1日)。

④⑥ 宣统元年(1909年)十一月八日盛宣怀致度支部尚书载泽等函。《盛宣怀未刊信稿》第188页。

⑤ 《盛档·盛宣怀致黄璟函》，光绪三十三年五月二十一日(1907年7月1日)。

⑦ 《天津颐中烟公司简史》，1962年油印本，第10页。

司的实销卷烟虽然只有几十种牌号，但是为了霸占市场，却先后向中国反动政府登记备案了各种名称、图案的商标800余种，常年指控华商厂冒牌或影射它的“注册”商标。为此目的，它在国民党商标局安置了“坐探”，按月送致贿赂。凡华商烟厂申请登记商标，都由“坐探”将申请登记的名称、图样等抄送英美烟公司法律部审核，由英美烟公司提出意见，然后商标局就据此“极力设法核驳”。“坐探”还将商标局的会议记录、内部密件经常抄送给英美烟公司，以便它掌握情况，指控华商烟厂①。在领事裁判权的保护下，英美烟公司“往往借查拿冒牌为名，至内地商店，倾箱倒箧，无所不为，稍加阻止，大肆凌辱，复扭送地方衙门令其惩办。地方官明知华商冤抑，慑于外人势力，不敢据理辩争，往往含糊科罚，以冀了事，而损失主权，冤抑吾民，在所不计”②。南洋烟公司在华南及香港一带的畅销烟“白鹤牌”、“三喜牌”，都曾先后被英美烟公司指控为“影射”被迫“强行集中二千余成品在[香港]巡理府前焚毁”，还要“遍登中西各报认罪”，并将全部印刷的商标收回销毁③。商标权本来是保护所有权的一种正常的法律措施，但是当垄断资产阶级把它运用到半殖民地半封建的中国时，却带上了以强凌弱的殖民主义的特点了。第五，收买兼并。英美烟公司从侵入中国之日起，就不断地进行着“大鱼吃小鱼”的兼并活动。在收买了日商村井和俄商老巴夺以后，兼并的锋芒就指向华商卷烟工厂。我国的福昌烟公司、大昌烟公司、振胜烟厂等都曾经一度是英美烟公司的劲敌，但都被它收买兼并归于消灭。截至1917年，除南洋烟草公司等几家华商烟厂外，已在中国境内兼并了10余家大大小小的烟厂，基本上形成了垄断的“大一统”的局面④。它对我国最大的民族烟厂——南洋烟草公司也不断交替地使用倾轧与兼并的手段，多次迫使南洋接受收买合并，企

---

① 《英美烟公司档案摘录资料》，第十三(J)66—102页。

② 宣统元年(1909年)十一月八日盛宣怀致度支部尚书载泽等函。《盛宣怀未刊信稿》第199页。

③ 1915年8月简照南在港致沪王世仁函。《南洋兄弟烟草公司史料》，第73、74页。

④ 《英美烟公司档案摘录资料》第十三(K)1—64页，前揭陈子谦、平襟亚文，第210页。《南洋兄弟烟草公司史料》，第106页。

图一举而歼灭之[①]。第六，打击手工卷烟业。由于手工卷烟业的成本低，分散面广，有一定的工艺基础，因而也成为英美烟公司扩展市场的阻力。在30年代，河南的手工卷烟业曾一度与英美烟公司相抗衡。因此，英美烟公司为了垄断销路，除了力图扼杀民族卷烟工业以外，对我国手工卷烟业的打击也是不遗余力的。在有的地区，它甚至把手工卷烟业当作它的主要"劲敌"。1926年，英美烟公司的负责人柯布斯曾经说："英美烟公司在广东的真正劲敌不是南洋烟草公司，而是土制卷烟业。不削弱土制卷烟业，我公司在广东的营业即无法显著增长。"[②]手工卷烟分布面虽广，但终难逃出英美烟公司遍布全国经销商的耳目，一旦被他们发现，就采用各种手段——跌价竞争、指控冒牌、向税务机关密告，等等，务必根除之而后已。广东江门的土制烟不但在国内有一定市场，而且外销南洋等地，但在英美烟公司打击下，终于一蹶不振[③]。华东地区有一个手工卷烟工场的产品，先被英美烟公司指控为商标字形相同，被迫改了字形；再控以商标图样近似，被迫改了图样；三控以包装纸颜色相近。结果这个手工卷烟工场负担不起诉讼费用，宣告破产[④]。我国的手工卷烟业在英美烟公司侵入中国时，就已经有所发展（较著名的有杭州、汉口、宜昌、重庆等地的手工卷烟）。1900年，宜昌的手工卷烟已行销上海；1901年重庆的手工卷烟已能在市场上排斥土制雪茄，取而代之了[⑤]。但是，正在这关键的时候，英美烟公司的机制卷烟倾销到中国内地；西南地域，甚至边远地区也不能免。郭沫若在《我的童年》(1892—1919)中说："[1907年]机械产品的大洪流到了嘉定，大英烟草公司的'Pirate'所谓'强盗牌'的纸烟也随着它的老大哥鸦片阁下惠顾到我们城里了。"[⑥]在正常情况

① 《南洋兄弟烟草公司史料》，第103—119，421—427页。

② 1926年4月(无日期)江孔殷致上海英美烟公司华尔弗函。《英美烟公司档案摘录资料》，第二六(B)213页。

③ 《江门烟丝业五十年》。《广东文史资料》第20辑，第33—62页。

④ 《英美烟公司档案摘录资料》，第十三(K)120页。

⑤ 彭泽益编：《中国近代手工业史料》第2卷，中华书局1962年版，第339—340、604页。

⑥ 《沫若文集》第6卷，第99—100页。按：1902年英美烟公司收购了美资花旗烟公司的浦东烟厂，1905年改名为大英烟公司。"强盗牌"（或称"老刀牌"）即由该厂生产。嘉定即乐山，地处岷江上游，是四川腹地。

下，手工工场的发展是过渡到资本主义机器大生产的前奏。但是在半殖民地半封建的中国，外国资本，特别是托拉斯集团，挟其优势的技术，大量生产的规模，并以帝国主义的政治和经济的特权为后盾，侵入中国，它们的商品冲破层层的堤防，"机械产品的大洪流"所过之处，噍类无遗，正萌勃发之机的中国手工工场，在它还来不及进入机器生产时就半途夭折了。美国费维恺教授曾经论证外国资本进入中国并没有摧毁根深蒂固的中国手工业，并说："任何人要声称湖南或四川农民在 20 世纪 30 年代……就已经吸过英美烟公司的卷烟……是一个需要证明的大事情。"①当然，外国资本的入侵是否摧毁了中国的手工业，可以另用更系统的统计材料来证明，但远在 20 世纪初（不必等到 30 年代），四川农民，甚至更边远地区的农民的嘴上就已叼上了"强盗牌"卷烟，则不需别人，已经由英美烟公司自己"证明"了②。

通过以上各种"阻挠"的手段，英美烟公司达到了它"操纵中国各处卷烟营业"的目的。在全面抗战开始的那一年，英美烟公司年销售量已达 110 万箱（每箱 5 万支装），是该公司 1927 年销售量的两倍、1902 年销售量的 88 倍。在太平洋战争爆发的前 10 年（1931—1941），它的销售量占全国（包括东北地区）总销售量的三分之二；在某些地区甚至达到 90％或 100％的比重（如 1931 年在山西省，1932 年在四川省，1938 年在河南省等）③。中国卷烟市场几乎完全被它所垄断。

在 20 世纪初，与英美烟公司进入中国的同时就出现了民族卷烟工业。但是它们的发展始终笼罩在英美烟公司庞大的阴影之下。盛宣怀在三星烟厂失败以后，曾经痛定思痛地说："计自二十九年［1903 年］以后，华商制烟公司大小约三十余家，现在［1909 年］能幸存者寥寥无几，所失资本小者五六万，大者十余万，统计在二百万以上，均断送于此英美烟公司合同（按：指英美烟公司与经销商订立的垄断销售的合同）。"④以后，在每一次爱国抵货运

① 费维恺：《中国经济》（1870—1911），密歇根大学 1969 年版，第 17 页。

② 《英美烟公司月报》（20 周年纪念刊），第 39—115 页。

③ 《英美烟公司档案摘录资料》，第十三（A）128—136 页。

④ 《盛宣怀致载泽、绍英、陈邦瑞函》，宣统元年十一月八日（1909 年 12 月 20 日），载前揭书《盛宣怀未刊信稿》，第 199—200 页。

动期间，由于外国资本的活动受到抵制或限制，民族卷烟业虽曾一度有所发展，但都是昙花一现。时过境迁，外国垄断资本的压力又起作用，于是民族卷烟厂只有倒闭、清算或被兼并。1927年以后，由于国民党政府进一步与外国垄断资本勾结，采取了一系列有利于外国资本的政策措施，英美烟公司的垄断地位更加强了，民族烟厂从此一蹶不振。从1929年到全面抗战前夕（1936年），民族资本卷烟厂从100家缩减为44家，在短短8年内，下降了56%①。其中秘密还是南洋烟草公司体会最深，它在英美烟公司的垄断压力下，无可奈何地申诉："小岂可以敌大，寡岂可以敌众，弱岂可以敌强，实为千古不易之理"，"惟有自怨自艾，孰使为弱国之商民而已"②！"孰使为弱国之商民"，这一句话里有说不尽的辛酸。

美国的侯纪明教授在论述外国投资（包括英美烟公司）与旧中国的经济发展关系时，认为：若说外国资本对中国民族资本所构成的"压迫"是指前者使后者不能发展或不能像外国企业那样快地发展，这种论点"肯定是缺乏事实根据的"。他还认为，外国资本在中国确有资金、技术和免于官方干扰等方面的优势，假使说这就是所谓对中国民族企业的压迫的话，那末中国民族资本也有一些外国资本所不具有的优势（如对当地情况的熟悉，民族主义的兴起，群众运动等等），因而也可以说，外国资本是受到中国民族资本的压迫③。侯教授提出了一种很奇特的论点。遗憾的是他忽略了外国资本在中国还有一个重大的优势，即：根据不平等条约所享有的各种政策上和经济上的特权。这种优势是中国民族资本所没有的，也是无时无地不在经常起作用的，是矛盾的主要方面。如前所述，英美烟公司曾充分利用了这一优势来取得它的垄断地位。诚然，南洋烟草公司作为民族资本企业，确实也享有侯教授所指出的那些优势，但是那只是偶然起作用的（如抵货运动），或受到各

① 《南洋兄弟烟草公司史料》，第254—255页。

② 《一九一五年八月简照南致王世仁函》，《一九一五年八月十五日简照南致英甫函》，见《南洋兄弟烟草公司史料》，第74、75页。

③ 侯纪明：《外国投资与中国的经济发展，1840—1937》，哈佛大学1973年版，第154页。

种条件的限制而不能充分发挥其作用的(如反动派与帝国主义勾结制止或镇压民族意识的反帝斗争),是矛盾的次要方面。假使像侯教授所说的那样,南洋烟草公司竟能凭借它的这点“优势”去“压迫”英美烟公司,而不是相反,那就需要重写历史了,而这恐怕将只能是一个“缺乏事实根据”的历史。中国民族卷烟业经过几十年坎坷崎岖的道路,到抗战前它们全部的资本总额只有英美烟公司的4%,实在是微不足道①。

五、 残酷剥削工人和农民,攫取高额的垄断利润

英美烟公司曾经吹嘘它对中国工人“体恤周详,无微不至”②。实际上它对工人的剥削倒的确是“无微不至”的。1902年英美烟公司刚进入中国时,雇用工人百余人,1912年增至7 500余人,到1925年已经发展到2.5万余人。为了加强压榨,它雇用了大量的童工和女工。据1924年的统计,童工人数要占该公司当时工人总数的三分之一左右。天津、沈阳等厂的童工人数竟超过工人总数的一半以上③。年龄最小的童工只有八九岁。他们由于年龄小、个儿低,只有站在矮凳上用瘦弱的小手每天劳动12小时,但所得工资不及成人工的一半。成人工的工资也很微薄,1920年以前,粳米卖七八元一担时,大多工人的每日工资还不到2角;1930年前,粳米卖10多元一担时,每日工资也只有3角。即使这样微薄的工资,还要受到买办和工头的层层剥削。浦东厂的买办汪薇舟每逢发薪时就用抹零去尾的方法或利用大小洋兑换差额强行克扣工人工资④。英美烟公司实行的是典型的殖民地工资制度。在工资待遇中,种族歧视的华洋差别极大,对华籍员工的剥削特别严重。例如1941年9月华籍工人每月工资70元左右(当时米价每担已在150元以上),但同时期,外籍职员每月收入在数千元以上,高级外籍职员收入更高达

① 根据1935年的统计,华商烟厂资本总额为1 990万元,英美烟公司资本为4亿6 179万元。《申报年鉴》(1935年),转引自陈翰笙前揭书第41页,注50。又参阅《北华捷报》1936年2月4日。

② 《事绩纪略》,第20、22页。

③ 《英美烟公司档案摘录资料》,第二六(C)14—27页。《战斗的五十年——上海卷烟一厂工人斗争史话》,上海1960年版,第1、10页。

④ 上海工人运动委员会调查:《朱发泉谈话记录》(1958年6月12日)。

万元以上。抗战胜利后,外籍人员每人可拿美金1万元的“慰藉金”,而中国工人的工资按米价折算仅及抗战前的五分之一①。

为了防止工人的“怠工”和反抗,英美烟公司制定了许多压迫工人的厂规,规定工人在工作时间内不准讲话,不准在车间往来,甚至不准随便上厕所。“五卅”运动前,上海厂的童工上厕所要领“出恭牌”,几百人的车间只有四五块牌子。成年工的厕所也是一小时开,一小时关。外国资本家还制订了很多恶毒的惩罚制度。即使在“五卅”以后,外籍员工和工头还经常借故殴打工人。根据一次罢工的实录,1926年汉口厂的工人由于反抗外国资本家的剥削,竟被厂方“囚禁工人代表,严刑拷打”,有的工人“因遍体受伤过重,舁之厂外,命绝如缕”,有的女工甚至“腿部被木棒将骨节折断”,成为废人②。由于缺乏劳动保护,工人被机器轧断手臂、切断手指的事,时有发生,一经残废,就被资本家一脚踢出厂外③。外国资本家为了榨取雇佣奴隶一点一滴的神经和筋肉的能力,动辄以停薪、开除等“饥饿的纪律”来迫使工人就范。有些怀孕女工害怕多请假会遭到停薪、开除,竟被迫在厕所甚至在路上生育。上海厂有一个女工被迫在回家摆渡的小舢板上生育了,这个女工就给她初生的婴儿取名“小舢板”。“小舢板”! 在这个工人阶级后代的名字里包含着多少辛酸血泪啊④!

英美烟公司经常向外宣传它“发给工资之优裕”⑤。1922年,它还向上海英国总领事吹嘘英美烟公司在同行业中提供了较高的工资水平⑥。但是它们对于一个要害问题(剥削率)却始终讳莫如深。众所周知,利润率的高

---

① 《英美烟公司档案摘录资料》,第三二(B)152页。

② 1926年6月3日《中华全国总工会为援助汉口英美烟厂工人通电》,《中国工会历史文献》第1卷,北京1958年版,第242页。像这类残酷镇压工人的暴行不是个别的,如1926年5月15日汉口英美烟厂的罢工,也“遭军警袭击,工人受伤数十人”,同上。

③ 《国营青岛卷烟厂简史》,1959年油印本,第67—68页。

④ 《英美烟公司档案摘录资料》,第二八(C)15页。

⑤ 《事绩纪略》,第20页。

⑥ 1922年12月22日上海英美烟公司罗斯致上海英国总领事白特函。《英美烟公司档案摘录资料》,第三十(B)20页。

低一般取决于剩余价值率(即剥削率)的高低、资本有机构成的高低、节约使用不变资本的程度和资本的周转速度等因素。南洋烟草公司以自己陈旧落后的机器设备同英美烟公司比较时,曾经说,英美烟公司“所有卷烟机及附属机械,俱最新式最犀利之器,故能用种种方法减轻其原料之成本及消耗之损失”①。由于使用了“最新式最犀利之器”,英美烟公司各厂的劳动生产率就能超过同行业的一般水平,使它的产品价值低于社会价值,因而,同民族资本相比,它还额外地掠夺了工人的超额剩余价值。同时,先进的生产设备保证它能“减轻其原料之成本及消耗之损失”。这样,就可以更加节约地使用不变资本。此外,对市场的垄断又为加速资本周转的速度创造了条件②。所有这些都使英美烟公司能在具有较高的资本有机构成的条件下,仍能保持高额利润率。试以英美烟公司的“大英牌”同南洋烟草公司的“小白金龙”这两种较行销,而规格又较近似的卷烟比较(1936 年 9—12 月),“大英牌”每单位(“箱”,5 万支装)的剥削率$\left(\frac{M}{V}\times 100\right)$是 3 058.6%,而“小白金龙”是 1 510%;前者的利润率$\left(\frac{M}{C+V}\times 100\right)$是 162.2%,后者是 57.3%③。民族资产阶级由于在同外国资本的竞争中处于劣势,更要加强对工人的剥削,以保持他们的高额利润。但是英美烟公司在同样地残酷剥削工人的同时,却由于享有特殊的优异条件(不平等条约的保护,强大的垄断地位,生产规模的不断扩大和使用了先进机器设备等),因而能获得超额剩余价值。在资本主义生产的条件下,商品的价值转化为生产价格,超额剩余价值也就转化为超额利润。因此,鼓吹“发给工资之优裕”丝毫不能掩盖英美烟公司的高额剥

① 1933 年 7 月 13 日雅加达吧局致港公司函。《南洋兄弟烟草公司史料》,第 415 页。

② 从借入资本的比重(对外负债与预付资本的比较)来看,英美烟公司也远远处于优势。据 1936 年的统计,有代表性的中外烟公司借入资本的比重是:英美烟公司为 4.3%,南洋烟草公司为 29.4%,华成烟公司为 58.8%。

③ “小白金龙”的数据参阅《南洋兄弟烟草公司史料》,第 287 页。“大英牌”数据是:每单位(“箱”)的净收入(P)=269 元,每单位不变资本(C)=107.20 元,每单位可变资本(V)=5.98 元,每单位剩余价值(M)=182.91 元。据《英美烟公司档案摘录资料》,第六(E)1—111 页计算。

削率。正是这个榨尽工人膏血的高额剥削率才是英美烟公司能攫取巨额利润，迅速地进行资本积累的根本原因。虚假的“工资之优裕”，当然也不能改变挣扎在困境中的工人生活。“米珠薪桂，所得工资不敷糊口，要求酌加二成”[①]，这是英美烟厂的工人在1919年被迫罢工时向洋雇主提出的呼吁和要求，也是工人对“工资之优裕”的最好的回答。

哪里有压迫哪里就有反抗。中国工人阶级为了反对外国资本家的压迫和剥削，展开了英勇不屈的斗争。有觉悟的中国工人阶级，往往把他们的斗争同民族的命运联系在一起。如1919年，上海英美烟厂的工人尽管在厂方多方威胁下，仍发动了罢工，他们说：“可怜学生被虐，可恨政府助桀，痛心国难，实无心工作，决定九日罢工，以表天良。”[②]有些英美烟厂工人的罢工，得到南洋烟草厂工人大量的物质支持[③]，民族与阶级的利益把这两个敌对工厂的工人紧密地团结在一起。尽管英美烟公司采取了一系列抵制的措施(不断更换厂名、牌名和国别)，并勾结反动政府进行镇压[④]，但是罢工运动和反帝爱国运动，一经掀起，其势如暴风骤雨，锋芒所及，买办游街示众[⑤]，产品当众被焚或封存禁售[⑥]，销路锐减(如1925年6月沈阳销售下降五分之四；同年8月，青岛下降一半；1927年6月汉口下降十分之九)[⑦]，迫使英美烟公司业务几乎陷于瘫痪。也只有在这种情况下，英美烟的垄断地位才真正受到

① 《民国日报》1919年4月6日。

② 《晨报》1919年6月13日。

③ 英美烟公司《汉口月度报告》1927年1月16日。《英美烟公司档案摘录资料》，第二六一(B)227页。

④ 方式是多样的，从军警镇压到由政府出告示威胁老百姓：聚众闹事，听信谣言，“必定严办”。韩叙信：《英美烟公司与山东烟草》，载《现代评论》第3卷，第6期(民国十五年2月20日)，第19—20页。

⑤ 1925年7月29日天津克特珍致上海摩里斯函。《英美烟公司档案摘录资料》第二六一(B)458页。除天津地区外，郑州、海门、彰德、江门的英美烟买办都受到爱国群众的严惩。《英美烟公司档案摘录资料》第二六一(B)452、447、472、482页。上海买办汪薇舟的住宅在1922年也遭到受他长期压榨的工人群众的捣毁。《北华捷报》1922年11月21日，第9页。

⑥ 江苏省博物馆藏：《中国近代史参考图片集》下集，第33页。

⑦ 1925年6月26日沈阳致上海公司函；1925年8月5日青岛英美烟公司致英国总领事函；1927年6月16日英美烟公司《汉口月度报告》。《英美烟公司档案摘录资料》，第二六一(B)227页。

威胁。从1918年到1932年仅上海地区英美烟厂的工人就举行了40次声势浩大的罢工①，给垄断资本家以沉重打击，迫使他们哀叹“外国人无法对付中国人民有组织的斗争”②，忧心忡忡地说“我们正面临着一个非常严重的形势”③。这些著名的工人斗争在中国人民反帝爱国斗争史中写下了不朽的一页。但是在半殖民地半封建的中国，在中外反动势力的勾结下，这种斗争不可能持久，往往是昙花一现，旋即消逝。因此不曾有效地制止外国资本的入侵或改变它们阻滞中国经济发展的作用。

在帝国主义阶段，垄断企业的工人所创造的剩余价值并不是高额垄断利润的唯一来源。对小生产者，特别是对农民的剥削也构成高额垄断利润的重要部分。同其他的在华外资企业比较，对千百万农民的直接剥削，是英美烟公司掠夺活动的一个重要特点。为了保持优质廉价的原料供应，英美烟公司先后在我国河南的许昌、安徽的凤阳和山东的潍县等地方，推种美种烟叶。种植美种烟叶，不仅要花费大量劳动，而且生产费用比其他农作物要大得多，往往是小麦的3倍，高粱的5倍，大豆的26倍④。于是买办地主阶级的高利贷资本就乘虚而入。据1934年在产烟区的69个典型村的调查，91.6%的高利贷都掌握在地主和富农手里。贷款的利息是惊人的，以6个月到10个月为一期，一般都在45%左右⑤。在沉重的高利贷剥削下的烟农，把他们唯一的希望寄托在英美烟公司的收购上面。每到收烟季节，四面八方的烟农跋涉几十里，甚至几百里路，赶到公司的收购站。在那里往往要冒着严寒排队守候几昼夜，好不容易挨到门口，首先碰到的一关就是门警勒索“进门费”；进门以后是验货关，任凭洋人验货员核定品质等级，烟农没有任何讨价还价的余地；接着就是过秤关，在过秤时，公司经常要借口烟叶混有

---

① 《近五十年上海之罢工停业》，上海1933年版，第17—18页。

② 1922年4月30日上海罗斯致伦敦总公司杰弗拉斯函。《英美烟公司档案摘录资料》，第十(G)29页。

③ 1925年6月26日天津克特珍致上海英美烟公司柯森斯函。《英美烟公司档案摘录资料》，第二六(B)491页。

④ 陈翰笙：前揭书，第10页。

⑤ 陈翰笙：前揭书，第66—67页。

污物或过分潮湿，在重量上克扣10%—20%；此外，烟农还得“孝敬”过秤买办10%的回佣；最后到了付款关，管账买办照例要利用大小洋兑换差额克扣4%—9%，甚至25%的回佣①。通过这几道吃人的关口，最后落入烟农双手中的，已经微乎其微了②。但是在收购站的出口处，高利贷主业已拿着算盘等在那里收账了。

英美烟公司压榨农民的另一个手段是凭借它的垄断地位不断压低收烟价格。据统计，山东每磅烟叶价格到1934年已从过去最高的5、6角逐渐降至1角③，许昌每磅烟叶的收购价格，也由8角逐渐降至8分，有的甚至更低一些④。在独占买主垄断收购和高利贷主咄咄催逼的情况下，即使是价格再低或明知洋人抑等压价，烟农也只得忍气吞声地把一年血汗劳动所收成的烟叶贱价出售，结果是陷于破产的绝境。英美烟公司曾经宣扬，由于它在中国引进了美种烟叶使“千百万农民受惠”⑤。但是实际的周密调查表明：美种烟叶的引进，虽为农业劳动提供了较多的机会，但由于外国工业资本与中国农村商业和高利贷资本相结合的作用，烟农处于入不敷出的艰难处境。30年代初在凤阳和襄城的实际调查，发现烟农的收入仅为生产费用支出的48.4%(凤阳)，或76.4%(襄城)。因此，种植美烟的烟农的生活水平是下降而不是提高了⑥，他们实际上更逼近于死亡线。1935年在许昌就因为英美烟公司不断压低价格，再加上高利贷交相压迫下，烟农走投无路，发生父子儿媳两代悲愤自杀的惨事。1937年山东潍县烟农陷于破产绝境，愤而自杀

---

① 陈翰笙：前揭书，第66—67、48—51页。

② 据调查，在山东潍县1919—1934年，农民经过层层克扣后所收到的烟叶款只有当地市价的45%—71%；在河南襄城1929—1934年，农民实际收入的比例更低，只有烟价的12%—58%。陈翰笙前揭书第51页(表十一)、第52页(表十二)。

③ 李亚夫：《帝国主义侵略中国农村的一个实例》，载《中国农村》第1卷第11期(1935年)，第70页。

④ 《英美烟公司档案摘录资料》，第十四(H)76—104页。

⑤ 1925年6月17日，上海公司致沈阳公司函，《英美烟公司档案摘录资料》，第二六(B)264页。

⑥ 陈翰笙：前揭书，第57、59页(表十五)。

的事也有多起。[1]烟草大王杜克的托拉斯在美国是不能肆意压榨烟农的。1911 年它压抑烟价，损伤了美国烟农的利益，舆论哗然，受到了联邦政府的制裁，甚至勒令解散托拉斯。但是在中国，它以帝国主义特权为后盾，却能肆无忌惮地压榨中国的农民而不受任何约束。可以毫不夸张地说，英美烟公司的巨额垄断利润是以中国烟农的彻底破产为代价而增值起来的。

通过对工人和农民的残酷剥削，英美烟公司从中国劳动人民身上攫取了惊人的利润。1902 年英美烟公司踏上中国土地，收购花旗烟公司在浦东的一个烟厂时，包括原料与存贷在内一共只用去了 19 万两银子，按当时的汇率折算，约合 12 万美元。这是它在中国最初的实际投资。到抗战前夕，它的资产总值(不包括商誉)已达 28 844 万元，折合美金约 8 480 万元。在三十几年间资产总值增加了 705 倍。资产总值的迅速增加，来源于高额的利润。从 1902 年公司创立之年起，到太平洋战争爆发的前一年止，英美烟公司的利润总额达 148 951 万元，相当于 1935 年账面资本额 46 179 万元(英镑3 400万镑按当时汇率折成元)的 3 倍多。事实上仅从 1934—1940 年的 7 年间，分配的纯利已达 3 800 万镑，早已超过它 1935 年的 3 400 万镑的资本额了[2]。应该指出的是，这些利润额远比实际数字为低，有的利润已通过各种手法转移给公司或海外分支公司(下面还要谈到)；有的则通过巧立名目的方式将利润转化为各种基金(1941 年这些名目繁多的“基金”总额已高达 2.8 亿元，超过了当时的资本额)；有的则通过海外联号抬高原材料输入中国的进口价格，把一部分利润留存在海外，或在会计处理上膨胀资本额以降低利润率(如 1933 年“商誉价值”竟估达 1.3 亿元，占资本总额的 64%)[3]。英美烟公司受到不平等条约的保护，中国税局无权对它认真查账，因此它们的财务报告带有很大的虚假性。有些西方学者如侯纪明、邓伯格等教授往往根据它们在报纸上公布的财务报告就遽而估计外国资本在旧中国对经济发展的“促进”作用(如利润率低，再投

---

① 《许昌烟农血泪史》，《人民日报》1951 年 1 月 24 日。

② 《英美烟公司档案摘录资料》，第六(A)35—75 页。

③ 张仲礼：“旧中国外资企业发展的特点”，《社会科学》1980 年第 6 期，第 55—56 页。

资率高等)①,其计算的基础应作进一步的核实调整。

相比之下,民族卷烟业的处境就很脆弱了。据统计,在30年代的后期,60家华商烟厂的总资本额不过1 546万元,而英美烟公司一家的资本额就达4.6亿余元,前者仅为后者的3.4%②。1937年英美烟公司所收取的经销商保证金一项就有393万元,比南洋烟草公司全部固定资产的总额(350万元)还要大③。无怪乎南洋烟草公司要哀叹:英美烟公司"以二个半月盈利,已敌我公司资本,岂能较之"④! 企业竞争往往也是一种资力的较量,1922年英美烟公司来到南洋烟草公司,迫使后者接受兼并时,南洋烟草公司的大股东简照南忧心忡忡地说:"伊拼亏一千余万元,不过去一年之利息,我若亏一千余万元,将资本全倾,陷于破产。"⑤是破产还是拱手投降,这就是民族资本在英美烟公司压迫下所能作的唯一选择。

英美烟公司在殖民地、半殖民地所攫取的垄断利润,其利益之丰富远远超过了它在自己本国所能达到的水平。在1941年前的30年,美国三大卷烟企业的利润占销售金额的比重平均为11%,而英美烟公司同期在华各牌卷烟的利润占销售金额的比重平均为43%⑥。英美烟公司所属企业颐中烟草运销公司1937—1939年的平均年股息率高达53.7%,而第二次世界大战前英美本国企业平均年股息率只有8%⑦。前者超过后者将近6倍。不但如

① 侯纪明:前揭书,第113—115页。参阅邓伯格:《1840—1949年外国人在中国经济发展中的作用》,载珀金斯编《中国现代经济的历史透视》,斯坦福大学出版社1975年版,第45—46,308页。

② 参阅唐垂裕:《从烟业看帝国主义对华经济侵略》,载《历史教学》1957年第12期,第13页。

③ 《英美烟公司档案摘录资料》第三三(E)27页。南洋烟草公司是1938年数字,不包括香港。见《南洋兄弟烟草公司史料》,第586页。

④ 1931年2月14日港公司致吧局函,《南洋兄弟烟草公司史料》,第409页。

⑤ 1922年2月6日简照南致简玉阶等函,《南洋兄弟烟草公司史料》,第425页。侯纪明教授是主张外国资本在旧中国对民族资本不存在压迫关系的。但南洋烟草公司与英美烟公司的关系似与侯教授的结论不符合。参阅侯纪明:"一八九五——一九三七年关于外国在华投资的压迫论",美国《亚洲研究季刊》第20卷,第4期(1961年8月),第447—448页。

⑥ 亚当斯:《美国工业的结构》。纽约1955年版,第344页。《英美烟公司档案摘录资料》第六(E)52—69页。

⑦ 吴承明:《帝国主义在旧中国的投资》,人民出版社1956年版,第84页。《英美烟公司档案摘录资料》,第六(C)1—15页。

此，以中国市场为主体的英美烟公司的股息分配率甚至超过它的母公司——帝国烟草公司。前者在1932—1937年是20%，后者同期是15%①。英美烟公司这个垄断资本在中国实行的殖民地式的掠夺大大增值了它的利润。

那么这些掠夺来的利润到哪里去了呢？英美烟公司宣称："历年仍将大部分之盈利归还中国。……计所归还之款固远过于输出"②。英美烟公司的利润再投资率在创立的前10年（1902—1912年）比较高（60%左右），但从1912—1941年约30年的情况看，利润再投资率只有7.2%③，绝大部分利润都被它转移出去了。隐蔽利润和转移利润是外国在华企业的一贯手法。英美烟公司是一个国际托拉斯，因此，将中国投资的利润转移出去特别方便，也很明目张胆。例如有些牌号的卷烟（如"三炮台"、"大英牌"等）明明是在中国制造的，却借口商标权属于伦敦总公司，所以在华英美烟公司必须从这些牌号卷烟的利润中提出25%的"商标专利金"和10%的"制造津贴"汇回总公司④。在1934—1941年的7年内，便在所谓"商标专利金"和"制造津贴"的项目下作为公司支出向伦敦汇出了130万镑。从1934年10月到1941年10月的7年内通过各种名目从利润项下汇出金额分别达1 300万英镑和2 500万美元。根据账面计算和估计，从1902年到1948年，历年从利润中转移出去的总数折合美金约3.55亿美元，占利润总额的92.8%。在垄断资本的压榨下，中国人民被迫付出的无偿劳动都被它们吮吸而去。在中国剥削的利润变成了它们的财富。这是近代中国贫穷落后的主要根源之一。

一些西方学者选择了"中国的经验"，并以此为题著书写文来证明外国

---

① 巴内公司：《烟草工业》，纽约1934年版，第30—31页。

② 《事绩纪略》，第26页。

③ 张仲礼同志估计英美烟公司早期再投资率为63.5%；1937年间为5.5%。参阅张仲礼前揭文第56页。

④ 1940年8月21日伦敦英美烟公司董事奥本汉致上海董事柏责士函，规定25%的"商标专利金"；1930年8月27日英美烟公司法律部狄克生致秘密文书部函规定10%的"制造津贴"。《英美烟公司档案摘录资料》，第六(F)52页、第六(F)41页。

资本对旧中国的投资“是有益于中国现代化的因素”①。在正常情况下，资本流入往往带动技术和新的管理方法的引进，理应对被投资国的经济发展有所促进。但是在旧中国，作为一个半殖民地半封建的社会，情况就两样了。外国资本是在它们各自政府的炮舰支持下，口袋里装着不平等条约踏上中国土地的。进入中国后又与封建地主阶级、买办阶级和官僚资产阶级紧密勾结在一起，构成了一个反动的生产关系，严重地束缚了生产力的发展，其结果不是促进中国“现代化”，而是使中国进一步沿着半殖民地半封建社会的道路滑下去，给中国人民带来很大的苦难。毛泽东曾经深刻地指出：政治不改革，一切生产力都遭到破坏的命运，农业如此，工业也是如此；在一个半殖民地半封建的、分裂的中国，要想发展工业，建设国防，福利人民，求得国家的富强，多少年来多少人做过这种梦，但是一概幻灭了。

这就是历史的结论。

① 参见侯纪明：《对外贸易，外国投资与经济发展：中国的经济 1840—1937》，《经济发展与文化变化》第 10 卷，芝加哥 1961 年版，第 1 期，又参阅侯著前揭书，第 113—115 页。

司戴德与美国对华“金元外交”[①]

1912年12月，美国总统塔夫特在国情咨文中称：“现政府的外交一贯谋求适应商业交往的现代观点。这个政策的特征是，以金元代替子弹。”[②]历史上把塔夫特政府大力促进美国对外经济利益扩张的外交政策称为“金元外交”。中国是“金元外交”的重要目标。在1909到1912年间，美国先后通过湖广铁路借款，锦瑷铁路借款，诺克斯中立化计划以及币制实业借款，竭力扩张美国对华投资，巩固在华政治经济利益，同列强争夺对中国的控制权。由华尔街上四大银行组成的美国财团，是“金元外交”的金融工具；曾任美国驻奉天领事和国务院远东司代司长的司戴德，作为美国财团驻华代表，是推行美国对华“金元外交”的关键人物。对司戴德与“金元外交”的研究，将有助于加深对世纪转换时期美国对华政策的认识；对这段历史的考察，也有助于揭示第一次世界大战以前，列强为控制和扩张其在华权益而形成的纵横捭阖的复杂关系。

一

1905年结束的日俄战争，改变了远东国际关系的格局。日本战胜沙皇俄国，成为举足轻重的地区大国，并开始了在中国东北的侵略扩张。日俄战后，日本获得了俄国在东北南部的一切权利，并获得一系列的通商、建筑铁

---

① 原载《复旦学报》1990年第6期、1991年第1期。本文与吴心伯合写。

② 《美国对外关系文件》(Papers Relating to the Foreign Relations of the United states)，华盛顿政府出版局1912年版，第7页，以下简称《美国外交文件》。

路和采伐林木的权利。1906 年 6 月，日本设立“满洲铁道株式会社”，作为侵略东北的大本营，不久又设置“关东都督府”，对旅大租借地实行殖民统治。日本还利用战后有利的国际形势来巩固它的侵略成果。日俄战争的硝烟未散，第二次英日同盟即告成立，两者联系的纽带进一步加强。1907 年 6 月，《日法协定》也在巴黎订立，《协定》的实质是日法相互承认对方在中国的“势力范围”，《协定》外的秘密换文则明确了这一范围的划分。7 月，日本又与俄国订立第一次《日俄协定》和《日俄密约》，具体划分了双方在东北的“势力范围”，并相互承认对方在朝鲜和外蒙古的特殊利益。8 月，《英俄协定》宣告成立。至此，曾经互相对立的英、日与俄、法两大同盟走向和解与合作，日本的外交地位大为改善，在远东国际舞台上一时处于左右逢源的境地。在远东的主要列强中，只有德国和美国被排挤在这一系列的协定之外，处境颇形孤立。

日本在东北的扩张，引起了美国的关注。东北是美国对华贸易的重要市场，其对华出口的大宗商品如纺织品、煤油和面粉主要销往东北。日俄战后，日本以军事上的需要为借口，对英美商人到东北贸易施加种种限制，同时为日货的倾销和日商占领东北市场大开绿灯。美国务院不断收到美商对日本不公正的贸易措施的抱怨，遂向日方提出交涉。代理国务卿贝根表示，如果日本以暂时的军事占领为掩护，实行歧视性的限制，破坏“门户开放”，问题将是严重的，美国政府对此“严重关注”。事实上，由于战后的萧条，日人的干扰，美国对东北的出口逐年减少。据《纽约时报》的统计，从 1905—1909 年，美国输入东北的商品从 2 350 万美元下降到 750 万美元，占东北的进口额的比例，也从 60%下降到 35%①。

在这一背景下，司戴德于 1906 年被任命为美国驻奉天总领事。司戴德 1880 年出生于纽约州的奥斯韦戈市，1901 年从康奈尔大学毕业后来华，1902—1904 年在北京海关总税务司任职，日俄战争期间曾任美联社、路透社记者，战后又做了美国驻汉城副领事。司戴德此次来华，除了要一般地扩大美在东北的经济利益外，还有让美国资本染指东北铁路的打算，这与美国铁

---

① B.阿瓦林著，北京外贸学院俄语教研室译：《帝国主义在满洲》（商务印书馆 1980 年版），第 110 页注①及本文表 2。

路大王哈里曼的环球运输系统计划有关。1905 年 8 月，哈里曼游历远东，产生了购买南满、中东铁路以构造环球运输系统的设想，该系统将沟通南满、中东、西伯利亚和欧俄铁路，并与太平洋及大西洋航线衔接。同年 12 月，哈里曼与日本首相桂太郎交换了备忘录，约定由哈里曼出资购买南满铁路，日本政府和哈氏共享该路的经营权。该协定不久因日外相小村寿太郎的反对而被取消。此后，哈里曼在朝鲜结识了司戴德，两人自此开始了合作。司戴德 1906 年来华前夕，哈里曼同他讨论了伺机推行环球运输系统的计划。1907 年 8 月司戴德同奉天巡抚唐绍仪订立了《东三省借款备忘录》，约定东北当局向美国债款二千万美元设立东三省银行，该行作为东北当局的金融代理，并在东北投资开发森林矿山，发展农业，修筑铁路。司戴德希望哈里曼承担这一贷款，但由于金融危机，哈里曼表示无能为力。到了 1908 年 8 月，随着经济危机的消退，哈里曼又对投资东北产生了兴趣，在他的要求下，国务院将司戴德召回，为有关各方提供咨询。离开沈阳前夕，司戴德同唐绍仪重新签署了关于东北银行的备忘录，复活了前一年的计划，并约定该项借款的具体细节，将在唐绍仪以答谢退还庚款专使的身份到美国后再行接洽。

当司戴德在东北积极谋求扩张美国的经济利益之际，在美国国内也出现了加强远东政策的呼声。长期以来，西奥多·罗斯福政府的东亚政策带有明显的亲日色彩，在日俄战争前后，美在外交和财政上给日本以大力支持，但随着日本羽毛渐丰，它独霸远东的野心也愈益昭彰。日本关闭东北门户的企图、对美国西海岸的大量移民以及对菲律宾的潜在威胁，都给日美关系罩上了阴影。国务院的一批中层官员如 W.菲利普斯、H.威尔逊等人认为，在日本越来越明显的侵略野心面前，要寻求门户开放的目标，美国要么在远东成为一个决定性的因素，要么就什么也不是①。从 1907 年起，罗斯福

① 亨特:《保卫边疆与门户开放》(Frontier Defense and the Open Door, Manchuria in Chinese-American Relations, 1895—1911)。耶鲁大学出版社 1973 年版，第 143 页；伊斯里尔:《进步主义与门户开放》(Progressivism and the open Door, American and China, 1905—1921)，匹茨堡大学出版社 1971 年版，第 38 页。

的东亚政策存在着二重性。一方面，想加强美在远东的地位，不让日本过于猖狂。如1907年前，罗斯福决定派美国舰队作环球航行，向日本炫耀它的军事力量。年底，罗斯福又向德国提议成立中美德三国协约，以抑制日本的扩张势头。但另一方面，罗斯福又并不愿真正改变以对日关系为重心的东亚政策。1908年春，远东司司长威尔逊在司戴德和菲利普斯的支持下，向国务卿罗脱提交了一份关于保护东北“门户开放”的文件草案，批评日俄在东北的关门政策，要求罗脱以有力的外交攻势对抗日本。但罗脱认为日本在东北的特权是无可指责的，如同美国在巴拿马运河区的特权一样，从而退回了威尔逊的草案①。1908年11月，唐绍仪以答谢退还庚款的名义赴美，意在商洽东三省借款和中美德协约，但罗斯福却在此时指示罗脱同日本达成了《罗脱—高平协定》。司戴德认为，这一协定和英日、日法、日俄协定一样，“并没有更坚定地保证门户开放和中国的完整，反而以牺牲中国利益为代价，承认了特殊势力范围，这正是海国务卿在制定他的政策时努力要防止的结果”②。司戴德和威尔逊等人所企盼的积极推动“门户开放”的东亚政策仍处在难产之中。

二

1909年3月，共和党人塔夫特就任美国第27任总统。他一上台就表示要扭转罗斯福的外交政策，尤其是远东政策。塔夫特曾任菲律宾总督，并两度访问日本和中国，对远东问题有亲身感受。首先，他认为日本怀有强烈的侵略野心，它正谋求控制中国，并且有朝一日会威胁到菲律宾。其次，塔夫特主张美国支持中国维护“门户开放”，必须运用一切合法手段保护美国在华利益。塔夫特在就职演说中谈到远东政策时表示：“在由于门户开放和其他问题而可能在远东出现的国际争端中，美国能够保护它的利益不受损害，

---

① 亨特：《保卫边疆与门户开放》，第149—151页。

② 司戴德：《关于罗脱—高平协定的备忘录》，1908年11月30日，司戴德文件，缩微胶卷，藏康奈尔大学图书馆，编号：14850。

并能获致对其正当要求的尊重。但是,如果人们明白除了口头抗议和外交照会外,美国从来不打算以其他任何手段支持它的权利,保护它的利益,那它就无法做到这一点。”①显而易见,塔夫特决心以具体而有效的手段来保护和推进美国在华利益。这一观点在国务院中有广泛的支持者。国务卿诺克斯主张外交服务于经济,“今天外交为贸易服务”,他宣称,“外交部则是推动各国商业的强有力的火车头”②。助理国务卿威尔逊曾长期在驻日使馆任职,对日本人怀有强烈的憎恨与不信任态度。他主张英美运用金融力量对付日本,遏制其在东北的野心。威尔逊主持国务院的日常工作,是远东政策的主要策划者。司戴德回国后担任远东司代理司长,加强了国务院内对日强硬派的阵容。这样,改变罗斯福的远东政策已成必然之势,而湖广铁路借款问题则成为远东新政策出台的直接导因。

早在1903和1904年,美国资本家就曾通过驻华公使康格要求投资修建汉口—四川铁路,英国也提出了类似要求。清政府在1903年8月15日和1904年7月18日给康格的答复中表示:准备以本国资本修建川汉路,将来若须借外资,鉴于英美方面已提出申请,届时可以向英美资本接洽。康格在向国务院报告此事时,将清政府的答复曲解为给予英美公司投资该路的优先权。1904年秋,英法资本家决定联合投资川汉线,并多次询问美国的态度,但当时的罗斯福政府对此不甚热心。1909年5月14日,英、法、德银行家签订了包括川汉线在内的湖广铁路借款协定。听到这一消息,副助理国务卿菲利普斯抱怨:“美国未能在湖广路特许权中获得一份,这一失败随着欧洲列强攫取曾完全在美国资本家手中的机会而变得更加严重。”③

① 尼尔和弗里曼:《金元外交》(Dollar Diplomacy: A Study in American Imperialism),纽约韦伯司其和韦金出版社1925年版,第43页。

② 《奥斯本备忘录》,1909年9月15日,诺克斯文件,转引自亨特:《一种特殊关系的形成》,(The making of a special Relationship, The United states and China to 1941),哥伦比亚大学出版社1983年版,第209页。

③ 国务院贸易关系局:《关于美国在远东贸易前景的备忘录》,1909年9月15日,诺克斯文件,转引自维维尔:《美国与中国》(The United states and China, 1906—1913, A Study of Finance and Diplomacy),格林伍德出版社1968年版,第49页。

早在3月上旬，当张之洞同德国签订湖广借款的草合同之际，国务院即向有关方面询问美国参加该项贷款的可能性。5月21日，国际金融公司和花旗银行表示，愿意承担中国的铁路贷款，国务院遂决定立即行动。司戴德起草了一份电报，指示驻华公使柔克义立即向清政府提出美国加入湖广借款的要求。为了避免美国银行家之间的竞争，并希望以一个坚强阵容同欧洲银行团谈判，国务院要求华尔街组成一个美国财团。经过司戴德的积极活动，财团于6月11日成立，它包括摩根公司、坤洛公司、第一国家银行和花旗银行，哈里曼是财团的主心骨。财团不是一个纯粹的金融组织，它是为美国的远东政策服务的。要求加入湖广借款和美国财团的组成，标志着塔夫特政府对华“金元外交”的开始，该政策的出台，受到工商金融界和舆论界的一致欢迎。①

美国财团一成立，塔夫特就指示威尔逊，要他以“非常突出的方式”通知中国，美国坚持要加入湖广借款，如中国拒绝，将被视为不友好的行动。在美国的压力下，清外务部尚书梁敦彦在6月24日表示，他已通知三国银行团，在解决美国参加问题之前，不批准借款合同。此外，美国也向英法德三国提出了参加湖广借款的要求。英国表示：“在经过旷日持久的艰难谈判之后，美国干预英国财团达成的协定是不正当的。”法国认为美国的行动为时太晚，但愿意看到美国参加②。德国驻华代办穆修士在给德外交部的电报中称：“美国行动的主要动机是政治性的。我们在中国与美国树立共同物质利益在政治上也许不是不合适的。”德国欢迎美国加入湖广贷款③。

司戴德在财团成立后的第三天便辞去在国务院的职务，担任起美国财团驻华代表，并于7月初赴伦敦参加同欧洲三国银行团的谈判。在7月7日召开的伦敦会议上，美方提出要求川汉铁路半段的投资权，或川汉路和粤汉

---

① 《美国亚洲协会杂志》(1909年7月)第162页，转引自维维尔：《美国与中国》，第107页。

② 《美国外交文件》，第150、156—157页。

③ 驻北京代办穆修士致外交部电，52号，1906年6月，见孙瑞芹译：《德国外交文件有关中国交涉史料选译》(以下简称《德国外交文件》)，商务印书馆1960年版，第三卷，第57页。

路四分之一的投资权。三国银团拒绝了美国的要求，只愿给它川汉线四分之一的投资份额。鉴于欧洲对手的强硬立场，美财团认为全部借款的五分之一亦可接受。但威尔逊拒绝了这一方案，他声称美国政府决不同意少于25％的平等份额，因为如果美国财团接受了不平等的一份，那么美国与其他列强在华地位平等的要求就会被削弱①。为了打破湖广借款谈判的僵局，塔夫特总统采取了一个违反国际惯例的步骤，他在7月15日直接打电报给摄政王载沣，向他施加压力。载沣在18日的答复中表示，已指示外务部与美驻华代办磋商，以寻找一项合适的解决办法。塔夫特对此感到满意，认为这是"一个相当大的外交胜利"②。于是，驻华代办费莱齐在7月15日提出将贷款总数增加12.5％，以便使美国能平等地参加。国务院表示同意，强调必须在材料、工程师和其他任何利益上保持绝对平等的权利。8月10日，费莱齐同梁敦彦和三国银行团代表磋商，拟订了美国参加湖广借款的初步方案：贷款增加为600万英镑，一半用于川汉线湖北段，另一半用于湖广线的湖南—湖北段；美财团获得四分之一的贷款份额，在材料供应方面，美与英法德平等③。以此为基础，美国又与三国银行团围绕铁路里程、工程师、材料等方面的权利分配进行了旷日持久的谈判，最后在1910年5月23日的巴黎会议上，四国财团之间签订了一个协定，作为1909年6月6日三国财团与中国签署的临时合同的补充，协定同意美国财团加入并平均分担湖广借款。余下的是四国财团同中国达成最后协定的问题。

湖广借款是"金元外交"在中国的第一个步骤，它反映了塔夫特政府积极寻求美国在华利益扩张的强烈愿望。威尔逊认为：美国加入湖广借款，不仅能够在这项业务中为美国获得一份好处，亦将在这条铁路将开辟的国内贸易中得到一份，而且湖广借款也为将来的铁路借款确立了重要的先例。

---

① 《美国外交文件》，1909年，第16—171页。

② 白脱：《塔夫特与罗斯福》，第1卷，第145—146页，转引自李约翰：《清帝逊位与列强》(Manchu Abdication and the Powers: An Episode of pre-war Diplomacy)，孙瑞芹等译，中华书局1982年版，第53页。

③ 《美国外交文件》，1909年，第180—181、192—193页。

此外，美国的银行家、工程师和管理人员平等地参加湖广铁路工程，可以使美国要求对华贸易的平等。因为“据说中国人的习惯是，为铁路和其他工程提供资金以开发这个国家的国家将实际上垄断它的对外贸易”，这关系到整个美国的商业前途问题①。湖广借款还起到了媒介作用，美国由此首次提出在华国际金融合作以维护门户开放的设想，诺克斯在向英法德提出参加湖广借款的要求时强调：“美国政府认为充分和坦诚的合作有助于维持门户开放和中国的完整，一个强大的美英法德银行团的形成将会促进这一目的。”②但是就湖广借款本身而言，美国财团是作为英法德财团的竞争者出现的。

三

司戴德在推动“金元外交”出台和使美国参加湖广借款方面起了重要作用，但是他不赞同国务院的宗旨。国务院的政策是通过获得绝对平等的机会来阻止“利益范围”的出现。这个政策不是依靠一个强大到足以维持自身完整的中国政府，而是依靠欧洲列强对“门户开放”原则的承诺。司戴德则希望同清政府合作，使之能够维持中国的完整并为美国的贸易保持门户开放。同时，司戴德对湖广借款的兴趣是有限的，因为他认为对“门户开放”的最大威胁来自日本在东北的侵略，他希望通过替美国在东北赢得一个优越的地位，以及加强清政府对东北的控制，来抗衡日本的威胁③。

伦敦会议之后，司戴德同在法国疗养的哈里曼讨论了执行投资东北铁路的新的“满洲计划”的可能性。该计划包括两部分，首先是取得中东铁路的控制权，哈里曼打算通过华俄道胜银行的法国银行家诺兹林同俄国政府接洽；其次是修建锦州至瑷珲的铁路以连接中东路。司戴德的任务，就是从中国获得修建该路的合同。1909 年 8 月 19 日，司戴德从欧洲来到北京，这次中国之行表面上是为湖广借款而来，实则是为了执行哈里曼投资锦瑷铁

① 小穆尔：《对华国际银行团与美国对华政策》，第 64—65 页。

② 《美国外交文件》，1909 年，第 152 页。

③ 凯恩：《司戴德与美国远东政策》（The Great Game of Empire: Willard D. straight and American far Eastern policy），康奈尔大学博士论文，1968 年，缩微胶卷，编号 68-16，750，第 233 页。

路的计划。时任东三省总督的锡良以为“非借外人之款不足经营东省，尤非借外人之力，无由牵制日俄”，正考虑举借外债建造锦州瑷珲铁路和设立东三省银行①。司戴德恰在此时来到东北，双方一拍即合，于10月20日签订了《锦瑷铁路合同》。锦瑷铁路计划是东北当局依靠美国抗拒日俄的重要步骤，锡良称，“此虽名为商路，实含有政治外交之策”，“是借款者，乃兼借其势力，彼以势力换我利权，我即借其势力以巩疆圉”②。司戴德也感到满意，“锦瑷铁路计划可能将成为开发满洲、蒙古、东西伯利亚计划的第一步。”③虽然哈里曼已于9月份去世，美国财团还是同意承担锦瑷铁路的贷款。

当司戴德积极地为他的锦瑷铁路计划活动时，美国务院也在考虑采取新的行动，这就是诺克斯中立化计划。该计划的出台，一方面是受到日本在东北新的攻势的推动。1907年8—9月间，日本同清政府订立了《安奉铁路节略》、《东三省交涉五案条款》等，大大扩展了日本在南满的势力。诺克斯认为，要阻止日本吞并东北，美国必须迅速行动，用某种具体方式检验“门户开放”的时机已到④。另方面，诺克斯计划是以哈里曼和司戴德的满洲计划，尤其是《锦瑷铁路草合同》为基础的。该计划包括两项方案，其一是列强共同投资，收买东北铁路，所有权归中国，管理权则由列强分享；其二是列强参加锦瑷铁路及将来其他东北铁路的投资与建筑，并借款给中国，使其赎回现存各铁路⑤。诺克斯承认该计划有些“理想化”，但认为可以成功并一劳永逸地解决东北的问题⑥。在获得华尔街的支持后，诺克斯于11月6日指示驻英大使将该计划照会英国外交部，接着又在12月上旬通知了日、俄、法、德及中国。

---

① 《清宣统朝外交史料》卷9，第34页。

② 《锡清弼制军奏稿》第4册，台湾文海出版社，第1008—1009页。

③ 司戴德致摩根公司函，1909年10月4日，司戴德文件。

④ 诺克斯致 H.Hoyt 函，1909年10月8日，诺克斯文件，转引自凯恩：《司戴德与美国远东政策》，第253页。

⑤ 《美国外交文件》，1910年，第234、235、249、251、256页。

⑥ P. Warburg 致司戴德函，1909年10月23日；Davison 致司戴德函，1909年11月6日，司戴德文件，转引自凯恩：《司戴德与美国远东政策》，第254—255页。

国务院首先将中立化计划通知英国，意在取得它的外交支持，以克服日本的反对。英外交部在答复中表示：原则上同意将东北现有铁路国际化，但在湖广借款谈判结束之前应推迟考虑；至于锦瑷铁路，英美两国应联合劝说中国同意日本参加。英国的不合作态度昭然若揭。俄、日在同一天也以差不多相同的口气答复美国，拒绝了中立化方案，对锦瑷路计划原则上愿意予以考虑。法国声称其态度视俄日两国的立场为转移①。清外务部对中立化计划表示赞成："此事果底于成，不特中国行政权不致再有障碍，且各国利益既平，则日俄固无从争雄，英美亦不致垄断。"但由于担心日俄的反对，外务部主张先解决锦瑷铁路问题②。德国也欢迎中立化方案，德国首相柏特曼何尔味认为，"从政治立场上我们只有希望俄国在远东立脚越发稳固并与日本成立更广阔的摩擦面积。在这方面，满洲到现在为止还没有证明为一个合适的地方"，"从商业政策的理由上说，我们甚至应该热烈欢迎美国的建议"③。尽管如此，由于英、日、俄三个关键因素的反对，实际上宣告了中立化计划的破产。

诺克斯计划是"金元外交"策略的第一次转变。如果说参加湖广借款还只反映了"金元外交"推动美国在华利益的一般动机，中立化则是对日俄"势力范围"的挑战。虽然它以"门户开放"为掩护，实质上是要剥夺日俄在东北的特殊利益。德国驻日大使认为："美国这个步骤在我看来好像小查利对小汉斯提议他们分他们的苹果，但是小查利自己没带苹果来分。"诺克斯自己也承认，该计划的目的是将日本从它的势力范围"熏出去"④。诺克斯计划也反映了塔夫特政府对其在华角色的新观点。这一计划的经济目的是实现哈里曼和司戴德设计的庞大的"满洲计划"，以便美国夺取在东北的经济霸权；

---

① 《美国外交文件》，1910 年，第 234、235、249、251、256 页。

② 《外交部档案铁路档》，转引自《六十年来中国与日本》，第 5 卷，第 263—264、273、275、289—291 页。

③ 德国首相柏特曼何尔味奏威廉二世公文，1909 年 12 月 23 日，《德国外交文件》三卷，第 109 页。

④ 本斯托夫致外交部电，1909 年 12 月；穆默上首相公文，1910 年 1 月 2 日，《德国外交文件》，三卷，第 114、126 页。

政治上则企图组成一个以美国为首的抵抗日俄、保护“门户开放”的国际联合体，正如德驻美大使在分析塔夫特政府此举的动机时指出的：“他似乎欲在东亚事务上担起领导。”①

诺克斯计划搁浅之后，锦瑷铁路计划也陷入僵局。1910 年 2 月 14 日，日驻华公使照会清政府，表示有条件地赞同锦瑷路方案，即日本参加该路的投资、建筑，并提供工程师和材料，同时在锦瑷路和南满路之间建造一条支线以连接两路。日本的用意显然是要将锦瑷路纳入南满铁路系统，并借此向北满地区渗透。俄国在 2 月 24 日照复美国，正式反对锦瑷计划，声称该路在军事上和经济上都有损俄国的利益。接着，俄国又向清政府提出修建张家口至恰克图铁路的建议②，以对抗锦瑷铁路方案，并方便其对蒙古的侵略。但是国务院和司戴德仍把希望寄托在俄国身上。国务院在 4 月底同俄国财政大臣的代表进行了接触，会谈没有结果。司戴德在 6 月 20 日赴彼得堡，试图说服俄国改变立场。在同俄外相伊斯沃尔斯基会晤时，俄外相严厉指责美国在中立化和锦瑷铁路问题上的意图，他说，“我不明白你们美国人想干什么”，“要是想做生意，那么张恰铁路就是，我看你们是在玩弄政治”③。俄财政大臣和总理大臣同样拒绝支持锦瑷路计划。司戴德的俄国之行一无所获。

正当司戴德考虑下一步行动之际，日本和俄国于 1910 年 7 月 4 日达成了第二次日俄协约。该协约包括一项公开的协定和一个秘密条约。公开协定规定两国维持东北的现状，并在破坏该现状的事件发生时相互合作。秘密协定重申双方在 1907 年密约中划定的各自在东北的势力范围，并相约不以任何方法阻碍对方在其势力范围内巩固和发展特殊利益，不在对方的势

① 本斯托夫报告他与塔夫特总统的谈话，1909 年 11 月 15 日，《德国外交文件》三卷，第 111 页注④。

② 《外交部档案铁路档》，转引自《六十年来中国与日本》第 5 卷，第 263—264、273，275、289—291 页。

③ 司戴德致摩根公司函，1910 年 6 月 28 日，NA，RG59：893：77/1007，982，987，1011 转引自维维尔：《美国与中国》，第 160 页。

力范围内寻求足以损害彼此特殊利益的任何特权①。日俄新协约是由一系列的因素促成的。当美国企图争取俄国合作时，英法正努力使日俄改善关系。它们希望通过日俄妥协来保证俄国远东一侧的安全，以便在欧洲战争爆发时，俄国能够全力以赴对付德国。俄国政府内部在远东问题上意见两歧，财政大臣柯可甫策夫、维特伯爵和军方强调俄在远东有重要利益，应采取积极的扩张政策，对日战争不可避免，希望在未来战争中获得美国的支持，因此赞成俄美在远东合作；以外交大臣伊斯沃尔斯基为代表的另一派则认为俄国的主要目标在欧洲，为了集中力量对付欧洲的局势，它必须同日本和解以保持其残存的利益。日俄战争以后，伊斯沃尔斯基对沙皇的影响超过了柯可甫策夫，因此他的远东政策占了上风。此外，美国在东北对日俄"势力范围"的挑战也促使日俄接近。日本为了抵制美国的渗透，竭力拉拢俄国。1910年10月，伊藤博文准备赴哈尔滨会晤柯可甫策夫，即有达成一项俄日协约来抵制美国的意图。诺克斯计划出台后，东京与圣彼得堡立刻磋商它们对该计划的答复，双方在共同对美的基础上达成了新的妥协与勾结，正如德国驻东京的一位外交官所指出的："诺克斯提议所产生的唯一积极的结果，事实上是日本和俄国的接近。"②

第二次日俄协约是"金元外交"遭受的第一次重大挫折，国务院、华尔街和司戴德都感到措手不及。国务院一面宣布它的政策不会因此而改变，同时又表示，除非英国以切实有效的措施支持获得锦瑷路建筑合同的英国宝林公司，否则国务院不再为锦瑷路做出努力，下一步行动应由美国财团采取。司戴德将日俄新协约视为对美国追求"门户开放"努力的重大打击，也是对清政府的当头棒喝。他要求美国财团向东北当局保证马上着手锦瑷铁路的建筑，要求国务院向清政府保证继续支持锦瑷计划，以抵消日俄协约的

① 德驻东京大使馆一等秘书蒙格拉斯上首相公文，1910年1月31日，《德国外交文件》三卷，第137页。

② 司戴德致函，1910年7月7日，7月20日，司戴德文件，转引自凯恩：《司戴德与美国远东政策》，第304页。

冲击。华尔街和国务院都拒绝了司戴德的建议，从而引起了司戴德的强烈不满，他指责国务院在处理中立化和锦瑷路问题时措施不当，并批评国务院在日俄新协约成立后推卸责任的做法，认为这是美国外交的失败和背信弃义的行为。

四

当美国在东北的行动由于日俄新协约的成立而陷入困境时，清政府在1910年9、10月间提出的币制实业借款"给美国带来了新的机会。这笔借款总额为5 000万美元，包括"币制改革借款"和"振兴东三省实业借款"两部分。7月日俄新协约的成立，8月日本对朝鲜的正式合并，使东北的局势变得更加严峻。清廷内外臣纷纷上奏，要求清政府采取对策。清政府提出这笔借款，尤其是东三省部分借款的政治动机，就在于"厚集洋债，互均势力"[①]，即以美国资本抑制日俄的扩张。

国务院和华尔街都对这笔借款作出了积极反应。诺克斯认为，该项借款不仅可以增加美国在中国的金融机会，而且能够推动僵持的锦瑷铁路和满洲开发计划[②]。华尔街称赞向中国提供币制实业借款是迄今为止最好的建议，它将导致最终的国际合作——建立东三省银行和修建锦瑷路[③]。10月27日，美驻华公使嘉乐恒代表美财团同清政府签订了《币制实业借款草合同》。中国同意美国财团与欧洲银行团分担贷款，但坚持只有美国财团才有谈判签约和发行股票的权利，并愿意在此前提下任命一名美国财政顾问监督币制改革。

在《币制实业借款草合同》订立前后，美财团采取的一项重要行动，这就是四国国际银行团的成立。早在1910年5月的巴黎会议上，英法德银行团即主张参加湖广借款的四国组成一个国际银行团，把它们的合作扩大到其

① 《清宣统朝外交史料》卷16，第12页。
② 诺克斯致美驻华公使馆函，1911年1月13日，转引自维维尔：《美国与中国》，第185页。
③ 威尔逊致诺克斯函，1910年9月26日，同上书，第177页。

他在华业务上。当时美国财团希望独立行动，拒绝了这一建议。在9月2日的财团会议上，美国银行家们在讨论一项新的满洲借款(后并入币制借款)时，鉴于中立化和锦瑷路计划的教训，决定接受欧洲三国财团的邀请，加入一个关于在华贷款业务的四国协定。经过谈判，四国财团的代表11月10日在伦敦缔结了组织对华国际银行团的《四国协定》。《协定》规定，今后四国财团联合经营并均分在华投资的权益与机会，同时同意保留美国财团在币制实业借款和锦瑷铁路借款上的独立地位。美国财团则表示，将尽最大努力使中国同意三国财团参加币制实业借款。①

四国银行团的成立，标志着"金元外交"策略的又一次变化。在锦瑷路和中立化问题上，美国对日俄在东北的地位进行了单独挑战。现在它决定放弃独立行动的打算，加入英法德联合体。这一变化主要有两个原因。政治上，中立化和锦瑷路计划的失败使国务院和财团都认识到，没有欧洲列强的充分合作，要成功地渗入日俄的势力范围几乎不可能。威尔逊指出，通过在东北确立一个四国参加的国际金融的利益共同体，可以为外交上的合作铺平道路。这种合作能提供足够的外交支持以加强美国在东北的地位，并迫使日俄尊重门户开放②。虽然这种合作可能使美国和其他国家的利益纠缠在一起，并极大地限制美国对华政策的灵活性，但它风险较小。诺克斯在经历了第一回合的挫折后对此尤其注意。从经济上看，由于华尔街的金融力量有限，国内市场难以消化数千万美元的债券，相当一部分债券必须进入欧洲金融市场，特别是法国的股票市场，因而同欧洲银行团的合作就必不可少了。

11月底，司戴德来到北京，参加币制实业借款的谈判。他对"金元外交"的新一轮行动抱着很高的期望："有《锦瑷协定》和币制贷款权在手，我们就

① 司戴德:《从1910年9月至1911年1月币制贷款谈判的历史面对美国财团在华前景的总结》,1911年2月3日,司戴德文件。

② 威尔逊致诺克斯函,1910年8月8日,威尔逊文件,转引自凯恩:《司戴德与美国远东政策》,第312页。

可以寻求日俄曾经以战争追求的利益。这是一项巨大的事业，无论办得好坏，它的后果都将对远东政治和美国在太平洋上的地位产生最深远的影响”①。但司戴德很快发现他面临着重重困难：清政府对新成立的《四国协定》感到恼火，担心它会导致国际金融资本共管中国财政的局面。欧洲各国在北京的外交官和财团代表对美国财团充满妒忌和猜疑。法国公使指责美国企图利用这笔贷款卷入中国的财政事务，控制它的借款，同时却让欧洲承担大部分债券。他向清政府提出，如果任命一名美国顾问，法国要求也任用一名法籍顾问②。俄国和日本也都把币制实业借款看作美国推行诺克斯计划的又一次努力，竭力加以阻止。俄国一面挑动法国在贷款签字权和顾问问题上大做文章，一面拒绝了司戴德提出的承担5%贷款的建议。日俄还向清政府施加压力，声称如果签订任何有政治意义的借款，必须有日本和俄国银行家参加；如果依照美国的要求任命外国顾问，日俄也应各有一个③。

谈判围绕英法德参加贷款和任命财政顾问这两个问题进行。在三国参加贷款问题上，清政府谈判代表盛宣怀表示：中国同意美方在欧洲出售一部分股票，但大部分须在美国发行。如果75%的债券给了欧洲，那么中国还能指望从美国政府那里得到什么另外的支持呢？他指责美国财团破坏了中国的意图，出卖了中国④。司戴德声称，让英法德参加贷款，中国可以得到这三国政府的支持，这种支持是防范日俄侵犯中国主权和“势力范围”复活的最有效的办法，它还可以消除日俄对锦瑷路计划的反对。此外，中国若要取消厘金、增加关税以及实行币制改革，也必须得到这些国家的合作⑤。但中国方面不为所动，谈判陷入僵局。到1911年1月初，司戴德终于发现了可利用的机会。当时中俄之间正在谈判修订1881年订立的《伊犁条约》，俄国不断向清政府施加压力，同时东北北部流行的瘟疫也引起局势的紧张。司戴德

① 司戴德致函，1910年12月6日，9日，1911年2月13日，司戴德文件。

② 嘉乐恒致诺克斯函，1919年5月24日，司戴德文件。

③ 司戴德日记，1911年1月15日，转引自李约翰：《清帝逊位与列强》，第208页。

④⑤ 司戴德致摩根公司函，1910年12月8日，司戴德文件，转引自凯恩：《司戴德与美国远东政策》，第324—335页。

在2月4日和6日会见清政府谈判代表及摄政王之弟载涛时连吓带骗地称：目前东北的形势非常严重，俄国人和日本人都会找借口占领或控制该地区，中国若要请求英法德美四国的援助，就必须迅速解决湖广借款和币制借款问题①。司戴德的这张王牌果然奏效，清政府终于同意让欧洲三国参加贷款。

任命财政顾问的谈判经历了更多的波折。中方谈判代表载泽称：由于资政院代表的强烈反对和担心、国际资本控制中国财政，清政府不可能任命一名财政顾问。司戴德也认识到："如果国务院希望让中国人接受一个对中国的预算有广泛监督权的美国人为顾问，那我们还是趁早打消这一念头。"②他提出了几个替换方案，但都被国务院和华尔街所拒绝。1911年1月，嘉乐恒提出一项折中方案：中国以照会的形式请求美国推荐一名顾问，该顾问由非贷款国的人担任，美国在推荐该人选以前，应同英法德协商以取得他们的同意，顾问的任命不作为贷款条件列入正式合同③。2月初，中国接受了这一方案，但美国务院仍坚持原来的立场。司戴德对此十分不满，他在给国务卿的信中指出：英法德现在比以前更倾向于保持门户开放，但由于它们同日俄的关系，任何旨在维护中国完整的努力的领导权势必落在美国肩上。这一领导地位必须以四国间的政治与金融合作为基础，如果美国坚持任命本国的人为顾问，欧洲三国就会拒绝参加贷款，这一合作也就无法实现④。恰在此时，俄国组成了一个以华俄道胜银行为首，有俄、法、英、比资本参加的银行团，准备同四国银行团争夺对华贷款。在此背景下，诺克斯才放弃了原先的立场。3月18日，四国银行团在布鲁塞尔会议上就借款的条件达成了一致。4月15日，清政府同四国银行团签订了正式合同。布鲁塞尔会议还修改了湖广借款的条件，它导致5月20日《湖广借款合同》的缔结。

---

① 司戴德：《1911年2月6日与载涛会谈的备忘录》，司戴德文件。
② 司戴德致函，1910年12月6日，9日，1911年2月13日，司戴德文件。
③ 嘉乐恒致国务院函，1911年5月24日，司戴德文件。
④ 司戴德致威尔逊函，1911年2月12日，司戴德文件。

币制实业借款是“金元外交”的第一个成果，它使华盛顿财团和司戴德都兴奋不已。在经历了中立化和锦瑷铁路计划的挫折之后，这一贷款的成功足以驱散人们对“金元外交”的疑虑。正如司戴德所写的：“金元外交终于被证明是有道理的了”①。合同第16条还给予四国银行团参加东三省贷款的优先权，美财团的一名官员称：“该协定的签订，使我们取得了一个坚实的立足点，以获得未来所有的对华业务。”②币制借款还加强了四国间的合作，嘉乐恒评价：“在这种财政合作以及随之而来的自然的外交合作中，形成了四大贷款国的既得利益的共同体。他们将巩固他们的影响以保持机会均等的原则，维护中国的完整，并从而保证远东的和平。”③币制实业借款也是对日俄在东北的势力范围的又一次挑战，俄国财政大臣称，“我不能不认为此项金融交易的基本原则，即是联邦政府国务卿诺克斯1909年提出满洲铁路中立化时遵循的宗旨”，“如果事情注定要办成，恐怕我国只好承认以北美合众国为首的四国为满洲的保护者了”④。

五

币制实业借款成立后不久，“金元外交”的策略又发生一次重大变化。这一变化首先反映在国务院的态度上。“金元外交”实行两年多来的经验和教训表明，美国通过对日俄势力的挑战以促进其在华利益扩张的愿望难以实现。远东司认为：“归根到底，我们不能指望以一种公开或隐蔽的同日俄对抗的政策来为我们自己或中国获得最大的好处。”⑤1911年6、7月间，日本和俄国对《币制实业借款合同》第16条所规定的四国银行团向东北提供贷

① 司戴德致摩根公司函，1911年4月17日，司戴德文件，转引自李约翰：《清帝逊位与列强》，第248页。

② 致司戴德函，1911年4月17日，司戴德文件。

③ 嘉乐恒致诺克斯函，1911年4月27日，转引自凯恩：《司戴德与美国远东政策》，第354页。

④ 财政大臣致总理大臣斯托雷平函，1911年6月3—4日，陈春华等：《俄国外交文书选译》，中华书局1988年版，第34—35页。

⑤ 埃宾加：《H.威尔逊的生平与职业》(Aristocrat, Nationalist, Diplomat: the life and Career of Huntington wilson)。密执安州立大学博士论文，1972年，第264页。

款的优先权提出抗议，9月在柏林召开的四国银行团会议决定：银行团不利用该条款的规定将其活动扩展到东北，不妨碍日俄对该地区的贷款。这标志着美国对俄日的重大让步。辛亥革命爆发后，美国唯恐日俄乘机扩张其在华利益，提出列强应保持合作，采取协调一致的行动，国际银行团则可以成为在华合作的基础。当美国财团向国务院请示有关新的对华贷款问题时，国务院表示，任何贷款都是广泛的国际性质的，并建议邀请俄日派财团参加①。简言之，国务院希望通过让日俄加入国际银行团来消除他们对四国银团在华活动的反对，并限制日俄采取独立行动扩张其利益。

1912年2月，司戴德和嘉乐恒向袁世凯和唐绍仪游说让日俄加入国际银行团，他们声称：以四国银行团去反对俄日的侵略，如果不是不可能的话，至少也是相当困难的。更明智的办法是让他们加入国际银行团，从而尽可能地控制他们。袁、唐表示，如果日俄不因此在东北和蒙古得到任何优越的利益的话，同意让他们参加②。英国和法国也积极支持日俄加入国际银行团。“对格雷来说，为了英国一般政策的利益以及在中国特殊事务上，必须同日俄保持亲密关系。在巴黎，同样的考虑占了上风，尤其是对于俄国。”③法国对俄国的参加尤为积极，它向俄国表示，俄国参加国际银行团，不仅可以分享所获的每一种利益，而且还可以利用和英法的同盟关系来控制银团的活动。1912年3月初，银行团负责人通知其驻京代表，在未来的善后借款的垫款业务中，将允许俄国和日本参加。6月18日，美、英、法、德、俄、日六国财团正式签署了六国银行团协定。

四国银行团扩大为六国银行团，是1910年夏秋出现的合作方针的进一步发展。但更重要的是它对俄日态度的转变。在湖广借款中，“金元外交”

---

① H.威尔逊致嘉乐恒电，1912年2月24日，NA59：893.51/772，转引自凯恩：《司戴德与美国远东政策》(D.H. Kahan：《The Great Game of Empire：willard D. Straight and American Far Eastern Poicy》)，康奈尔大学博士论文，1968年，缩微胶卷，编号：68-16，750，第393页。

② 司戴德致摩根公司函，1912年2月27日、3月8日，NA59：893.51/767，828，同上书，第394页。

③ 爱德华兹：《英国在华外交与财政，1895—1914》(E.W. Edwards，《British Diplomacy and Finance in China，1895—1914》)，克拉兰顿出版社1987年版，第162页。

的目的是一般地扩大美国在华利益，在随后的哈里曼—司戴德的“满洲计划”、诺克斯计划以及币制实业借款中，“金元外交”的重点放在打破日俄在东北的“势力范围”上，随着美国在币制实业借款合同中东北投资优先权上的让步和日俄加入国际银行团问题上的妥协，美国已放弃了对日俄在东北的特殊利益的挑战，而愈来愈倾向于一种更加消极、谨慎的对华外交策略。

六

辛亥革命前后“金元外交”方针的变化，不仅没有带来预期的效果，相反，由于国内和国际的政治、经济的影响，美国财团的活动又一次陷入困境。

从1912年春起，袁世凯政府开始同四国银行团（后为六国银行团）谈判一笔六千万英镑的善后借款。国际银行团提出一系列苛刻的条件，包括外国监督盐税、中国任用外国查账员和监督员等，为中国方面所拒绝。法国和俄国也在辛亥革命时期外人所受损失的赔偿、善后借款的发行价格和借款的国际化等问题上做文章，给谈判制造重重障碍。当中国在1913年2月初提出外国顾问的人选时，六国银行内部陷入了严重的分歧。英日支持法俄的意见，德国则认为这是排斥德国人和美国人并把三国协约扩展到中国的一种努力，所以极力加以反对，而美国提出的方案又得不到英法的支持。最后处于少数地位的德美被迫让步，接受了有英、日、俄支持的法国的提案①。欧洲政治卷入了六国银行团的活动，正如嘉乐恒向国务院报告的那样：“每件事都表明英法俄三国在根据三国协约的精神重新调整它们之间的关系。……在我看来，它已不再是一个国际间友好合作以援助中国的问题，而是具有共同利益的大国之间的一种联合，以达到它们自己的自私的政治目的。”②美国曾经指望通过吸收俄日进入国际银行团来捆住它们的手脚，结果是未能制人却反被人制。俄国加入银行团后，利用法国的影响和英法俄日的多数优势，从许多方面操纵银行团的活动。美国财团在银行团内势孤力

①② 《美国外交文件》1913年，第152—160页；1912年Ⅺ页。

单，不得不步步退让，已无法发挥“金元外交”工具的作用。

另一方面，1910 年底爆发的墨西哥革命和 1912—1913 年的第一次巴尔干战争，使国际金融市场上的债券价格下降到 1907 年危机以来的最低点。虽然美国财团成立了一个“认购委员会”在全国出售对华贷款的股票，但它担心随着金融状况的更加不稳定，它将无力参加善后借款①。而法国在谈判中拒绝债券国际化，使美国无法利用欧洲金融市场，进一步加重了华尔街的担忧。此外，1912 年 11 月，民主党人威尔逊当选为第 28 任总统，他在竞选中一再表示要抑制大企业、金融巨头和垄断集团的势力，华尔街也担心新政府将不支持它在中国的活动。鉴于以上种种原因，摩根公司的戴维逊在 1913 年 2 月 20 日向国务院远东司司长米勒表示，美国财团有可能退出中国。

但司戴德和塔夫特政府都不赞成退出六国银行团。司戴德认为，美国由于金融力量的有限和外交上的孤立，难以在中国独立行动，唯一有效的办法是走国际合作的路线。美国将来在中国的地位取决于它在国际银行团中的地位，退出银行团也就是退出了中国②。塔夫特政府也强调，从六国银行团退出将意味着美国不再参与中国事务，而让其他五国去支配中国。事实上，由于任期将满，塔夫特政府已经不能够、也不愿意对外交路线进行大调整。

3 月 10 日，即威尔逊总统宣誓就职两天之后，司戴德和戴维逊等会晤了新政府的国务卿白里安，提出：如果威尔逊政府不要求他们继续参加善后借款谈判，他们将从中退出；若要求财团继续参与其事，政府就必须承担保护财团利益的责任③。18 日，威尔逊总统就美国参加善后借款问题发表了一项政策声明：政府不愿承担对中国的财政事务和政治事务进行干涉的责任，

① 摩根公司致 Grenfell 函，1913 年 2 月 14 日，2 月 20 日，NA59：893.51/1307，1310，转引自凯恩：《司戴德与美国远东政策》，第 421 页。

② 司戴德致 Mcknight 函，1912 年 11 月 16 日，司戴德文件，同上书，第 422 页。

③ 美国财团致白里安的备忘录，1913 年 3 月 10 日，威尔逊文件，同上书，第 430 页。

也不赞成善后借款的条件，因为它损害了中国的行政独立。因此，不支持美国财团继续参加善后借款①。次日，美国财团作出了退出善后借款谈判和国际银行团的决定。

威尔逊政府不愿支持美财团在中国的活动，既有对华政策上的考虑，也有国内政治的因素。首先，威尔逊和白里安认为，国际银行团把美国和其他列强拴在一起，剥夺了它在中国事务上独立行动的权力。美国财团作为六国银团的成员，在对华贷款上没有决定性的发言权，美国政府也不能发挥支配性的影响。如果美国从中退出，美国银行家就能够单独进行对华贷款，并同国际银行团展开竞争。简言之，与塔夫特和诺克斯倡导的国际合作政策相反，威尔逊总统认为，如果美国采取一条独立的路线，它在中国的地位将更加牢固②。其次，威尔逊总统自称是进步主义者的代表，信奉在美国国内风行一时的"新自由"哲学，即反对大企业和金融托拉斯的垄断，要求恢复自由竞争。他所在的民主党曾发起运动，谴责垄断集团，并通过它控制的"普乔(Pujo)委员会"来证明存在着一个对美国的商业有强烈影响的金融托拉斯。1912 年，该委员会调查的企业中就包括参加美国财团的四大银行③。自财团成立以来，国务院一直因为给予华尔街的大银行家排他性的支持而遭到指责，新闻界批评国务院没有为那些小公司保持"门户开放"，称它是"华尔街的工具"，并把诺克斯的外交讽刺性地称作"金元外交"④。如果说塔夫特政府主要代表的是金融垄断集团的利益的话，威尔逊政府的政策则反映了工业资本家和中小金融集团的要求，他的 3 月 18 日声明受到小金融家和投资者的欢迎。

威尔逊总统的对华新政策扭转了"金元外交"后期走向全面合作的趋

---

① 斐尔德著、吕浦译：《美国参加中国银行团的经过》(American Participation in the China consortiums)，商务印书馆 1965 年版，第 43 页。

② 凯恩：《司戴德与美国远东政策》，第 439 页及第 577 页注㊶。

③ 维维尔：《美国与中国，1906—1913，对财政和外交的研究》(The United States and China, 1906—1913, A Study of Finance and Diplomacy)，纽约格林伍德出版社 1968 年版，第 207—208 页。

④ H.威尔逊致塔夫特函，1910 年 2 月 22 日，H.威尔逊文件，同上书，第 435—436 页。

势，带有19世纪在华孤立政策的色彩。但由于对远东问题缺乏了解，不谙练外交事务，威尔逊总统没能认识到，20世纪初列强在华竞争的格局已大不同于19世纪。“势力范围”的划分和政治同盟的出现，使美国难以像在19世纪那样仅靠“最惠国待遇”来保持其在中国的地位，由于金融力量的有限和外交上的孤立，它已不可能成功地推行一条独立竞争的路线。当威尔逊的第一个任期结束时，他所追求的所谓美国在远东的独立角色是“言论多于实际”①。随着独立竞争幻想的破灭，美国在一战后又重新加入新的国际银行团。

七

“金元外交”是美国资本主义飞速发展的产物。在19世纪90年代，美国已成为资本主义世界首屈一指的工业强国。到1913年，美国工业产品已占到世界工业产品总量的1/3以上②。工业的迅速发展和国内市场的日趋饱和，使美国资本家和政治家越来越关心向海外市场的扩张。H.威尔逊指出：美国应该采取一种向前看的经济政策。国内市场总有一天会达到饱和，现在如不准备在应该是我们的未来市场上获得立足之地，那将是自杀行为③。20世纪初年，美中贸易额占美国对外贸易的分量并不算大，但中国是美国棉织品的重要市场，更重要的是，中国拥有广袤的国土和众多的人口，被视为巨大的潜在市场。诺克斯声称，中国是“世界最大的市场，一切国家在该处都有机会”④。

“金元外交”还是扩张主义的产物。19世纪末20世纪初，随着资本主义向帝国主义阶段的过渡，帝国主义侵略扩张思想也在美国风行一时。海军将领马汉创立的海权思想，鼓吹美国应在不发达地区、尤其是太平洋地区争

---

① 伊斯里尔：《进步主义与门户开放》(Progressivism and the Open Door, America an China, 1905—1921)，匹茨堡大学出版社1971年版，第119页。

② 林举岱等编：《世界近代史》，上海人民出版社1982年版，第510页。

③ H.威尔逊致塔夫特函，1910年2月22日，H.威尔逊文件，转引自埃宾加：《威尔逊的生平与职业》，第144—145页。

④ 本斯托夫致外交部电，1909年6月24日，孙瑞芹译：《德国外交文件有关中国交涉史料选译》(简称《德国外交文件选译》)第三卷，商务印书馆1960年版，第115页。

夺军事基地和市场，以确保它的世界大国地位。美国占领菲律宾以后，获得了进一步向中国扩张的基地，东亚开始对美国具有战略意义。扩张主义者认为，美在中国的地位不仅影响着它的世界大国地位，而且关系到美国的前途。H.威尔逊在回顾“金元外交”时指出：为商务而商务的纯粹经济考虑只是第二位的目的，最主要的是以资本为国家利益——政治和战略需要——服务①。“金元外交”在中国追求的不仅仅是投资和贸易机会，还有美国对中国事务的影响力。

“金元外交”在中国的实践又同“门户开放”原则密切相关。从塔夫特到司戴德都相信，自从海·约翰以来，美国就承担了维持在华“门户开放”的义务。但在过去的十年里，“门户开放”只是一个抽象的原则，并没有成为现实的政策。“门户开放”政策的充分实现要求它不仅仅是一个外交术语……美国应做的是为美国的商品维持门户开放，并为美国在工业及铁路方面的投资创造适宜的机会②。“金元外交”的每一个步骤都是在“门户开放”的旗帜下进行的，在某种意义上，它是“门户开放”政策的一次具体实践。塔夫特指出：“在中国鼓励投资以使其能够自立的政策给门户开放政策注入了新的活力，并使其得到实际应用。”③同时，由于时代背景的不同，“金元外交”在方式上又具有某些不同于海·约翰时期的“门户开放”的特征。海·约翰时期的“门户开放”以贸易机会均等为核心，以列强的承诺为保障，政府采取放任态度，它反映了工业资本主义自由竞争的特点。“金元外交”则以投资为重点，以政府的积极干预为手段，这是金融资本主义垄断特征的反映。在内容上，“金元外交”也进一步发展了“门户开放”的原则。海·约翰时期的“门户开放”政策基于对美国政策限度的估计之上，它承认列强的特殊利益和“势力范围”，只要求商业机会

① 埃宾加：《H.威尔逊的生平与职业》(Aristocrat, Nationalist, Diplomat: the life and Career of Huntington wilson)。密执安州立大学博士论文，1972年，第162页。

② H.威尔逊致Baldwin，1910年1月19日，H.威尔逊文件，转引自小穆尔：《对华国际银行团与美国对华政策》(The Chinese consortiums and American—China Policy: 1909—1917)，克莱蒙特研究院博士论文，1972年，缩微胶卷，编号：72-30，562，第67页。

③ 《美国外交文件》1913年，第152—160、163—164页；1912年XI页。

的均等，并在东北问题上实际放弃了“维护中国的领土与行政的一体”这一宗旨。“金元外交”则在三个方面显著地突破了“门户开放”的局限。首先，它反对特殊利益和“势力范围”。H.威尔逊说得很明白：“国际银行团是与‘势力范围’这一危险宗旨截然相反的。”①“金元外交”寻求建立“国际利益共同体”，就是为了抵制日俄坚持“势力范围”的企图。其次，“金元外交”还要求投资机会的平等。“金元外交”的制定者们认为，湖广借款、中立化和币制实业借款所涉及的美国投资权，不仅对于巩固“门户开放”原则至关重要，而且它早已被包含在该原则之中。最后，“金元外交”为了达到突破日俄“势力范围”的目的，做出积极维护中国的领土与行政完整的姿态。H.威尔逊强调：对华外交的目的是“使中国的领土和行政完整以及门户开放成为事实”②。

“金元外交”作为20世纪初美国对外政策的一个重要方面，既反映了这一时期帝国主义侵略的共同点，又显示出美国资本主义扩张的某些特殊之处。随着自由资本主义演变为垄断资本主义，它的扩张愈来愈多地依靠其雄厚的资本力量，投资成为主要的侵略手段。英国的汇丰银行，德国的德华银行，法国的东方汇理银行，日本的横滨正金银行以及俄国的华俄道胜银行，日益成为各国侵华的重要工具。“这样一种推进各国在华的目标的方法，是与本世纪以来各国对华的领土侵略转变为经济渗透的趋势相一致的”③。美国自然也不例外，花旗银行和美国财团都是合政治经济为一体的组织。另一方面，美国是一个后起的资本主义国家，它没有欧洲老牌资本主义殖民扩张的传统。立国之初，华盛顿总统和第一任国务卿杰弗逊就给美国的对外政策制定了“和平相处，贸易往来，政治不结盟”的原则④。在19世

① 小穆尔：《对华国际银行团与美国对华政策》，第68页。

② 埃宾加：《H.威尔逊的生平与职业》(Richard J. Eppinga，《Aristocrat, Nationalist, Diplomat: the life and Career of Huntington wilson》)。密执安州立大学博士论文，1972年，第242页。

③ 斐尔德著、吕浦译：《美国参加中国银行团的经过》(American Participation in the China consortiums)，商务印书馆1965年版，第32页。

④ 尼尔和弗里曼：《金元外交》(Dollar Diplomay: A Study in American Imperialism)，纽约怀伯司其和韦金出版社1925年版，第234页。

纪的绝大部分时间里，美国忙于国内事务，同美洲以外国家之间主要是商务上的联系，谋求经济上的扩张是其对外政策的主要特点。到20世纪初，美国资本主义羽毛已丰，自恃资本实力雄厚，兼之军事力量的有限和经济扩张的传统，“金元外交”便成为其对外政策的主要特点。

对华“金元外交”并没有留下成功的记录。美国财团的组成，是以争夺列强对中国的政府贷款为主要目标的。在1909—1912年间，美国对华贷款合银15 578 099.39两，占同期各国对华贷款总数的6.2%，低于英、法、俄、德、日等主要列强对华贷款的百分比①。扩大对华贸易也是“金元外交”的一个方面。虽然1912年美国对华出口额比1908年增加200万美元，但占美国出口总额的比例，1912年反比1908年下降了0.2%，说明对华出口的增长低于对其他地区的出口增长②。政治上的挫折更为明显，日俄的“势力范围”依然如故，东北的门户并没有真正的开放，国际银行团也因为日俄的加入而失去了预期的作用。

“金元外交”的失败，主要有以下几方面的原因：首先，美国在远东国际关系中处于不利地位。英、法、日、俄通过一系列的双边和多边协约形成政治同盟，主宰着远东国际关系，美国被排挤在外，自然是孤掌难鸣。同时，欧洲的政治也影响着远东的外交。早在1905年10月，英国就已从远东召回了它的全部主力舰，以便巩固在欧洲海洋上的地位，对付日益增长的德国海军力量，它在远东的利益依靠英日同盟的保护。法国也希望俄国集中力量于欧洲，从东线牵制德国的力量，以减轻西线的压力。英法都不支持任何破坏远东力量均势的行动，反对美国在东北对日俄势力的挑战。其次，美国的金融力量有限。美国资本家虽有输出资本的强烈愿望，但其金融实力远不如英法雄厚。第一次世界大战前，美国一直是债务国。另一方面，美国的传统投资场所首先是北美和拉美地区，其次是欧洲，能够投向远东的资本有限，因此，在中国的投资活动中，它不得不依靠英法的金融市场。这样，华尔街

①② 见《复旦学报》1990年第6期同文(上)附表。

不仅不能充当“金元外交”的强有力的工具，而且由于必须寻求同英法的合作，不得不放弃其独立行动的地位，从而大大削弱和抑制了向日俄“势力范围”进攻的势头。第三，“金元外交”在华活动缺乏实力后盾。列强在华地位的特点是，以“势力范围”为基础，以武力为支柱。在几个主要列强中，美国是唯一没有捞到“势力范围”的国家，也是军事力量最弱的国家。美国在西太平洋地区没有海军基地，它的海军舰只数量上仅次于英国，但指挥人员严重不足，仅为英国的1/3，约为德、日或法国的一半①。司戴德在锦瑷铁路计划陷入困境时曾感叹：“如果巴拿马运河凿通，如果我们在太平洋有一支较强大的舰队，我们就会不战而胜，赢得这场角逐”②，一语道破了“金元外交”的目标与美国实力间的差距。最后，“金元外交”的失败也与华盛顿的外交决策有关。塔夫特和诺克斯等人在制定政策时，只注意条约与国际法条文的字面意义，却很少考虑国际政治的实际格局，这样，尽管华府强调“金元外交”遵循现实主义的外交路线，它的许多政策却是很不现实的。另外，美国虽然在对华贸易上是个老手，但在远东国际政治的角逐中还是个新手。国务院缺乏欧洲各国外交部的传统与经验，不善于对付远东的复杂的局势，对各国的外交意向常常作出错误的判断，从而影响了决策的可行性。

“金元外交”对当时的国际关系产生了一系列的影响。最突出的是日美关系的恶化。“金元外交”抛弃了《罗脱—高平协定》所确定的维持现状的原则，对日本在东北的特殊利益发起了挑战。德国驻日大使曾这样描述诺克斯计划对美日关系的冲击，“这样一个足以使日本丧失其战胜俄国最重要果实的提议，必定极不痛快地震撼此间人心，正如日本迅速拒绝这个提议，不能不激起美国强大的恶感一样”③。美国的沙文主义报刊乘机大造舆论，要求增加军费，制造更多的战舰，与日本决战于太平洋上。“金元外交”第一次明确揭示了美日在远东竞争与对抗的关系实质。“金元外交”也促使日俄两

① [苏]耶·马·茹科夫：《远东国际关系史》，世界知识出版社1959年版，第198页注①。
② 司戴德致Davison，1910年3月25日，司戴德文件，缩微胶卷，编号14850，1974。
③ 穆默上首相公文，1910年2月9日，《德国外交文件选译》，第三卷，第144—145页。

国进一步勾结，诺克斯计划就是第二次日俄协约的直接导因。“金元外交”还引起了英日、英美关系的变化。英国对“金元外交”态度冷淡，使华盛顿极为不满。德驻美大使本斯托夫一次在同塔夫特谈话后称：“总统对英国又大发牢骚，说从英国方面，他在东亚不能获到一点协助。英国政策一方面受缚于日本，另一方面，受缚于法、俄。德国是他对维持中国门户开放唯一寄有希望的国家”①。英国自然也注意到了美国的不满，1910 年 8 月，H.威尔逊在同英驻美大使白莱士会晤时，指责英国应对日俄协约负主要责任，并使用了被白莱士认为“不适当的措辞”，从而引起白莱士的担心，以致他向外交部建议应设法平息美国人的愤怒情绪②。英日同盟的成立，是以俄国为“假想敌”的，日本利用英国的支持，打败了俄国，吞并了朝鲜，侵入了东北，俨然成为东亚新霸主，在远东市场上成为英国投资和商业的劲敌，其在日俄战后大规模的海外移民也使英属东南亚殖民地啧有烦言，英国在远东的不少商人、外交官和新闻记者都主张与日本解除盟约。英国在日俄战后继续维持英日同盟是从欧洲战略出发的，随着英德两大集团矛盾的尖锐化，英国比以前更加希望在即将到来的英德战争中得到美国的支持。在此背景下，英国开始调整同日美的关系。1911 年，英国一面向日本提出修改英日同盟条约，一面同美国谈判订立仲裁条约。7 月 13 日成立的第三次英日同盟条约第 4 条规定：“若缔约国之一方与第三国已缔结普遍仲裁条约时，在此仲裁条约有效期间，认为本约中无任何规定，使此缔约国负有与该第三国交战之义务”③。8 月 30 日，英美签订了仲裁条约，这就意味着，英日同盟将不适用于日美战争。这两个条约的成立，标志着英日、英美关系开始发生变化。司戴德指出：“英美条约和预期的英日同盟的修正案，是美国外交巨大的成就之一。这是非常巧妙的一着，因为它改变了整个远东的局势。”④“金元外交”的失

① 本斯托夫上首相公文，1910 年 11 月 5 日，《德国外交文件选译》，第三卷，第 174—175 页。

② 埃宾加：《H.威尔逊的生平与职业》(Aristocrat, Nationalist, Diplomat: the life and Career of Huntington wilson)。密执安州立大学博士论文，1972 年，第 259 页。

③ 王芸生：《六十年来中国与日本》第 5 卷，生活·读书·新知三联书店 1980 年版，第 327 页。

④ 司戴德致国务卿函，1911 年 8 月 7 日，司戴德文件。

败，使美国深深体会到：英日同盟是它在远东扩张的主要障碍，华盛顿并不满足于这一初步的调整，必欲除之而后快。第一次世界大战后，美国利用欧洲和远东国际关系的新格局，终于在1922年的华盛顿会议上拆散了英日同盟。

"金元外交"还对清政府的内政外交产生了重要影响。"金元外交"打着维护"门户开放"和中国的领土及行政完整的旗号，使清政府幻想可以依靠美国的支持抵制日俄对东北的侵略。锦瑷铁路计划是其联美的第一个措施，但日俄协约一成立，国务院赶紧将它搁置一旁。为了抵消日俄协约的冲击，清政府一面向美国提出币制实业借款，一面派梁敦彦出访德美两国。而美国坚持让日俄的盟国英法参加贷款和拒绝梁敦彦所寻求的政治支持，再一次使清政府的如意算盘落空。其原因正如本斯托夫所指出的："诺克斯先生因为其中立化计划失败及借款问题的困难，对中国变得极为小心。"①此时美国还不需要为其在华利益铤而走险，更不会为了中国的利益冒这个险。"金元外交"的目的是扩大美国在华政治与经济利益，同列强的竞争与合作总以牺牲中国利益为代价。司戴德在1910年曾打算支持俄国在蒙古和新疆寻求支配地位，以换取俄国在东北的合作就是证明。《币制实业借款合同》的订立，使"以美国为首的四国银行团在中国建立了国际共管机构，初步控制了中国的财政金融，并企图垄断中国今后一切政治借款与铁路借款"②。辛亥革命以后，司戴德甚至认为四国银行团可以同日俄及比利时合作，在中国建立"某种形式的国际管理机构"③。"金元外交"也大大加速了清政府的垮台。诺克斯计划促使了日俄的接近，而"第二次日俄协约的成立，最惊动国人耳目。革命、立宪两党的运动积极猛进，都因感受这种局势的危急"④。币制实业借款和湖广借款的相继成立，以及铁路国有化的宣布，使民族资产

① 本斯托夫致外交部电，1911年3月，《德国外交文件选译》第三卷，第170页。

② 孙毓棠：《抗戈集》，中华书局1981年版，第237页。

③ 司戴德日记，1911年12月12日；1903年1月10日、5月20日；1907年11月11日、9月22日；司戴德文件，转引自凯恩：《司戴德与美国远东政策》，第408页。

④ 李剑农：《戊戌以后三十年中国政治史》，中华书局1965年版，第99页。

阶级对清政府的不满达到顶点。立宪派指责“两月以来，骤增外债至二万万余，陷中国于永劫不复之地位”；革命派则宣告：“偌大借款，不采之舆论，不通告大众，民心已背”①。清王朝的统治基础被进一步削弱。

司戴德是“金元外交”的关键人物，在它的形成和实施进程中扮演了重要角色。早在康奈尔大学读书时，司戴德就接受了鼓吹征服东方、强调白人种族优越论的吉卜林思想。来到中国以后，司戴德对英国在东方的殖民统治大加赞赏，认为莫里循、赫德等是“白人中国”的主要倡导者，这些优等文明的代表执行着白人的责任，把光明和进步带到中国②。司戴德深受美国19世纪末扩张思想的影响，他相信：中国正在觉醒并开始西化，美国能够引导这一重建帝国的进程。美国急需开发新的边疆，国家的昌盛、工业的发展以及政治和社会的稳定越来越依赖于国外市场③。司戴德自认为是美利坚帝国的建造者，为在亚洲开创一个帝国而奋斗。但他并不打算建立一个像英帝国那样，以对当地人民的政治控制为基础的正式的殖民帝国，而是一种非正式的经济帝国。它可以不承担政治控制的责任，却又能通过美国的经济力量使中国实质上成为美国的“势力范围”。在1912年以前，司戴德企图通过操纵腐败的清政府来达到这一目的，辛亥革命打碎了他的美梦，司戴德转而鼓吹将中国变成列强的保护国，认为国际干涉和行政控制是对各方最好的办法。司戴德还一改昔日的反日态度，主张美国的金融力量同日本的政治影响相结合，日美共同控制中国的发展。但历史是不以人的意志为转移的，帝国主义列强在中国的勾心斗角，美国的侵略野心同它的实力间的差距，中国蓬勃兴起的资产阶级民族主义运动，都使司戴德建立“非正式帝国”的种种设想化为泡影。司戴德和“金元外交”的努力并没有解决日俄战争后美国在东亚所面临的难题，随着一战爆发后日本侵华活动的进一步扩大，美

① 《辛亥革命前十年间时论选集》第三卷，生活·读书·新知三联书店1977年版，第796—797、845页。

②③ 司戴德日记，1911年12月12日；1903年1月10日、5月20日；1907年11月11日、9月22日；司戴德文件，转引自凯恩：《司戴德与美国远东政策》，第31—32、153—154页。

国的东亚政策又将面临新的挑战。

表 1 “金元外交”期间列强对华借款统计表

单位:库平银两

国别 / 年份	英国	德国	俄国	法国
1909	469 351.36		200 000.00	
1910	19 223 961.15	16 145 589.67	834 314.86	2 382 086.12
1911	19 659 373.78	14 845 536.12	187 740.54	15 489 958.38
1912	27 395 995.18	23 142 540.32	22 598 262.36	2 039 178.27
合计	66 748 681.47	54 133 666.11	23 820 317.76	19 911 222.77
百分比	26.5%	21.5%	9.5%	7.9%
国别 / 年份	**美国**	**日本**	**其他**	**总计**
1909		2 560 913.78		3 230 265.14
1910	841 109.79	7 950 858.94	701 868.86	48 079 789.59
1911	12 577 556.01	16 523 892.70	1 891 906.97	81 176 964.50
1912	2 159 433.59	10 024 985.65	31 952 394.58	119 312 789.95
合计	15 578 099.39	37 060 651.07	34 546 170.41	251 799 809.18
百分比	6.2%	14.7%	13.7%	100%

注:① 资料来源:徐义生:《中国近代外债史统计资料》,中华书局 1962 年版,第 92、214 页。

② 规平银按 0.912 4 折合为库平银两,银元按 0.72 折合为库平银两。

表 2 日俄战争至“金元外交”时期美国对华贸易情况表

年代	1905	1906	1907	1908	1909	1910	1911	1912
美国对华出口额(百万元)	53	44	26	22	19	16	15	24
占美国出口总额比例	3.5%	2.5%	1.4%	1.2%	1.1%	0.9%	0.9%	1.0%

注:资料来源:孔华润:《美国对中国的反应》,复旦大学出版社 1989 年版,第 72 页。

“门户开放”政策的一次考验[①]

——美国白银政策及其对东亚的影响(1934—1937年)

20世纪30年代在东亚是一个激烈动荡的时代。美国在东亚的地位受到严重的威胁。日本帝国主义从1931年起经过周密的策划,武装占领了中国东北四省,随即越过长城威逼平津,以武力为后盾肢解中国的华北。日本侵略势力所及之处,西方在政治上和经济上的利益都遭到排斥,这是对美国门户开放政策的严重挑战。但是正在这个时刻,美国实行了白银政策。1934年白银政策的实施,就其重要性来说,已经远远超过了经济的范畴。一时间,白银不仅是伦敦和纽约市场上投机的热门货,而且是美国国内政治交易的“筹码”、是东亚国际关系中纵横捭阖的“武器”。从外交政策的效果来看,美国的白银政策是与门户开放政策背道而驰的。白银政策促使中国白银大量外流,使中国的经济陷于崩溃的边缘,从而在一个很重要的方面削弱了中国同日本抗争的力量,因而为日本在东亚实行门户关闭政策创造了条件,这正是日本侵略者求之不得的。无怪乎美国的财政部长摩根索最后承认美国的白银政策正合乎日本人的意图,他甚至认为自己在被日本人当作工具在使用。他说:“假使我是被日本花钱收买的,那么我一直在挣

---

① 原载入江昭、孔华润编:《巨大的转变——美国与东亚(1931—1949)》,(《中美关系研究丛书》第7辑),复旦大学出版社1991年版,第28—74页。本文英文版见本书附录,原刊于Akira Iriye and Warren Cohen ed. American, Chinese, and Iapanese Perspective on Wartime Asia, 1931—1949 (Wilmington, Delaware, 1990,张姗姗译,董幼娴校)。

着我的工钱。”[①]美国的白银政策使我们看到美国制定外交政策的复杂性，这种复杂性是美国国内政策制度的产物，但是它的影响常及于千里之外的地区，使那些地区发生难于预测的变化。人们（包括美国人自己）常常只有在事后才能清楚地看出这种影响的利害得失和它的作用的广度与深度。更重要的是白银政策向我们提供了一个重要的历史经验，那就是美国战前在东亚的一个基本政策——门户开放政策，当它一旦受到国内外因素影响时，常常是非常脆弱和无所作为的，并不是像人们常说的那样具有威力或起举足轻重的作用。

一、国内政治与国际政治

白银问题在当时的美国主要是一个国内政治问题。在30年代，美国资本虽然控制了世界白银生产的66%和白银冶炼的77%[②]，但在美国国内的生产并不占重要地位。1934年以落基山脉为中心的美国7个产银州的人口总数仅占当时美国全国人口总数的3%，受雇于白银工业的工人不到300人[③]，白银的年产值仅3 200万美元，其金额小于花生与马铃薯的产值，当然更不能与小麦与棉花的产值相比了[④]。但7个州在参议院中有14个人，占表决人数的15%，而且拥有像毕德门及汤姆斯等这些极富于政治斗争经验的强有力的民主党参议员[⑤]。这些议员是靠白银做政治资本的，他们能否再当选为议员，就要看他们为白银卖力的程度，以白银议员为核心在当时形成了一个白银集团的统一战线。白银大亨们迫使政府给予生产白银的大量补贴也被其他的金属生产者（如锌、铅与铜等）所分，因为一部分白银是来之于

① 引自阿瑟·扬：《1927—1937年，中国建国的努力》(China's Nation—Building Effort, 1927—1937)，胡佛研究所出版社1971年版，第226页。

② 里昂：《白银：影响它的价格因素的分析》(An Analysis of Factors Affecting Its Price)，华盛顿1934年版，第68—71页。

③ 《银行周报》(上海)第18卷，第33期(1934年8月8日)，第11页。

④ 周伯棣：《白银问题与中国货币政策》，上海1936年版，第36—37页。

⑤ 布勒姆：《摘自摩根索日记：危机的年代，1928—1938》(From the Morgenthau Diaries: Years of Crisis, 1928—1938)，波士顿1959年版，第183—184页。

生产这些金属中的副产品，因此他们的利益与白银集团的利益是一致的。此外当时颇为盛行的通货膨胀派也理所当然地与白银集团结成了天然的联盟。因此，以白银集团为核心而形成的利益集团的声势颇为浩大，在政治上形成了一个不可忽视的力量。

值得注意的是，白银集团的先生们在为白银的利益进行斗争中，却选中了“中国市场”这个题目，作为他们鼓动舆论，抬高银价的重要论据。他们的“理论”是，中国是世界上最大的使用白银为货币的国家，又是世界上人口最多的国家，提高了银价就提高了中国的对外购买力，就会为美国商品开辟一个广阔的市场，美国也就会从当时的经济危机中解脱出来。30 年代初犹他州的前参议员佳能就宣称由于银价由 1.3 美元下跌为 0.35 美元，“使中国的购买力减少了百分之七十，因而，几乎摧毁了中国的购买力”①。接着，参议员金氏在广播中告诉听众们说，这就意味着失去了“伟大的中国市场”②。参议员毕德门断言，如果银价提升，中美贸易可以增加 10 倍。他认为中国经济通过提高银价而振兴，可以立刻销掉美国过剩的汽车与小麦，从而会使对白银的需求超过全世界银矿可能供应的数量③。他们通过报纸、广播、国会讲台、牧师的宣道坛……狂热地鼓吹这个道理。他们这种喧嚣实质上是在为白银集团（包括白银投机者）谋取集团利益。颇具影响的《商业周刊》就曾经这样指出，这些宣传只不过表明“一小帮人，抱成一团，制造喧闹，就能为一些不重要的投机者争取政府的补贴”④而已。

① 《美国国会，参议院外交委员会听证会：与中国的商业关系》（U.S. Congress, Senate, Subcommittee of the Committee on Foreign Relations, Hearings, Commercial Relations with China），第 71 届国会，第 2 次会议，1930 年，第 173 页。转引自罗素：《美国白银政策与中国，1933—1936》（Blaine Michael Russell, American Silver Policy and China, 1933—1936），1972 年伊利诺伊大学博士论文（1980 年国际大学缩微胶卷），1980 年，第 10 页。

② 《美国国会记录》（U.S. Congressional Record），第 72 届国会，第 1 次会议，1932 年，第 75 卷，第 3 部，第 26 至 28 页。转引自罗素前揭书，第 11 页。

③ 《1930 年 10 月 8 日参议员毕德门在商会午餐会上演讲词摘要》（Synopsis of Address to be Delivered by Senator Key Pittman at the Chamber of Commerce Luncheon, October 8, 1930），国会图书馆毕德门文件，第 141 盒。转引自罗素前揭书，第 11 页。

④ 《白银与货币》（Silver and Money），载《商业周刊》（Business Week），1934 年 5 月 19 日，第 32 页。转引自罗素前揭书，第 43 页。

但是问题还不仅于此，问题在于他们的经济“理论”（姑名之为“购买力学说”）牵涉到“拯救”美国太平洋对岸的中国，而且又反射过来，起着把美国从经济衰退中“拯救”出来的神奇作用。白银大亨的经济“理论”却没有为经济学家所接受。经济学家认为一个国家的对外购买力主要依靠国内生产能力以及出口销售能力，而不取决于它的货币价值，就在白银集团运用它们的理论对罗斯福总统施加压力时，美国经济协会85%的会员投票反对提高银价①；经济学家全国委员会也提出书面建议，主张停止收购白银，他们认为提高银价对美国国内工业和对外贸易都没有好处②。一些著名的经济学家如凯恩斯、爱尔特及布莱特都指出，白银集团所宣传的“购买力学说”无论在理论上还是实践上都是错误的。英国经济学家凯恩斯在给美国国会作证的信中指出，人为地把银价提高，只会导致中国的经济紧缩。世界银价的提高若不伴随着其他商品价格的提高，就会影响中国的国际收支，迫使中国只有输出大量白银才能弥补这个差额③（后来的事实证明，凯恩斯的预见不幸而言中，而且比他想象的更糟）。

对于这些经济学家的批评，白银大亨们置若罔闻，正如一位历史学家所说的：“假使批评者具有合理而健全的论据的话，那么白银大亨却拥有政治权力和进行货币实验的条件。”④1932年的总统选举，是“权力”与“条件”会合的好机会。这一年的大选，两党都想讨好白银集团，在它们的竞选纲领里都有拯救白银危机的诺言。罗斯福对白银大亨们特别殷勤，为了争取这一部分人的选票，他在竞选时就许诺过“要为白银做点事情”；当选总统以后，慑于这一集团在议会中的势力，更是不敢得罪他们⑤。罗斯福特别害怕白银

①② 布瑞兰：《白银与第一次新政》(Silver and the First New Deal)，内华达大学出版社1969年版，转引自罗素前揭书，第43页。

③ 美国参议院铸币、重量、量度委员会听证会：《当前银价跌落的原因与影响》(The Cause and Effect of the Present Depressed Value of Silver)，1932年，第437—438页，转引自罗素前揭书，第15页。

④ 罗素：前揭书，第16页。

⑤ 同上书，第252页。

派议员在参议院的联合抵制会使他一系列的立法方案濒于流产。白银派议员当然知道怎样利用他们在政治上的优势。第一个摊牌的是参议员毕德门，当他一再迫使罗斯福提高对白银生产的补贴未能如愿以偿时，他就以不对中立法采取立法行动加以威胁，迫使罗斯福同意增加对白银生产的补贴。罗斯福也以此来换取毕德门对中立法的支持(毕德门是当时参议院很有权威的外交委员会的主席)①。为了讨好毕德门，罗斯福委派他为1933年7月在伦敦举行的世界经济会议的代表。这位美国代表，在伦敦会议上为他心爱的白银没完没了地发言，搞得其他代表们都昏昏欲睡。在会议期间，他曾经手持长刀在他所住的克拉琪旅馆的走廊里愤怒地追击一位被他认为对白银不够热情的美国代表团顾问②。拿长刀挥舞的把戏，后来在美国当然没有重演，但是在以后的几年里，他确实在国会走廊里不断地挥舞着“白银大棒”，成功地迫使罗斯福总统和财政部长摩根索持续地提高银价。罗斯福总统虽然坚定地否定了强制性的白银立法，但是终于从政治考虑，还是同白银大亨们妥协了，它的结果就是1934年6月19日公布的“1934年白银收购法案”。③

我们有充分的理由相信，当美国的行政当局决定采取这一步骤时是完全理解到它可能在国际上所产生的严重后果的。但是国内政治因素处于优先考虑的地位。罗斯福对白银集团的屈服终于使美国采取了一个严重损伤中国经济，因而也严重损害东亚国际平衡的政策。

根据购银法案，财政部长或者把收购白银的数量达到相当于货币准备金的四分之一，或者通过收购把世界白银价格提升到每盎司1.29美元的水平。由于黄金储备量在不断地增加，所以构成四分之一的白银储备也相应地增加。从购银法案通过以后(6月19日)到1934年底，由于黄金储备量的增加，白银准备的量也增加了104倍(由120万盎司增加到12.5亿盎司)④，而且有逐年增加的趋势。这就意味着美国政府购买白银的压力也不断增

①② 达勒克:《富兰克林·罗斯福与美国外交政策》(Robert Dallek, Franklin D. Roosevelt and American Foreigu Policy, 1932—1935)，1979年纽约版，第50—51、190—191页。

③④ 布勒姆:前揭书，第186—188页。

加，也注定着世界银价要不断地上涨。接着罗斯福总统根据购银法的第7款发布了白银国有令，把美国国内银价定为每盎司50美分①。与此同时，美国在海外大量收购白银，于是世界银价像脱缰的野马，直线上升。国际金融市场的白银投机者像是在同美国财政部比赛，看谁更有能力把银价抬上去。到1935年，纽约每盎司的银价已相当于1932年的2.3倍②。当时的评论家以及今天的历史学家都承认，这种白银价格的剧烈波动，主要是美国人为的政治因素在起作用。这里我们关心的是两件事：第一，一个仅仅为国内某些利益集团而发生的行为常常会影响、制约，有时甚至改变美国的对外政策。历史的记录表明，白银集团的大亨们为了维持银价或抬高银价，他们的手伸得很长，干预的范围也很广。经罗斯福总统同意派遣罗杰斯对远东金融状况的调查，可以因为白银集团的反对而归于无效③；中国政府为解决白银危机派代表去到美国进行会谈的建议，也因为毕德门坚持反对，罗斯福总统只得作罢④。这些出访与来访本来会客观地沟通情况，也许有助于美国调整它的白银政策，甚至对外政策的。但是白银集团估计到这些活动可能会阻止银价上涨，千方百计地使它们没有成果或不能实现。毕德门虽然代表美国参与签订了以稳定银价为主要目的的伦敦白银协定⑤，但促使银价猛烈上涨，直接违背国际白银协定精神的也是毕德门。总之，在白银集团看来，白银就是一切，其他都是次要的。尽管从美国的整个国家利益来看，在东亚遏制日本的扩张应该是当时美国最重要的利益所在，但是正如我们下面所要谈到的，白银大亨们却忽视了这个重要的政策，而用白银拖垮了中国的经

① W.Y.林：《中国的新货币制度》(The New Monetary System of China)，上海1936年英文版，第14页。

② 郑友揆：《中国的国际贸易与工业发展》(Foreign Trade and Industrial Development of China)，康涅狄克1978年版，附录三，第262—263页。

③ 博格：《美国与1933—1938年的远东危机》(The United States and the Far Eastern Crisis of 1933—1938)，哈佛大学出版社1964年版，第21页。

④ 博格：前揭书，第124页，阿瑟·扬：前揭书，第225页。

⑤ 汤良礼：《中国的新货币制度》(China's New Currency System)，上海1936年英文版，附录甲，第116页。

济，从而剥弱一个可以同日本抗衡的力量。罗杰斯教授在亲临中国现场以后，认为美国的白银政策是一个“不负国际责任”的政策，并且认为“白银集团不久就会被认为是美国历史上最活灵活现的画中小丑”①。当然，要说参议员毕德门一点也不关心美国在东亚的门户开放政策，那也是不公平的。1936年初，他就在参议院发表了一篇激烈抨击日本在中国的侵略活动，严重地危害了美国在东亚利益的演讲。其激烈的程度，甚至使国务卿赫尔在私下声明毕德门对日本的激烈抨击是同他没有关系的②。问题是，毕德门参议员没有意识到，当然也没有人敢直言告诉他，正是他的心爱的白银政策纵容了日本人的侵略，最后使美国利益受到威胁。第二个引起我们注意的是，白银问题是美国国内的经济问题，但它在国际上的影响却是一个政治问题。由于白银涨价，调动了很多国家围绕着中国——当时世界上几乎是唯一用银作为货币的大国，采取行动，这些行动都直接关系到美国在华的门户开放政策。但是令人惊异的是，美国当局对白银与国际政治的关系的严重性采取那么冷漠的态度和反复无常的政策。1934年11月31日，当白银价格猛升时，国务院的经济学家赫伯特·费认为罗斯福“对他自己的行动对其他国家带来的冲击，显然漠不关心”。专门研究过罗斯福的新政与白银政策的作家埃瑞斯特认为“总统本人大概还没有弄清楚提高银价对中国的意义，完全不同于提高金价之于美国，两者是截然相反的”③。从后来发展的情况看，罗斯福在美国的白银政策影响东亚的国际关系问题上模棱两可的态度，举棋不定的政策，听其自然的做法，都证明赫伯特·费的评论不是没有根据的。而这不能不对当时东亚的时局产生深远的影响。

二、 中国的困境与美国的反应

由于美国政府在国内外大量收购白银，造成世界银价猛烈上升。自

① 阿瑟·扬：前揭书，第205页。

② 格鲁：《在日本的十年》(Ten Years in Japan)，纽约1944年版，第164页。

③ 阿瑟·扬：前揭书，第206页。

1934 年 9 月以后的半年，美国政府每月平均收购 2 400 万盎司，到 1935 年 6 月 30 日为止，整个财政年度收购了 29 400 万盎司。此外还收购了美国银矿中开采出来的 3 100 万盎司及根据白银国有令收归国有的 11 200 万盎司①。这时的国际金融市场出现了投机者与美国政府在抬高银价上面互相竞争的局面。世界银价由美国实行白银国有时的每盎司 50.5 美分，节节上升，到 1935 年 4 月 27 日最高达 81 美分（伦敦市场达三十六又四分之一便士），以后虽略有下降，但一直盘旋在 70 美分左右。②

世界银价的上涨对中国产生非同小可的影响。中国是当时世界上少数仅有的几个实行银本位的国家，而且是世界上最大的用银国。从 1931 年到 1933 年由加拿大、美国、墨西哥运往中国的白银占这些国家白银输出总额的 45％。1933 年底上海白银的存货（43 934 万盎司）要占这一年全世界白银产量的 2.69 倍③。白银是中国通货的基础，流通的筹码，世界白银价格的上升，自然促使中国银价与汇价的上升。但是由于美国的持续收购和国际金融市场投机者的活动，使世界银价上升的速度与幅度远远超过了中国，因此，中外银价的差距越来越大，到 1934 年 10 月中旬，每一个中国银元（含银量 0.755 5 盎司）所含的白银价格在国外比国内高出四分之一以上。中国白银开始大量外流。即使在 1934 年 10 月 15 日中国政府开征白银出口税及平衡税仍不能消除中外银价的差额。到 1935 年春，国外银价超过国内银价的幅度已达 50％④。据 1935 年 3 月资力雄厚的交通银行在各分行的通函中指出，当时白银出口每千元可获利 300 至 400 元⑤。利之所在，狂澜难挽，在中国出现了历史上最大规模的一次白银外流高潮。当时的白银外流与复杂的国际政治有密切的关系。

第一，为了制止白银外流，中国政府虽然三令五申加以制止，但外商银

① 阿瑟·扬：前揭书，第 208 页。
② W.Y.林：前揭书，第 14 页。
③ 实业部银价物价讨论委员会编：《中国银价物价问题》，上海 1936 年版，第 100 页。
④ 阿瑟·扬：前揭书，第 217—218 页。
⑤ 《交通银行致各分行指令》（1935 年 5 月 11 日），藏第二国家档案馆第 398(2)卷，第 2407 号。

行因为享有治外法权，并且对白银出口的暴利特别敏感，所以构成了白银外流的主要渠道。1933 年底止上海外商银行的白银库存是 27 570 万元，占当时上海白银总库存的 50.4%。随着世界银价猛涨，外商银行的白银库存直线下降，到 1935 年 9 月只占上海白银总库存的 12.7%了①。所以当时在上海市场上出现了一个很奇特的现象：政府公债价格稳定（华商银行投资的主要对象），而地产价格大跌（外商银行投资的主要对象）、外国银行的资财都尽可能转变为白银流向海外去了。

第二，在 1934 年中国白银出现了先由内地向上海集中，后来又由上海向内地分散的方向相反的两次移动。移动的方向虽然相反，但目的只有一个，就是公开或私运白银出口。这也都是利用治外法权的结果。1934 年 1—8 月，内地白银大量向上海集中（总计 2 969 万元），然后又流向海外追逐高价；但 9 月以后，白银流向突然逆转，从 9 月到 12 月，白银由上海流向内地达 8 897万元②，比 1933 年内地流向上海的全年总额（8 189 万元）还要多。这主要是因为中国政府 10 月开征了白银出口税，白银开始流向内地，转向日本势力范围影响下的华北，依靠治外法权大量走私出口。

第三，在日本帝国主义支持下白银大量走私。白银走私的地区主要在北方。走私的路线是偷运出长城，进入伪满洲国境内的东罗城，在北宁线的万家屯车站装运至沈阳或大连，运往日本③。走私者 95%为日、韩人④，他们首先在银行挤兑现银，并在边境“设机关四处专为收买关内现银”，然后私运关外，每天私运数 15 万元左右，每月 400 余万元⑤。据日本自己的统计，仅万家屯车站 1935 年 1—8 月就私运出白银 2 700 万元⑥。尽管当时中国政府

① 郑友揆：前揭书，第 79 页。

② 汤良礼：前揭书，第 73 页（表 6）。

③ “满洲中央银行”调查课：《山海关に於ける白银密输情况》，调查材料第 B4 号（1936 年 2 月）第 12、14 页。

④ 《交通银行河北分行致总行函》，1935 年 5 月 8 日，藏第二国家档案馆第 398(2)卷，第 2407 号。

⑤ 《河北省政府主席于学忠呈行政院函》（1935 年 5 月 24 日），藏第二国家档案馆，第 2(2)1026 号。

⑥ “满洲中央银行”调查课：前揭书，第 25 页。

的行政院认为这一猖獗的白银走私情况“实属骇人听闻”①,但也无可奈何,因为整个华北已属日本武装力量控制的特别区域,再加以日本人享有治外法权,中国政府奈何他不得;即使抓获走私犯,无非引起“严重交涉”,一放了之。1935 年 5 月 2 日在北宁线的军粮城车站查获日本人走私银元 8 250 元,虽将人财一并移交给当地海关,仍然引起日本驻天津领事川越茂的强烈抗议,除要求中国方面立即交还拘获的走私人员及现银外,还警告不得“再有此类事情发生”②。当时的铁道部长顾孟余向行政院抱怨说,遇到这一类事“发还[白银]则有违部令,扣存恐引起纠纷”③。真是进退两难,只有眼睁睁地看着白银大量外流。这一情况反映了当时东亚国际均势的极度不平衡。除北方以外,日本人在华东沿海(崇明、海州)也从海路组织走私,其数量曾一度达每天 20 万两。④

在中国白银大量走私出口的同时,日本输往伦敦和纽约的白银猛烈地增加了。若以 1933 年日本白银的净出口额(7 557 468 日元)为基数,1935 年的白银净出口增加了 29 倍(225 334 664 日元)。同时期,在总额中输往英国的白银净出口增加了 29 倍,输往美国的增加了 71 倍⑤。这个势头一直持续到 1936 年才有所下降。日本是一个不产银的国家,1933 年国内仅生产白银 8 037 277 日元⑥,但 1934 年以后,白银净出口额竟以几十倍的幅度增加,这是一个很异常的现象。美国财政部长摩根索在 1935 年 11 月 8 日的日记中写道:“在过去三四年间日本每年白银出口只在六百万至九百万盎司之间。而 1935 年头九个月,他们却输出了六千万盎司。这些白银只可能是由中国走私到日本的。”他认为日本人是在中国银行每盎司 40.5 美分与世界银价 65

---

① 前揭《河北省政府主席于学忠呈行政院函》。

② 《日本驻天津总领事川越茂致北宁铁路局局长函》(1935 年 5 月 24 日)第 29 号,藏第二国家档案馆,第 2(2)1026 号。

③ 《铁道部长顾孟余呈行政院文》(1935 年 6 月 2 日),藏第二国家档案馆,第 2(2)1026 号。

④ 《国民政府军事委员会办公厅通报》(1935 年 5 月 8 日),第二国家档案馆,第 3(2)222 卷。

⑤ 内阁统计局:《第五十六回大日本帝国统计年鉴》,贸易篇,东京 1937 年版,第 135 页。

⑥ 汤良礼:前揭书,第 73 页。

美分之间投机牟利①。摩根索的评论只对了一半。日本白银出口的猛增(1934—1936年)肯定是在中国有组织的大量走私的结果,这是对的。但若认为日本人这样做仅仅是为了投机牟利,那就不完全了。正如我们下面所要谈到的,日本的这一行动是它对抗西方,削弱中国,实行东亚门户关闭政策的一部分,是复杂的国际政治斗争的一部分。

中国的白银通过公开和走私的渠道流向海外的数量是惊人的。从1934—1936年中国白银通过海关的净出口额达42 711万盎司,加上这几年走私出口的21 820万盎司,两者共计64 531万盎司②,它的去路主要是美国。统计表明,从1934—1935年美国海外购银约有70%来自英国,而英国进口的白银有三分之二来自中国(中国本部或经过日本与香港地区)③。1935年是美国历史上白银净进口最高的一年(33 600万盎斯),也是中国历史上白银净流出的最高的一年(21 854万盎司)④。起杠杆作用就是1934年美国白银收购法所造成的世界银价猛涨。

美国购银法实施以后,中国白银外流的总数(64 500万盎司)约占中国当时白银流通量(128 000万盎司)的一半,因而造成了严重的经济危机,使原来已经失去平衡的远东局势更加复杂化了。由于中国几千年来都是以白银为交换手段的,一直到1935年11月以前中国还是一个银本位的国家。白银的减少立即从三个方面产生了明显的影响:一是由于银价上涨而导致的物价下跌;二是由于白银枯竭导致了信用紧缩,从而促使了利率上升;三是由于货币升值(银价上涨)而带来的中国货币外汇率的上升,窒息了中国的出口。其结果是中国突然面临着一个通货紧缩的危机——工商业凋敝,金融衰败,进出口减退,农村破产。全国批发物价指数在1934年下降6.5%,到

---

① 布勒姆:前揭书,第196页。

② 郑友揆:前揭书,附录3,第262—263页。关两系按下列兑换率折合成盎司:1海关两=1.558元=0.755盎司白银。

③ 汤良礼:前揭书,第72页。

④ 美国统计局:《美国历史统计,从殖民地时代到现在》(The Statistical History of the United States, From Colonial Times to the Present),纽约1976年版,第884页。

1935 年再下降 2.5%。农产品价格 1934 年下降 6.9%，1935 年再下降 3.7%①。白银准备的流失迫使银行提高利息，紧缩信用，收回贷款。市场利率在 1934 年 7 月为 5%，到 9 月已达 12%②。银价上涨哄抬了中国货币的对外交换价值，因而进一步削弱了中国出口货在世界市场的竞争能力。1934 年中国的主要出口商品——生丝的出口量只有 1930 年的 21.8%。出口货的价格普遍疲跌。这一年上海输出物价指数狂跌到 71.7%（以 1926 年为基数）③。1935 年在物价下跌、利率上升交相打击下，上海一埠工商业倒闭了 1 065 家；全国银行倒闭或停业的 20 家；全国华商纱厂（当时中国规模最大，雇工最多的行业），以纱锭计算，停工的达 60%④。由于工厂对原料的需求减少及出口减少，再加以水旱灾荒，农业濒临破产，占中国人口 80%、占国民生产总值三分之二的农业产值，由 1931 年的 244 亿元下降到 1934 年（白银开始大量外流的一年）的 131 亿元，下降率在 46%以上⑤。当年，美国的议会里有些钟爱白银的议员们为了“拯救中国”，力主提高银价，有一位议员甚至声泪俱下地描绘出银价下跌的可怕图画，他说，中国和印度的“可怕情景是无法描述的。他们仅有的通货白银立刻贬了值，促使贸易停顿，并在整个省份造成饥馑与千百万人的死亡”⑥。还有一位当时很有影响的鼓动家康克令神父，通过他所控制的有 1 000 万听众的“无线电联盟”不断地鼓吹白银涨价，高喊“美国应当恢复东方的购买力”⑦，1934 年 4 月间，他以他的秘书的名义囤聚了 50 万盎司以上的白银（后来摩根索经过调查发现，康克令神父所领导的“无线电联盟”的司库柯苓小姐，原来竟是一个白银投机贩子，财政

---

① W.Y.林：前揭书，第 34 页。

② 同上书，第 58 页。

③ 谢菊曾：《一九三五年上海白银风潮概述》，《历史研究》1965 年第 2 期，第 90—92 页。

④ 射菊曾：前揭文，第 90—92 页。

⑤ 刘大中：《中国的国民收入，1931—1936》，第 10 页。

⑥ 入江昭：《帝国主义之后》(After Imperialism)，纽约 1978 年第 3 版，第 282—283 页；阿瑟·扬：前揭书第 202 页。

⑦ 入江昭：前揭书，第 202 页。

部把她列入白银投机者的名单在报上公布了)①。白银集团的先生们为了“拯救中国”,也为了把美国从经济恐慌中拯救出来,总是把银价、购买力、美国货的销路作为正比例的关系联系起来,认为只要银价上涨,中国人的购买力就会提高,美国货就会在中国有更好的销路。为了争取选票或其他的目的,这的确是很鼓动人心的理论。但是,事实远比他们想象的要复杂得多,而他们的“理论”却常常与事实背道而驰。1926 年到 1931 年由于世界经济恐慌,世界银价在纽约和伦敦分别下跌 58.8%和 49.7%②。但中国是一个银本位的国家,银价下跌,实际上起了一个货币贬值的作用,因而有利于出口,限制了进口。同时,吸引了大量侨汇及白银进口,增加了中国的货币储备,形成一个轻微的通货膨胀的状态。1932 年世界经济恐慌正处于谷底,世界物价指数只有 1926 年的 73%③。但同时期内,中国的批发物价指数在各地都分别上升了 53%(广东)、25.5%(华北)、26.5%(上海)④。在危机的年代,中国进口指数基本与 1926 年相等,这在当时是一个奇迹⑤。由于中国白银外汇的下跌程度更低于世界物价的水平,因此银价下跌在当时构成了一个保护中国经济的积极因素,使它避免了一场世界经济危机的灾难。事实证明银价下跌并没有出现白银大亨们所渲染的那种恐怖情景。恰恰相反,1934 年美国白银收购法促使世界银价猛涨以后,中国的“购买力”并没有“十倍地提高了”,而白银大量外流却使中国深深地陷入了经济危机。对外贸易若以 1933 年为基数(12 560 万海关两),1934 年下降为 79.9%,1935 年再下降为 76.3%。进口下降的幅度更大,这两年分别下降为 76.5%和 68.3%(这些数字都不包括被日本占领的东北地区)⑥。美国对华输出也没有遵照白银大亨们的“理论”办事,1931 年银价下跌时美国对华输出为 9 800 万美元,但在银价猛涨的 1935 年,美国对华输出却下降为 3 800 万美元(下降为

---

① 布勒姆:前揭书,第 187 页。
②④ W.Y.林:前揭书,第 175 页。
③ 郑友揆:前揭书,第 213—215 页。阿瑟·扬:前揭书,第 196—198 页。
⑤ 同上书,第 258—259 页。阿瑟·扬:前揭书,第 196—198 页。
⑥ 同上书,附录 1。

38.8%)。值得注意的是，由于日本是实行金本位的国家，不受银价上涨的影响，所以同期内美国对日输出额却增加了30%(由15 600万美元增至20 300万美元)①。由银价上涨而引起的中国经济困难，使美国在华企业也难逃厄运。1935年5月，美国在华三家企业美国东方银行、美国东方财务公司及亚洲地产公司宣布歇业。5月24日东方银行的总裁瑞芬说："总之一句话，这种情况只能归因于美国的购银计划。这一措施把中国的白银搜刮殆尽，没有白银可以作交易了。"②

到1934年12月，美国的经济学家、银行家、工业家越来越清楚地认识到，美国的对华贸易受到白银政策的严重影响。《华尔街日报》在1934年12月17日的社论里说，不久以前白银集团的"慈善家"们还在"催人泪下地"表示他们关心这个拥有世界一半人口的国家的购买力，但是他们劝说美国政府采取的白银政策，实际上是给中国服食了一帖大剂量的"经济紧缩的药剂"③。10天以后，该报又一次评论说，美国的白银政策，并没有像白银集团的先生们所描述的那样，既能提高中国的购买力，又会增加美国的对华贸易；相反，这个政策却把中国仅有的一点点东西也拿走了。社论责问，为什么白银集团的"奇妙的理论"会产生与他们宣传的相反的结果④。曾在中国担任货币改革顾问的凯末尔公开抨击白银政策说，他不能理解为什么白银集团的人们极力反对美国实行货币紧缩政策，却"对贫困中的中国人民洒了那么多的鳄鱼眼泪"，把一个货币紧缩政策强加于中国。⑤

看来美国白银大亨的"白银经济学"是很浅陋的，经不起事实的检验。但是他们所制定的白银政策却对美国的对外政策起了很大的影响作用。人们不禁迷惑不解，他们的动机究竟在哪里？中国一家很有资力的专门经营

---

① 美国统计局：前揭书，第903—906页。

② 《美国外交关系文件》(Papers Relating to the Foreign Relations of the U.S.)1935年第3卷，第589页。

③ 《华尔街日报》(Wall Street Journal)1934年12月11日，转引自罗素前揭书，第97—98页。

④ 《华尔街日报》(Wall Street Journal)1934年12月27日，转引自罗素前揭书，第98页。

⑤ 《商业与财政记事》(Commercial and Financial Chronicle)第79卷第2部(1934年12月22日)，第3886—3887页。转引自罗素前揭书，第98页。

外汇业务的银行——中国银行，在它1934年的业务报告中，分析了美国高价收购白银“使中国人民购买力降至极度，与美国参议员所高唱的增加东方人民购买力之主张，不啻背道而驰”以后，这个银行提出这样的问题：这些鼓吹提高银价对中国有利的人，“是否完全昧于中国白银所占之地位及中国之经济实体而作此理想之谈？抑明知其非是而持此说以惑生产者，贯彻银派之主张？或竟借此以抬高中国货币值，使中国之工业与出口贸易减其竞争之能力，以增进美国生产品之出路，饵美国之民众耶？”①不能说中国银行的怀疑是没有根据的，白银大亨们在鼓吹提高银价时的一个理由就是要借此打击中国工业，削弱中国工业品与美国商品的竞争。参议员毕德门认为低银价降低了中国购买力，因而中国人转而只买中国本国的便宜货，促进了中国工业的发展，减少了美国货在中国市场的销售，从而使中国成为美国“在世界市场上最具有破坏性的竞争者”②。另一个银派参议员惠勒说，提高银价会增加中国货币的价值，增加中国的工业成本，削弱中国商品的竞争力，从而有利于美国的工业家与农民③。但是这些自利的动机都是掩盖在“道义”的旗帜之下的，毕德门对国会的专门委员会说，美国与中国人民有一种特殊关系，中国“对美国人民比对世界上任何其他国家的人民更为友好”，美国“是中国人在世界上唯一信得过的国家”，在中国最需要的时刻来帮助中国是美国“道义上的责任”④。这些都是政治家的语言，它使人们对白银大亨们的动机有一种扑朔迷离的感觉。但是历史学家是不容易被迷惑的。一位对这一问题深有研究的美国历史学家评论说：“白银大亨们是从复苏美国国内的白银工业这一愿望出发而行动起来的。他们涉及中国的议论出于自私的动机，并不是出于对中国福祉的真正关怀。”⑤就中国而言，美国的白银政策，

---

① 《银行周报》（上海），第18卷第11期（1934年3月27日），第1页。

② 《美国国会记录》（U.S. Congressional Record），第73届国会，第1次会议，1933年第77卷，第118页，转引自罗素前揭书，第12页。

③ 美国参议院铸币、重量、量度委员会听证会：《白银货币》（Silver Currency），1933年第72届国会第2次会议，第67—68页。转引自罗素前揭书，第12页。

④ 《白银货币》，第37页。转引自罗素前揭书，第13页。

⑤ 罗素：前揭书，第22页。

不仅动机值得怀疑，而且在当时的国际环境中，同美国的对外政策（主要是东亚政策）很不协调。

在美国实行白银政策的时候，中国不仅在经济上处境困难，在国际政治上的处境也是困难的。所以，美国白银政策对中国的影响不仅是一个经济问题，而且是一个国际政治问题。正因为如此，对美国的白银政策还应该从外交政策的角度来考察。

美国实行白银政策的时期，正是日本帝国主义向中国大举侵略的时期。日本在1932年3月建立了伪满洲国以后，1933年初就侵占了热河省，接着大举进攻长城各口，进逼平、津。同年5月31日由国民党政府同日本签订了塘沽协定。根据这个协定，国民党政府实际上承认日本占领东北三省及热河，并划定了一个"非武装区"。1934年4月的天羽声明①，使全世界稍有常识的人都知道，这是日本的一个在东亚"门户关闭"的政策声明，也是一个排斥西方列强插手中国事务，进一步独占中国的政策声明。当时美国驻华大使詹森认为这一声明的严重性在于它是"直接与九国公约的精神与文字相对抗"的②。这当然也是对美国"门户开放"政策的一个明显的挑战。日本决心要侵略和独占中国，不但已经由其武力行动所证明，而且现在又以政策声明表明它一定要这样做下去。果然，接下来就是1935年6月7日何—梅协定及6月27日的察哈尔协定，使中国华北五省在日本的武力威胁下，形成了所谓"自治"区域。这是日本要把整个华北变成第二个"满洲国"的严重步骤。在美国实行白银政策以后，日本在中国组织大规模的白银走私，以及后来在中国币制改革时拒交白银，都是这一总的政策的一部分，那就是在以武力威胁肢解中国的同时又从经济上搞垮中国，削弱中国的力量以达到不战而胜，迫使中国就范的目的。一位深入研究摩根索日记的作家布勒姆认为，由于世界银价猛涨，日本从中国组织大量白银走私"不但为了牟利，而且是

① 《日本外交年表并主要文书》第2卷，东京1955年版，第284—285页。
② 前揭《美国外交关系文件》1933年第3卷，第143页。

把这一活动当作是削弱中国政府的有效方法"[1]。诚然,美国的白银政策促使中国的经济面临崩溃的局面,这一点是完全符合日本的意愿的。正是在这样的历史背景下,美国的白银政策已经远远不再是一个美国国内的政治问题,也不仅是中美两国间的问题,而是涉及整个东亚国际局势的问题。白银成为美国东亚政策的一部分,已经是无法回避的事实了。

引人注目的是这一时期(1934—1936 年)美国围绕白银问题的东亚政策,却是一个"听其自然"的政策,相对于日本的侵略活动来讲,则是一个"妥协政策"或"绥靖政策"。它的特点是"无所作为"、"内部扯皮"和对实际情况的不了解。形成这一局面的因素是多方面的,但最主要的是两种势力:一、白银集团的影响;二、天羽声明的压力。这两种势力的"影响点"不同,白银集团压力的影响点在财政部,而天羽声明的影响点在国务院。这就形成了这一时期美国东亚政策的不协调性,表现为决策部门之间的矛盾与争吵。

也许从下面的简述中可以使我们理解,这两只看不见的手(白银集团的影响和天羽声明的压力)是在怎样起作用的。

世界银价上涨会给中国带来严重危机,中国的银行界早就估计到了。还在美国国会辩论白银问题时,中国银行公会及上海中外商会就打电报给罗斯福说:白银上涨会给中国带来严重的经济危机,给"我们的亿万人民造成灾难"[2]。在白银纷扰中,首先向美国政府建议限制银价上涨并贷款给中国进行币制改革,以免在中国爆发一场经济危机的,是 1934 年 4 月在中国考察的耶鲁大学教授罗杰斯。罗杰斯因为一向不主张提高银价,所以他的出访中国早就被白银大亨们横加指责,这已经对罗斯福形成了很大的压力,而国务院远东司长亨百克也反对借款,因为日本已经明确表示反对任何对中国的"政治借款"。因此,罗杰斯的建议还没有正式提出来就夭折了[3]。1934

① 布勒姆:前揭书,第 205 页。

② 《上海银行公会致财政部长孔祥熙函》(1934 年 10 月 12 日),藏第二国家档案馆第 220 号,次目第 11 号。前揭《美国外交关系文件》1934 年,第 3 卷,第 424—425 页。

③ 博格:前揭书,第 82 页,阿瑟·扬:前揭书,第 203 页。

年7月美国开始大量收购白银，银价猛涨，中国的白银出口不到3个月就增加了7倍。中国财政部长孔祥熙向美国呼吁不要把银价提高到超过每盎司0.45美元，或贷款给中国进行币制改革。围绕这个要求，国务院与财政部展开了一场激烈争辩。国务院要求财政部改变白银政策，而财政部由于白银大亨们的压力，坚决不同意触动白银政策，提出用贷款方式协助中国渡过难关。国务卿赫尔说，这样就会直接卷入中国的内部事务，触犯日本人的天羽声明，因而会造成“在远东担当不起的责任”①。国务院认为根本解决办法是停止收购白银。这一点若做不到，另外又搞什么“拯救中国”的贷款活动，都无济于事。他们在1934年底的一份备忘录里说：“既抽掉了血，又同时灌一些水进去，是不可能维持一个病人的体力的。”②在双方相持不下之际，由于白银集团的压力，摩根索再次提高白银的收购价格。1935年初，日本开始利用中国的白银危机从政治上插手，各国都注意到，这时日本的外交活动和关于在东亚的政策声明愈来愈频繁。广田外相声称：要使中国“自国际束缚中获得解放”③。外务省也强调要加强“中日经济提携”，并预备在上海建立2亿元的信用制度④，并且作出同情中国，要同中国建立国际统一战线，共同对付美国的姿态，实际上提出了很多使中国经济屈从于日本的建议(如禁止抵制日货，建立中、日、“满”统一货币、降低日货进口关税等)。当时从南京、北平、东京、伦敦都传来日本利用中国白银危机向中国政府施加压力的消息⑤。这些消息的来源虽不同，内容也有所差异，但却贯彻了一个精神——日本独占亚洲的“天羽声明”精神。最好的表述也许是1935年2月日本驻伪满洲国“大使”南次郎的几句话。他说，欧洲人应该为欧洲的和平而工作，美洲人应保障他们那一个半球的和平，东方人应该保护远东的秩序；中国必须放弃依赖欧美并停止对日本的对抗⑥。那就是

---

① 达勒克：前揭书，第92—93页。

② 《美国国务院备忘录》SDA卷，第893·515/372页。转引自罗素：前揭书，第93页。

③ 《国闻周报》第12卷，第9号(1935年3月11日)，第11页。

④ 《银行周报》(上海)第19卷，第7期(1935年2月16日)，第5页。

⑤ 罗素：前揭书，第10页。

⑥ 《威尼斯·柏克致国务院函》(Willys Peck to the State Department)，南京，1935年2月5日。SDA卷第893·515/466号。转引自罗素：前揭书，第110页。

说，东亚是日本人的东亚，东亚与中国的事务，欧美人不许插手。在白银涨价与日本侵略夹击中的中国政府，预感到事态的严重性，要求向美国商借1亿美元改革币制，以免经济全面崩溃，成为日本的俘获物。国务院的菲律浦斯也承认美国的“白银政策削弱了中国，却让日本人从中获得了最大的利益”①。但是，国务院对中国政府的要求既不说“是”，因为怕得罪日本人；也不说“非”，因为怕中国人会因此倒向日本，只是建议中国搞一个包括日本在内的国际合作②。国务院认为这是能贷款给中国而又不致触怒日本的好办法。摩根索不赞成国际合作，他认为可以作为金融问题，由美国单独处理。财政部向来不喜欢国际合作或由各国派出代表共同讨论，因为这种形式可能会把美国的白银政策作为问题，放在国际讲坛上公开议论或作为靶子来加以攻击。而这肯定会引起白银大亨们的震怒。摩根索一度想把银价稳定在0.55美元，并把这一意图通知了中国财政部长孔祥熙。但是两个星期以后，在1934年的12月底，摩根索又通知孔祥熙，说他改变了主意，由于他对银派议员的承诺，他不能把0.55美元作为最高银价的限制③。看来，摩根索的态度也是处于一个反复不定的状态。至于罗斯福总统的态度，美国历史学家博格有一个很好的概括：罗斯福一会儿同意国务院的意见，一会儿同意财政部的意见，他想寻找一个既不触犯日本人，又不开罪白银集团的方案④。看起来仍然是两只看不见的手在起作用。就在国务院与财政部的争吵中，在罗斯福总统的飘忽不定的决策中，1935年4月在毕德门的压力下，罗斯福再度与银派议员妥协，把国内银价提升到每盎司0.71美元⑤。由于美国国内银价提升，纽约市场的世界银价也由0.544美元（1935年1月）猛升到

① 博格：前揭书，第125，583页（注释20）。前揭《美国外交关系文件》第3卷，1935年，第45页。

② 前揭《美国外交关系文件》第3卷，1935年，第593页。

③ 《小亨利·摩根索日记》(Henry Morgenthau, Jr., Diary)，第三部分，第53页。《小亨利·摩根索文件》，藏富兰克林·罗斯福总统图书馆。前揭《美国外交关系文件》，1934年第三部分，第457页。转引自罗素前揭书，第102—103页。

④ 博格：前揭书，第28页。

⑤ 布瑞兰：前揭书，第141页。转引自罗素前揭书，第135页。

0.743 美元(1935 年 5 月)①。银价猛升扩大了走私的利润，于是在中国再一次兴起了白银走私的浪潮。中国的货币储备进一步枯竭，国内经济已经濒临崩溃的边缘。几乎就在同时，日本把“何梅协定”、“察哈尔协定”用武力威胁强加于中国，中国的华北事实上已经肢解，远东的局势起着急骤的变化。

三、门户关闭与联合行动的失败

中国本来想通过中美双边会谈来解决在银价上涨和日本侵略的夹击中所造成的危机，但又恰恰是这两种势力使中美双边接触成为不可能。1934 年底，宋子文的访美，参议员毕德门虽然同意了，但由于宋子文的抗日色彩较浓，国务院怕得罪日本人，坚持反对②。1935 年 8 月中国政府邀请美国派代表来华商谈，摩根索认为这种访问除了对美国白银政策批评一通外，不会有什么别的结果；再者，他也顾虑国务院的反对，因为国务院害怕这种访问会触犯日本人，引起外交麻烦。摩根索曾设想利用到西班牙休假的机会与中国代表在西班牙某地“偶然”会面，秘密会谈，以避人耳目。但终因各方压力太大，未成事实③。国务院对中国危机的解决，趋向于联合行动，主要是想把日本人也包括进去，以取得日本人的谅解。而摩根索对日本有戒心，并且国际联合行动可能会提供一个指责美国白银政策的机会与场所，因此对联合行动不感兴趣。国务院与财政部双方都有自己的“弱点”。其结果是，国务院只能不断向中国发送一些含糊其词的文件，而财政部则把主要精力放在抬高和维持银价来安抚白银大亨们，虽然摩根索本人对美国白银政策的经济、政治和外交的后果越来越感到不安。

在美国内部决策部门之间相持不下之时，英国采取了主动，英国之所以采取主动，是由于它迫切想摆脱在欧亚两个地区的困难处境。1934 年底意

---

① 汉第与海门:《1934 年白银市场年度回顾》(Annual Review of the Silver Market for 1934)，纽约 1935 年版，转引自罗素前揭书，第 136 页。

② 《亏百克回忆录》(Hornbeck Memorandum)1935 年 3 月 1 日，第 SDA 卷 893・515/388 号。转引自罗素：前揭书，第 104—105 页。

③ 《施肇基致孔祥熙函》(英文)(1935 年 8 月 8 日)，《中央银行档案》，藏上海金融研究所。

大利对埃塞俄比亚的侵略和日益增长的德国威胁，都是英国的燃眉之急；而白银危机后中国经济面临崩溃的局势及日本乘机对中国的咄咄进逼，又使它在东亚的商业利益受到严重威胁。所有这一切都促使英国急于在远东创造一个较稳定的局面，以便有更多的力量对付欧洲问题。欧洲是英国决定政策的基础。但是稳定东亚局势，中日关系是一个关键。尽管日本的“天羽声明”已使英国逐渐明白，要把东亚的国际关系再纳入华盛顿会议的体制之中已不可能，但仍然希望在英、美、日的海军谈判中力图使日本海军等级能恪守华盛顿会议的格局。英国对日政策的幅度是：既不要过分地激怒日本，也不要与日本亲密到如此程度，把俄国赶进德国的怀抱。基于这些考虑，英国的策略是运用英、美、法、日的联合贷款解决中国的货币经济危机，引诱中国承认“满洲国”的既成事实，借此讨好日本，为海军谈判创造良好气氛，并促使日本暂缓对中国的侵略进程，维护英国在中国日益颓败的商业利益。很明显，这个方案的构思是以国际联合行动打破日本“天羽声明”的关门主义，也缓和一下中国的经济困难，而中国付出的代价是正式牺牲它在满洲的领土与主权。英国想以这个方案使中国的经济不致因白银危机而垮台，使日本的侵略行动有所收敛，在东亚谋求一个暂时稳定的局面。1935 年 3 月，英国就以这个方案分别向中、日、美三方试探。日本不允许西方插手中国事务，理所当然地表示不赞成①；美国国务院赞赏英国在联合行动问题上起带头作用，但对其可行性持谨慎的怀疑态度②；中国虽然通过外交渠道向英国表示欢迎这一建议，但迫于日本的压力，却对日本驻华公使有吉明说：“并无向英美借款问题之事实。”③中国对英国建议有极大的保留，因为它不希望联合行动中有日本参加，又顾虑人多口杂，事机不密，反而引起市场震动，因而

① 日本对联合行动明显地表示不感兴趣。日本驻美大使明确地通知华盛顿，说日本不会参与可能会导致“国际控制中国”的活动。《杜门回忆录》(Dooman Memorandum)，1935 年 2 月 28 日。SDA 卷第 893・515/510 号。转引自罗素：前揭书，第 129 页。

② 前揭《亏百克回忆录》，1935 年 3 月 1 日。SDA 卷第 893・515/436 号。转引自罗素：前揭书，第 124—125 页。

③ 《汪精卫会见有吉明时的谈话》，1935 年 3 月 7 日。载《华北事变资料选编》，河南人民出版社 1983 年版，第 102—103 页。

没有向英国说出自己真正的设想与计划[①]。所以英国联合行动的方案在第一轮的试探中实际上是流产的。但是英国在欧亚两个地区的困难处境不允许它像美国那样在犹疑不决的政策中拖时间，它承担不起事态老样子发展下去的严重后果，它决定同有关方面直接接触，促进联合行动方案的实现。这就是1935年8月英国经济学家李滋罗斯爵士著名的环太平洋访问。李滋罗斯是英国著名的经济学家，他这一次出访，实际上是半官方性质的，他有意识地把加拿大作为第一站，试探美国的态度。国务院对会见李滋罗斯很起劲，因为他的国际联合行动很合国务院的心意。摩根索则反对(他对英国人有戒心，对日本人有反感，并且怕在国际性会议上触及美国白银政策这一敏感问题)[②]。因此，李滋罗斯在北美受到的是冷遇。他的第二站是日本，在这里他尝到了日本"门户关闭"政策的味道。

李滋罗斯在日本分别同广田外相和重光葵次长先后会面两次(其间同藏相高桥是清、日本银行总裁深井光五及正金银行总经理儿玉谦次也会谈过，但内容不详)[③]。在两次会谈中，他们只在一个问题上取得共同意见，即："美国白银政策是使中国经济状况恶化的主要原因。"除此以外，没有共同语言。李滋罗斯虽然想以推动中国正式承认伪满洲国来换取日本的合作，但日本并不领情，广田告诉他，对于"满洲国"的存在，"中国事实上已经承认了"。在几次会谈中，每当李滋罗斯提到"满洲国"问题时，日方都回避了。重光葵甚至明确说，"满洲国"的问题是一个应该由中日两国直接处理的问题，第三者介入会对局势不利，并表示日本外交部并没有邀请李滋罗斯来讨论这一类问题。所以英国想以"满洲国"的财政收入为抵押，搞国际联合贷

---

① 英国驻华大使贾德干是在1935年3月8日将英国的联合行动设想通知中国外交部的，中国于3月18日复照表示原则同意，但要求首先解决中国经济与货币困难。但在4月29日财政部长孔祥熙致驻美大使施肇基函电中说，中国政府在答复英国照会中没有向英国提出自己的计划，因为事涉各国共同行动，消息容易外泄，会导致市场上的剧烈震动。(1935年3月8日贾德干致中国外交部函；1935年3月18日外交部复英国大使函；1935年4月29日孔祥熙致施肇基电。《中央银行档》，藏上海金融研究所。)

② 博格：前揭书，第526页。

③ 野泽丰：《中国的币制改革与国际关系》，东京1981年版，第277页。

款，改革中国币制，解除中国货币危机的建议，遭到日方严厉的拒绝。当然，想使中国货币与英镑联锁的愿望也变成泡影。在会谈中，当李滋罗斯说："英国和日本是处在同一条战线上的。"结果招致了重光葵的反驳："英国一方面说和日本利益一致，一方面却招引美国、法国，企图建立尽量广泛的国际性组织"，表示很不满意。李滋罗斯退而求其次，提出只搞英日两国的合作，重光葵也婉言回绝了，说："对中国的财政援助，我觉得为时过早。"①李滋罗斯只得以"日本方面的意见使我失望"这句话来结束了同重光葵的会谈②。从李滋罗斯在东京谋求英日单独合作一事来看，摩根索对英国人的怀疑与戒心不是没有根据的，而国务院对李滋罗斯一行寄予很大的希望，未免太天真了一些。但李滋罗斯对广田明白表示，必要时，英国准备对中国的币制改革"不惜给以贷款"③，传递了英国政府在这个问题上的决心，这一点在当时西方的东亚外交政策上，英国超过了美国态度暧昧、模棱两可的水平。日本的"门户关闭"政策使李滋罗斯亚洲之行没有达到英国预期的目的。

在美国白银集团和日本"天羽声明"的压力下，中国政府既不能同美国进行双边会谈，又无法通过国际合作(包括日本)来解决日益严重的货币危机。白银继续外流，物价继续下降，工厂继续倒闭，经济面临崩溃。国民党政府财政部终于在1935年11月3日公布了货币改革令，宣布白银国有。这是一个冒险行动，在当时来讲，也是一个在最坏情况下的最佳选择。由于华北的白银走私活动在日本人的庇护下仍在进行(在货币改革的前夕，上海与伦敦白银的差价仍达23%)，除了采取货币改革外，似乎没有更好的办法了④。从现在已知的历史材料看，中国的这次货币改革与李滋罗斯的中国之行并无直接的联系，也不是在李滋罗斯的参谋和怂恿下才采取的行动。在

① 前揭《日本外交年表并主要文书》第2卷，东京1955年版，第300—302页。

② 重光葵：《重光葵外交回想录》，东京1978年版，第158—159页，前揭《日本外交年表并主要文书》第2卷，第300、302、303页。

③ 前揭《日本外交年表并主要文书》第2卷，第300页。

④ 值得注意的是在1935年11月3日的货币改革法令的原稿中关于"银价仍继续上涨"等字样，由财政部长孔祥熙亲笔删掉。这可能是由于不愿开罪于美国的白银大亨们。《1935年11月3日货币改革令初稿原件》，藏中国国家第二档案馆第3(2)196号。

联合贷款的方案中，中国一直想排斥日本而力争美国参加。一直到9月24日孔祥熙还对美国驻华大使约翰逊表示希望美国能派代表参与李滋罗斯的联合贷款行动①。但是由于美国国内政治原因，这一要求未能实现。到10月28日孔祥熙通知李滋罗斯，中国已别无选择，只有断然实行币制改革了②。李滋罗斯曾极力建议中国政府推迟行动，但经济全面崩溃的危险已迫使中国政府无法再犹豫和迟疑了。货币改革法令规定，以中央、中国、交通三银行所发行的钞票定为法币(法定货币)，一切公私款项之收付概以法币为限，不得使用现银，违者全部没收，并法律制裁；公私机关及个人持有的银币、生银等全部交给国家指定银行兑换法币；为了稳定法币外汇价格，上述三银行无限制买卖外汇。同时将白银平衡税由6.75%提高为57.25%(后又提为58.51%)，使白银出口无利可图。③

这一货币改革的重要性在于中国从此脱离了银本位制，采取了一种近似"管理的外汇本位"制，使中国的货币币值与白银脱离了关系，并能较有效地制止白银外流，从而有可能从金融体制(也是较根本的一方面)克服经济困难④。但是这一币制改革包含了很大的风险，它的成功与失败，取决于两个条件：第一，新货币的汇价能否稳定，也就是币制能否稳定，取得民众的信心。说到底就是中国政府有没有实力"无限制"地按一定的汇价买卖外汇。第二，各银行(特别是享有治外法权的外商银行)能否将它们所持有的白银移交给中国政府。这一点办到，第一点也就较有把握，新货币的币值就能稳定，币改也就基本成功了。因此，中国的币制改革也涉及各国的远东政策问题，英、美、日三国都面临着一个重大的抉择。

---

① 前揭《美国外交关系文件》，1935年第3卷，第619—620页。

② 《李滋罗斯致费休函》(Leith—Ross to Fisher)(1935年10月28日)上海。英国外交部"中国卷"第6767/6/10号。转引自罗素：前揭书，第192页。

③ 周伯棣：前揭书，第155页；前揭《美国外交关系文件》1935年第3卷，第631—632页。

④ 作为先决条件，国民党政府在币改以前就加强了对三个最大银行(中央银行、交通银行、中国银行)的控制，这就为国民党的官僚资本奠定了基础。货币改革使中国货币脱离了银本位，货币发行不再受白银准备的约束，这又为后来恶性通货膨胀开辟了道路。这些问题需要专题论述，不在本文的讨论范围之内。

如人们所预计的，日本对中国币制改革采取了明显的否定态度。日本驻华使馆武官矶谷在币制改革后的第四天就发表声明说："中国币制改革，唯将中国四亿民众[置]于灭亡而已。"①接着，日本外交部就通过日本驻中国大使表明对中国币制改革的反对态度②。日军中央部也发表声明，说中国的币制改革"忽视具有安定东亚势力之日本，扰乱东亚和平之新政策，日本帝国决断乎排击之"③。3天以后，日本外务省抨击中国币制改革没有事先"与日方充分协议"，应要求"日方之协力后方可实行"④。日本驻伪满洲国"大使"南次郎就认为中国实行币制改革后，日本应加速促使华北从中国分裂出去，他说，币制改革有"从根本上破坏了帝国根本方针——即以日本为盟主确立东亚和平的基础——的危险"。日本应该"使华北各省无论在政治上、经济上都完全脱离南京政府而自行独立"⑤。日本一些民间经济学家如高桥龟吉等也估计中国的币制改革失败的可能性很大⑥。日本把中国的这一次币制改革看成是对日本的"挑衅"，也看成是日本同英美力量在远东的一次较量。1936年1月15日，他们正式退出了伦敦的海军谈判，除了加紧侵略华北以外，采取了一切可能办法来破坏这次币改，想以此证明，左右远东局势的"盟主"是日本而不是别人。因此，日本破坏中国币制改革的政治意义是深远的，不能仅仅看作是一些经济活动。日本对中国币改的破坏，归纳之有以下几方面：第一，禁止白银南运。在华北地区禁止白银南运，主张"就地保管"⑦，削弱中国政府掌握白银的力量。据统计，当时大约有4 000万盎司的白银因无法南运而不能真正集中在中央银行加以运用⑧。第二，日本银行拒交白银。在币制改革实行的当天，日本驻华大使有吉明就密电若杉参事

---

①③ 《满洲日报》1935年11月11日。

② 《克莱弗致外交部》(Clive to Foreign Office)(1935年11月10日)东京。英国外交部"中国卷"第F7044/6/10。转引自前揭罗素书，第220页。

④ 前揭《日本外交年表并主要文书》，第2卷，第308页。

⑤ 《日本外交年表并主要文书》，第309—310页。

⑥ 野硁豊前揭书，第252页。

⑦ 《天津市长萧振瀛致孔祥熙电》(1936年3月4日)，《中央银行档》，藏上海金融研究所。

⑧ 阿瑟·扬：前揭书，第240页。

官，认为日本在华银行可以利用治外法权拒交白银给中国政府①。正金银行总裁也分别密电上海、青岛等分行并转发在华各分行，指示“一定要拒绝移交”白银②。在华北的正金银行则想利用华北“自治政权”的特殊地位，拒交白银③。截至1936年1月11日为止，在上海的外商银行，除日本银行外，其他各行都同意将所持白银移交给中国政府④。第三，搞外汇交易的突击，日本银行知道中国外汇存底有限，正金银行在11月12日及12月中旬曾先后多次向中国银行突击购买外汇⑤，对中国“无限制”买卖外汇施加压力，迫使它无法维持汇价。这一点崩溃了，新币制也就垮台了。第四，施加政治压力。日本把当时中国的币制改革作为中国政府反日措施的重要一着，横加威胁和指责。日本驻华大使有吉明在币制改革后两次会见蒋介石，威胁道：中国实行白银国有会“引起日本方面的反感与顾虑”，蒋介石向他作出“抗日运动决不会发生，本人根本不抗日”的保证⑥。日本参谋本部认为，中国的币制改革是“自力更生的第一步，企图由此增加国富，报复外侮”⑦。广田外相在1936年1月21日召开的第六十八次议会上，宣称中国若“利用第三国的老一套，走与东亚的安定相反的道路，是对日本不友好的行动”⑧。这句话若翻成明白的语言，就是假如中国联合英美反对日本侵略东亚的活动，那是对日本的不友好的行动。这个“不友好的行动”，当然包括了中国的币制改革。

在这个关键的时刻，英国的态度最明朗。它带头克服了中国币改法令由于治外法权不能施加于外国人的障碍。在中国政府宣布币改的同一天，英国外交部批准了英国驻华大使馆颁布的“国王规章”，禁止在华的英籍公

---

① 《有吉明致若杉密电》，《日档：支那币制关系杂纂》，第153/391号，藏经济研究所（北京）。

② 《横滨正金银行全史》，第一卷，第三部（秘密记录），1980年东京版，第436—438页。

③ 《横滨正金银行全史》，第439页。

④ 前揭《美国外交关系文件》，1936年，第4卷，第426页。

⑤ 布勒姆：前揭书，第216、218页。

⑥ 《有吉明大使致广田外务大臣函》（1935年11月21日），第1291号（极密件），载前揭《日本外交年表并主要文书》，第2卷，第312页，前揭《日档：支那币制关系杂纂》，第153/391号。

⑦ 《日中战争（现代史资料—8）》，1976年东京版，第128—134页。

⑧ 前揭《日本外交年表并主要文书》，第2卷，第325页。

民使用白银，并规定英籍公民必须遵照中国的币改法令办事，违者依法惩处①。在币改实行的第二天，日本驻华大使就威胁李滋罗斯，谴责中英合作排斥日本，并威胁说要“对中国提出严重警告”。但李滋罗斯的回答是，英国将按照中国法令以一（法币）对一（银元）的比价移交白银给中国政府②。英国的态度在当时起了相当大的作用，因为英商银行所拥有的白银要占上海外商银行白银总额 3 963 万元的 44.9%（日本银行占 24.8%，美国银行占 13.1%）③，处于举足轻重的地位。日本银行的态度，如前所述，是坚决反对交出白银的，美国银行的态度处于英国与日本之间。在 1935 年 11 月 7 日上海外商银行讨论移交白银问题时，英商麦加利银行主张应将白银移交给中国政府，日本正金银行坚决反对，美国的花旗银行同日本人站在一边，也反对交银，但它的理由不是政治性的，而是要求中国政府补偿中外白银的差价损失④。一直到 1936 年 3 月 26 日，日本鉴于大势所趋，想一度以日币代替法币在市面流通的企图又归于失败，才勉强同意移交白银。但青岛以北地区的日本银行的白银仍拒绝移交⑤。各国银行的不同态度，反映了当时这些国家在远东政策的基调。

通过币制改革，中国政府集中了约 50 000 万盎司的白银⑥。这就为稳定新货币提供了物质条件。但运用储存的白银稳定汇价还必须经过一个以银易金的过程，正是在这一过程中，我们看到美国的东亚政策开始有所转变的迹象。

这个转变是与美国力图迫使中国货币一定要与美元联锁的态度的转变一致的。摩根索在一开始就认为在东亚存在着一个日元、美元、英镑的“货

---

① 周伯棣：前揭书，第 184 页，附录 4。

② 《有吉明致若杉要函》，1935 年 11 月 11 日。前揭《日档：支那币制关系杂纂》第(5)153/391 号。

③ 汤良礼：前揭书，第 86 页。根据有吉明给广田弘毅的一则电报，日本银行在上海控制的白银总数达 8 926 110 元（有吉明致广田弘毅密电，1936 年 3 月 26 日），《中央银行档》，藏上海金融研究所。

④ 前揭《横滨正金银行全史》，第 1 卷，第三部（秘密记录），第 438 页。

⑤ 《有吉明致广田弘毅函》（1936 年 3 月 3 日）中央银行卷，藏上海金融研究所。

⑥ 阿瑟·扬：前揭书，第 241 页。

币战”。他认为这些强国都想使中国货币与它们各自的货币发生联锁关系，谁能做到这一点，谁就能在这一场货币战中赢得优势[①]。李滋罗斯出访中国带有很明显的使中国货币与英镑挂钩联锁的意图[②]。而日本一直想建立一个包括中国货币在内的日元集团[③]，这也是尽人皆知的事。这都加强了摩根索在这个问题上的疑惧和焦虑。因此，摩根索从不放弃任何一个机会，利用中国货币危机来迫使中国货币与美元联锁。1935 年 10 月 28 日在中国币制改革前，由于银价上涨而导致经济十分困难时，中国曾向美国要求出售两亿盎司白银，以渡过财政金融难关[④]。摩根索认为这是乘人之危的好机会，对罗斯福说：“这是我们的好机会，假使他们(中国)淹沉得差不多了，就用美元把他们钩起来，免得他们去攀附英镑。”[⑤]这个设想同罗斯福也想用这种办法在中国保持一个“立足点”的想法不谋而合[⑥]。在中国币制改革的前夕(11 月 2 日)，中国财政部长孔祥熙再次商请美国收购白银并给予贷款协助。孔说：“管制外汇是否成功，将取决于能否出售大量的白银〔以增加外汇储备〕。”[⑦]摩根索的购银条件是中国货币一定要与美元联锁，而且要在中国成立一个稳定货币基金的三人委员会，在三人中，美国人要占两个[⑧]。11 月 6 日，中国驻美大使施肇基再与摩根索会晤，商谈购银与贷款问题。摩就迫不及待地提出要求中国货币与美元挂钩，并明确表明：“我不会投资六千五百万美元来让你们的货币同英镑发生联锁关系。”[⑨]对于美国提出的条件，施肇基在 11 月上旬(11 月 4 日及 8 日)两次受命向美国表明，与美元联锁及委员

---

① 《摩根索日记》，第 9 部，第 32A—32C。转引自罗素：前揭书，第 225 页。

② 《李滋罗斯致凯德刚函》(Leith—Ross to Cadogan)，伦敦，1935 年 8 月 9 日，英国外交部档 FO“中国卷”F5195/6/10。转引自罗素：前揭书，第 90 页。

③ 《上海大通银行致纽约大通银行》(Chase National, Shanghai to Chase National, New York)，1934 年 12 月 10 日，SDA 卷 893 · 515/369 号。转引自罗素：前揭书，第 90 页。

④ 布勒姆前揭书，第 211 页。

⑤ 《摩根索日记》，第 10 部，第 180 页。转引自罗素：前揭书，第 203 页。

⑥ 《摩根索日记》，第 9 部，第 17 页。转引自罗素：前揭书，第 129 页。

⑦ 《孔祥熙致施肇基函》(1935 年 11 月 1 日)，《中央银行档》，藏上海金融研究所。

⑧ 《摩根索日记》，第 9 部，第 25 页，转引自罗素：前揭书，第 206 页。

⑨ 《摩根索日记》，第 9 部，第 19 页，转引自罗素：前揭书，第 210 页。布勒姆：前揭书，第 212 页。

会中美人三占其二的要求，中国政府受外部的压力（主要指日本）难以接受①。正在这时（11 月 7 日），英国政府通知美国，假使中国放弃银本位，香港地区也将放弃银本位，港币将采取与英镑挂钩联销的纸币管理本位②。这个突如其来的消息使美国面对两重困境，一方面是亚洲最大的使用白银的国家与地区将放弃银本位（这是与白银集团愿望相反的）；另一方面，在世界高银价的哄抬下，中国内地与香港地区的白银走私只会有增无已。联系到远东局势，摩根索估计日本人正在从大量白银走私中积累巨额资金来建造兵舰和稳定日元币值，而且他还怀疑，英、日是否暗中勾结在伦敦海军会议上对付美国③。摩根索在与顾问们反复商量后得出一个结论：降价。只有降低世界银价才能制止日本人从白银走私中攫取巨额资金，增强它的国力；也只有降低银价才可以避免香港地区在世界银市场大量抛售白银。当然，很重要的一点是降低银价会使中国政府把出售白银的渠道从世界银市场转向美国，因而可以控制中国货币与美元联锁的问题。这个问题是当时摩根索心目中的一件大事。但是形势逼人，当香港地区提出放弃银本位约一个星期以后（11 月 13 日），正当中国币制改革处于成败关键时刻，日本正金银行突然向中国外汇基金冲击，大量套购外汇，使中国外汇储备量骤然下降（只剩下 3 500 万—4 000 万美元外汇与黄金储备）。新币制岌岌可危，摇摇欲坠。同一天，施肇基向摩根索紧急求援，要求美国收购 1 亿盎司白银，增加中国外汇储备，应付日本人破坏性的套购外汇的突击活动，以维持新币的信用。摩根索意识到事态的严重性，在立即与罗斯福磋商后，同意收购 5 000 万盎司的白银。在这次交易中，摩根索可能鉴于中国财政金融的全部崩溃，也并非美国之福的考虑，没有提到他过去一再坚持的美元挂钩联锁的先决条件。只是要求售得的美元必须专用于作为稳定货币的基金并存于纽约的银行。他对施肇基说："我把这件事为中国尽可能办得简易一些，因为我希望看到

① 《摩根索日记》第 9 部，第 12 页，转引自罗素：前揭书，第 208、212 页。

②③ 《摩根索日记》第 9 部，第 33—36 页，转引自罗素：前揭书，第 211 页。

你们早日从困境中解脱出来。我愿就凭我们双方口头上的诺言,一言为定,去履行这次协定,我不会再对它有所更改了……我们这样做的唯一理由是:似乎每一个人都在同你们作对,而我们这次不要求任何贸易特权。”①

当然,摩根索态度的变化与日本加紧侵略华北而引起的日益恶化的远东局势有关。1935年12月11日,南京政府在日本军事压力下被迫成立了“冀察政务委员会”,使华北五省三市“虽承认南京政府宗主权,但在外交、内政、经济等方面保持自治”②。1936年1月13日,日本政府发出了“处理华北纲要”,详细列出了将华北从中国分裂出去的步骤与策略③。眼看着“满洲国”事件就要在关内重演④,摩根索不能不考虑美国的白银政策究竟帮了谁的忙?它究竟是否明智?1935年12月8日,他就回顾说:“我觉得在过去一段时期,我国的白银收购政策似乎越来越愚蠢。现在很清楚了,除了收购银矿中新开采的白银以外,我们的政策只是从两个管道把白银从中国吸出去了——一个是日本,一个是英国。”⑤几天以后(12月12日)他再次检讨了白银政策,说:“在公众眼中,我们的白银计划是我作为财政部长唯一无法解释或证明其为正当的财政金融政策。”⑥可以说,事实教育了摩根索,使他认识到美国的白银政策,除了讨好国内的利益集团外,还应该从更广阔的世界政治的角度来看问题。但摩根索仍得非常小心,避免触怒白银集团。因为仅仅在半年以前(1935年4月),参议员毕德门还在向罗斯福总统提出严重抗议,反对中国实行币制改革,脱离银本位制。⑦

为了扭转美国“愚蠢”的白银政策,经罗斯福同意,美国不再支持世界银价,于是银价逐渐下降。1935年12月11日世界银价开始由每盎司

---

① 《摩根索日记》第9部,第155—157页,转引自罗素:前揭书,第155—157页。

② 前揭《日中战争(现代史资料—8)》,第128—134页。

③ 前揭《日本外交年表并主要文书》,第2部,第322—323页。

④ 1936年4月4日根据美国[在中国]的海关人员的分析,美国人几乎肯定日本会在华北搞一个事件,发动一个像1931年在东北那样的战争。布勒姆:前揭书,第222页。

⑤ 《摩根索日记》,第13部,第89页。转引自罗素:前揭书,第221页。

⑥ 《摩根索日记》,第225页,转引自罗素:前揭书,第221页。

⑦ 阿瑟·扬:前揭书,第233页。

0.65美元下降为0.61美元，在以后的40天中再下降为0.45美元[①]。世界银价下降固然有助于刹住白银走私风，但对中国来说，由于银价下跌，以银易金以增强新币制外汇储备的力量也削弱了，因而又遇到同样紧急的新困难。这就迫使中国向美国提出售银与借款以充实外汇基金的一揽子交易。中国的请求，促使华盛顿建议邀请中国派遣代表访美，直接磋商，这是美国远东政策逐步转向主动的一个步骤。尽管国务院仍然是非常小心翼翼，生怕走错一步，引起日本的激烈反应。中国派赴美国的代表人选，原来拟定是宋子文或王正廷，但遭到国务院的反对。因为这两人的政治色彩都太浓厚，怕触犯了日本人。再者，蒋介石也不同意宋子文为代表[②]，最后选定了银行家陈光甫。尽管摩根索这时越来越感觉到应采取措施加强中国实力，即使因此而得罪日本，也在所不惜。但为了避人耳目，陈光甫仍以中国银行董事的身份访问美国。当然，白银大亨们还要求中国代表在美会谈的内容都应该让他们知道。所以在中国驻美大使馆招待陈光甫一行的宴会上，当时显赫的白银参议员如毕德门、金氏、惠勒等都是座上客。金氏还专门同陈光甫单独会谈一次，弄清楚了陈氏此行不是来损害白银利益的，他们才算放心了。

1936年4月8日陈光甫第一次与摩根索晤谈，经过将近一个半月的紧张会谈，5月28日双方达成正式协议。在第一次会谈时，摩根索就表示："我感到从长远来看，帮助你们也是帮助我们自己。我们认为帮助中国加强它的货币对世界和平是至关重要的。对中国来讲这也是问题的全部中心……讨论这些事情时，我们不是别有用意地怀有私心的。"[③]由于美国把支持中国应付日本侵略的困境这一东亚的严重局面同美国的长远利益联系在一起，所以美国在谈判中并没有提出和坚持中国难以接受的苛刻条件（如中国货币一定要同美元挂钩等）；同时，也由于中国急切地有求于美国，基本上接受了美国财

① 布瑞兰：前揭书，第149—150页。转引自罗素：前揭书，第233页。
② 《陈光甫致朱杰牧函》（1936年2月19日），《中央银行档》，藏上海金融研究所。
③ 布勒姆：前揭书，第223页。

政部提出的方案，所以谈判虽有严峻的时刻[1]，但进展还是比较顺利[2]。根据协定，美国按市价向中国购买2 500万盎司白银(1936年6月前购买1 200万盎司，然后每月购500万盎斯，直至1937年1月15日)[3]；中国同意继续鼓励铸造银币，其成色是0.72(而不是像英国那样的0.5)，白银储备须为银币流通量的四分之一，并放宽白银在工业和艺术品方面的用途[4]；中国保持币制独立，不与任何国家货币挂钩，但将改进外汇汇率挂牌方式，以免看起来好像是在同英镑挂钩[5]。协定的秘密条款是纽约联邦准备银行以南京政府所存的5 000万盎司白银为抵押，提供2 000万美元的"美元外汇"(避免使用"贷款"字样)[6]。据参与这次谈判的当事人顾诩群的回忆，通过谈判，中美之间还达成一种"默契"(understanding)，即"今后中国向美国谋求更多、更好的贸易及更多的合作"[7]。日本理所当然地对这次中美谈判表示了极大的关切。4月22日日本的一名商务、财政代表富田洋太郎专程由伦敦来到华盛顿，由日本大使陪同与摩根索会晤，想摸清一些底细。富田洋太郎说，他认为中国币制改革是失败的。摩说，以他之见，"中国币制改革进展顺利"，并说，其他在华外商银行都把白银移交中国换取法币，唯独日本银行拒交白银，其总数约1 000万美元。富田洋太郎说，日本银行"还没有拿定主意"。在这个当口，陪同会见的日本大使把题岔开了。[8]

这一次中美白银谈判，在美国方面很大程度上考虑到中国的白银危机与日本加紧侵略东亚的局势问题。4月13日会谈正在进行，罗斯福在与摩

---

① 《访问顾诩群谈话记录》，1969年6月24日，台北。转引自罗素：前揭书，第237页。

② 《银问题与中美银协定之缔订》，1936年(原件无月、日)，《中央银行档》，藏上海金融研究所。

③ 席德懋(中央银行业务局局长)致孔祥熙函(1937年4月13日)《中央银行档》，藏上海金融研究所。前揭《摩根索日记》第24部，第120—121页。布勒姆：前揭书，第226页。

④ 孔祥熙致施肇基函(1936年2月13日)《中央银行档》，藏上海金融研究所。阿瑟·扬：前揭书，第243—245页。

⑤ 前揭《摩根索日记》第12部，第48—49页，转引自罗素：前揭书，第237页。

⑥ 席德懋致孔祥熙函(1937年4月13日)《中央银行档》，藏上海金融研究所。

⑦ 《访问顾诩群谈话记录》，1969年1月24日，罗素：前揭书，第237页。

⑧ 《摩根索日记》第22部，第44—45页。转引自罗素前揭书，第235页。布勒姆：前揭书，第225—226页。

根索工作午餐之际，详细询问了会谈情况，特别关心陈光甫的政治态度——是否反对日本侵略。摩根索在这个问题上作了肯定答复，并说:“假使希特勒在欧洲能保护他自己，因而在(东西)两面边界都将不会发生冲突，他很可能会联合日本袭击苏联。”罗斯福认为这个可能性是存在的。摩根索认为中国情况很糟，除非日本由于同苏联冲突而分散了力量，中国几乎无法抵御日本的攻击。他说中国的虚弱促使他制订了向中国每月购买500万盎斯白银的计划(如上所述，后来购买数量增加了——作者)。对此，罗斯福没有表示反对意见①。在整个谈判过程中，摩根索有意识地把它作为单纯的货币金融问题来处理，签署协定的是双方的财政部而不是两国政府，而且尽量避免使用“贷款”、“信用”这一类字样，而代之以提供“美元外汇”这一类意义含混的字眼，这就避免了国务院的插手与干预②。由于中国同意继续铸造银币并使用白银作为货币准备的一部分，也安抚了白银集团，使他们不致从中作梗。事后，国务院与白银议员对协定都未表示异议。这一协定实际上使美国能对中国进行单独贷款，这是与国务院一直坚持的所谓诸国“联合行动”的政策相抵触的。即使摩根索本人在1935年11月时也还不敢有此设想。这一切都表示了美国东亚政策已有正在转变的迹象。

当然，摩根索的政策从根本上说是从美国利益出发的。他最关心的还是美国在华的利益。正如他自己说的，在当时的情况下，援助中国就是援助美国自己。他所坚持的售银所得必须存储于美国，使美国实际上控制了中国的外汇基金。协定进一步促使中国货币疏远了同英镑的联系，这一点也使摩根索特别满意。美国在这场列强角逐的“货币战”中显然赢得了优势。他积极促使白银协定的签订，当然远不是出于利他的动机。

1937年7月8日孔祥熙在伦敦参加了英王乔治六世加冕典礼之后到达华盛顿，又向美国出售了白银6 200万盎司③。自币制改革后至1937年抗日

---

①② 施肇基致孔祥熙函(1935年11月3日)，《中央银行档》，藏上海金融研究所。布勒姆前揭书，第224—225页。

③ 阿瑟·扬:前揭书，第240页。

战争全面爆发，中国共向美国出售白银 18 835 万盎司，约合美金 9 442 万元①，充实了外汇准备，对稳定币值，度过经济困难起了一定作用。根据施肇基给孔祥熙的报告，在白银协定正式会谈以前，摩根索曾对陈光甫说，"美国唯一关切的就是帮助中国，美国并不想寻求商业利益以及铁路或其他的让与权"②，表示了美国的善意。就在孔祥熙同美国签订出售白银协议之日(1937 年 7 月 8 日)的前一天，日本在卢沟桥发动了进攻，从此展开了持续 8 年的中国全面抗战。美国在白银集团阴影覆盖下迟到的善意，与日本迫不及待地挑起全面战争，是不是历史的偶合呢？

四、结束语——几点历史教训

白银与外交的问题已经成为历史的陈迹。但它仍不失为我们今天研究美国外交政策，特别是东亚政策的一个很有意义的课题，因为它在以下几方面向我们提供了很好的历史典型，即：美国的对外政策是如何同它的国内政策交织在一起的；这一个同国内政策交织在一起的对外政策的效果如何？美国战前东亚政策的支柱——门户开放政策的局限性。

在正常的情况下，任何一个国家的外交政策总是同这个国家内部的利益相一致的，也就是说同它的近期或远期的国家总体利益是一致的。但是美国的政治体制决定它的国内政策常常受不同利益集团的影响，集团的利益有时可以凌驾于美国的国家的总体利益之上，因而也会使美国的外交政策脱离常规。在两党激烈争夺选票时，特别是在选举年尤其是如此。政治家常常向这种强大的利益集团妥协甚至屈服。这是美国外交政策制定和执行的特点。

30 年代美国白银集团对美国外交政策的影响在这一方面为我们提供了一个典型。1934 年购银法案在参议院是以 55 票赞成，25 票反对，16 票弃权

① 《席德懋致孔祥熙函》，1937 年 8 月 2 日，《中央银行档》，藏上海金融研究所。阿瑟·扬：前揭书，附录 15。

② 《施肇基致孔祥熙函》，1936 年 4 月 3 日，《中央银行档》，藏上海金融研究所。

通过的，在民主党人占优势的这一届参议院里，民主党人投了45张赞成票，占这一类总票数的81.8%。在投赞成票的民主党成员中，南部产银区的参议员投了16票，占民主党参议员赞成票的三分之一以上，这16个人的人数虽不多，但结成一团，再加上院外集团的力量，在立法上有很大的发言权。因此罗斯福对他们必须认真对待①。但是，当这种国内集团的压力稍松时，罗斯福在外交政策的选择上就有较多的回旋余地。事实上，大约在1935年中期以后，罗斯福已感觉到，他在议会中已拥有足够的力量可以同白银集团相对抗了。1935年4月底，当白银集团继续施加压力迫使银价上涨时，摩根索颇有迁就顺从之意，但罗斯福说："这一届议会不必顾虑白银立法问题。我至少可控制64票，肯定能击败任何白银法案，所以不必考虑〔银派议员〕会搞更多的白银立法。"②诚然，罗斯福当时若倾其全力也许能否决或制止银派议员的白银法案，但这样做会导致立法与行政的严重对立，其结果也许会使罗斯福当时力图摆脱经济恐慌的一套法案在议会中受到抵制而无法实施。这个代价对他来说是太大了。因此，他还是宁愿把银价保持在一定高水平(0.75美元左右)，以便继续安抚白银集团，获得他们支持。到1935年底，由于罗斯福的"新政"已取得明显的效果，原来支持白银集团的一些势力(如通货膨胀派、农民等)已开始从这一集团的影响下分离出来，而白银大亨们的内部也趋于分裂，不再像1934年那样团结一致了③。1935年11月，中国币制改革后，参议员毕德门曾估计世界银价会升到每盎司1.29美元。罗斯福私下嘲笑地说："这是毕德门荒诞无稽之谈。"④这时罗斯福已不再把白银集团看成一个在政治上的威胁力量了。在这时，也只有在这时，再加上日本在中国北方的咄咄进逼，罗斯福才开始认真考虑调整美国的白银政策。而在此以前，美国政府在白银集团的压力下，像摩根索所说的，干了一些"蠢事"，

① 野砠豊：前揭书，第142页。

② 《摩根索日记》第5部，第28—29页。转引自罗素：前揭书，第135页。

③ 埃弗瑞斯特：《摩根索：新政与白银》(Morgenthau, the New Deal, and Silver)，纽约1950年版，第56页，转引自罗素：前揭书，第208—209页。

④ 《摩根索日记》，第11部，第21—22页，转引自罗素：前揭书，第208页。

直接帮助了它在远东的劲敌——日本。

在白银集团压力下所形成的一系列政策(包括人为地猛促世界银价上涨的政策),究竟对美国的总体利益带来多大的好处,这个问题值得研究。根据历史学家罗素的分析是,白银政策对美国来说并不是一个“聪明的投资”。从1934—1938年,美国的白银生产者换取的“白银证书”共值16 000万美元,白银工业在美国是一种小工业,一直到1939年时雇用工人还不到5 000人,而这一小工业却从1934年起连续15年向美国政府勒索了1.5亿美元。这笔支出远远超过了美国政府在同期内为支持全国农业而付出的金额。为了解决5 000人的就业问题,美国其他的一些推动就业的机构(如“公共工程管理局”等)本来可以较容易地就处理了的①。假使把白银政策在国外所起的政治上和经济上的破坏作用考虑在内,即使以美国利益的尺度来衡量,这一政策的效果也应该是负数。但是白银政策起源于美国的国内政治问题。罗斯福在竞选总统时曾经许诺要“为白银做一些事情”,后来他为了结欢于白银大亨们,的确是不断地“为白银做一些事情”,有时甚至出于政治上的考虑,对白银集团作了一些不必要的让步。以美国纳税人的钱投入大量补贴,支持美国国内银价不断上涨,从而掀动了世界银价的暴涨。1935年7月当世界银价已经成倍地猛涨时,中国的北方正面临着白银走私与国土分裂的危机,罗斯福在白银集团的压力下,向他们保证说,推行白银政策和白银法案“充满了为我们民族造福,使全世界受益的巨大可能性,因此(执行白银法案的)那一责任已经并将要以对于公众利益最为有利的方式来履行”②。“使全世界受益”吗?至少罗斯福的助手不是这样想的,因为就在半年以前,国务院的远东司司长奎伯克就说,“我们不能照正在做的办法干下去,而同时又成为中国的‘好邻居’”,因为“我们收购白银快要把中国人的

---

① 罗素:前揭书,第251—252页。在分析中,罗素曾参阅以下两本书:布瑞兰:前揭书,第153页;斯莱辛格:《罗斯福时代:卷2:新政的来临》(The Age of Roosevelt: Vol.Ⅱ: The Coming of New Deal),波士顿1958年版,第252页。

② 阿瑟·扬:前揭书,第234页。

'血抽干了'"[1]。在这里,我们看到当美国的国内政策与对外政策绞连在一起时,它看起来好像是符合国内利益的,但却不符合美国的国外利益或不一定符合美国的总体利益。这在美国历史上是屡见不鲜的。美国国内利益集团所形成的国内政策,常常会影响、覆盖甚至控制对外政策,这是美国政治制度的产物,正因为是植根于美国政治制度的,因此它可以发生在过去,也可以再现于未来,它构成了美国对外政策的一个特色。

30年代是远东的权力均衡失去平衡的时代。20年代由华盛顿会议建立的远东均势已完全破坏。苏联在日本武力强占满洲后,于1933年3月就将它在满洲的铁路权益全部让售给日本,脱身而去。不平衡的形势更明显了。1933年罗斯福总统促使美国政府承认苏联,对日本也没有起什么抑制作用。日本建立伪满洲国后,对美国在这一地区的经济利益力加排斥(如美孚油公司及英美烟公司等都相继被日本人从"满洲"排挤出来)。日本人在占领满洲以后,越过长城,肢解华北,窥伺黄河以北地区的侵略活动,更是对美国东亚的"门户开放"政策的一个严重的挑战。罗斯福总统原来可以"为东亚的局势稳定做一点事情",但是由于"天羽声明"的威胁和白银集团的压力,他既怕开罪于白银大亨们,又怕触犯日本人,想在这个夹缝中制定一个应付方案来。其结果是:对日本采取消极的不行动政策,对白银涨价则采取积极的行动政策。于是就造成这样的局势,"日本人以武力的侵略在北方从外部削弱中国,而美国则以白银政策在货币金融方面从内部削弱中国"[2],使中国腹背受敌,进一步加深了东亚不平衡的局势。执行白银政策的摩根索最后也把1934年的购银法称为是"那个不光彩的法律"[3]。并且承认美国的购银政策削弱了中国的经济力量,去"尽一切可能帮助日本"[4]。应该看到,当时中国并不要求美国做什么,更不是要求美国为中国而战,只是要求美国

---

① 阿瑟·扬:前揭书,第224页。

② 孔华润:《美国对中国的反应》(American Response to China),纽约1980年第2版,第139页。

③ 阿瑟·扬:前揭书,第207页。

④ 《摩根索日记》第2部,第194页。转引自罗素:前揭书,第83页。

不做什么——不要人为地提高或过速地提高世界银价。美国若能这样做，可以使白银投机者和日本组织的大规模白银走私活动受到抑制，其结果是从一个方面增加了中国对日本抗争的力量。这无疑有助于东亚权力平衡，对美国也是利害攸关的事。但是由于国内政策与对外政策交织在一起，抬高银价好像就成为美国的最高利益。一位曾在中国长期担任财政顾问的美国经济学家，在评论当时美国受白银集团支配的对外政策时说，这一政策“在美国为时过晚地设法挽救局势以前，是美国外交政策中最不光彩的事例之一”①。毕德门参议员虽然讲了很多白银政策对中国和世界的好处，但这种“白银幻想曲”的实质是谋取集团的私利。正如著名的《财政与商业》杂志在当时所评论的：“毕德门参议员在大多数关于白银的演讲中更关心的是讨好他的内华达州的选民，让他的选民们确信他是坚定地支持他们的利益的。这一点超过了他对解决任何实际问题的关心。”②美国的国内集团利益会凌驾于对外政策的原则与道德规范之上，这也许是美国外交政策在渗入了某种国内集团利益以后的又一个特色吧。

奇怪的是，在美国实行白银政策的过程中，日本比美国更高地举起“门户开放”的旗帜。日本外交大臣在解释“天羽声明”时说：“日本本来就支持有关中国门户开放、机会均等的原则。”③日本驻美大使斋藤博与赫尔秘密会谈时，也强调要保证实现在太平洋的门户开放原则④。相反，在美国给日本的文件中，反而不提门户开放政策。例如在赫尔为“天羽声明”给日本人的备忘录中，除措辞谨慎外，只字不提门户开放政策⑤。这可能是一则怕因此会激怒日本；再者，也可能是这一个词已被日本人用滥了，美国政府宁愿不再使用这个词。（虽然后来在雅尔塔会议上美国对苏联又使用了这个词。）

---

① 《摩根索日记》第2部，第212页。

② 《参议员毕德门与本地美国商人》(Senator Key Pittman and the Local American Merchants)，载《财政与商业》(Finance and Commerce)第19期，1931年1月21日。转引自罗素：前揭书，第24页。

③ 前揭《日本外交年表并主要文书》，第2卷，第285页。

④ 博格：前揭书，第92页。

⑤ 前揭《美国外交关系文件》1931—1945年，第1卷，第231页。

经过海约翰在20世纪初提出，后来又在华盛顿会议上重申的美国门户开放政策的原则与精神，到30年代由于日本大规模地侵占中国领土，早已荡然无存了。在这一时期，日本在东亚的门户关闭主义是占上风的，面对这种形势，美国政策的特点，正如历史家博格所说的，是一个"无所作为的战略"①。美国竭力避免触犯日本人，尽量避免由美国单独对中国进行财政援助，即使一定要援助时也要采取国际联合行动(当然包括日本)。一直到中国实行货币改革，摩根索对白银政策的危害性看得越来越清楚之后，才将此作为由财政部处理的"纯粹财政问题"。购买中国白银，加强了中国在币改以后的经济地位。由此我们看出，美国的门户开放政策常常由于国内外局势的影响，有很大的局限性与脆弱性。造成这一情况的因素是很多的，但国内集团利益的牵扯，恐怕也是重要原因之一。在"参议员毕德门挥动皮鞭的劈啪声中"②，白银至上，其他的原则也就牺牲了。

研究历史是为了探索将来，为人类社会的发展，为国与国之间的关系寻找更美好的前程。30年代这一段中美日三国关系的历史，也许可以为我们提供一些有益的教训。

---

① 博格：前揭书，第524页。

② 此语出自英国外交部浦瑞特爵士(Sir John Pratt)，1935年1月9日浦瑞特记录，英国外交部档"中国卷"第F233/6/10号。转引自罗素：前揭书，第109页。

美援的背后[①]

大凡一个国家出钱援助另一个国家或国家集团，不会没有政治目的而仅仅是因为同情而施舍。20 世纪 30 年代中国著名银行家陈光甫折冲于中美之间，洽商美国的白银贷款和锡、钨贷款，历经甘苦，终于悟出一个道理："国际间无慈善事业。"的确如此，在那个年代，慷慨解囊的仗义言辞后面，掩盖着的是国与国之间赤裸裸的利害关系。明乎此，就不难理解为什么日本在 30 年代对美国贷给中国的美麦贷款和棉麦贷款那么如临大敌，惴惴不安；也不难理解为什么美国国务卿赫尔在太平洋战争爆发前对美国的对华贷款那么蹑手蹑足，生怕触犯了"天羽声明"。原来这些贷款虽然都是财政行为，却牵动了中、日、美三国的利害关系，而可能导致国际关系失衡，爆发危机。

美国政府对中国的贷款虽始于中国抗日战争全面爆发之际，但从规模和品种来讲都远远落在当时苏联援华的后面。这是因为日本大举侵略中国使苏联感到它的安全受到更直接的威胁。一直到日本与德、意结成三国同盟，南进太平洋的攻势日益露骨，美国的利益受到明显的威胁时，也只是在这个时候，美国对中国的援助才逐渐进入高潮。但是它的进展速度和时断时续的过程又与二战的战场态势及中国国内的政治形势息息相关。假使把美国对中国的援助画成一根曲线，它的起落变化，往往是与中国的国际和国内政治形势变动的曲线相一致的，因为这些变动的后果都与美国的国家利

① 原载任东来：《争吵不休的伙伴——美援与中美抗日同盟》一书序言，广西师范大学出版社 1995 年版。

益有关，而美援是受美国国家利益所支配的。因此，对于历史学家来说，美援的变动（数量、品种、时间）就成为观察中美关系及其相关的国际因素变化的一个重要的综合标志。这个标志不但印证了我们已知的历史过程，而且还可以从它的起伏升降和停顿与继续中看出中美双方和中美各自内部的各方或各派势力之间一些内在的矛盾与统一。这就把历史研究引向更深一层。任东来同志抓住美援这个综合标志来论述和分析 30 年代到 40 年代的中美关系，确是别具一格，很有意义。

这本书给我们一个总的印象是，美国对中国的援助在那严峻年代的关键时刻，对抗击日本侵略是起了作用的，但这种援助从本质上说是美国推行对外政策的杠杆，抑制国外敌对势力的武器，支援国外朋友集团的筹码，它服从于美国近期或远期的国家利益。这是一个重要的历史结论，值得人们深刻玩味。

第三部分

中美关系的其他方面

太平洋战争与中国①

一、泥潭——南进

1.“泥潭”与持久战

如“在泥潭中越陷越深”②。这是日本著名的外交官重光葵在他战后的回忆录里对中日战争时期侵华日军处境的描述。这是一个很形象但也很忠实的概括。

日军自1937年7月在卢沟桥发动全面侵华战争时起到1938年10月占领武汉时为止,前后共16个月,这是全面抗战的第一阶段。在这一阶段,日军占领了100余万平方公里,1亿多人口的广大地区③。中国军队撤退到黄河长江以南,平汉、粤汉铁路线以西地区。日军在广袤的土地上占领的据点,好像在浩瀚的大洋中的一些孤岛。在攻陷南京以后,近卫内阁显然认为中国“一击就倒”了(日陆军大臣杉山语),迫不及待地发表了“帝国政府今后不以国民政府为对手”的声明(1938年1月16日)。并在两天后又补充声明说要“彻底抛弃”国民政府(1938年1月18日)④。但近卫内阁很快就发现,事情并没有了结,武

---

① 原载细谷千博、本间长世、入江昭、波多野澄雄编:《太平洋战争》,东京大学出版社1993年版。后收入“中华美国学会丛书”《战争与和平》论文集,中国社会科学院出版社1996年版。

② 〔日〕重光葵:《昭和动乱》,东京·总书房株式会社1952年版,第Ⅰ:249—250页。引用本书时参阅了齐福霖等译:《日本侵华内幕》。解放军出版社1987年版的有关部分,以下同。

③ 余子道:《中国正面战场对日战略的变化》,郑会欣等编:《民国档案与民国史学术讨论会论文集》,档案出版社1988年版,第362页。

④ 〔日〕外务省编:《日本外交年表和主要文书》下册。原书房1984年版,第386—387页。

汉沦陷以后，蒋介石迁都重庆继续抗战。中日战争还远未结束（自此以后中日战争又持续了7年多）。中国方面，国民党与共产党虽是生死冤家，但在民族危机的紧要关头，双方都采取了一致抗日的方针。蒋介石当时的主要政策有两点：第一，把抗日战争坚持下去，采取“持久消耗战略”；第二，在坚持抗战中，等待国际变化，特别是寄希望于美国的援助与干预。用当时中国驻美大使胡适的话说，就是“苦撑待变”①。中国共产党在抗日战争全面爆发后，对内放弃了推翻国民党政府的立场，实行国共合作、共同抗日；对外，放弃了国内革命时期“打倒一切帝国主义”的口号，同国际上愿意和平而又反对侵略战争的帝国主义“建立共同反对日本帝国主义的关系”②。这一政策的重大特点是把国内的抗日民族统一战线同国外的世界和平阵线结合起来了，1938年毛泽东发表了著名的《论持久战》，阐明了在抗日战争中采用持久战略和战术。

这样，国共两党在抗日战争的战略和策略的基本国策上都取得一致的意见。这就是使日本侵华战争中面临着一个非常严峻的“战略持久的态势”③。这一态势对日本很不利，它至少表现在以下两个方面：

（1）有限国力的无限消耗。日本由于自然资源不足，即使在30年代大搞侵略活动时，实质上是一个“脆弱的超级大国”④。1935—1938年，日本主要战略物资都要依赖进口。对外依赖度100%的有橡胶、棉花、羊毛、镍；90%以上的有石油、铝；50%以上的有稀金属、铅、锰、锡；炼钢的主要原料铁矿石则有87%依赖进口⑤。由于对华战争，石油储备下降⑥。自“七七”卢沟

---

① 近卫发布第三次声明，国民党召开五中全会以后，蒋介石于1939年1月30日电驻美大使胡适：“对英、美、法〔援华抗日〕日趋积极，感觉兴奋”。中国社会科学院近代史研究所编：《胡适任驻美大使期间往来电稿》，第10页。在美国宣布冻结日本在美资产，英国重开滇缅路后，胡适于1940年10月12日向蒋提出“苦撑待变”的献策，见《胡适任驻美大使期间往来电稿》，第73页。

② 《毛泽东选集》，人民出版社1969年版，第233页。

③ 〔日〕防卫厅防卫研究所战史室：《支那事变陆军作战(2)》，朝云新闻社1976年版，前言。

④ Akira Iriye, “Western Perceptions and Asian Realities”. Joe C. Dixon, ed., The American Military and the Far East(Washington: U.S. Air Force Academy, 1980), p.16.

⑤ 〔日〕防卫厅防卫研究所战史室：《海上护卫战》，朝云新闻社1971年版，第2页。

⑥ James H. Herzog, “Influence of the United States Navy in Embargo of Oil to Japan, 1940—1941,” Pacific Historical Review, Vol. XXXV, No.3 (Aug., 1966), p.318.

桥事变以来的15个月中，日本已耗费军费100多亿日元，分别占国家总支出的69%和1938年国家总支出的76.8%。1939年，国民收入的1/4已投入直接军事费用①。当时，一位外国观察者——德国驻日大使向国内报告说，由于中日战争，日本已粮食不足、物资匮乏、政局不稳②。1939年后，日军第11师团司令官冈村宁次在展望中日战争的前景时，曾经指出："长期持久战争对帝国有百害而无一利。"③日本的"速战速决"遇到中国的"持久消耗战略"，有限的资源将陷于无止境的消耗，要长期支撑下去是很困难的。

（2）苏联的威胁。还在卢沟桥事变爆发前一年，广田弘毅内阁在四相会议上决定的"帝国的外交方针"虽也提到南进，但重点却在北进，在总体方针中认为，苏联"一面直接威胁帝国国防，一面成为我推行东亚政策的严重障碍"，因此要"把外交重点放在粉碎苏联侵犯东亚的企图，特别是消除军备上的威胁"上④。但是，到1938年陆军参谋部认为对华战争已投入大量兵力，且已陷入持久战态势，再要对付苏联，实在力不从心，"很令人忧虑"⑤。参谋本部的"忧虑"不是没有根据的，从1931—1936年，在东北地区日苏兵力的对比，日本一直处于劣势⑥，早就应该加强，但广州、汉口两个战役以后，日本投入兵力已达极限，卷入中国战场的已达24个师团，约100万人以上，除配置在东北地区的8个师团及在朝鲜的1个师团外，国内仅有一个近卫师团。而苏联在这一地区拥有兵力达28个狙击师和18个航空兵团⑦。特别是1936年8月中苏签订了互不侵犯协定，1939年9月在东北与蒙古边境发生了日苏冲突的诺门坎事件，日本第23师团几乎全军覆没⑧。苏联威胁的危机感

① 〔日〕朝云新闻编集：《防卫手册》。朝云新闻社1980年版，第432—433页。

② Hosya Chihiro, The Tripartite Pact, 1939—1940, in James W. Morley, ed,. Deterrent Diplomacy: Japan, Germany, and the USSR, 1935—1940 (New York: Colambia University Press, 1976), p.200.

③ 〔日〕防卫厅防卫研究所战史室：《陆军作战(3)》，朝云新闻社1975年版，第153页。

④ 〔日〕外务省编：《日本外交年表和主要文书》下册，第345页。

⑤ 〔日〕防卫厅防卫研究所战史室：《支那事变陆军作战(2)》，第3页。

⑥ 〔日〕角田顺：《日中战争(一)》，《现代史资料(10)》，小蔫书房1973年版，第16—17页。

⑦ 〔日〕防卫厅防卫研究所战史室：《大本营陆军部(1)》，朝云新闻社1968年版，第552页。

⑧ 〔日〕防卫厅防卫研究所战史室：《关东军》，朝云新闻社1970年版，第713页。

更加迫切了。唯一的办法只有从中国战场抽调兵力,加强对苏联的防卫。1939年9月建立了中国派遣军后,预备压缩中国战场的兵力(由85万人削减到50万人)充实北方的防御①。但1940年起,中国已由战略防御转为战略进攻,抽调兵力已不可能。持久战的态势使侵华胜利的来临非常渺茫,而苏联却在一旁"坐山观虎斗",待机而动。这个潜伏的危机使日本昼夜难安。

当时,纳粹德国在欧洲的侵略活动来势很猛。日本乘机南进的欲念越来越炽烈,但北进也好,南进也好,首先得解决"中国事变"的问题。军事上的速战速决既然难以奏效,政治上的"谋略"攻势也许是从"泥潭"中解脱出来的最可取的办法了。

2. 从"泥潭"中脱身的第一个尝试——"和谈"

参与了大多数中日地下谈判的今井武夫在详述"桐工作"时曾经说,"在中国事变的开头,日本方面有一部分人原以为一个回合就可以使中国军订立城下之盟,这种想法如白日做梦一样消逝了",负责国事的领导人"为了早日结束事变,不惜任何努力都决心加以尝试也是理所当然的"②。所谓"尝试",当然是指的日本方面诱降和谈判了。外务大臣广田弘毅在1937年10月21日对德国驻日大使逖克逊说,假如有一个与中国友善的国家能劝说南京政府,"日本将随时与中国直接谈判"③(后来五相会议④和参谋部⑤都肯定了这一决策)。这样就启动了抗战初期的德国驻华大使陶德曼的调停活动。中国方面的蒋介石虽然坚决表示要抗战到底,但由于种种原因,他并不拒绝向他伸过来的橄榄枝,有时甚至主动去试探日方的谋和动向。于是就出现了(大多数是在极隐蔽的情况下进行的)中日双方边打边谈和的奇怪现象。

据我目前所能接触到的材料,自1937年中日战争全面爆发到1945年战

---

① 《关东军》,第627页。

② 〔日〕今井武夫:《支那事变的回想》,小蕎书房1964年版,第113页。

③ 《德国驻日大使逖克逊致德国外交部电》(1937年10月21日),复旦大学近代史组编:《中国近代对外关系史资料选辑,1840—1949》第6卷,上海人民出版社1977年版,第11、34页。

④ 〔日〕外务省编:《日本外交年表和主要文书》下册,第389页。

⑤ 〔日〕臼井胜美、稻叶正夫:《日中战争(二)》,《近代史资料(9)》,1964年东京版,第269—270页。

争结束时为止，中日双方为谋和而进行的直接和间接的接触有29次[①]。其中1938年开始的谈判活动最多，共15次；1941—1943年是空白，其他的年份由1次至5次不等。在谈判中，中日双方都互存戒心，一者提防坠入对方所设的圈套，二者怕宣扬出去影响军民的作战意志，因此，除极少数谈判（如陶德曼调停）是半公开的进行以外，其他都是在极隐蔽的情况下进行的。

这些谈判的前后过程，因限于篇幅，在这里不可能详细评述，但有些特点仍值得简要归纳一下：

第一个特点是，中日双方都各有企图，有些外国的参与也各有自己的打算。中国方面主要是为了：(1)通过谈判缓和日军凌厉的进攻，获得喘息的机会。卢沟桥事变以后，中国政府原寄希望于对日本实行国际制裁，但1937年10—11月的布鲁塞尔会议以后，一纸空洞的决议使中国的期望落空了[②]。接着上海沦陷，南京濒危，正是在这种情况下蒋介石决定接受陶德曼的调停。以后汪伪组织成立，滇缅路被封锁都是促使蒋进行和谈的重要背景。(2)借谈判的机会摸清对方的底牌，刺探情报。如姜豪在谈判之中，由香港到重庆后就直接受蒋介石的秘密警察头子戴笠的调遣[③]。在“桐工作”中戴笠的部下曾广即冒名宋子良作为中方主要代表之一参加谈判等。(3)通过谈判牵制日方，阻止汪精卫上台。如萱野长知先后与孔祥熙、蒋介石派遣的人员在香港进行了长期谈判。中方所关切的一个重要问题就是设法阻止汪精卫上台，所以当汪精卫1941年6月14日访问日本，汪伪上台已成定局，谈判也就终止了。(4)作为要挟英、美提供更多援助的筹码。如1940年10月正当“钱永铭工作”及德国第二次拉拢中日和谈时，蒋介石接见英国驻华大

---

① 参阅本文附录。

② 参加布鲁塞尔会议的中国代表顾维钧说，1937年10月—11月举行的布鲁塞尔会议“由于在远东有巨大利益的大国不愿采取任何有效措施来抑制日本”，英、美、法对中国的呼吁反应冷漠，意大利从中作梗与中国的提案作对等等，都是导致中国在这次会议中未能斗倒日本，归于失败的直接原因。《顾维钧回忆录》，中华书局1985年版，第696页。

③ 本文作者在上海访问姜豪谈话记录（1991年8月10日）。姜豪是1939—1940年“姜豪工作”的主要参与人。

使卡尔在叙述了中国抗战的艰难后，严厉地对英国大使说“中国抗战业已到决定自己地位阶段，将于两月内决定适应此新局面之未来政策，断不能长此放任不决”。弦外之音，中国除抗战以外还可以有别样选择。蒋电中国驻美大使胡适将这次会谈情况通知美国①。同时，美国驻华大使约翰逊也致电美国政府说：“现在是美国对中国进行援助的时候了。”②果然，罗斯福总统意识到这一信息的重要性，立即要财政部长摩根索向中国提供一亿美元的援助③。1941 年 3 月美国国会通过租借法案后，美国援华范围扩大。

日本方面搞和谈的目的是：(1)急于从中国“泥潭”中解脱出来，在体面的条件下，把陷于中国的兵力抽出来对付苏联或积极南进。因此，日本参谋本部很积极，在 1937 年 10 月调停开始前就秘密将议和备忘录交德国驻日使馆武官，并请德国担任中日战争的斡旋工作④。(2)通过谈判以最低的军事代价获取最多的政治成果，用不战而胜的策略完成占领中国，达到结束“中国事件”的目的。(3)通过与重庆谈判，压迫汪精卫就范，同时也借谈判促使汪蒋合流，达到统一控制中国的目的。“姜豪工作”、“钱永铭工作”都是在汪伪政府成立以前建立渠道，以便获得重庆的条件，并试探促使两者合流的可能⑤。(4)和谈也是日本不同派系贯彻他们自己主张的手段。日本对如何结束中国事件有不同意见：陆军内部就分重庆派（如小野寺信）和汪精卫派（如通口季一郎），他们的背后还有更强大的背景，为贯彻各自结束中国事件的决策都积极投入谈判活动⑥。

至于一些外国参与调停工作，也都有他们各自的企图。在全面抗战初

---

① 《中国外交部致胡适电》(1940 年 10 月 18 日)，《胡适驻美期间往来电稿》，第 76—77 页。

② FRUS, 1940, Vol.4, p.440, p.447.

③ Morgenthau Diaries—Ghina (Washington D. C.: Da Capo Press, Inc., 1965), Vol. Ⅰ, pp.243—250.

④ 〔日〕外务省编：《日本外交年表和主要文书》下册，第 108 页。

⑤ 〔日〕参谋本部编：《杉山日记》，原书房 1967 年版，第Ⅰ:146 页；1991 年 8 月 10 日本文作者访问姜豪记录。

⑥ 〔日〕臼井胜美：《日中战争之政治进展》，载《通往太平洋战争之路》，东京 1963 年版，第 214 页。

期，中国的军事顾问大多是德国人（共71人），作战的军火约80%来自德国，因而产生的商业活动也深受德国人的顾念[①]。最使德国顾虑的是日本为了进攻中国几乎把全部力量都卷进去了，因此削弱了对付苏联的力量，而中国的战败会导致中苏的结合，这也是德国的一大顾虑。如调停成功，德可以从中得益不少[②]。至于1940年德国第二次参加调停活动，则是以保证日本会提出宽松的条件为诱饵，并以承认汪伪政府为威胁，迫使中国与日本议和并参加轴心集团，借以推动日本在亚洲向英国挑战，让英国在英德战争中首尾不能兼顾[③]。英国参加中日战争的调停（1938年、1940年）正好与德国相反，主要是缓解自己面临的危机。它在1940年甚至拉拢美国促使中日议和，遭到美国的拒绝[④]。这是英国预期到太平洋风暴的来临，在压力下采取的一个很不策略的步骤。意大利在1937年和1938年的调停活动，主要是讨好德国和日本，没有什么战略上的意义。

和谈的第二个特点是，这一工作在中日双方所涉及的面都很广，而且常常是多渠道、多层次的同时进行。在历次工作中卷进去的人物，属于中层官员的可以说多不胜数，有的始终参与其事（如日方的今井武夫）。中国方面的高级人物，属于政界的有蒋介石、孔祥熙、张群、陈诚、宋子文、戴笠、孔令侃（孔祥熙之子）等；金融界的有钱永铭；青洪帮头子杜月笙等都直接、间接参与其事或幕后指挥。日本方面，首相（如近卫文麿）、外相（如宇垣一成、松冈洋右）、陆相（如板垣征四郎）、派遣军司令（如松井石根）、民间有势力人士（如萱野长知）等都先后策划其事。甚至天皇对和谈工作也有所过问（如缪

① 张水木："德国对中国抗日战争之调停"，"中央研究院"近代史研究所编《抗战建国史研究会论文集，1937—1945》，台北1985年版，第261、268、271、294页（李国祈评论）。

② 《德国驻日大使逖克逊致德国外交部电》（1938年1月17日），复旦大学近代史组编：《复旦大学对外关系史资料》下卷，第53页。

③ 《中国外交部次长徐谟与美国驻华大使詹森谈话记录》（1940年11月19日，重庆），秦孝仪编：《中华民国重要史料初编——对外抗战时期》，台北1981年版，第115页。此事还参阅FRUS，1940年远东，第436—437页。

④ 《胡适致蒋介石电》（1940年7月16日），中国社会科学院近代史研究所编：《胡适驻美期间往来电稿》，第54页。

斌工作）。历届内阁中也有因和谈工作处理不当而导致内阁垮台的（如小矶内阁）①。谈判常常是多渠道的同时进行，有时是官方与民间工作交叉（如“桐工作”与萱野长知工作）②；有的是官方分几条线同时进行（如1938年宇垣与孔祥熙、张季鸾与绪方竹虎两条线同时工作）。为了形成伪组织和进行分裂活动，在不同地区同时进行的例子就更多了。“土肥原工作”（在北方网罗北洋军阀旧人或立伪组织）和“余汉谋工作”（在南方势力中进行分裂活动）就是在同年同月同时进行的。所有这些都反映了日本急于在谋略上取得进展，摆脱持久战，早日结束中国事件的迫切心情。

和谈的第三个特点是，双方所提出的具体条件，随着战事的发展和国际局势的变化而不断变更。把双方先后谈判的条件加起来不下几十条，但从历年发展过程中归纳起来，日方的条件实质不外以下几条：(1)改组国民政府，蒋介石下台；(2)承认“满洲国”，即承认日本占领东北的合法性；(3)承认汪精卫傀儡政府或把重庆政府与汪伪组织合并起来，以便统一控制；(4)承认内蒙古自治；(5)承认日本在华驻兵权；(6)承认日本在华特殊经济特权；(7)与日本合作加强防共反共。很明显这是把整个中国沦为日本殖民地的亡国条件③。

开始时日方完全以战胜者的姿态提出迫降的条件。广田外相要德国驻日大使转告中国，假使中国不接受日本条件，日本“就要把战争进行到底，使中国完全溃败，然后再提出远比现在更苛刻的条件”④。

但是蒋介石也有他的底线。蒋通过谈判的中间人表示：“对于那种认为日本已经从这次战争中成为胜利者的看法，他不能接受”，“假如日本不愿意恢复战前状态，他不能接受日本任何要求”，“中国不能接受关于内蒙古自治的要求”，“华北主权完整和行政独立不得侵犯”，假如日本要继续作战，“中

① 〔日〕木户幸一：《木户幸一日记》，东京大学出版社1966年版，下卷，第1186—1188页。

② 黄美真、张云编：《汪精卫集团投敌》，上海人民出版社1984年版，第236页；杨天石：《抗日战争前期日本“民间人士”和蒋介石集团的秘密谈判》，《历史研究》1990年第1期，第172页。

③ 〔日〕外务省编：《日本外交年表和主要文书》下册，第380—381页。

④ 《德国驻日大使逖克逊致德国外交部电》(1937年11月3日)，复旦大学近代史组编：《中国近代对外关系史料选辑》下卷，第35页。

国也不会放下它的武器”①。在陶德曼进行调停时，国民政府虽同意以日本条件为谈判基础，但中方的条件实质上已完全否定了日方的条件。当日军攻陷武汉以后，进一步把条件大加升级，连逖克逊也对广田外相说“要中国接受这些条件是极端不可能的”②。

在以后的谈判中，双方所提的条件大体都是围绕上述中日双方的基本条件而上下浮动。

总的讲起来，因战争与国际局势逐步向有利于中国方面转化，所以日方条件的变化幅度比中国方面更大一些。国民政府虽也表现出对谈判寄予一定希望，但更多的是把它当作一种“兵不厌诈”的策略。所以在重要关头，国民政府总是守住“领土与主权”这一条底线。“萱野长知工作”是中日双方都倾注力量的谈判，连宋美龄都亲临香港指挥。代表蒋介石在香港参与秘密谈判的杜石山曾劝蒋在汪伪政府成立以前同日本达成协议，“否则夜长梦多，多一纠纷即多一障碍”，但蒋复电说：“‘领土完整、主权独立’八字便可。余请改删。”③在此以前，蒋给杜石山的电报中也说：“惟和平之基础必须建立于‘平等与互让原则之上’，尤不能忽视‘卢沟桥事变前后之中国现实状态’”④。中日之间的条件是有差距的。尽管如此，蒋介石还是认为把和谈的门开着比关着好。在同萱野长知联络时，蒋要求中方的密谈代表对日方“无论如何要保留此线交谊并须再作紧密联络，俟时机一到，便可进行”⑤。但是蒋介石在“领土与主权”的底线上不敢后退一步。这是因为中国国内有不赞

---

① 《德国驻华大使陶德曼致德外交部电》(1937 年 11 月 5 日，1937 年 12 月 3 日)，复旦大学近代史组编：《中国近代对外关系史料选辑》下卷，第 36、37、39 页。关于东三省回归中国的问题，据蒋介石的政治顾问〔美〕拉铁摩尔说“蒋介石认为全部收复满洲对中国是绝对重要的，不如此，则在远东不可能有稳定的和平”。见 Owen Lattimore to Lauchlin Currie(July 24, 1941, Chungking), Box 4, Lattimore Papers, Manuscription Division, Library of Congress。

② 《德国驻日大使逖克逊致德外交部电》(1937 年 12 月 23 日)，复旦大学近代史组编：《中国近代对外关系史料选辑》下卷，第 45 页。

③ #452，《杜氏笔谈》(1939 年 4 月 2 日)。小川平吉文书研究会编：《小川平吉关系文书》，美铃书房 1973 年版，第 616 页。

④ #437，《蒋介石致杜石山电》(1939 年 6 月 6 日)，《小川平吉关系文书》，第 634 页。

⑤ #478，《杜氏笔谈》(1939 年 6 月 6 日)，《小川平吉关系文书》，第 634 页。

成妥协的反对派。在蒋介石阵营里，冯玉祥就是一个，他曾指责说："有人在香港借和平运动阴谋破坏抗战阵营。"①但是反对妥协最激烈的是中国共产党和广大的人民群众。还在陶德曼调停时，蒋介石就对这位德国大使说："假如他〔蒋〕同意〔日本的〕那些要求，中国政府定会被舆论的浪潮冲倒。中国会发生'革命'"，"中国政府倾倒了，那么唯一的结果就是共产党将会在中国占优势。但是这就意味着日本不可能与中国议和，因为共产党是从来不投降的"②。蒋介石的估计没有错，中共反对与日本妥协的态度非常坚决。1938年5月，斯诺曾经问毛泽东："假如战争拖得很长，日本没有完全失败，共产党能否同意讲和，并承认日本统治东北?"毛答道："不能。中国共产党和全国人民一样，不容许日本保留中国的寸土。"③蒋介石很怕革命，也很怕失去政权，他曾经对日方说"自己失败，政权即落红军之手"，"自九·一八后已受国人唾骂，讥为卖国贼、日本走狗"④。蒋介石不敢也不愿做民族罪人。他若冒天下之大不韪同日本搞丧权辱国的谈判，将成为一个万世被人唾骂的卖国贼。强大高昂的民族抗日意识和坚决把抗日斗争进行到底的共产党迫使蒋介石虽不愿意关上和谈之门，但也不敢做出有损民族利益的事。这就是当时蒋介石的处境。

时间对中国有利。随着战争与国际形势的发展，日本在谈判中的优势越来越少。由"迫降"、"诱降"、"诱和"、"和谈"节节后退。中日谈判中有三个死结：承认"满洲国"，承认汪伪政权，承认日本有权驻军。关于"满洲国"问题，日本到最后也没有让步，中国从来也没有正式承诺承认"满洲国"，而是采取搁置起来，以后再议的态度。关于承认汪伪政权的问题，日本在迫使蒋、汪合流遭到中国方面的抵制以后，到1944年9月的"最高战争领导会议"

---

① 贾存德：《孔祥熙与日寇勾结活动片断》，《文史资料选辑》，文史资料出版社1980年版，第29辑，第73页。贾曾代表孔祥熙参加同萱野长知的谈判。

② 德国驻华大使陶德曼致外交部电(1937年11月5日，南京)，复旦大学近代史组编：《中国近代对外关系史料选辑》下卷。第36页。

③ 毛泽东：《论持久战》，《毛泽东选集》，1966年版，横排本，第412页。

④ 《杜氏笔谈》(1939年5月26日)，《小川平吉关系文书》，第630页。

时，日本已“同意蒋介石返回南京，建立统一政府”。关于撤军问题也退到“如果在中国的英美军队撤退，帝国也撤退军队”①。而中国方面的条件则逐步升级。到1940年底除收回领土与主权外，更提出日本须取消“大东亚新秩序”和“共荣圈”的声明②。一直到最后一次“何世桢工作”(1945年秋)，中国更提出日本全部撤军和惩处满洲事件负责人的条件。它标志着日本已濒临战败的前夕。

和谈工作是日本发现自己处于持久战的不利态势，力图从“泥潭”中脱身的一种策略。重光葵曾认为日本整个和谈工作无论在汪伪政权成立以前或以后都是失败的③。从整个来看这一评论合乎事实。在战争中进行和谈，必须具有足够的军事威慑力量。但自攻占广州、汉口以后，日本侵略军的兵力分散，已经无力再作战略性进攻，中国方面由于高昂的民族抗日意识和以中共为首的强大的反妥协力量的存在，加以地域辽阔和国际援助(先有苏联后有美国)的支持，使持久战略能坚持下去。日本没有能通过一系列公开的和秘密的谈判达到在军事上不能达到的目的。因此，谈判的结果，日本仍然是身陷“泥潭”之中。

3. 从“泥潭”中脱身的第二个尝试——建立伪组织

为了脱身于“泥潭”，日本的另一重大策略是，在搞诱降、诱和的同时，建立伪组织——主要是建立汪精卫伪政府。

一直代表日方参与和谈工作，后来升任为中国派遣军司令部副参谋长的今井武夫回顾往事时曾说：侵华日军在1937—1938年间虽占领了中国大片土地，但只是战区不断扩大和兵员不断增加而已，人们逐渐有深陷“泥潭”的感觉，这时才发现单靠作战手段是解决不了中国事变的。也正在这时，汪精卫的出现，对于身陷“泥潭”的日本来说“纵然没有像在地狱里遇到菩萨的

---

① 〔日〕外务省编：《日本外交年表和主要文书》下册。第605—606页。

② 张其昀：《党史概要》，台北1979年版，第Ⅲ：1152—1153页。

③ 〔日〕重光葵：《昭和动乱》。第Ⅱ：9章2节。

信任心,也有渡江时遇着渡船的感觉"①。深庆解决中国事变终于有出头的日子了。

欧战爆发,日本希望尽快解决中国事变,结束对华战争的要求更加迫切。1939 年 12 月 28 日的三相会议决定处理中国事变的政治策略是以"建立新中央政府的工作为中心"②。汪精卫的粉墨登场已势在必行。

汪伪政府是 1940 年 3 月 30 日正式成立的,成立的那天,南京城里并不热闹,多少带点凄凉的景象,同日军在街头殴打居民乱哄哄的场面交织在一起把这个"庆国大典"搞得不伦不类。这一天重庆公布了一批通缉名单,几乎所有参加"大典"的人从汪精卫起都在里面③。8 个月以后(1940 年 11 月 30 日),日本政府正式承认汪伪组织,同一天,蒋介石电驻美大使胡适,要他转请罗斯福总统发表宣言谴责汪伪政权并以实际行动表示支援中国抗战——提供大量援助④。美国的反应是迅速的,就在同一天(11 月 30 日)宣布再向重庆国民政府提供贷款 1 亿美元,并立即供给蒋介石 50 架新式战机⑤。

日本的策略是在中国不同的占领区建立地区性的伪组织。它们受当地的侵华日军直接控制(晋、察、绥远的"蒙疆政府",北方的"中华民国临时政府",华中的"维新政府"等)⑥。汪精卫原想把这些地方组织统一起来,置于他的系统之下,但办不到。日本占领军也不支持他这样做。日本坚持的是"分而治之"的原则,只同意把"临时"和"维新""政府"的名义取消,但"不是取消其内容及其事实"⑦。对日本来说更重要的是希望汪精卫能从重庆国民

① 〔日〕今井武夫:《支那事变的回想》,第 97 页。

② 〔日〕外务省编:《日本外交年表和主要文书》下册。第 421 页。

③ 黄美真、张云编:《汪精卫国民政府成立》,第 846 页。

④ 《蒋介石致胡适电》(1940 年 11 月 30 日,重庆),中国社会科学院近代史研究所编:《胡适任驻美大使期间往来电稿》,第 85 页。

⑤ FRUS, Japan, 1931—1941, 1943 年版,第 59—60 页。事实上在发表声明的同一天美国进出口银行即批准向中国补发贷款 5 000 万美元。《罗斯福选集》,商务印书馆 1989 年版,第 254 页。

⑥ 复旦大学历史系编:《日本帝国主义对外侵略史料选编,1931—1945》,上海人民出版社 1983 年再版本,第 270 页。

⑦ 黄美真、张云编:《汪精卫国民政府成立》,上海人民出版社 1984 年版,第 113 页。

政府把一些重要人物拉过来，从而搞垮蒋介石阵营。板垣征四郎在同汪会谈时对于这一点寄予莫大希望，以为汪精卫能“争取重庆方面要人和军队的多数”，汪当场就列举了一大批名单①。但一直到他垮台，连一个像样的国民党“大员”和地方军阀也没有争取到。对此，近卫文麿大感失望，在回顾此事时他说：“继汪之后，应参加之何应钦诸氏，至今竟无一人到来，此为余等观察之错误。……结果，汪政府之和平运动成为卖国运动，终乏成效。”②日本利用汪伪政权的建立，经营的“汪蒋合流”计划也遭到重庆的严拒。日本虽在汪伪集团上花了很多功夫，但是汪精卫既没有从内部起到瓦解蒋介石的作用，也没有在外部起到掀起反蒋运动的作用③。国际上除了轴心集团谁也不承认它，对海外华侨更是没有吸引力。日本原来想通过汪伪组织以“满洲国”方式来统治中国，以便从经济上搜刮，从政治上驾驭，达到“以华制华”的目的，这样，日军就可能逐步抽身从“泥潭”中解脱出来。但是结果是失败的。到1944年9月，日本“最高战争领导会议”决定向重庆国民党传递以下消息：汪精卫“同蒋关系，作为国内问题处理，听凭双方自行协商”④。这实际上是把汪精卫放到祭坛上，换取重庆国民政府的和平条件，汪精卫被出卖了。

一直到太平洋战争以前，汪精卫都没有完成他的任务，他没能帮助日本从“泥潭”中解脱出来。

4. 从“泥潭”中脱身的最后尝试——南进

因此，“中国事变”仍然是日本的一个沉重的包袱。阿部和米内内阁都把“处理中国事变”作为政治上的重大课题⑤。军界，特别是少壮派军人，也

① 黄美真、张云编：《汪精卫国民政府成立》，第101—111页。

② 复旦大学近代史组编：《中国近代对外关系史料选辑》，第96页。

③ 据侵华日军在1941年的调查“蒋介石在民众中的声望以及严厉的监察，使得和平运动尚无发展至反蒋运动的机会”（1941年7月16日），〔日〕华北方面军司令部《总军情报会议文件》，转引自〔日〕角田顺：《现代史资料》，第492页。

④ 〔日〕参谋本部编：《战败记录》，第175—176页。转引自复旦大学历史系编：《日本帝国主义对外侵略史料选编》，第477页。

⑤ Hosya Chihiro, *The Tripartite Pact*. 1938—1940, p.195；〔日〕历史研究会：《太平洋战争史（三），日中战争（二）》（东京，1974年），第298页。

为此躁动异常，联名要求“尽快解决中国事变”。米内内阁因而垮台(1940年1月16日)①。这时国际上发生了一系列的重大事件：从1939年开始，在不到一年的时间里，德国法西斯的闪电战几乎席卷了除英伦三岛以外的整个欧洲。这个“榜样”使日本军人急于采取行动。1940年9月的德、意、日三国同盟是日本“一石三鸟”的外交策略，既可以牵制苏联，又可乘机接收英、法在亚洲的殖民地，把太阳旗插向太平洋，还可借用同盟的威势要挟英、美停止援助中国，迫使中国进行“和平”谈判，结束“中国事变”。德国在酝酿三国同盟时投向日本的诱饵之一就是可居间调停中日战争，“说服”中国就范②。外相松冈洋右也的确曾为此努力。1940年11月间他在“东京俱乐部”将“结束中日战争”的打算通知了美驻日大使格鲁，并希望美国不要插手③。这就构成了我们上面所讲的德国第二次参与中日和谈。这一回合虽加上了德国的压力，但并未成功。1940—1941年是中国抗战极艰难的时刻。日军封锁了滇缅路，进驻法属印度支那北部，切断了中国接受外援的路线。同时攻占宜昌，威胁四川，对重庆滥施轰炸，造成大量平民死伤。但是迫降、进攻与封锁还是不能解决“中国事变”。日本国内生产自1939年起自顶峰下降，资源储备日渐短缺。在这种无可奈何的情况下，“南进”犹如“绝处逢生”，既可更彻底地切断中国接受外援的通道，而南方的资源又可使日本大本营和政府所渴望的“长期自给自足的形势”④得以实现。1940年底美国驻日大使格鲁已觉察这种动向，他报告说：“日本的兴趣中心最近确已从中国移向南太平洋。”⑤仔细研究一下日本政策的发展，的确可以看到它逐步向南倾斜的轨迹——“北进”、“北守南进”、“南进”。日本要南进，它的潜在的敌人(苏联)与公开的朋友(德国)都希望它这样做，惟恐它不早点动手。但是要解决“中

① Hosya Chihiro, The Tripartite Pact, p.212.

② 蒋永敬：《日本南进与中国抗战之危机与转机》。台湾“中央研究院”近代史研究所编：《抗日建国史研究会论文集，1937—1945》，台北1985年版，第10—11页。

③ 秦孝仪编：《中华民国重要史料初编——对外抗战时期》，第114页。

④ 〔日〕参谋本部编：《杉山日记》下卷，原书房1967年版，第82—83页。

⑤ FRUS, 1940, *Far East*. Vol.4. pp.444—446.

国事变”和顺利地完成南进的目标还要过美国这一关。因为美国对中国抗战的支援使日本无法有效地封锁中国，而进入南太平洋必然同美国的利益发生冲突。因此，1939 年底，在“对外施政方针纲要”(三相会议)中日本决策者特别提出“要与美国取得政治谅解”[①]，于是开始了历史上有名的美日谈判。

日本是背上“处理中国事变”的包袱踏上南进的路程的。它自然把中国问题作为同美国谈判的首要问题(在 45 次会谈中至少有 27 次专门谈到中日战争问题)。也正因为如此，中国也非常敏感，密切注意着谈判的进展，害怕美国出卖中国。5 月 16 日，日本驻美大使野村吉三郎向美国提出希望美国以终止援助使中国同日本媾和。谈判虽是在绝密情况下进行的，但很快就由日方泄漏出去，甚至传到欧洲[②]。5 月 21 日，中国外交部电告胡适说：“近日敌方传出，请美调停中日战争消息”，要胡查明电复[③]。6 月 4 日胡电复外交部说，美国务卿切实密告，“美国在详细征询中国政府意见以前，决不轻于考虑”，美国“深知日本的野心企图，故美国对远东并无抛弃或软化之意”[④]。事实上确是如此，随着日美谈判的进展，中美之间政治、经济和军事关系越来越密切。1941 年初，罗斯福的代表居里专程访问重庆，协调中美关系，特别重要的是，把美国支持中国抗日战争不支持中国内部摩擦的意向，直接传递给中共在重庆的代表周恩来(2 月 14 日)[⑤]；贷款给中国 1 000 万美元(4 月 25 日)[⑥]；供应中国急需的物资，包括卡车 300 辆(5 月 3 日)[⑦]；明确租借法案物资适用于援助中国(5 月 6 日)，罗斯福并亲函蒋介石保证，蒋所需物资在

---

① 〔日〕外务省编：《日本外交年表和主要文书》下册，第 422 页。

② 《陈介(中国驻德大使)致胡适电》(1941 年 5 月 23 日)，《胡适任驻美大使期间往来电稿》，第 106 页。

③ 《中国外交部致胡适电》(1941 年 5 月 21 日)，中国社会科学院近代史研究所编：《胡适任驻美大使期间往来电稿》，第 106 页。

④ 外交问题研究会编：《中国外交档案选辑：中国外交史料丛编》，台北 1964 年版，第 254—255 页。

⑤ 章百家：《抗日战争前期国民政府对美政策初探》，《中美关系史论文集》，重庆出版社 1988 年版，第 316 页。

⑥ 《胡适致中国外交部电》(1941 年 4 月 25 日)，中国社会科学院近代史研究所编：《胡适任驻美大使期间往来电稿》，第 102 页。

⑦ 《张嘉致宋子文电》(1941 年 5 月 3 日)，中国社会科学院近代史研究所编：《胡适任驻美大使期间往来电稿》，第 104 页。

租借法案项下通过滇缅路，不断增加其供应量[①]；罗斯福指派拉铁摩尔为蒋介石的政治顾问，直接沟通罗斯福与蒋介石的联系（7 月 20 日）[②]；在中国空军中建立了以陈纳德为指挥的“P—40”飞机飞行小组（8 月）[③]；由麦格鲁德将军为首的军事代表团访问重庆，研究有效地对中国进行军事援助的问题（9 月）[④]。4 月中旬在日美谈判进入重要阶段时，日苏签订中立条约（4 月 13 日），美国总统及国务卿很担心日本可能乘机大举进攻中国或苏联会减少对华援助[⑤]。在这一微妙情况下，为了表示对中国的支持，4 月 15 日罗斯福在白宫记者招待会上重申美国对被侵略国家之援助政策绝不变更，中国也在其内[⑥]。美国财政部长摩根索也对胡适说：“苏日协定后，美国政府对中国同情只有增浓，决无减退。”[⑦]同时中国从莫洛托夫那里也得到保证，《日苏中立条约》“专为苏联保持和平，与中国无涉。谈判时未提及中国，不影响中国抗战”[⑧]。日本原来设想，德意日三国同盟会压使美国疏远中国并迫使中国同日本媾和，而苏日协定将使中国处于更加孤立无援之地位。但结果适得其反，日本的这些外交措施在日美谈判中更促进了中美关系，加强了两国对付日本的决心。为了坚定美国在谈判中站在中国一边的立场，中国在军事上加强了反攻，9 月底在反攻战役中收复了鄂西重镇宜昌，解除了对重庆的威胁；同时取得湘北大捷。外交部部长郭泰祺电胡适说，这些战役都是“欲证实我抗战到底之政策；同时欲借此促使英美对敌人不但不放松，且加强经济制裁，俾敌人和缓英美企图不能实现”[⑨]。到 11 月底，日军觉察到“重庆方面预测到国际

---

① 吴相湘：《第二次中日战争史》下册。台北 1974 年版，第 727 页。

② *Roosevelt to Jiang Jie—Shi* (June 23, 1941), Box 4, Lattimore Papers.

③ 王斯德、李巨廉：《论太平洋战争前美国远东战略》，《中美关系史论丛》（汪熙主编），复旦大学出版社 1985 年版，第 337 页。

④ Michael B. Kublin, “The Role of China in American Military Strategy from Pearl to the Fall of 1944.” Ph. D. thesis of New York University 1981, UM812727. pp.35—36.

⑤⑥⑦ 《胡适致蒋介石电》（1941 年 4 月 15 日），《胡适任驻美大使期间往来电稿》，第101 页。

⑧ 《邵力子（中国驻苏大使）致胡适电》（1941 年 4 月 17 日），《胡适任驻美大使期间往来电稿》，第 102 页。

⑨ 《郭泰祺（中国外交部长）致胡适电》（1941 年 10 月 8 日），《胡适任驻美大使期间往来电稿》，第 113 页。

关系即将出现重大转折，已抛弃了原来基于长期抗战思想的保存实力……在攻守两面均自主地保持战斗力的绝对优势，以求局面的好转”①。

尽管如此，由于种种原因，如：日本的态度时软时硬，美国力图拖延时间（特别是海军强调准备需时），谈判中出现了一些中国所担心的反复。如赫尔曾表示：只要日本不向南太平洋发动进攻，美国可以帮助日本“从不幸的中国战争”中脱身②；5 月 16 日，赫尔提出了有条件地建议中日双方进行和平谈判，使“满洲的未来问题通过友好谈判处理”③；6 月 21 日，美国政府又建议愿在一定条件下，劝告中国“进行结束战争行为及恢复和平关系的谈判”④。特别是 11 月 22 日赫尔为拖延时间而提出的临时协定，引起了中国极大的反感。12 月 22 日中国外交部部长郭泰祺照会美国，指责美国的临时协定是意图牺牲中国，绥靖日本⑤。蒋介石于 24 日电胡适转告赫尔，强调在日军自中国撤退以前，美若放松任何一点对日经济制裁，“则中国抗战必立即崩溃”⑥。丘吉尔也电罗斯福批评临时协定，使中国将一无所得，中国的崩溃将增加英美共同的危险⑦。赫尔收回了临时协定，而代之以九点原则和十点措施的和平解决方案。在这一方案中，美国坚持了日本自中国撤军及日本须退出德意日同盟的立场。11 月 27 日，野村访晤了罗斯福（半年中的第九次）。罗斯福认为，为日本利益计，应遵循国际上公认的公正和好，相互尊重的基本原则，不应随希特勒主义而肆行侵略。日本以炸弹在珍珠港上空的爆炸回答了罗斯福的责难。太平洋战争爆发。⑧

---

① 〔日〕《现代史资料》，第 510 页。

② FRUS. *The Far East*. 1940. Vol，4，pp.429—430.

③ FRUS. Japan. 1931—1941，Vol.2，pp.427—433.

④ Ibid.，pp.487—490.

⑤ Cordell Hull，The Memoirs of Cordell Hull(New York，1948)，Vol.2. p.1077.

⑥ 《蒋介石致胡适电》(1941 年 11 月 24 日)，《总统府机要档案》，秦孝仪编：《中华民国重要史料初编——对外抗战时期》，第 149 页。

⑦ Winston S Churchill. *The Second World War*. *The Grand Alliance* (London：Cassell & Co. Ltd.，1964)，Vol.3，p.530.

⑧ 日本对珍珠港的突袭，是世界战史上的一个突出的战例。美国是否已事先侦听到，或已分析了各方情报，预计到突袭的可能，到现在还莫衷一是，但中国方面确曾就这件事，在事先通过正式的渠道告诫过美国。1941 年 7 月 31 日，蒋介石曾明确告诉他的美国政治顾问拉铁摩尔转告罗斯福总统说：“我告诉你一个绝密的消息，在可靠范围内，流传着一个报告，即一月〔1942 年〕日本要向南进攻”，拉铁摩尔虽把这消息传递到白宫，但无反应。Lattimore's Conversation With Jiang Jie—Shi (July，31，1941)，Box 4，Lattimore Papers.

太平洋战争的消息传到重庆，全城欢腾，像过年一样，鞭炮之声不停①。蒋介石对太平洋战争的第一个反应是要争取苏联对日宣战。他在12月8日得到日本袭击珍珠港消息后就致电罗斯福总统（通过胡适转）说："应特别注意者，为要求苏俄亦立即宣战，此实为太平洋诸战胜负最大之关键"②。他的理由是：一者，苏俄是当时能以海、空军袭击日本本土的国家；再者，苏俄不宣战，民主阵营可能被日本分化瓦解，各个击破。因此，他主张中苏两国同时对日宣战，否则以后要求苏联宣战就更困难了③。蒋介石的战略思想是把苏联也卷入对日战争，成为盟国，以免中国处于日俄夹击的地位。假使蒋介石的设想成功，以后雅尔塔会议关于远东方面的决定可能会是另一个样子了。但是苏联在这个问题上显然采取"待价而沽"等着瞧的态度。斯大林答复蒋说："苏站在同一阵线，日本将来必破坏中立协定。但眼下西方战事吃紧，希望弗逼其立即对日宣战。"④值得注意的是，斯大林早就没有把《日苏中立条约》当作一回事，料到日本迟早会袭击苏联。事实上苏联一直到太平洋战争基本结束，才对日宣战，这次撕碎中立条约的不是日本而是苏联。

太平洋战争使中国国民党和共产党的对美政策都有所调整。

国民党政府对美国态度，基本上接受胡适的估价，即"今日惟此一国是有镇定远东力量，每到我最倒霉时，总伸手助我。"⑤但蒋介石对美总有些疑虑，特别是在日美谈判中，美方一度准备提出"临时协定"以后，蒋介石始终耿耿于怀。此外，他还对英、美、荷在太平洋早已商定对日共同作战计划，但未与中国通气尤为不满⑥。

① John Service：《State Department Duty in China. The McCarthy Era. and Atter, 1933—1937》 an oral history conducted 1977—1978 by Rosemary Levenson. The Bencroft Library, UC Berkeley (Berkeley, 1981), p.186.

②③ Jiang Jie—Shi to T.V. Song & Hu Shi. (December 8, 1941), Box 4, Lattimore Papers.

④ 郭泰祺（外交部长）致胡适电（1941年12月20日），中国社会科学院近代史研究所编：《胡适任驻美大使期间往来电稿》，第114页。

⑤ 胡适致蒋介石电（1940年7月16日），中国社会科学院近代史研究所编：《胡适任驻美大使期间往来电稿》，第54页。

⑥ Lattimore's Conversation With Jiang Jie—Shi (July 31, 1941), Box 4, Lattimore Papers. 在这次谈话中，蒋介石要拉铁摩尔转告罗斯福要么建立中、美、苏联盟，要么是中国参加英、美、法、荷组织的太平洋防御组织。

太平洋战争爆发后，蒋介石一方面觉得美国利益与中国对日抗战联系更加紧密，向美国索取物资供应更加理直气壮；但也认为有美国这个强大的盟友并肩作战，中国抗战“危险已过大半”，“日本全力侵华之危机已不复存在了”①。这时，蒋更多的考虑是对付中国共产党的问题。后来在关于军队指挥权和美援物资的分配问题上，蒋同美国产生了一系列的矛盾与危机，都同这一考虑有关。这时，不是共产党害怕美国支持国民党吃掉共产党，而是国民党害怕美国支持共产党夺去它的江山。

太平洋战争的爆发，坚定了中共同英美建立国际统一战线的决心。日本袭击珍珠港的消息传到中国的第二天，中共中央立即发表了《中国共产党为太平洋战争的宣言》和《关于太平洋反日统一战线的批示》②。在这两份文件中，中共中央要求“中国与英美及其他抗日友邦缔结军事同盟，实行配合作战”，“中国共产党应该在各种场合与英美人士作诚恳坦白的通力合作，以增加英美抗战力量，并改进中国的抗战状况”③。太平洋战争促使国共两党的对美政策更加接近了。它推进了以加强对日战争为基础的国内和国际的统一战线。这种局面一直延续到 1945 年抗日战争胜利才告结束。

日本发动太平洋战争并没有瓦解中国的抗战，相反的，更促进了中国抗日阵营国内外各有关方面的紧密团结。日本没有能从“泥潭”中脱身而出。太平洋战争把欧洲战争与亚洲战争、大陆战争与太平洋战争联在一起了。这是一个远远超过日本国力的一种战争行为。由于资源与技术的限制，日本军事工业的生产大大落后于美国。据 1941 年初的统计，美国煤炭的产量是日本的 7 倍；钢铁是 10 倍；原油是 475 倍；生铁是 12 倍；发电量是 5 倍。④随着时间的推移，日美军事力量的差距越来越大，到 1945 年 1 月，在太平洋诸岛，英美的陆军为日本的一倍半，空军与战列舰是 5 倍，航空母舰和其他舰

---

① 张其昀编：《党史概要》，第 1193—1194 页。

② 复旦大学近代史组编：《中国近代对外关系史资料选辑 1840—1949》，第 153—156 页。

③ 《中国近代对外关系史资料选辑 1840—1949》，第 153、155 页。

④ 蒲瑞元：《日本发动太平洋战争的经济原因》，《第二次世界大战论文集》，北京 1985 年版，第 202 页。

种是10倍以上。[1]日本在太平洋战争初期取得闪电式的胜利在半年内几乎囊括了整个东南亚，直叩美国西部大门。但这不过是“脆弱的超级帝国”的“泡沫胜利”。因为它后继乏力。自1942—1944年间，中途岛、所罗门群岛、马绍尔群岛、吉尔伯特群岛、马里亚纳群岛等一连串的地名标志着日本帝国逐步陷入灾难。1944年7月塞班岛失守，促使东条内阁倒台，并使日本处于美国轰炸机航程范围以内。

日苏协定以后，日本免除了后顾之忧，原想与德国相呼应把美国放在两洋夹击之中，但太平洋战争爆发后，日本却把自己放在英美与中国夹击之中。在日本席卷东南亚时，陆军主力仍在中国作战，配备有21个师团、20个旅团和一个骑兵兵团，到战争结束，派遣军还有105万部队胶着在中国[2]。陷于中国的“泥足”始终拔不出来。以“南进”解决“中国事件”原想是一种“以毒攻毒”、以国运为赌注的办法，到1945年3月以后，从太平洋到印缅战区直到大陆战场的形势都已判明所谓大东亚“圣战”只是一场噩梦。

1945年9月2日，重光葵代表日本政府的投降签字标志着一个时代的结束，也标志着一个时代的新生。

二、反思与问题

在回顾了“太平洋战争与中国”的历史后，不可避免地要思索到以下的一些问题：

1. 战略的选择

老资格的日本外交官和中国通重光葵在他的回忆录中，不止一次地提到这样的想法，即日本侵入大陆，挑起了远远超过自己国力的中日战争，是一个决策上的重大错误，是日本崩溃的原因（有时他说“这是日本战败的根本原因”）[3]。毛泽东在1938年中日战争初期时对战争的分析竟与重光葵的

---

① 普勒托诺夫编：《第二次世界大战，1939—1945》下册，战士出版社1980年版，第445页。

② 胡德坤：《中国战场与日本的北进，南进政策》，《世界历史》1982年第6期，第22页。

③ 重光葵：《昭和动乱》，第171、247、249—250页；第八章第四节及第七章等。

总结有惊人的相似之处。毛泽东说“日本国度比较地小，其人力、军力、财力、物力均感缺乏，经不起长期战争”①。换言之，日本在军国主义思想指导下，在中国发动了一场它力所不及的战争，是一个战略性的错误。后来日本在发动太平洋战争中又重复了这一错误。原意是想夺取南洋资源以解决国力不足的问题，但并没有取胜的把握。关键的问题是美国的反应。松冈洋右认为，日本若强硬一些，美国以战争对抗日本的可能性只是 50∶50②。但是事实证明，即使在珍珠港事件以前，美国准备以战争应付日本挑战的决心大大地超过 50%。在如此重大的战略决策上竟有这么大的失误。国与国交战，一旦失败，后果不堪设想。但是日本当政者仍然以国运为赌注，一错再错，实在令人难以理解。战略上的错误使日本在政治、军事、经济上都陷入恶性循环；军部占领区的扩展使日本经济负担加重，于是从“日满华共荣圈”扩大到“大东亚共荣圈”。经济活动范围的扩张，又促使军部扩大占领区，恶性循环第二轮又开始了。用斯卡拉皮诺的话说，是多米诺骨牌效应在起作用③。侵略中国遇到持久战，为了力争早日结束中日战争，就要加强经济封锁，因此要占领法属印度支那、缅甸、泰国，这样，就促使美国加强经济制裁；日本为了反制裁取得重要资源（主要是石油），于是就占领荷属东印度，终于走向与盟国（包括美国）开战的道路。日本的失败不是像有些人所说的是“天命”的安排，而是尘世的错误。由于在军事扩张主义思想指导下选择了错误的战略，日本军旗所到之处，到处制造敌人，使自己陷于重重包围之中。入江昭正确指出，“四强（ABCD 四国）对日本的包围，其实是日本自己造成的”④，

---

① 《毛泽东选集》，人民出版社 1969 年版，第 416 页。

② Hosya Chihiro, *The Tripartite Pact*, 1939—1940. p.247.

③ Robert A. Scalapino “Introduction, Ⅱ Southern Advance.” in James Morley ed. *The Fateful Choice*—Japan's Advance into Southern Asia. 1939—1941(New York: Columbia University Press, 1980), pp.118—119: Asado Sadao, “The Japanese Navy and the United States,” in Dorothy Borg & Shumpei Okamots ed., Pearl Harbor as History—Japanese—American Relations, 1931—1941(New York, 1973) p.251；重光葵：《昭和动乱》，第 256 页。

④ 入江昭：《日本与四强的对抗》，《中美关系研究丛书》（汪熙主编），复旦大学出版社 1990 年版，第 216 页。

是恶性循环的必然结果。一着走错，全盘皆输。错误的战略使日本陷于恶性循环而不能自拔，多米诺骨牌把日本引向失败的道路。

2. 判断与事实

在中日战争和太平洋战争中，一个突出而令人惊奇的事实是日本当政者对形势的估计常常与实际情况相距很远，有时甚至背道而驰。对中国的战争由“一击就倒”发展成为没完没了的持久战，是完全出乎日本意料之外的。因此，才有近卫文麿的一、二、三次声明。由于判断错误，每一次声明几乎都是对前一次声明的否定或让步。对汪精卫伪政权的作用的判断失误使近卫感到是“最大的失败”。日本的南进决策有很多都是基于对欧洲战争的错误估计。当时，日本的军政两方都认为在德国凌厉的攻势下，英国将不堪一击，英国的崩溃会大大挫伤美国的战斗意志，使它不得不与日本谋求妥协。东条甚至认为罗斯福是如此畏战，将不敢与日本兵戎相见①。至于对三国同盟的作用，日本当局对它的估价是如此之高，几乎把它当作解决日中、日苏、日美问题的钥匙。结果没有一个能兑现。这种错误的判断对后来局势的发展发生了很大的影响。在日美关系日趋紧张的时候，日军于 1941 年 7 月 19 日进驻法属印度支那南部，6 天以后，罗斯福就下令冻结日本在美全部资产。这一步骤完全出乎日本军政两界人士的意外，他们没有估计到日本的这一行动会激起美国如此强烈的反应。对自己行为的后果缺乏正确的判断力，是日本决策者在中日战争和太平洋战争中的一个致命伤。

在那关键的年代，日本一些当政者沉湎于殖民主义的历史，忘记了时代在前进。1931 年由于蒋介石采取“不抵抗主义”，关东军几乎一夜间就占领了整个东北地区(所谓“满洲”)。接着又毫不费力地利用伪满洲国统治东北 6 年多。“一击就倒”的理论大概就是这一段历史的产物。1937 年日本还想旧戏重演，在中国建立几个伪组织，就能以“满洲方式”来达到征服与统治中国的目的。

---

① Samuel E. Morison, The Rising Sun in the Pacific, 1931—*April*, 1942 (Boston, Little, Brown & Company, 1961), p.72; Robert A. Scalapino, “Introduction, Ⅱ Southern Advance,” p.119; Asado Sadao, The Japanese Navy and the United States, p.256.

但1937年的中国已不是1931年的中国了，有些日本当政者还醉心于17世纪英国东印度公司用炮舰和厮杀就可以统治印度几百年，他们迷信武力解决一切。但20世纪30年代的世界已不是17世纪的世界了。日本是善于利用同盟的纵横捭阖关系来保护和壮大自己的，英日同盟和日俄密约都曾经使日本从中得益。这也许是松冈洋右对三国同盟那么痴情的原因。但这一次日本做了赔本的买卖。错误的战略加上错误的判断，局面就越发不可收拾了。

3. "大东亚共荣圈"的幻想曲

"东亚新秩序"和"大东亚共荣圈"是日本在中日战争和太平洋战争中的重要政策。前者是以日、满、华经济一体化为基础；后者的范围更广，远远超过前者，包括东亚全部，甚至包括大洋洲在内的广大区域。它号召以日本为核心，帮助亚洲把白种人赶出亚洲，给整个亚洲带来"共荣"。这个国策是如此重要，几乎每届内阁都打出这个旗号笼络亚洲人，并作为日本为之奋战的目标。为大东亚新秩序而战，成为日本人的"圣战"。一直到现在还有人认为太平洋战争应更名为大东亚战争。大东亚新秩序有几个先天的特征：(1)日本是大东亚新秩序的绝对统治者；(2)大东亚新秩序的成员必须向日本提供资源，支持日本的大东亚战争；(3)大东亚新秩序是一个包括政治、经济、文化在内的综合体①。因此，大东亚新秩序实际上是在日本绝对控制下的巨大殖民主义体系。大东亚新秩序的历史是一个失败的记录。在太平洋战争结束以前它就已经失败了。这个"新秩序"一诞生就遭到美国和中国的强烈反对，但是它失败的根本原因是它的构想与实践对于亚洲人没有吸引力。中国人从自己血与泪的教训中，认定一个对平民残暴屠杀的国家，一个对占领地赤裸裸地掠夺的国家，一个以被统治的人民做细菌试验的国家②，绝不

① 关于东亚新秩序的性质、任务与对中国的政策，可参阅《日本外交年表和主要文书》下册，第381—391、401、405—407、412—424、464—466、544—545、575—576、580—581、583、588—589、593、601、605页。

② 〔日〕稻叶正夫编：《冈村宁次战场回想篇》，原书房1970年版，第387—388页；韩晓(侵华日军第731部队罪行陈列馆馆长)："侵华日军第731细菌部队罪行考"，提交"近百年中日关系国际研讨会"论文(香港，1990年)；藤原彰：《南京大虐杀》；岩源书店1988年版，第2、3、4章；藤原彰、今井清一：《十五年战争史(2)日中战争》，青木书店1988年版，第54—59页。

会“兄弟般”地带来“共荣”。亚洲人对100多年来的白人统治的确是极端厌恶,但是这不等于说他们欢迎一个更残暴的黄色人种的统治。在中日战争和太平洋战争中,日本当政者更关心的是利用“大东亚新秩序”这个框架作为对亚洲人统治和掠夺的工具。据1943年的一个调查报告,若以该年日本国内的生产量为基数,铁矿石的56%,铣铁的29.8%,煤的10.8%,盐的34%都来自中国①。日本通过大东亚新秩序这个机器达到“以战养战”的目的。正如重光葵所说:“所谓‘日华经济提携’、‘共存共荣’,随着掠取中国更多的物资,实际上已经变成对中国的经济榨取了”②。日本占领者真正做到了在《处理中国事变纲要》(1940年11月13日)所规定的,对中国要“彻底开发并获取国防资源”③。

日本的当政者想以大东亚新秩序来对抗或代替华盛顿会议体系。但是“新秩序”除展现刺刀下的日本利益以外,提不出公认的公平原则,也不能给辖下的人民带来福祉,严格地讲,大东亚新秩序不是一个国际体系,只是一个单一的殖民地体系。随着时代的进展,华盛顿会议体系肯定要打破,但它的代替物不会是大东亚新秩序。

大东亚新秩序的理论基础是“大亚细亚主义”,是“脱亚论”。它们的创始人福泽谕吉是日本启蒙时期的学者。他崇拜欧洲,希望日本和亚洲人摆脱亚洲的落后,步入欧洲先进的行列。他曾为1894年中日战争中,日本的胜利而感动得流泪④。他是为日本军国主义的扩张胜利而流泪?还是为了日本教训中国的落后而流泪?不得而知。但是,旧中国的贫弱落后、赶不上欧洲,不应该成为遭受侵略的理由,这一点应该是无可争议的。很不幸,“脱亚论”很快就被日本军国主义者接受了,成为他们理直气壮、心安理得地侵略中国的借口。大东亚新秩序的理论基础是脆弱的,他们忘记了最根本的一

① 单冠初:《日本侵华的“以战养战”政策》,载《历史研究》1991年第4期,第85页。
② 重光葵:《昭和动乱》,第158—168页。
③ 《日本外交年表和主要文书》下册,第465页。
④ 福泽谕吉:《福翁自传》,岩波文库1950年版,第402页。

点，即：凡奴役别的民族的人，他们自己也永远得不到自由。

4. 外交与效果

在近代国际外交史上日本利用外交手段来谋求日本的国家利益，往往做得很出色。但在中日战争与太平洋战争中，日本的外交活动出乎意料地不成功。它不断地被盟友和敌人的突然外交行动所“震动”，1938 年的《德苏互不侵犯条约》曾经使日本朝野上下大为“震动”。平沼骐一郎在发表一篇不着边际而又奇怪的声明后，全体内阁辞职。松冈洋右主持外交后，采取“一边倒”的外交政策，倒向德国。他宣称是抱着“不入虎穴，焉得虎子”①的决心同德意签订了三国盟约。在酝酿条约过程中，德国抛出一系列的诱饵：可以代为斡旋日苏关系，可以迫使中国讲和，可以威胁美国采取妥协态度，可以很快清算大英帝国，可以……。现在有证据表明，就在签订三国盟约时，德国已制订了攻击苏联的巴巴罗萨计划，并在 3 个月后由希特勒批准了这一秘密计划②。日本人轻易相信了德国的廉价诺言，结果一个也没有兑现。《日苏中立条约》是在互不信任的心态下签订的，并没有解除双方的戒备。比较起来苏联从条约中获利更多一些。《日苏中立条约》签订后的两个月，德国对苏联发动了突然袭击，使日本朝野又大吃一惊。容易激动的松冈洋右忘记了刚同斯大林在莫斯科火车站的热烈拥抱，力主北进攻击苏联。这时，英美对日本的态度反趋强硬，中美也更加接近，中国拒绝了和谈的建议，来自苏联的威胁并未解除。1941 年 9 月 6 日御前会议决定的“不使苏美结成对日联合战线”③的战略方针也完全落空。日本外交活动的结果都与预期的设想相反，终于使局势变得不可收拾。币原喜重郎曾批评松冈搞的一套是“儿戏类的无轨外交”④。赫尔也说当时的日本外交像骑在一匹“野马上

---

① 松冈洋右喜爱用的这个典故出自南朝宋范晔(399—446)著《后汉书·班超传》。

② 三国同盟签订后的 3 个月(1940 年 12 月 18 日)，由希特勒以第 21 号指令批准下达了突袭苏联的巴巴罗萨计划。参阅李巨廉、金重远主编：《第二次世界大战百科辞典》，上海辞书出版社 1994 年版，第 80 页。

③ 《日本外交年表和主要文书》下册，第 544 页。

④ 〔日〕币原平和财团：《币原喜重郎》，币原平和财团 1955 年版，第 517 页。

狂奔”①。松冈虽入“虎穴”，但并未得到“虎子”。太平洋战争终于爆发。他流着眼泪说：“缔结三国盟约是我这一辈子犯的最大错误。”②这个“错误”，固然与松冈有关，但把这个失败完全归罪于松冈洋右一个人也是不公平的。它的更深层的原因是在军国主义思想指导下，战略错误与判断错误积累的结果。

日本在外交上的冲动和缺乏战略思想也表现在日美谈判之中。在这个长达 9 个月的谈判中，比较而言，美国比日本更成熟和谨慎一些。试以经济制裁为例，罗斯福早在 20 年代就考虑对日本实行经济制裁的战略措施③。对日经济封锁，也是美国海军橙色计划中的一个主要内容④，但是在太平洋战争以前，美国对日经济制裁采取比较谨慎的“后发制人”和“留有余地”的策略。美国在从宣布禁止飞机及其制造零件出口（1939 年 1 月 4 日）到全部禁止石油出口（1941 年 8 月 1 日）的两年半的时间里，采取的经济制裁措施约 12 次，每一次都是在日本采取侵略行动以后的一种反应。日本南进的行动逐步激烈，美国制裁的内容也逐步升级。孔华润正确地概括了这一关系，他说罗斯福是根据日本人的意图而采取行动的。是日本人自己，不是其他个人或团体决定了罗斯福的对日经济制裁行动⑤。值得注意的是，美国当时即使采取制裁措施，也往往留有余地，不愿把日本人逼进死胡同。1940 年 7 月 2 日及 7 月 16 日，美国总统虽宣布了限制和追加限制汽油及废铁出口，但据调查，日本在 12 月自美国进口的航空用汽油为 7 月份的 2.8 倍，其他汽油为 3.6 倍，有些高级汽油虽禁止出口，日本仍可用四乙铅对一般汽油（非禁止

① Cordell Hull, The Memoriss of Cordell Hull. Vol. Ⅰ, p.859.

② Hosya Chihiro, The Tripartite Pact, 1939—1940, p.257.

③ Franklin D. Roosevelt, “Shall We Trust Japan” *Asia*, No.23, July, 1923.转引自 Waldo H. Henrichs, Jr., “The Role of the US Navy,” In Dorothy Borg, Pearl Harhor as History—Japanese—American Relations. 1931—1941, p.213, p.218.

④ Edward S. Miller, War Plan Orange—The U.S. Strategy to Defeat Japan, 1897—1945 (Maryland, U.S. Navel Institute, 1991), pp.4, 28, 34—35, 365.

⑤ Warren Cohen, “The Role of Private Groupe in the United States.” In Dorothy Borg, Pearl Harbor as History—Japan—American Relations, 1931—1941, p.458.

出口)进行化学处理,照常得到所需的高级汽油(高辛烷油)。这一切都是在美国政府眼皮下发生的。国务院指示有关部门对日本出口禁运要采取宽松政策①。美国采取这种虽禁运但又有弹性的策略,一者是不希望逼使日本走向战争;再者,也希望留有转换的余地。后发制人加上留有余地是美国在经济制裁中的一种谨慎而老练的策略。美国内部当时对经济制裁的意见也很不一致,美国海军由于全力卷入欧洲战场,不赞成对日本实行经济制裁。1941 年 7 月,应罗斯福的要求,由海军上将施塔克指令作战计划部门(OPIO)所提供的报告,其结论是"建议:现在不应对日本贸易实行禁运"②。在国务院内部,对应否对日实行经济制裁也有两种对立的意见。这说明经济制裁作为一种威慑工具,在美国并不是没有谈判的余地。日本海军在当时是一个巨大的威慑力量,可以作为同美国进行讨价还价的筹码,谋求用战争以外的办法来解决问题。在没有必胜把握的情况下,使用潜在的威慑力量,可以更为有效。然而,日本没有这样做,而是采取一种咄咄逼人的骄横态度,轻易启衅,把一支很可利用的威慑力量化为乌有。应该看到,罗斯福一直是想安抚日本人的,即使在日本侵略中国东北以后仍在注意培养美日的友好关系。日本驻美大使斋藤博 1939 年 2 月在华盛顿因病在任上去世,罗斯福特别用一艘美国巡洋舰将斋藤博的遗体隆重运回日本,极尽哀荣③。这是一种很不寻常的善意表示,事情发生在 1939 年更不寻常。但是日本人没有考虑充分利用这一善意。如上所述,这种迟钝的外交反应不应归咎于某一两个当事人,根子仍在于处于当时军国主义思想钳制下,除了走向战争以外,也许没有人愿意或敢于作更多的和平尝试。

5. 决策机制的障碍

日本决策机制的障碍影响了它的内外政策,因而也影响了局势的发展。

---

① Gamss H. Herrzog, "Influence of the United States Navy in Emhorgo of Oil to Japan, 1940—1941." p.322.

② Ibid, p.323.

③ Layton Hirosi Saito, "A Most Remarkable Diplomat." in Pull Together, Vol.29, No.2 (Fall/Winter), p.8.

在对外关系中，在同一个时期执行互相矛盾的政策（如既要成为轴心国的一员，又要改善同美国的关系；既要同中国和谈，又不放弃一个侵略国的地位，等等），使日本决策者处于困境。它的根本原因之一，在于决策集团内部矛盾不能统一。海、陆军的矛盾是有名的，在重大问题上争吵不已（如南进、北进问题，三国盟约问题，自中国撤军的问题，太平洋战争是速战速决还是持久战的问题等）。在海、陆军中又自成派系（海军中的两个 Kato 之争，陆军中的中国课与俄国课之争，重庆派与汪精卫派之争，少壮派与资深派之争，等等）。他们各干各的，互相掣肘，有时甚至封锁消息（中途岛海战失败 1 个月以后，海军才把消息通知当时的首相东条英机，而且略去了详情）①。一个国家的政策决定有争议，这不足为奇。在中日战争与太平洋战争期间，美国的决策在内部也有矛盾：摩根索与赫尔的意见总是相左；在国务院内部，霍恩贝克与汉密尔顿意见也不一致。关键在于不同的意见经过讨论后，在罗斯福那里一锤定音，作出最后的结论。但日本则不然，重大问题的争议或战略上的意见分歧，往往各执一词无法统一，甚至天皇也无能为力，因此权力大的（一般是军部，特别是陆军，因为他们有枪杆子可以搞政变），可以坚持己见，甚至明知是错误的也要去蛮干。如陷于中国的“泥潭”，争取三国同盟，冒失南进等，当初也都有不同意见，但正确的意见无法确立（驻德大使东乡茂德曾经坚决反对三国同盟，结果被撤职）。由于不能在充分民主的基础上形成一个全面的稳定的政策，因此重大的决策往往会随风飘，受外界的影响。德国在欧洲闪电战的暂时胜利这一外界的、前途不可测的因素竟成为推动日本南进的极大动力。正如美国驻日大使格鲁所说的：“德国法西斯的军事机器和制度及其所取得巨大战果使日本人如饮醇酒般的如醉如痴。”②松冈洋右也兴奋地对希特勒说，日本不会放弃这一千载难逢的机会③。一个在“如醉如痴”的状态下所作的战略决策和采取的步骤，肯定带有很大的投

① 重光葵：《昭和动乱》，第 130—140 页。

② Joseph G. Grew, Ten Years in Japan (New York, 1944), p.325.

③ Winston S. Churchill, The Second World War, The Grand Alliance. Vol.3, p.166.

机性和冒险性。有时一个重大的决策不是从全面的战略角度去作审慎的考虑，而是由于决策者自己处于被动的局面，想换一个花样求得解脱。1940年7月26日及27日的《基本国策要纲》和《时局处理要纲》①决定，即使在中国事变没有结束的情况下，若有条件也要南进。那就是说背着中国战争的包袱南进。这是一个重大的决策，天皇认为这个决定表明“近卫首相似乎打算把中国事变失败造成的国民不满情绪转引到南方去”②。天皇的评论若是属实，那这一决策的形成是太轻率了。对于敌人和盟友都未作深刻了解，就凭一时冲动作出决策是使日本陷于被动的主要原因之一。正如战史丛书所说的，日本对中国民族意识高昂以及中国与第三国关系的程度等，“在政府要人中可能真正了解的不多”③。在这种情况下，若遇到怀有个人野心的政治家，那情况就更加复杂了。重光葵分析松冈洋右“想在建设新日本中立功立业的心很强，他窥探了国内政治态势，想乘机实现政治野心……他急于成功，因此跑在军部的前面”④。这就是我们所说的“风派”，他看准了风向，为了实现个人的野心，紧跟军部，甚至不惜跑在军部的前面。这种政治家不能不把日本引向灾难。

在第二次世界大战以前，日本是一个资本主义发育不全的国家，资产阶级的民主制度尚未确立，因此，决策机制的障碍的存在有其深刻的社会根源，再加上传统的军国主义教育和军人的专横，所以军国主义思想一时能控制一切，并能为人们所接受，日本为此付出了沉重的代价。

重光葵论述日本军部的思想与活动时，曾经有一段很精辟的分析，他说：

> 由于军部的横加干涉，日本着手超出国力的事业，自满洲事变后，就一直抱有自卑感和孤独感。一旦向中国大陆扩张时，日本在各方都

---

① 《日本外交年表和主要文书》下册，第436—438页。

② 木户幸一：《木户幸一记》，东京大学出版社1966年版，第812页(1940年7月30日的日记)。

③ 〔日〕防卫厅防卫研究所战史室：《支那事变陆军作战(2)》，前言。

④ 重光葵：《昭和动乱》，第9页。

显得力量不够。实质上，根本不具备一个世界大国的资格。为了弥补这些不足，更加向外扩张，结果在表面上一直有着优越感的军部，失去了自信心。军部的计划是不断向外扩张。军部这种失去自信的表现，是焦躁、莽撞的行动。由于莽撞，政策变得排他，是自我夸大的妄想；由于自卑，则滥用武力，实行恐吓政策。宣传德善的日本第一思想，使国民狂妄，造成满洲事变以后日本大陆政策的混乱。①

重光葵把日本军部行动—思想—行动的多米诺效应作了较完整的分析。它可以用来解释日本近代史中很多内外关系中所发生的事情。但是有一个问题他没有回答，即：是什么原因或动力促成了军部的这些思想与活动。似乎有一只看不见的、无形的手在指挥一切。它可能是日本教育、文化、伦理、道德、忠君、爱国、民族优越感、扩张主义、对外统治欲念、自骄和自卑等复杂因素的混合物，是近百年来日本统治阶级继承了原有的文化传统，并加以改造而又精心培养制作出来的。但一经形成和运转便成为一只法力无边的无形的手，渗透了各阶层，小至日常生活，大到国家决策都受它的制约，连培养制作它的人也无法控制了。中日战争、太平洋战争都是这只无形的手在那里起作用。现在日本的亚洲邻居担心的也是这只无形的手会不会有朝一日再出现。二战以后日本历史学家对太平洋战争有很丰硕的研究成果②，但对这只无形的手的形成与作用似尚有待于进一步研究。

1972 年 9 月，当日本首相田中角荣访问北京、签署《中日建交公报》时，周恩来对田中说，“中国和日本都是伟大的民族”，中日关系应该向前看，但“前事不忘，后事之师”③。这句话对我们很有启发。我们研究历史，是要从历史中寻找“老师”，不是去寻找敌人。这位“老师”，可以帮助我们生活得更

① 重光葵：《昭和动乱》，第 247—248 页。

② 迄今为止，我所读到的介绍日本学术界对太平洋战争看法的最全面的文章是 Takeshi Matsuda, “The Coming of the Pacific War: Japanese Perspectives”, *Review in American History* (Vol. 14, No.4, 1986), pp.629—652；另一篇较全面介绍日本学者对中日战争的看法的文章是池田诚：“抗日战争史研究的课题”，载池田诚编：《抗日战争与中国民众》，东京 1987 年版。

③ 《人民日报》1972 年 9 月 26 日。

聪明一些，不再重复过去的悲剧。历史也可以给我们信心去开拓未来，让我们这一代和子孙后代生活得更美好。

附表　第二次中日战争中日双方“谋和”谈判记录(1937—1945)

时　　间	名　　称	资料来源
1937—1938	宋子文接触	(1)(2)
1937.7.29—8.9	船津工作	(3)(4)
1937.10.21—1938.1.16	陶德曼调停	(5)(6)
1937.12.25—1938.2.27	意大利调停(第一回合)	(7)(8)
1938.1—1938.9	萱野长知工作(第一回合)	(9)(10)
1938.1	松井石根—宋子文谈判	(11)
1938.2	意大利调停(第二回合)	(12)
1938.2—1940.3	渡边(即高宗武)工作	(13)(14)(15)
1938.3.4—1941.6.14	萱野长知工作(第二回合)	(16)
1938.3.8	张伯伦和平方案	(17)
1938.4.11	英外务部调停	(18)
1938.6—1939.12.4	土肥原工作	(19)
1938.6—1939.1.15	余汉谋工作	(20)
1938.6.中旬—1938.9	宇垣一成工作	(21)
1938.8.10—8.13	川越茂—高宗武会谈	(22)
1939.1—1940.3.30	姜豪工作	(23)
1939.10.5	中国驻德使馆丁参赞试探	(24)
1939.11—1940.9.8	桐工作	(25)(26)
1939.10.下旬—1941.12	司徒雷登工作(第一回合)	(27)(28)
1940.4—1940 年冬	王子惠工作	(29)
1940.7	英驻美大使建议中日议和	(30)
1940.10—1940.11.30	钱永铭工作	(31)(32)
1940.11.20	里宾特罗甫活动	(33)(34)
1944.8.14—1945.4.5	缪斌工作	(35)(36)

续表

时 间	名 称	资料来源
1945 年春	日陆军联络延安工作	(37)(38)
1945.4.7	广田—马立克联系	(39)
1945.7.4—7.11	河南会谈	(40)
1945.8.11	司徒雷登工作(第二回合)	(41)
1945 年秋	何世桢工作	(42)

资料来源 (书刊出版处及时间,请参阅本文有关注解):

(1)(3)(7)(12)(36)(38)(41)(42)吴相湘:《第二次中日战争史》上册,第 448、739、448、484—486。下 1120—2、1122—3、上 213—215、215—217 页。

(2) FRUS,1938 年,远东第 4 卷,第 172 页。

(4)(22)日本外交年表,下,第 105 页。

(5)(13)(19)(20)(21)(25)(26)(31)(35)(40) 今井武夫:《支那事变之回想》,第 64、69—98、285—287、284—287、150—154、112—150(148、232、300)、156—158、158—160、194—201、205—212(375)页。

(6)(17)(24)(34)复旦大学历史系《中国近代对外关系史资料选辑》,第 35、60、61—62、80—81 页(下,二)。

(8) FRUS, 1938 年,远东第 3 卷,第 105、121 页。

(9)(29) 贾存德:《孔祥熙与日寇勾结活动片断》,第 67—68、74—78 页。

(10) 信夫清三郎:《日本外交史》下,第 629 页。

(11)(37) 博尔:《1937—1945,中国与日本在战争中——勾结的政治》,第 110、312、313 页。

(14) 复旦大学历史系:《日本帝国主义对外侵略史料选编》,第 290 页。

(15) 黄美真、张云:《汪精卫集团投敌》,第 408—417 页。

(16) 杨天石:《抗战前期日本"民间人士"和蒋介石集团的秘密谈判》,《历史研究》1990 年 1 期,第 167—174 页。

(18) FRUS,日本,1931—41,第 1 卷,第 463—464 页。

(23) 笔者访问姜豪记录(1991 年 8 月 10 日)。

(26) 今井清一:《太平洋战争史(3),日中战争(Ⅱ)》,第 279 页。

(30)《胡适电稿》,第 54 页。

(32)(33) 蒋永敬:《日本南进与中国抗战之危机及其转机》,第 16—20、16 页。

(38) 防卫厅:《大本营陆军部》上,第 527—529 页。

(39) 重光葵:《昭和动乱》下,第 278—279 页。

美国炮舰“帕奈”号(Panay)遇袭事件始末[①]

一、“帕奈”号

根据1858年中、英、法、美《天津条约》,列强可以派兵舰到中国的内河、长江保护他们侨民的生命和财产的安全。当时外国船在我国扬子江游弋最多的是日、英、美、法、意五国。东至上海,西迄重庆,数千里门户洞开,沿江重镇均在外国兵舰的威胁下。

这艘“帕奈”号就是属于美国亚洲舰队的长江巡逻舰队(Yangtze Patrol, Asiatic Fleet)。“帕奈”是菲律宾一个岛屿的名称。在1927年由上海江南造船厂建造。因航行在长江,沙滩较多,所以采用平底船。全长191英尺,吃水6英尺,重量500吨。全舰可装载49名美国武装人员,外加12名华工。舰上有两门可垂直瞄准上空的三英寸炮,在舰中还配备了八门3厘米的机关枪。该舰航速每小时最快可达15节(knots)。

1937年12月,日军猛烈围攻当时的首都南京,对中立国的船只没有事先通知,突然袭击,狂轰滥炸,导致“帕奈”号船沉人亡。

这件事在1937年引起严重的国际交涉,它同4年后日本对珍珠港的“先发制人”的袭击不谋而合。我们在“帕奈”号及珍珠港事变的冲天火焰中,又听到今天日本政坛上不断地呼喊着“先发制人”的呼叫。历史是多么无情,

① 原载汪熙、秦岭、顾宁著:《美国海军与中美关系》(《中美关系研究丛书》第25辑),复旦大学出版社2013年版,第44—59页。标题为编者所加。

它迫使我们不得不回顾一下几代人的历史创痛！

二、袭 击[1]

1937年12月12日，当日本的海陆空军猛烈地围攻中国的首都南京时，下午1点35分美国的炮舰“帕奈”号的无线电通讯忽然终止。该舰原来在南京附近保护美国的公民和财产，因为当时日军围攻南京，炮火很激烈，所以在12月10日有美国籍8人（其中美国大使馆有4人，其他美国公民4人）和中立国4个外国人都登上了“帕奈”号。为了避免日本炮火的轰击，11日“帕奈”号换了几处停泊的地点，但是还不保险。同时，“帕奈”号还护航着美孚洋行的三艘油轮——“美平”(Meiping)、“美安”(Meian)及“美峡”(Meihsia)。

在12月12日上午9时40分，当“帕奈”号移向长江上游时，日本士兵曾登舰检查。“帕奈”号的舰长告诉日军，为了避免炮弹的袭击，所以预备停留在距南京上游28里地。到了11点，“帕奈”号停在安徽和县附近。在这时，四艘船船桅上的美国国旗十分耀目，特别是“帕奈”号的顶甲板上还备有长18英尺、宽14英尺的美国国旗。

13日下午1点半，天气非常晴朗，有3架日本飞机以V字形飞过来，在没有任何警告的情况下开始投掷炸弹。有一枚至两枚炸弹炸到“帕奈”号，另一些炸弹在“美平”附近爆炸，“帕奈”号的驾驶室和伤员室都被炸了，无线电设备和锅炉房也被炸毁了。三英寸的机关炮已经失灵，“帕奈”号已被炸了几个洞，舰身开始倾斜。舰长和副舰长等一些指挥人员都受伤了。“美平”也中弹燃烧起来，“美安”与“美峡”也严重受损。

在第一次轰炸以后，又有4架单引擎日机从高空飞来，对准“帕奈”号轰炸。大概有20枚炸弹炸到船上和船边，这次轰炸大约经历了20分钟。在这个时候，又有另外两架日本飞机对“帕奈”号进行了机枪扫射。

---

① 本节材料主要是根据美国国会图书馆手稿部颜尔露档案，Mass，447A，Cont.13，美国亚洲舰队官员 William A. Angwin 呈送给美国亚洲舰队司令官颜尔露的“‘帕奈’被击沉的报告”（没有公开发表）。

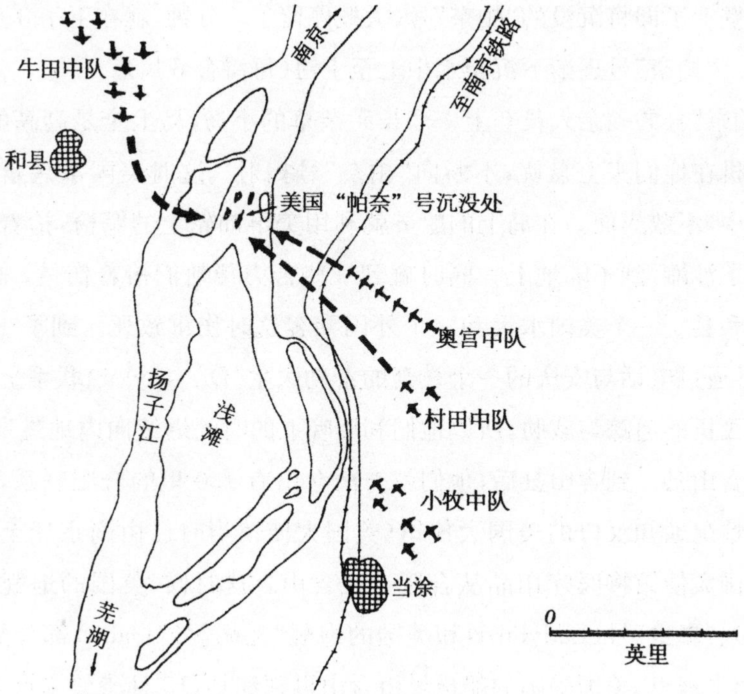

“帕奈”号受袭情况

当日本的飞机集中轰炸“帕奈”号时，美孚洋行的轮船也同时遭殃。“美安”已极大地损坏，并且大火烧起来，它在左岸向下滑行，船长被炸身亡。“帕奈”号也完全损坏了。“美平”号虽然扑灭了火，但完全损坏，只能靠着长江左岸浮桥停泊。在这样的袭击以后，这两条船继续被日本飞机轰炸，统统燃烧起来，余下的人员也抢救无效。

经过几次轰炸后，“帕奈”号舰长的腿骨完全破裂了。另一名副舰长喉咙和手完全受伤，无法说话。还有 3 名“帕奈”号的军官也统统受伤，其他的舰员中也有 9 人受伤。另外有 30 人不同程度地受伤。下午 2 点，由于舰船的损伤和人员的死伤，“帕奈”号舰长宣布放弃该舰。“帕奈”号渐渐下沉，所有的伤员逐步转移。伤残人员用两只小船陆续运到江中杂草丛生的岛上。这时是下午 3 点，有两名水手还游到“帕奈”号的甲板上去抢救了一些医疗用品。在这个时候，一艘日本船的士兵持武器靠近“帕奈”号，并且开枪射击。

他们也登上了即将沉没的“帕奈”号，大概停留了5分钟，就在下午3点54分离开了。“帕奈”号逐渐下沉至水中七至十浔(每浔合6尺)。

“帕奈”号的剩余人员登上一个长满杂草的小岛，岛上全是高高的芦苇。日本飞机在他们头上盘旋，不断向“帕奈”号扫射。这时美国水兵紧紧躲在芦苇当中，不敢露面。在岛上的船员就利用美孚油轮上的躺椅，抬着伤员涉水越过了沙滩，到了陆地上。同时碰到一些苦力帮他们抬着伤员，来到了5里外的和县。一个美国水兵和一个外国乘客这时伤重致死。到了12月13日，和县通过电话与安庆的一个教会的泰勒医生(Dr. Taylor)联系上了。由于日本飞机的追踪与威胁，所以他们利用晚上的时间继续向内地进发，14日晨到了含山县。到含山县后，他们就与离含山有130里的合肥联系，同时把他们的情况通知汉口的美国大使馆(美国大使馆当时已由南京迁至汉口)，然后美国大使馆将医疗用品从合肥运往含山。这时候，英国的炮舰“蜜蜂”号(Bee)、“瓢虫”号(Ladybird)和美国的炮舰“瓦胡”号(Oahu)都开到了“帕奈”号出事地点，美国受困的船员经由含山再到和县，15日凌晨1点30分到达上海。

“帕奈”号受攻击

事发以后，到12月14日，日本海军中将长谷川清①匆匆来到停泊在上海的美国亚洲舰队的旗舰“奥古斯塔”号(Augusta)，向亚洲舰队的旗舰司令颜尔露(Harry E. Yarnell)②当场作出了道歉，说日军的行动是不可原谅的，是完全错误的，那些飞行员都已从前线召回日本，负责指挥海军航空兵的海军少将三竝贞三已被撤职召回日本了。同时，被撤职的有此案的主犯炮兵联队长桥本欣五郎③。

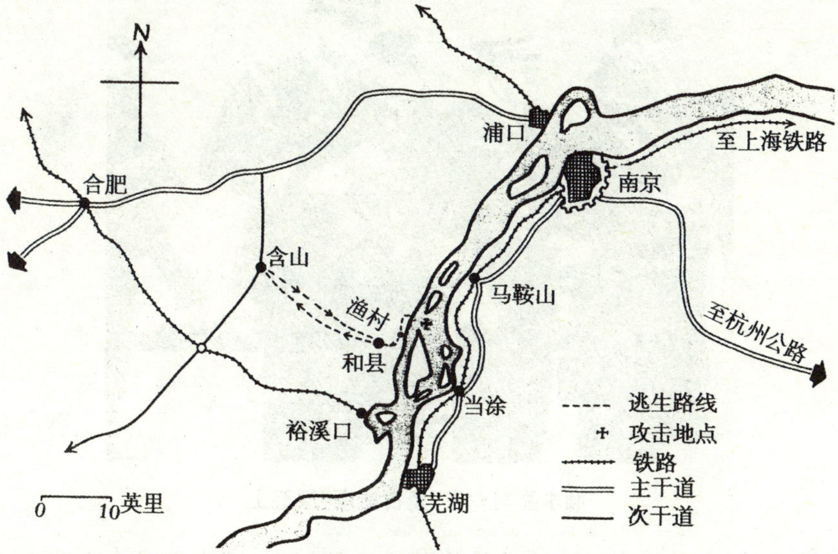

“帕奈”号受攻击逃生线路

19日，又有一名美国水兵因伤不治身亡。

---

① 长谷川清，日本军人，1936年调任第三舰队司令官。1937年中日战争全面爆发后，任驻华海军总司令，积极参与对我国的侵略，1939年晋级海军大将。1940年11月调任台湾总督。日本战败时，作为战争罪犯被拘留审查，一年半以后释放。

② 美国国会图书馆手稿部，颜尔露(Harry E. Yarnell)生平简历：1875年10月18日生。1897年毕业于美国海军学院，1915年毕业于海军战争学院。1936—1939年任美国亚洲舰队统帅，1942年提升为海军元帅。1959年7月7日逝世。

③ 桥本欣五郎(1890—1957)，这一次击沉“帕奈”号的元凶。日本军人。毕业于陆军士官学校和陆军大学。1934年主持“大日本青年党”(1940年改组为“赤诚会”)，自任为党魁。日本发动全面侵华战争后，任炮兵联队长，并参加南京大屠杀，因指挥轰炸美舰“帕奈”号引咎退役。战后，于1948年作为甲级战犯被远东国际军事法庭判处无期徒刑。1955年假释出狱。后病死在东京。

颜尔露司令为了弄清是非并明确责任，特地组织了海军调查法庭(Naval Court of Inquiry)，对事情的详细经过进行了了解，并将结果送交美国海军部和日本有关方面，要求日方赔偿和道歉。调查共三十七条，可归纳成八条：

第一，美国兵舰"帕奈"号正在执行它应该执行的政策，保护美国人民生命与财产。

颜尔露司令在"奥古斯塔"旗舰上

第二，日本的飞行员应该熟悉美国兵舰的标志，因为在日本空袭南京时"帕奈"号也在场。

第三，第一次对"帕奈"号投掷炸弹时，可能因为高度关系没有辨清，但在继续投弹时，不能说没有认清投放的对象。因为大家都知道在长江里会有中立国的船只存在。

第四，6架轻型轰炸机在600英尺的高度花了20分钟，还不能觉察它攻击的船是什么样的船，这是彻底不可理解的。

第五，日本应单独和全部地为这次轰炸的损失负责。

第六，英吉美格(C.L. Engsminger)及赫斯百思(E.W.G. Hulsebus)他们的死是由于在负责完成他们的工作。他们的死不是由于他们本身行为上的错误。

第七，美国兵舰“帕奈”号的舰员受到伤害和受伤不是由于他们工作错误所造成的。

第八，考虑到整个事件的过程及细节，该法院认为美国海军没有任何错误以及可以受指责之处。

美国政府于12月14日送出抗议的文件，并要求赔偿。

美国驻日大使格鲁(Joseph G. Grew)在“帕奈”号被轰炸以后，紧密地同日本官方联系。日本外相广田弘毅“逾格”地亲自访问美国大使馆。有两次广田都“诚意”道歉(一次在1937年12月13日，一次在1937年12月26日)①，并“悲痛”地“热泪盈眶”，不能自已。12月22日，当格鲁召集日本海军中将山本五十六②及一些日本军官到美国领事馆回顾日本轰炸“帕奈”号时，当时日本的军官包括山本五十六都毫无例外地“诚意”道歉。

当日本政府收到了美国政府12月14日的抗议文件以后，于10天以后，即24日进行了长篇的答复，有119页，在每一页都一再出现“日军这次攻击完全不是蓄意的”、“日本与此事件有关的官员已召回”、“日本政府衷心希望保护美国权利和利益”等字句，全篇都充满了“诚恳的歉意”(sincere apology)，并表示完全赔偿美国“帕奈”号的生命和财产损失，并愿意赔偿美孚油公司轮船以及人员财产的损失。

1938年4月22日确认赔偿共计2 214 007.36美元，其中1 945 670.01美元为舰船的损美，268 337.35美元是赔偿生命损失。至此“帕奈”号事件算

---

① Joseph C. Grew, *Ten Years in Japan*, New York: Simon and Schuster, 1944, p.234, p.235, p.239, p.240.

② 山本五十六(1884—1943)，日本海军将领。1904年从江田岛海军兵学校毕业，参加日俄战争，负重伤，1916年从海军大学毕业，后历任海军大学教官，1925年秋任驻美大使馆武官，1928年离任回国。1939年出任日本联合舰队司令长官。1940年晋升海军大将。积极筹划和指挥实施1941年11月26日由南云忠一中将指挥的日本特遣舰队离开集结地——位于南千岛群岛的择捉岛单冠湾，向美国太平洋海军基地珍珠港的突然袭击。在太平洋战争初期指挥日本海军保障日本“南进”战略的实施。1942年5月率日本海军主力发动“中途岛海战”，遭到严重挫折。1943年4月18日，在赴前线视察途中，座机于所罗门群岛上空遭美飞机截击丧命。死后追授海军元帅。

是和解了。

1937年美舰“帕奈”号在华被炸时，正是日军大举侵华之时，此时它的“北进”政策正陷于中国的泥潭中；至于“南进”，进军太平洋，袭击珍珠港，以建立“大东亚共荣圈”，尚有待于纳粹在欧洲的态势，以待时机，不敢多方树敌。因此，当时为了稳住英美，对袭击“帕奈”号事件，日本力图以大化小，以小化无，以道歉、赔款甚至“热泪盈眶”卑辞厚礼而不了了之。

三、美英政府的反应

美国的“帕奈”号事件发生时，由于英国的炮舰“蜜蜂”号、“瓢虫”号也同样受到日本的炮击，按说应该共同对日本斗争，但是由于美国的“孤立主义”对罗斯福总统压力很大，再加上英美两国各有打算，所以没有形成对日本针锋相对的斗争。

“帕奈”号被袭击的消息传到美国以后，举国震惊，美国总统也“深深地震动”了。他亲自把送给日本天皇的抗议书，从“建议”(Suggests)改为“要求”(Requests)①，以显示他“震动”的程度。他设想了一些方案来对付日本人，总体来说，他不想因这件事而对日本宣战。这是他的底线②。但是他也需要非常厉害地给予日本一定的警示，要让日本觉得美国是不好惹的。关于应付日本人，在罗斯福的内阁中外交部长赫尔(Cordell Hull)是比较保守的，财政部长摩根索(Henry Morgenthau Jr.)则比较积极。摩根索在1935—1936年处理收购中国白银并向中国贷款黄金等问题时和日本人打过交道，深感日本人利用美国的白银政策③让他吃亏，做了些“蠢事”④。他觉得日本

① Joseph B. Icenhower, The Panay Incident, December 12, 1937, Frankl in Watts, Inc. 1971, p.55.

② Dorothy Borg, The United States and the Far Eastern Crisis of 1933—1938, Harvard University Press, 1964, p.497, p.502.

③ Wang Xi, A Test of the Open Door Policy: America's Silver Policy and its Effects on East Asia, 1934—1937, In Akira Iriye & Warren Cohen eds., American, Chinese, and Japanese Perspectives on Wartime Asia, 1931—1949, Scholarly Resources, Inc., 1990, p.29.

④ Ibid., p.63.

人盛气凌人，在“帕奈”号事件上一定要把日本人挫败下去。他在回忆录“帕奈”专章中也对赫尔的软弱做法表示了不满①。当时，罗斯福想运用一种“不宣而战”的办法来威胁日本，即模仿日本和意大利那种方式用经济制裁、海军封锁使日本人屈服的方法。他请摩根索摸清日本政府和公民存在美国的动产或不动产，摸下来总数在 15 200 万美元到 24 700 万美元左右②。但美国要依据 1933 年的“与敌人贸易法案”，才能迅速冻结日本的动产和不动产，否则日本顷刻之间便会将这些资产变为其他国家的外汇。而要援用“与敌人贸易法案”，就要通过很多手续，在当时美国“孤立派”肯定是不愿通过的。接着，美国想与英国“联合”示威和“联合”行动，对日本加以震慑，美国的海军部长斯旺森(Claude A. Swanson)和海军上将李海(William D. Leahy)都觉得日本欺人太甚，预备用海军加以惩处，但都被罗斯福压下来了，他说“不愿意用战争的办法解决问题”③。英国对日本在中国长江轰炸美国炮舰，最初反应比较激烈，但是随着美国逐渐“冷却”④，态度也在变化。12 月 13 日，被轰炸事件刚刚发生，英国外交部就同美国国务院商量共同的对策，美国国务院有意避开了谈论“联合行动”⑤，英国逐步退到“联合示威”，但是这个建议也被罗斯福否定了⑥。所以《纽约时报》在头条标题里说“英国放弃了一次‘联合’行动的想法”，英国想借美国海军保卫他们远东利益的想法失败了⑦。事实上，英国一方面在欧洲受纳粹咄咄逼人的攻势，另一方面，其在远东的香港、新加坡也饱受日本的威胁，苦于难以应付，颇希望借美国的“联合”行动“火中取栗”，但是又怕惹恼了日本人，在亚洲难以应付。英国首相张伯伦(Neville Chamberlain)还是一贯地绥靖和软弱[1938 年 2 月间艾登(Antong

---

①② Jhon Morton Blum, From The Morgenthau Diaries, Years of Crisis, 1928—1938, Houghon Miffli Company Boston, 1959, p.485.

③ Dorothy Borg, The United States and the Far Eastern Crisis of 1933—1938, Harvard University Press, 1964, p.497.

④ Ibid, p.495.

⑤ Ibid, p.489.

⑥ Ibid, pp.490—491, p.501.

⑦ Ibid, p.490.

Enden)一再与张伯伦意见不合,辞去了外长的职务]。美国于1937年12月26日派英格索尔(Royal Ingersoll)海军上校到英国商谈军事对策,但因无法与英国财政大臣西蒙(John Simon)对话,只好无功退回①。这样一来,摩根索更清楚了英国人在大西洋和太平洋的形势盘根错节,他们不愿得罪日本人。其实日本早在前两天(12月24日)便抓紧时间把道歉和赔偿的事做得干干净净,赔偿道歉的话也说了一大箩筐。所以英格索尔26日去不过是"马后炮"而已,"帕奈"号之事也就不了了之。

但"帕奈"号事件在美国政坛引起了不小的风波,给罗斯福总统以极大的压力。赞成对日本用武力或赞成收敛的都大有人在。一名共和党参议员兰登(Alfer Landon)在1936年同罗斯福竞选总统,一贯地反对罗斯福,但在这件事上也表示支持总统对日本采取激烈的政策②。加利福尼亚州参议员约翰森(Johnson)郑重地宣布不怕日本的威胁:"美国不会被这世界任何地方的恐怖分子所吓倒。"③但是,当时美国的孤立主义始终占上风。当"帕奈"号被炸的消息传到美国,几小时以后参议院中孤立主义者的发言人就说:若根据他们的忠告,把美国军队早撤出中国,就不会发生"帕奈"号事件④。亚利桑那州的参议员阿什斯特(Ashurst)不赞成美国把军队和战舰安排在远东因而惹来一身祸,他说:"在这种情况下,没有一个参议员会投票东方参战。"⑤新泽西州的参议员斯美策(Smathers)写了一封公开信给赫尔,他婉转地说他不赞成把美国人送到灾难越来越大的中国去战斗⑥。

当时最厉害的一击就是"路德劳宪法修正案"(the Ludlow Amendment)。

---

① Dorothy Borg, The United States and the Far Eastern Crisis of 1933—1938, Harvard University Press, 1964, p.499.

② Joseph B. Icenhower, The Panay Incident, December 12, 1937, Frankl in Watts, Inc. 1971, p.52.

③ Hamilton Darby Perry, The Panay Incident: Prelude to Pearl Harbor, The Machillam Company, 1969, p.170.

④⑤⑥ Dorothy Borg, *The United States and the Far Eastern Crisis of 1933—1938*, Harvard University Press, 1964, p.503.

1935年,印第安纳州民主党众议员路易斯·路德劳(Louis M. Ludlow)认为应该修改宪法,规定国会在通过宣战案之前必须先经过全民公投。他的提案送交众议院司法委员会(Judiciary Committee)审查,但未被该委员会通过。路德劳为维持议案再一次努力后,只得到了74票(众议院需要218票)。1937年,在"帕奈"号被袭击以后,得票数猛然提高到了205票。罗斯福总统为了维护总统的职权,也对路德劳发动了强有力的宣传攻势,并说服众议院的议员们务必不能轻举妄动。到1938年1月10日,在最后投票的时候,路德劳没有得到所必需的票数,以13票的微弱劣势失败了,险矣哉![1]

这股"孤立主义"的势力使罗斯福在"帕奈"号事件上迟迟不能以更强硬的手段来对付日本人。自1937年12月13日美舰"帕奈"号被击沉,至12月24日12天时间内,美国一方面对外与日本进行严重交涉;一方面对内与孤立主义斗争。而美国驻日大使格鲁(1932—1942)在这样的情景中还想同日本建成一幢坚实的"日美友谊大厦"。在这次"帕奈"事件的交涉中,从对内和对外看都是一场严峻的斗争。格鲁亲眼目睹日本用武力囊括中国东北、进军黄河以北;现在又从南京下手,炸沉美国炮舰。却对这场交涉还颇为得意,认为美国对日本的道歉在短短时间就答复,是非常及时的,是一个"杰作"(masterpiece)[2]。格鲁认为美国选择在圣诞节的时候来答复日本,是让日本感觉到美国一种强烈的"圣诞节之精神",所以广田听到美国同意日本的赔偿与道歉时,立刻"热泪盈眶"地感到美国送来了"这份圣诞节礼物"[3]。格鲁没想到,四年以后恰恰是圣诞节的时候,日本也送来了更大的"圣诞节礼物"——珍珠港事件。

---

① Dorothy Borg, The United States and the Far Eastern Crisis of 1933—1938, Harvard University Press, 1964, p.503.关于路德劳的失败,另一种说法是1938年1月10日在投票是否移交众议院司法委员会时以188票对209票21票的微弱差数遭否决了。Cordell Hull, *The Memories of Cordell Hull* (2Vols), New York: Macmillan, 1948, Vol. Ⅰ, pp.563—564。

② Joseph C. Grew, Ten Years in Japan, New York: Simon and Schuster 1944, p.239.

③ Ibid, pp.239—240.

四、“魔术”①与珍珠港

1979年美国国防部将珍珠港事变以前美日外交往来的密码(包括日本的密码)翻译成明白的文字,用“珍珠港的‘魔术’的背景”(The ‘Magic’ Background of Pearl Harbor)为题出书五大本,将珍珠港前的美日交涉通通列出②。由于日本历来都用“先发制人”的手段,美国始终耿耿于怀,多次提醒日本不要再搞那一套。在书中罗斯福总统曾经一再以“帕奈”号事件告诫日本。1941年2月15日赫尔对日本大使野村吉三郎讲:“仅仅四年以前就发生了‘帕奈’号事件。我十分忧虑通过一些不幸的事件,会产生一些可怕的后果……”1941年7月30日副国务卿威尔斯(Humner Wells)郑重地对日本大使说:“日本政府在‘帕奈’号被击沉时,曾经庄严地保证过,这类事情不会再发生。”③

尽管在珍珠港事变前夕,美国还在拿“帕奈”号事件屡次警告日本不要玩火,日本政府也频频作态,勉求和平,公文往来,若无其事,但事实上日本政府偷袭珍珠港早有准备。日本海军空中攻击队偷袭珍珠港的总指挥官渊田美津雄在1975年发表他亲身执行任务的回忆录,其中记载道:在1941年8月25日日本政府就把他从海军少佐晋升为海军中佐,指挥这次的轰炸。在11月18日,在千岛群岛南面,将海空军秘密集结,驶向珍珠港,同时另加派来栖三郎作为“和平特使”,赴美国协助大使野村吉三郎,释放“和平烟

① 魔术(Magic),美国情报处破译日方密码的行动代号。1935年美国陆军部成立专事破译日方密码的特别情报处。1940年史汀生出任陆军部长后,予以大力支持,并联合海军部情报组,运用“红色密码”和“紫色密码”破译日方机密电报,被称为“魔术”行动。珍珠港事变前,曾多次截获日方重要情报,但均未引起美国政府的重视,后在中途岛海战等战役中发挥了重要作用。

② Department of Defence, U.S.A.: The “Magic” Background of Pearl Harbor, Volume Ⅰ (February 14, 1941—May 12, 1941), 1978; Volume Ⅱ (May 12,1941—August 6, 1941), 1978; Volume Ⅱ Appendix. 1978; Volume Ⅲ (August 5, 1941—October 17, 1941), 1978; Volume Ⅲ Appendix. 1978; Volume Ⅳ (October 17, 1941—December 7, 1941), 1978; Volume Ⅳ Appendix. 1978; Volume Ⅴ. 1978. For sale by the Superintendent of Documents, U.S. Government Pinting Office.

③ Dorothy Borg, The United States and the Far Eastern Crisis of 1933—1938, Harvard University Press, 1964, Volume Ⅰ, p.A1, Volume Ⅱ, pp.72—73.

幕”，他们虚与委蛇假意与美国进行和平谈判。在来栖特使赴美的同一天，暗地发布《大本营海军部第一号命令》开始作战准备。突然于1941年12月7日袭击了珍珠港，使美国海空军的损失千百倍于“帕奈”号①。

所以一位美国作者佩里(Hamilton Darby Perry)在1969年(“帕奈”号事件32年和“珍珠港”事件28年以后)写了一本书题为《“帕奈”号事件》(*The Panay Incident*)，他用同书标题一样大小的字体在封面上显著地标明着“这是珍珠港的前奏”(Prelude to Pearl Harbor)②。人们不禁回想起1904年2月8日日本在中国的领土上偷袭旅顺，造成沙俄海军大败；1937年12月13日在中国的长江偷袭“帕奈”号，造成美国的船沉人亡。1941年偷袭美国的珍珠港，使美利坚合众国在军事上经历了历史上最大的损失。正像一位英国军事专家李德·哈特(Basil H. Liddell Hart)所说的，珍珠港的袭击在“比一小时多一点的时间内，日本已经控制了太平洋”③。

我有一个朋友叫柯文(Paul A. Cohen)写了一本书2009年出版。这本书的名字是《讲讲历史——勾践在20世纪中国》(*Speaking to History*, *The Story of King Goujian in Twentieth-Century China*)，讲的是春秋末年越王勾践的故事④，这是一本学贯中西的好书。它的第231页讲的事可能影射的是我。但我最欢喜的是他最后一章的最后一节，他使我想起了太史公的一句评语。太史公曰：“勾践‘苦身焦思，终灭强吴’。”⑤历史无情，从“苦身焦思”到“帕奈”号到珍珠港又到“终灭强吴”的过程可能有一天会重复。“先发制人”，看起来日本人乐此不疲，几十年又来一次，“彩云易散，霁月难逢”。

---

① 〔日〕源田美津雄：《袭击珍珠港》，许秋名译，苏琦校，商务印书馆1980年版，第27、135—136页。在南京“帕奈”号被日机击沉后，美国海军部将肇事者村田及奥宫两名飞行员交给渊田美津雄惩戒处理。在1941年空袭珍珠港时，村田、奥宫同时在源田美津雄的领导下参与了袭击。参见Gordon W. Prange, God's Samurai, Brassey's (US), Inc. 1990. pp.18—19.

② Hamilton Darby Perry, The Panay Incident—Prelude to Pearl Harbor, The Machillam Company, 1969.

③ B.H. Liddell Hart, History of the Second World War, Cassell and Co. Ltd, 1970, p.209.

④ Paul A. Cohen, *Speaking to History*—The Story of King Goujian in Twentieth-Century China, University of California Press, 2009.

⑤ 《史记》卷四十一，《越王勾践世家》。

这就是历史。

说到历史，可追溯到公元663年中日两国为争夺朝鲜半岛的第一次战争——白江口之役。在这一场战役中，日本战败，使他们在以后的九百年不再涉足朝鲜半岛，结果出现了“亲唐外交”，大规模地吸取汉唐文化。鸦片战争以后，中国积弱可欺，日本倾慕欧洲，鄙视亚洲。“岛国意识”作怪，一心想把中国吃掉，独占亚洲，称霸世界。结果几颗原子弹把事情摆平。但文章还没有做完，正像美国学者本尼迪克特在《菊花与刀》中所说的，“日本崇尚实力，学习打败了自己的敌人”①，“洗刷自己不如人之处”②，“输了必要翻本”③。日本著名的启蒙运动者福泽谕吉就曾经写道：“嘉永年间美国人跨海而来，仿佛在我国人民的心头燃起了一把烈火，这把烈火一经燃起来便永不熄灭。”④远的不说，一百年来日本已经烧了几百把烈火，但未“永不熄灭”。它根深蒂固的民族性表现出的如“赔礼道歉”、“涕泗滂沱”，接着是“珍珠港”，到天皇亲自宣读“终战诏书”等，全部本领都用上了。

太史公曰：“勾践‘苦身焦思，终灭强吴’。”能不慎哉！

① Ruth Benedict, The Chrysanthemum and the Sword, Patterns of Japanese Culture, Boston: The Riverside Press, 1946, p.166.

② Ibid., pp.153—156.

③ Ibid., pp.153—154.

④ 〔日〕福泽谕吉：《文明论概略》，北京编译社译，商务印书馆1959年版，序言第2页。

论《中美特种技术合作协定》及史迪威将军[①]

梅乐斯

《中美特种技术合作协定》(Sino-American Special Technical Cooperative Organization)是美国海军部与中国国民党合作的一个项目。

太平洋战争爆发以后,美国对日战争主要转至太平洋战场,考虑在中国建立向日本进攻的据点。美国海军上将金(Ernest J. King)[②]委派海军少校梅乐斯(Milton Miles)[③]同蒋介石建立了这个协定。从1922年起梅乐斯在美国亚洲舰队的长江巡逻队任职八年,他在中国沿海的每一寸土地上都留下了足迹;1932年,在海军学院学习;1936年到1939年,在中国指挥一艘驱逐舰;1940年到1941年,在哥伦比亚大学取得电机学硕士学位。1942年初,美国海军上将金密令梅乐斯:"我们预备到中国去干一件事,你立刻动身到中国,在你到达中国以

---

① 原载汪熙、秦岭、顾宁著:《美国海军与中美关系》(《中美关系研究丛书》第25辑),复旦大学出版社2013年版,第59—74页。标题为编者所加。

② 金(Ernest J. King),美国海军上将,时任海军作战部长,实际统帅美国海军,后升美国海军五星上将。

③ A Different Kind of War by Vice Admiral Milton E. Miles, USN, Double Day & Company, Inc. Garden City, New York, 1967, p.589.

后，立刻建立一个基地。主要的计划是在中国沿海地区三四年内建立美国登陆的海军。同时，你可采取任何办法来打击日本人。”他接着说，“这是一个秘密的命令，不必向任何人透露你的目的。你现在马上动身到那边去”①。

蒋介石与梅乐斯 1942 年 5 月在重庆第一次会面

1942 年 5 月 4 日，梅乐斯到达重庆。由蒋介石指定国民政府军事委员会调查统计局副局长戴笠与他联系安排。

戴笠与梅乐斯一见如故。美国的海军历史研究所至今还藏有戴笠大量的档案，对戴笠的身份和工作有详细的记录。作为特务机关头子，戴笠当然也很了解梅乐斯。在欢迎梅乐斯的第一个晚上，菜肴非常丰富。梅乐斯说：“你大概很了解我的饮食习惯，今天晚上就没有鸡和鸭等。”戴笠说：“我知道你不吃有羽毛的东西，所以今天晚上我就没有准备这类菜肴。”在席间，梅乐斯开门见山地说，他想在最短的时间内，到中国的敌后福建、浙江沿海一带去视察一番。戴笠说：“没有问题，不过要去的地方大多在日本占领区，我们得穿梭进行，需要部署。你给我时间。”②

① A Different Kind of War by Vice Admiral Milton E. Miles, USN, Double Day & Company, Inc. Garden City, New York, 1967, p.18.

② War Department, War Department General Staff, Military Intelligence Division, Project No.448, 19. August 1944. Brigadier-General Tai Li, p.5(解密)，美国海军历史研究所档案。

戴笠一家与梅乐斯合影(二排中为戴笠,一排左一为梅乐斯)

梅乐斯一行 11 人于 1942 年 5 月 26 日从重庆出发,经过贵阳,到湖南衡阳,再到江西的金坑,由江西的赣州乘“滑竿”到福建厦门(7 月 4 日—7 月 7 日),然后又从赣州到江西南昌,在福建建阳乘船到福州,再从建阳到福建浦城,随后抵达温州(6 月 13 日—6 月 15 日),最后来到戴笠的家乡江山。所经过的地方都在敌人占领区的夹缝中,他们对沿途情形特别对于厦门及温州,了

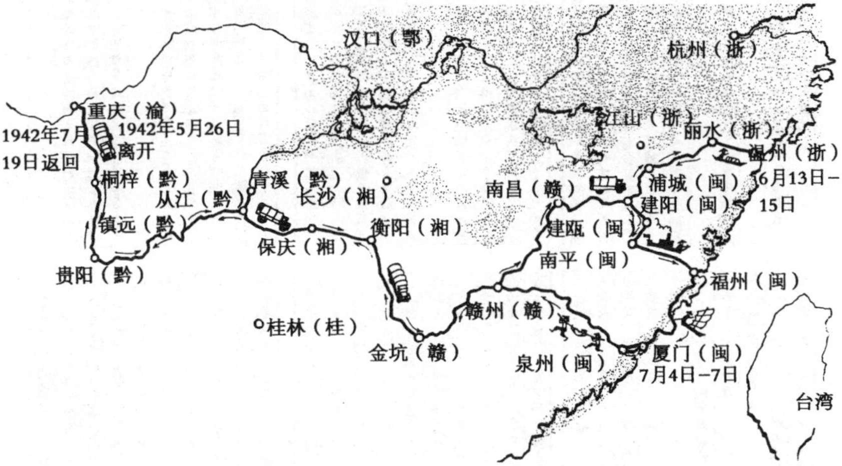

1942 年梅乐斯至中国内地及沿海调查路线(原图)①

① A Different Kind of War by Vice Admiral Milton E. Miles. USN, Double Day & Company, Inc. Garden City, New York, 1967, p.127.

解得很清楚。此行前后经过了六个省，于 1942 年 7 月 19 日返回重庆，初步达到了美国海军上将金的要求。1945 年 3 月 7 日，戴笠又偕同梅乐斯乘飞机到绥远陕坝，在绥远陕坝东北十里外的大顺城建立了训练班。

1943 年 4 月 15 日，在中美共同商议下，签订了《中美特种技术合作协定》。整个协定的原文如下图所示：

中美特種技術合作協定

中美兩國為摧毀共同敵人求得軍事上之勝利特設立中美特種技術合作所以完成此項任務特由中華民國國民政府軍事委員會委員長蔣中正特派
國民政府外交部部長宋子文
軍事委員會調查統計局副局長戴笠
駐美大使館陸軍中校副武官蕭勃
美利堅合眾國總統羅斯福特派
海軍部部長諾克斯
戰略業務局局長陸軍少將鄧諾文
戰略業務局駐華主任海軍上校梅樂斯
雙方代表彼此驗明全權證書均屬妥善簽定合作協定條文如左

一、為求在中國沿海中國淪陷地區及其他日敵各佔領地區打擊吾人共同敵人起見特在中國組織中美特種技術合作所其目的在以中國戰區為根據地用美國物資及技術協同對遠東各地之日本海軍日本商船日本空軍及其佔領地區內之礦產工廠倉庫以及其他軍事設備予以有效之打擊

二、本合作執行機構定名為中美特種技術合作所（以下簡稱本所）其組織系統與業務分配如附表

三、為使其業務之進行美國願以無代價供給一切物資基於友誼而與中國合作故在美國名為友誼合作在中國之英文名稱為 Sino American Cooperation Organization 簡稱為 S.A.C.O. 此與美文 Sacko 發音相同含有有效之猛攻或突擊之意義

四、本所之工作人員均須宣誓努力打擊日本並對本所之組織與業務及其與本所有關之同盟國單位情形保守絕對之秘密

五、本所設主任副主任各一人主任由華方任之副主任由美方任之

六、本所各部門之工作由主任副主任商討決定之

七、本所負責人及全部職員因在中國執行業務為求得行動方便及身份證明起見均須呈請　蔣委員長任命之

八、在美國訓練業已成熟絕對可靠並已宣誓對同盟國家効忠之緬甸泰國朝鮮台灣安南等處人員經美方提出華方認可後准在本所指揮下參加工作惟此項工作人員在其工作目的地之佈置與其工作之實施應與本所之主要部門分開以符秘密工作之原則

九、本所設有遠程空中偵察隊配有飛機器材及研譯判讀照相之人員此隊之目的乃在中國淪陷地區及遠東各佔領地區內攝製並判讀各項敵人活動之照片使本所對凡能見到敵人之各項活動係持確切之認識以便實施種種之打擊除駕駛員外其攝製之人員大部以華方人員任之

十、為使於在中國沿海各港灣實施佈雷得適時打擊敵人船隻起見得由美方派遣飛機測量港灣地形並由華方派員參加其所測繪之地圖與攝成之照片尋供本所使用並保管不得攜往他處以免洩漏軍事上之機密

十一、本所設置宣傳組對中國淪陷地區及其他日本佔領區內之敵人與人民從事心理戰爭其全部需用之器材由美方供給如無線電發報機錄音機特種攝影機印刷機等並由美方負責訓練華方使用此項機件之人員

十二、本所於重慶華盛頓兩地派駐人員辦理中美兩國情報互換事宜
自華送交美國政府之情報須先經主任審核認可後轉報之
自美送交中國之情報須先經美國戰略局局長或全美艦隊總司令之審核認可後轉報之

十三、本所收集對爆破偵察佈雷及其他直接對本所工作有用之情報其中如有呈報兩國軍事當局之必要者須先經主任副主任審核認可後分報之

十四、本所奉准指定之發報台得與中國境外之美國海軍無線電台通報惟本所所有其他各電台則限制僅用於本所之各有關業務

十五、本所以重慶附近為主要訓練地區遇必要時經雙方同意得於工作隊所在地實施訓練

十六、本所各種訓練人員除由美方派遣技術訓練負責人及各種技術訓練之設計指導人員外其他之教職員均實施偵收研譯各項偵譯工作由美方派員負責設計指導由華方派員參加工作
偵收與研譯之敵碼應由本所之主管部門在本所辦理以免宣洩
本所偵譯敵各種密電碼之結果有呈報兩國軍事當局參考之必要者須經主任副主任審核決定後分報之

十九、本所本部設於中國戰時首都所在地重慶並按實際情況之需要在各地分期設立前進工作隊辦理有關爆破偵察航空氣象對敵宣傳及其他有關本所工作之交通事宜茲暫定下列各城市設立前進工作隊
1. 贛州　2. 辰谿　3. 溫州　4. 衢州　5. 福州　6. 漳州
7. 大亞灣　8. 海康　9. 北海　10. 廣德　11. 立煌　12. 常德
13. 衡陽　14. 洛陽　15. 海州附近地區　16. 臨沂附近地區
17. 蘭州　18. 五原　19. 保山　20. 車里　21. 安西　22. 拉薩
23. 迪化

二十、各地工作隊所需器材為便於分配及修理計於贛州西安兩地附近設立修理廠由美方指派技術人員主持此二地之修理工作

二十一、本所所需用之爆破無線電武器彈藥交通攝影氣象化學印刷醫藥等以及各項工作所需要之一切器材

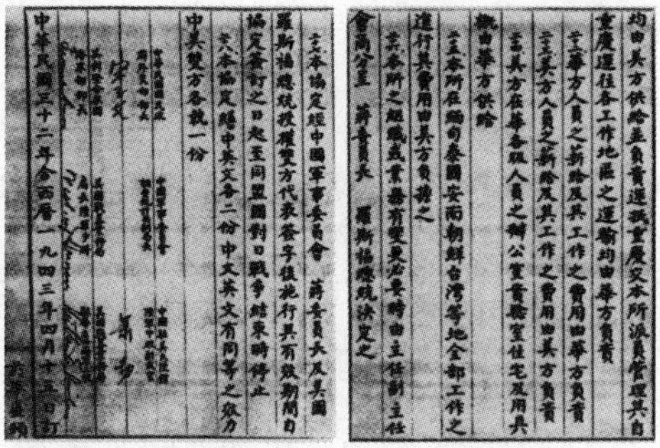

均由美方供給並負責運抵重慶交本所派員管理其自
重慶運往各工作地區之運輸均由華方負責
二十 華方人員之薪給及其工作之費用由華方負責
二十一 美方人員之薪給及其工作之費用由美方負責
二十二 美方在華各級人員之辦公室寢室住宅及用具
概由華方供給
二十三 本所在緬甸泰國安南朝鮮台灣等地全部工作之
進行其費用由美方負擔之
二十四 本所之組織及業務有變更必要時由主任副主任
會商分呈 蔣委員長 羅斯福總統決定之
二十五 本協定經中國軍事委員會 蔣委員長及美國
羅斯福總統核准雙方代表簽字後施行其有效期間自
協定簽訂之日起至同盟國對日戰爭結束時停止
二十六 本協定繕中英文各二份中文英文有同等之效力
中美雙方各執一份
宋子文
中華民國三十二年公曆一九四三年四月十五日訂

中美特种技术合作协定(原文)①

这个协定的内容很丰富,中美特种技术合作所工作队的地点从赣州一直到拉萨,其组织情况如下:

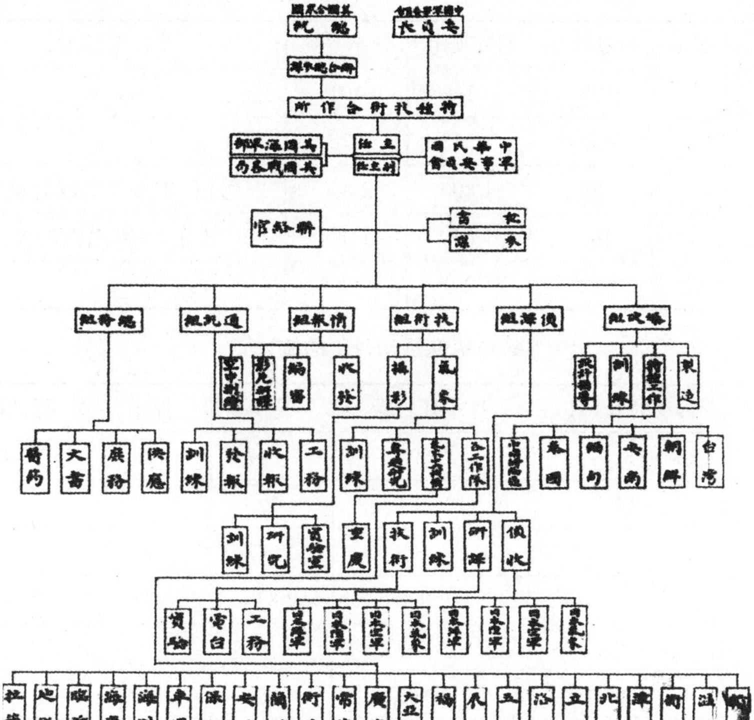

中美特种技术合作所组织图(原件)②

①② Sino-American Special Technical Cooperation Agreement, Miles Papers, Chapter 3, Box 2.美国海军历史研究所档案。

根据梅乐斯自己的统计,《中美特种技术合作协定》(SACO)签订后,有如下表所示的战果。

1944 年 6 月至 11 月六个月间,包括飞越驼峰航线对中美特种技术合作协定(SACO)的供给①

弹　　药	150 吨	旅客行李	51 吨
医疗品供应	22 吨	无线电设备	64 吨
武　　器	60 吨	卡车、办公物资、衣服、邮件等	185 吨
汽　　油	227 吨	高空气象物资	35 吨
炸　　药	75 吨	总　　计	869 吨

1945 年 5 月至 8 月三个月来 SACO 贵州、湖南、广东纵队的战斗记录②

	纵队	行动次数	日军死亡	日军受伤	日军俘虏
广东纵队	1	25	168	101	
	3	55	943	732	8
湖南和贵州纵队	2	94	1 200	2 600	24(另有 21 000 名汉奸被接收)
	4	167	1 600	1 324	39(另有 4 000 名汉奸被接收)
	7	12	292	65	

SACO 纵队活动月份的统计③

纵队	行动时长(月)	日军死亡数	受伤	俘虏	行动次数
1	14	2 691	957	28	231
3	11	3 151	1 529	8	122
2	14	54 106	1 642	64	435
4	14	7 950	2 638	71	448
7	2	292	65		12
长江	10	1 395	684	19	78
总计	65	20 485	7 515	190	1 326

① A Different Kind of War by Vice Admiral Milton E. Miles, USN, Double Day & Company, Inc. Garden City, New York, 1967, p.347.

②③ Ibid., p.47.

"建阳分部"的美军向日俘问话

《中美特种技术合作协定》所属美国海军(中国集团)指挥部有"秘密战争日记",按天数把与日伪斗争的情况,向总部汇报。我在美国海军历史研究所发现了这种汇报,全部都是在公路、铁路、沿海对敌伪杀伤的报告。其中有一次在厦门附近侦察,为日军所捕获,中国侦察员立刻被枪毙,美国侦察员在战后交换俘虏时返美①。

最近有一个比较权威的证明,澄清了关于《中美特种技术合作协定》的一个历史误会。文章的作者是厉华(重庆红岩革命历史博物馆馆长)。文章说:

> 1943 年 4 月 1 日,《中美特种技术合作协定》在美国华盛顿正式签字。7 月 1 日,"中美特种技术合作所"在重庆军统乡下办事处钟家山正式成立,戴笠任主任,梅乐斯任副主任,他们对中美合作所的工作都享有否决权。按协定的规定:中美合作所系因对日作战而成立,如战争结束应立即宣告结束。1945 年抗战胜利后,当时任中美合作所代表的L.A.洛夫格利少校草草地给戴笠写了一份备忘录:既然杜鲁门总统决定

① U.S. Naval Group. China Office of the Commander Secret War Diary(解密),美国海军历史研究所档案。

于十月一日解散战略情报局，中美合作所协定不再有效，所以，人员应该撤走……仅1944年6月至1945年6月一年的时间，中美合作所指挥的部队就击毙了2.3万名日军，击伤了9 000名，俘虏了300名，摧毁了209座桥梁、84辆机车、141只船舰、97个日军军需库。中美合作所的对日作战，为取得抗战胜利起到了重要作用。重庆解放前夕发生大屠杀时，中美合作所组织已经不存在。所以，中美合作所和军统渣滓洞、白公馆监狱是两个单位，渣滓洞、白公馆关押的政治犯以及屠杀政治犯的情况与中美合作所无关。①

我们很高兴，经过半个多世纪的研究，《中美特种技术合作协定》的功过和是非，现在总算弄清楚了。

戴笠虽然是中美特种技术合作所主任，但《协定》对于合作所的行为都有明确规定，中美上级监视严格，他们不得有丝毫懈怠。关于《协定》的要求，戴笠必须照办，但非《协定》的要求，戴笠也不能妄自增加。所以梅乐斯认为戴笠是一个很好的“合作者”。

戴笠与美国的史迪威(Joseph W. Stilwill)将军②有很大的矛盾。这件事要从1942年说起。

1942年元旦，中国与美、英、苏共同领衔签署《联合国家共同宣言》，表明中国已经跻身于“世界列强”之一。此前一天，罗斯福电请蒋介石出任盟军“中国战区”最高统帅，并由中美英组成联合作战计划参谋部，由罗斯福派遣一位高级将领出任战区最高统帅的参谋长，此人即史迪威将军。史迪威可谓是一个“中国通”，对中国的社会政治情况了如指掌，他对蒋介石的专横霸道，依靠戴笠特务组织党同伐异，特别是抗日战争期间不能团结共产党共同打击日寇非常不满。他为人狷介耿直，用语粗犷，耻于与蒋介石为伍，称他

① 厉华：《关于中美合作所的一个历史误会》，《北京日报》2010年10月11日。

② 史迪威，毕业于美国军事学院，后在菲律宾驻军服役，在美国步兵学校任教。1920—1923年、1926—1929年、1935—1939年均在驻中国的美军中任职。1942年任中国、印度、缅甸战区美军司令兼蒋介石的参谋长。后升至陆军上将。

为“花生米”(peanuts),意即小人物。美国海军图书馆关于戴笠的材料中载有戴笠说过“我是蒋总统的一条狗”[①]的话。梅乐斯在自己的书中也记载了戴笠曾亲口说过:“他们叫我是中国的 Himmler(希姆莱),我不是 Himmler!我是蒋委员长的戴笠。”[②]因此史迪威对蒋介石包括戴笠的军政措施异常厌恶。

很快,史迪威便与蒋介石产生了矛盾。宋子文在给蒋介石的电报中说:“闻史迪威公开反对军座的计划,谓军座对诸事皆犹豫不决,对战略无一定之见解。”[③]美国总统对史迪威不尊重中国上级也感觉不太恰当[④],马歇尔上将(George C. Marshell)也警告史迪威尽可能地不要触犯蒋介石[⑤]。但是罗斯福很欣赏史迪威的才干,“喜欢他的雄心勃勃,喜欢他对事情能否做成的原因能给出清晰的阐述”[⑥]。宋子文曾经向罗斯福提到蒋介石对史迪威的不满,但“罗斯福与马歇尔在史迪威事件上都闭口不谈,每次提到总是回避这一点”[⑦]。1943 年 5 月 10 日,宋又提到蒋介石与史迪威已经有相当大的矛盾[⑧]。1943 年 9 月 28 日,宋子文甚至已经向美方提出“史迪威什么时候被召回”[⑨]。

---

① The Tai Li in China, War Department, A Miles Papers, Chapter 38 Box 39, 19 August 1944.

② A Different Kind of War by Vice Admiral Milton E. Miles, USN, Double Day & Company, Inc. Garden City, New York, 1967, p.480.希姆莱(Heinrich Himmler, 1900—1945),德国法西斯首领之一,党卫军首领,纳粹战犯。

③ 宋子文致蒋介石报告在英美参谋团会议发表主张电(1943 年 5 月),吴景平、郭岱君编:《宋子文驻美时期电报选(1940—1943)》,复旦大学出版社 2008 年版,第 197 页。

④ Stilwell's Command Problems, Charles F. Romanus and Riley Sunderland, China-Burma-India Theater, Office of the Chief of Military History, United States Army, Washington, D.C., 1956, p.56.

⑤ Ibid., p.383.

⑥ 《与美国总统顾问霍普金斯谈话记录(1943 年 5 月 26 日)》,吴景平、郭岱君编:《风云际会——宋子文与外国人士会谈记录(1940—1943)》,复旦大学出版社 2010 年版,第 81 页。

⑦ 《与美国总统罗斯福等人谈话印象记(1943 年)》,吴景平、郭岱君编:《风云际会——宋子文与外国人士会谈记录(1940—1943)》,复旦大学出版社 2010 年版,第 144 页。

⑧ 《与美国总统罗斯福谈话记录(1943 年 5 月 10 日)》,吴景平、郭岱君编:《风云际会——宋子文与外国人士会谈记录(1940—1943)》,复旦大学出版社 2010 年版,第 55 页。

⑨ 《与美国总统顾问霍普金斯谈话记录(1943 年 9 月 28 日)》,吴景平、郭岱君编:《风云际会——宋子文与外国人士会谈记录(1940—1943)》,复旦大学出版社 2010 年版,第 143 页。

这个时候，蒋介石突然来了一个一百八十度方向的转变，他在 1943 年 10 月 17 日的日记中提到："余妻召史来谈，警告其撤职回美，对于其个人之损失程度，如其此时能对余表示悔过改善，则余或有转回恕宥之可能。彼乃完全承认其错误与改过，余乃允宥其过，再予以共事之最后机会。"①这样一来，宋多次向美国要求调走史迪威之事前功尽废，甚为尴尬，结果蒋宋两人大闹一场。实际上史迪威在日记当中怎么写的呢？在当天事后（1943 年 10 月 17 日），史迪威在日记中说：

> 她们（宋美龄和宋蔼龄）要我去对"花生米"说我衷心是为了中国好，假使过去有什么误解的话，那并不是我故意如此。我预备全力合作。当时我考虑了很久，是不是应该这样讲，但是她们两位如此强烈地希望我这样说，所以我答应了。宋美龄说："我马上就办。"这个"花生米"表示他愿意重新和好，他说明两点："1.我了解我作为指挥部的主要成员的责任是什么。2.我要避免自我的优越感"。这种说法完全是胡说八道。但我还是很有礼貌地听他讲。"花生米"讲，在这种条件下，他会和我再和谐共事。②

我们可以看出，1943 年 10 月 17 日史迪威和蒋介石的会面，完全是宋美龄、宋蔼龄利用"夫人"的魅力，强迫史迪威说不愿意说的话。从史迪威发自肺腑的日记中可知，他把蒋介石看透了。他在日记其他部分也很清楚地说，"1944 年国民党贪污、玩忽职守、经济困难、重税、口实不符。囤积黑市上与敌人贸易。共产党减税、减租、减利息。发展生产，提高生活水平，政府参与其事，说到做到……""我们的同盟是中国国民党一党专政，是由盖世太保所控制（戴笠的机构），是由受过很少教育的人所控制……""蒋介石是一个党

① 《蒋介石日记（1943 年 10 月 17 日）》，吕芳上：《日记、档案中的蒋介石、宋子文和史迪威（1940—1944 年）》，引自吴景平主编：《宋子文生平与资料文献研究》，复旦大学出版社 2010 年版，第 167 页。

② Joseph W. Stilwell, The Stilwell Papers. Arranged and Edited by Theodore H. White. First Published by William Sloane Associates, Inc. Publishers, New York, USA, 1948. Foreign Language Press, Beijing, 2003, p.197.

的政府，他为党的盖世太保所拥护……”“蒋介石面临着一种失败，他被共产党的影响吓昏了头，他看不见广大的中国人民是欢迎共产党的。因为共产党是老百姓从压榨的租税和横蛮的军队及戴笠的盖世太保所恐吓中获得解放的唯一希望。在蒋介石的压迫下，人民希望开始转变未来。贪婪、贪污、更多的租税、垮台的货币、生命的浪费、对人民所有权利的无视。”①从以上日记可以看出，史迪威对蒋介石的政权和戴笠的盖世太保都深恶痛绝，他对中国国情的洞察使他绝不会对蒋介石的独裁政权和戴笠的特务组织抱有任何幻想。

在这时候，戴维斯(John Patan Davies)起了很大的作用，他是当时美国驻华大使二等秘书兼中缅印战区司令部史迪威的政治顾问，倾向同情共产党。1943年6月5日戴维斯谈及中国的形势时说，“首先，共产党一直积极对日作战，而蒋委员长却派了40万军队监视共产党。据《读卖新闻》报道，最近几个月，日本军队与共产党军队之间的军事冲突要比中国政府军队的军事冲突多一倍”②。我们知道，蒋介石与史迪威的冲突根本上是两点：第一是指挥权的冲突，美国陆军部认为，“史迪威对在华之美国军队及其所指挥之中国军队均有指挥权”③。第二是租借权，“史迪威为美国驻渝租借法案代表，及国际军事会议的美国代表，当然听命于美方”④。在1942年7月29日，美国陆军部“让史迪威将军有权决定何时何地将物资所有权移交中国”⑤。而这些均

① Joseph W. Stilwell, The Stilwell Papers. Arranged and Edited by Theodore H. White. First Published by William Sloane Associates, Inc. Publishers, New York, USA, 1948. Foreign Language Press, Beijing, 2003, pp.267—268, p.270, pp.287—288.

② 《与戴维斯谈话记录(1943年6月5日)》，吴景平、郭岱君编：《风云际会——宋子文与外国人士会谈记录(1940—1943)》，复旦大学出版社2010年版，第85—88页。

③ 史汀生致宋子文函中(1942年1月29日)，吴景平、林孝庭主编：《宋子文与外国人士往来函电稿(1940—1942)》，复旦大学出版社2009年版，第175页。

④ 宋子文致蒋介石报告美方解释史迪威职权电(1942年7月23日)，吴景平、郭岱君编：《宋子文驻美时期电报选(1940—1943)》，复旦大学出版社2008年版，第174页。

⑤ 杨门致宋子文函中(1942年7月29日)，吴景平、林孝庭主编：《宋子文与外国人士往来函电稿(1940—1942)》，复旦大学出版社2009年版，第208页。我们再用56年前的一本名著Herbert Feis, The China Tangle(Princeton University Press, 1953)第185页所说的：“蒋介石最主要的争执点是要控制租借物资的分配权。”这个要害部分现在又被宋子文函件所证实。

让蒋介石无法容忍。

1943 年 12 月，罗斯福预备直接与共产党联系，了解实际情况。美国战略情报局局长威廉·多诺万(William J. Donovan)拟率领代表团到延安与共产党直接接触。但是让美国人来了解中共抗日的实际情况是戴笠最不愿看到的，他们联名拒绝美国人访问延安。后来在华盛顿积极支持下，以美国驻华大使馆武官包瑞德(David Barrett)为团长，1944 年 7 月 22 日他们第一次以“迪克西”使团的身份进入延安①。

1944 年 8 月 11 日，第二批“迪克西”使团又来到延安，他们与延安的中共高层进行了广泛的接触。为了避免主观上的片面，观察团成员在延安军区的保护和安排下，从延安出发，步行了两千英里，到达游击区和前线实地考察。取得了丰硕的收获②。戴维斯对这些都做了详细的记录，并以最快的速度向华盛顿和他的上司史迪威作了汇报。由于戴笠掌握了对外电信的机密，戴维斯的电报同时成为蒋介石案头的情报。

1944 年下半年，由于豫、湘、桂战场国民党军队接连失利，国统区腹地也出现了失守的危机。蒋介石一再要求罗斯福罢免史迪威，1944 年 7 月 7 日，他电孔祥熙(孔在美有公干)，要他暗示罗斯福总统“史迪威已控制中国全部租借物资，若再统率中国全部军队，加上装备中共，后患将不可测”，等于是摊开了全部底牌③。但 9 月 18 日，罗斯福致电蒋介石，仍要其立即补充缅北的部队，并“立即任命史迪威将军指挥中国全部部队。如果蒋介石再耽搁犹豫，美国援华将完全停止”④。而蒋介石从 9 月底到 10 月 18 日连续向罗斯福发电，一再要求撤换史迪威，并派其他的美国将领代替。用词虽然婉转，

① “迪克西”，英文为“Dixie”，原来是美国内战时诸州的叛军。在美国的眼里，红色区域和共产党对蒋介石来说都属于叛逆者。

② Michael Schaller, SACO! The United States Navy's Secret War in China, Pacific Historical Review, Volume XLIV, 1975, pp.538—539, 542; A Different Kind of War by Vice Admiral Milton E. Miles, USN, Double Day & Company, Inc. Garden City, New York, 1967, pp.333, 342.

③ 梁敬錞:《史迪威事件》，台湾商务印书馆 2010 年版，第 269 页。

④ 顾莹惠:《“史迪威事件”与战时中美英三角关系》，《苏州大学学报(哲学社会科学版)》2006 年第 1 期，第 98 页。

但用明确的语言就是:“照你的想法,我就不干了!”①最后把罗斯福逼到了一个处境:或者撤换史迪威,或者失去中国这样一个重要的盟友。

罗斯福别无选择,遂于10月19日复电蒋介石,同意将史迪威召回,另派魏德迈(Albert Wedemeyer)为中国战区参谋长②。10月21日,史迪威悄然离开了重庆。他拒绝接受蒋介石派人授予他的青天白日特别勋章。

1944年,罗斯福竞选第四届总统,他的对手杜威(Thomas Dewey)在竞选中颇为得势,罗斯福怕突然从亚洲召回一个高级将领史迪威会引起杜威派的攻击,于选举不利,想对这件事不露声色。蒋介石也看出这一点是罗斯福的要害,所以在1942年9月12日的日记中说:“把握其大选弱点,(其)不能不有所顾忌也。”③因此史迪威返回美国一路不发一言。到了华盛顿机场,马歇尔并没有接见他④,一位青年军官建议他立刻离开华盛顿。史迪威说,他不见到马歇尔,绝不离开华盛顿。后来马歇尔单独同他面谈了一次,谈什么问题也秘而不宣。史迪威就这样回到了他的家乡⑤。

梅乐斯把史迪威一直看成“眼中钉”,他知道史迪威不同意他参与中国警察的训练,并把这个情况向美国国务院汇报⑥。从1942年7月起他就开始从各方面活动要求撤换史迪威⑦,到1944年总算成功了。即使如此,美国

---

① 顾莹惠:《“史迪威事件”与战时中美英三角关系》,《苏州大学学报(哲学社会科学版)》2006年第1期,第98页。

② 吴景平:《宋子文评传》,福建人民出版社1998年版,第381—382页。

③ 蒋介石日记,1943年10月17日,转引自吕芳上:《日记、档案中的蒋介石、宋子文和史迪威(1940—1944年)》,吴景平主编:《宋子文生平与资料文献研究》,复旦大学出版社2010年版,第171页。

④ 有的书上说,在史迪威到达华盛顿时,只有乔治·马歇尔一个人去接他。见〔美〕迈克尔·沙勒:《美国十字军在中国(1938—1945)》,郭济祖译,商务印书馆1982年版,第173页。这不是事实,马歇尔并未到机场去接他。

⑤ 史迪威被调回国,美政府任命其为南太平洋战场美军地面部队司令,与日军战于冲绳岛,克之。史迪威出席了在“密苏里”号军舰上的日军投降仪式,随后又在琉球群岛上亲自主持了日本的投降仪式。日本投降后,调任驻守旧金山的美军第六司令,在美军中位列四星上将,1946年10月13日,因肝疾逝世。

⑥ A Different Kind of War by Vice Admiral Milton E. Miles, USN, Double Day & Company, Inc. Garden City, New York, 1967, pp.198—199.

⑦ Michael Schaller, SACO! The United States Navy's Secret War in China, Pacific Historical Review, Volume XLIV, 1975, p.533.

海军上将金在 1943 年春天仍把中国地区视为重要战场①，1945 年 7 月经戴笠介绍，梅乐斯与杜月笙合作，预备在浙江沿海淳安登陆②。

1945 年 9 月 22 日，梅乐斯突然在重庆的快活林松林宾馆招待各国的新闻记者，声称要公开揭发中印缅战区司令部，并说他不再受陆军的节制。此时他已离不开兴奋剂和镇静剂，并开始患有一种幻想狂的恐惧心理。到 9 月底，海军医务人员将他送回美国医治。临走时，一个星期天的早晨，在上海江湾机场，戴笠从外地赶来，特颁大授云麾勋章。两人黯然告别③。

1945 年 8 月 30 日，美国海军部根据梅乐斯的建议，以戴笠将军在中美合作所成绩卓著，特授予其奖励。梅乐斯病愈以后，在南美洲做了海军武官。中美特种技术合作所于 1945 年 10 月 1 日宣布解散。

梅乐斯曾预言，他与戴笠必将会面④。可惜戴笠于 1946 年 3 月 19 日空难而亡，梅乐斯的预言恍若谶语。

---

① 梁敬錞：《史迪威事件》，台湾商务印书馆 2010 年版，第 218、219 页。

② 中国科学院近代史研究所、中华民国史组编：《中华民国史资料丛稿·人物传记》第四辑，中华书局 1977 年版，第 92 页。

③ China's Tai Li And The SACO Yanks by Lieutenant Charles G. Dabbins, USNR, Miles Papers, Chapter 38, Box 39.美国海军历史研究所档案。

④ A Different Kind of War by Vice Admiral Milton E. Miles, USN, Double Day & Company, Inc. Garden City, New York, 1967, p.577.

南海！ 南海！[①]

南海是中国面积最大的一个海域。渤海、黄海和东海加在一起还不如南海大。南海面积近360万平方公里。世界面积超过300万平方公里的海只有三个，南海排在南太平洋的珊瑚海和印度洋的阿拉伯海之后，是世界第三大海。

中国南海疆域是在历经两千多年历史，中国人民最早发现、最早命名、最早经营开发并最早由历代中国政府行使连续不断的行政管辖的基础上而逐步形成的。这一发展过程拥有充分、确凿的历史依据。

在中国大陆和海南岛以南延续上千公里的海面，有着东沙、西沙、中沙和南沙四大群岛，共有岛、礁沙、滩200多个。那里的岛屿面积都很小，西沙群岛最大的永兴岛只有1.8平方公里，南沙最大的太平岛不过0.45平方公里。由于绝大多数岛屿上没有淡水，过去没有常驻居民。

南海是东盟各国和欧、美、日、俄、澳等主要经济体的海上航运生命线。经过这一海域的国际贸易量占全球贸易量的80%左右。日本、韩国90%的石油进口要经过南海运输，南海地区出产的液化天然气四分之三运往日本，美国从亚太地区进口的各种重要原料9成左右要走南海航线。

一直到近代，此一海域的形势才变得逐渐复杂化。马来西亚在1963年从英国统治下独立建国后，看中了南海资源，从1978年起陆续进占了弹丸

① 原载《美国海军与中美关系》(《中美关系研究丛书》第25辑)，复旦大学出版社2013年版。

礁、南海礁和光星仔礁。因曾母盆地探明的石油储量最丰富，马来西亚又成为在该海域开采石油、获取资源最早和最多的国家。随后，文莱也非法控制本属中国的3 000平方公里的传统海域，并声称对南沙群岛西南端的南通礁拥有主权。

越南统一后，又向苏联海军提供了南海西侧的金兰湾作为基地，更增加了这一地区争端的复杂性。从那时起至今，南海的东沙群岛的主岛仍由台湾当局控制，西沙群岛完全由解放军控制，中沙群岛因系水下暗礁还无人居住，南沙群岛及其海域则一直处于被五国六方（中国、越南、菲律宾、马来西亚、文莱及中国台湾）分别控制并声称拥有主权的复杂情况①。

2011年10月11日中共中央总书记、国家主席胡锦涛与来华进行正式访问的越南共产党中央总书记阮富钟举行会谈，积极评价两国签署《关于指导解决中华人民共和国海上问题基本原则协议》。在海上争议最终解决前，不应采取使争议复杂化、扩大化的行动，以冷静和建设性的态度处理出现的问题，不使有关问题影响中越两党两国关系和南海和平稳定。双方应积极研究和商谈共同开发，尽快迈出实质性步伐。

但是，与此同时，越南国家主席张晋创访问菲律宾，与阿基诺总统会谈的主要内容是开发南海，同时访问了印度，为印越石油企业勘探铺平了道路。越南总理阮晋勇访问东京，与日本首相会谈讨论了最近南海的局势，这进一步表明了日本对该问题越来越大的兴趣。

在南海的争夺中，越南是最厉害的一个，它采取了“远交近攻”的策略。一方面对中国“照顾全局，统筹开发”南海表示“衷心”的赞成；同时到世界各国“远交”，唆使开发南海；并急忙与印度挂钩，主张立约就近开发（近攻）。

经过了多方面的补充协商后，越南总理阮晋勇终于公开要求中国把南中国海有争议的岛屿让与越南。

阮晋勇在国会表示，越南将加强在南中国海斯普拉特利岛（即我国南沙

① 徐焰：《谈南海争端历史：我国曾错失收复岛屿机会》，2011年12月5日，新华网。

群岛）的活动，并且寻求就中国目前“占据”的“帕拉塞尔群岛”（即我西沙群岛）展开谈判，公然要求印度参与开发。

印度早在 1991 年就制定了东亚经济增长机会的“东向政策”（look east）。中国的崛起给印越关系增添了一种巨大的紧迫感。在越南的唆使下，印度悍然开发了 127 号、128 号油田。这两块油田大体上是在南沙群岛海域西侧。中国认为这两区域部分进入中国管辖海域内，侵犯了中国主权。

越南虽然这样的态度，中国仍然胸怀全局，化对手为朋友。截至 2011 年 10 月份，中国在越南的投资项目有 800 多个，合同额达到了 42 亿美元。从 2004 年起至今，中国已经成为越南最大的贸易伙伴。双方之间有很多分歧包括在南海的问题上，但是这些分歧都没有影响到高层次的接触，也就是说双边关系的基础没有动摇。正如《西贡时报》所说：“越南与中国自 61 年前即已订立了友好邦交，两国今后更要发展战略互助的关系。”①中国有胸怀，越南有智慧，南海归于平谧。

菲律宾则是采取了另外一种策略：“将南海明确划分为无争议和有争议的区域”，无争议的地区由“独有主权国”直接开采，有争议的地区则由几个申诉国合作开发。按照这种一厢情愿的划分，中国中沙群岛的“黄岩岛”就应由菲律宾来直接管辖。将自己占了别人的地盘划在“非争议区”之中，以使自己的强占合法化；而将自己没占的地盘划进“争议区”，以便自己也能和别人一起分享资源。

菲律宾之所以敢这样做，因为其背后有“靠山”。它的“靠山”是谁呢？是美国。美国对南海一直是关注的。到 2011 年 7 月 23 日，美国国务卿希拉里再也按捺不住了，通过国务院威胁中国说：“最近在南中国海发生的事件危及作为亚太地区取得显著进展之基础的和平与稳定，美国为此表示关注。这些事件危及海上生命安全，加剧紧张局势，破坏航行自由，并对合法、不受阻碍的通商活动和经济发展构成威胁。”②

---

① Saigon Times, Friday, December, 23, 2011.

② 2011 年 7 月 23 日，美国国务院就中国南海问题发表声明。

希拉里在2011年10月11日出版的《外交政策杂志》(*Foreign Policy Magazine*)11月号再度强调了这个观点。在文章中,她说:美国"未来的政治将决定于亚洲","首先,它要求长期地致力于我所说的'前沿部署'(Forward-Deployed)外交。这意味着继续把我们的各种外交资源——包括我们最高级别的官员,我们的发展专家,我们的跨部门团队和我们的永久资产——分派到亚太地区的每个国家和每个角落","我们的战略必须顾及并适应在亚洲各地不断出现的迅速和显著的变化"。她在这篇文章里还特别强调"与中国的关系是美国有史以来必须管理的最具挑战性和影响最大的双边关系之一"。她还提到美国积极支持印度的"东向"努力,也包括与印度和日本的新三边对话。她还说,"保护各国不受阻碍地进入南中国海及在其间通航,支持在南中国海海域划定领海界限的关键国际规则"①。

2011年11月10日希拉里以"美国的太平洋世纪"为题在夏威夷发表演讲,宣称:"对于亚洲那些想知道美国是否真会在这里留下来,以及我们是否能作出且恪守可信的战略和经济承诺并拿出行动履行承诺的人。答案是:是的。我们能这样做;是的,我们将这样做。因为我们必须这样。"

她还说:"这里是美国进入亚洲的通道,是全世界最秀丽的地方之一","21世纪将是美国的太平洋世纪,成为这个充满活力,复杂和意义重大的地区,前所未有地发展交往和伙伴关系的时期。我们在此根基永存"。接着,她严厉教训中国:"中国必须采取改革措施,特别是,我们正在与中国合作,终止针对美国和其他外国公司的不公平的歧视做法,我们还在努力保护创新技术,取消扭曲竞争的优惠待遇。中国必须让它的货币更快升值并终止危害或盗取外国知识产权的行为。"②

希拉里对夏威夷充满了爱慕的支持,夏威夷原来是一个荒岛,从1789年

---

① 美国国务卿希拉里·克林顿(Hillary Rodham Clinton)为2011年10月11日出版的《外交政策杂志》(*Foreign Policy Magazine*)11月号撰写了评论文章,论述21世纪的亚太地区对美国的重要性及美国对该地区的参与。全文由美国国务院国际信息局(IIP)翻译。

② 2011年11月10日,美国国务卿希拉里以"美国的太平洋世纪"为题发表演讲,夏威夷檀香山(Honolulu, HI),东西方中心(East-west Center),美国国务院译稿。

才有华人移居到夏威夷，勤苦劳作[1]。后又发展工商业，夏威夷之所以有今天，华人的功劳是不可磨灭的。但是，她没有一个字提到华人。在全篇演讲中，对中国极尽奚落和嘲讽，而对即将在印度尼西亚召开的东亚峰会，则将美国对菲律宾的支持表达得很煽情，她说："我是帕克曼(菲律宾拳击冠军)的粉丝，在其成功及体育精神感召下，我想说，美国将与菲律宾坚守在同一个角落，我们将与你们并肩战斗。"[2]看起来，希拉里对菲律宾人吹嘘有加，对中国人疾言厉色。希拉里对菲律宾甜言蜜语，后面却隐藏着阴谋。美国当权派正策划一个对中国的包围圈。

多年来，美国环绕中国设立了两条岛链。在新加坡东北角——樟宜设立了便于航母停靠的军事基地，向西可以在24小时之内穿过马六甲海峡，进入印度洋，向东则可以直接进入南海海域。但樟宜毕竟是借用新加坡的领土，若发生战争，恐缓不济急。为了以防万一，美国同澳大利亚正计划扩建位于印度洋的澳领地科科斯群岛(Cocos Island)设立军事设施。澳军最优先考虑升级西澳大利亚州珀斯(Perth)附近的斯特林(Stirling)海军基地，然后则更多地利用科科斯群岛。科科斯群岛位于澳大利亚本土与斯里兰卡之间的印度洋上，由两个环礁和二十七个珊瑚岛组成，人口约600人，战略位置十分重要。它位于珀斯西北2 700公里，达尔文以西3 685公里，新加坡西南面偏南1 300公里。报道引用专家的话说，美澳在科科斯群岛上建联合军事基地，将建成印度洋上的关岛，美国可以通过该基地开展在印度洋和东南亚地区的军事行动。

而如果美军在位于迭戈加西亚(Diego Garcia Island)和澳大利亚之间的科科斯群岛建设基地，则将美军印度洋与太平洋基地群完整地衔接起来。从日本、关岛、新加坡到澳大利亚、科科斯群岛、迭戈加西亚美军基地群只对

① Toy Len Chang, Sailing for the Sun, the Chinese in Hauuaii, 1789—1989, University of Hawaii, Three Heroes Publishers, 1988, p.1.

② 《菲律宾执意联美抗中国，或在东亚峰会上对华发难》，《环球时报》2011年11月17日。

中国主要海上航道形成监控①。

正如美国总统奥巴马在美国国防部发布的《与中国有关的军事与安全发展》年度报告全文(一)所说,"美中两国关系的确存在分歧和困难,但两国并非天生的对手"②。这是非常高瞻远瞩的看法,是解决中美关系百年好合的好办法。既然如此,美国为什么要一再从天空到大洋,重重岛链,对中国从语言到实际进行围堵?最近,澳洲科科斯群岛的军事设施连串起来,不是更雪上加霜吗?中国是藏锋敛态的大国,我们不会轻举妄动,但也要生存,难道南海不是中国的疆域吗?为什么要把中国重重捆束住,把中国变成美国的一个"天生的对手"呢?

① 谢昭、侯涛、魏云峰:《美澳欲在印度洋建新立足点》,《环球时报》2011年11月23日。
② 美国国防部《与中国有关的军事与安全发展》年度报告全文(一),2011年7月11日。

第四部分

《中美关系研究丛书》主编前言

第1辑 《中美关系史论丛》前言

这本集子收入了自1979年党的十一届三中全会以来有关中美关系史的论文15篇。这些论文涉及中美关系史的一些方面，但并不是所有的方面。这是因为：一者，有些问题我国学术界还尚未进行较深入的研讨，有待于进一步开拓；再者，有些问题目前还正在争论中，意见纷呈，还没有一个较完整的论述，有待于进一步展开。后面这一类有争论的问题将来可以编成专辑，也许更有利于学术上的研讨。还有一些很好的论文，由于篇幅有限，不可能一次收全，我们将继续编辑论丛，有了篇幅，就可以收得更全一些了。

收入这本集子的文章，多数是已经发表过的，有几篇是尚未发表过的。对已经发表过的文章，有的作者因近几年来国内外档案材料有了新的发现，在收入这本集子时，又作了较大的补充和修改，以便吸收新的材料和新的学术研究成果。各篇论文（包括序言）只代表作者的见解，编者除要求注释详明并作了一些技术性的处理以外，对内容概不增删。

在美国排华运动的研究方面，我们一直在找寻一篇分析历次排华法案形成过程中美国国内各种政治影响因素的论文。今年访美时，梅缵月博士推荐许佩娟（Shirley Hune）教授的一篇论文，有点近似我们的要求。承作者同意收入本集，我们表示感谢。本集主要是收集国内学者的论文，这一篇算是例外。

这本集子里各篇论文的作者，有的是多年从事这一问题研究的老专家；有的是春秋正富的中年学者；有的是“初出茅庐”的青年研究生，它从一个侧面体现了这门学科也正在形成三个梯队，反映了在党的正确方针引导下，学术繁荣的可喜景象。

王邦宪、邹明德同志协助了这本集子的编辑工作。

我们的水平有限，编集这一学科的论集还是一个尝试，诚意地欢迎读者批评和建议，以期能把今后的工作做得更好一些。

两百年前的今天，正是“中国皇后”号由纽约驶抵广州的日子。我们谨以这本集子作为中美交往两百周年的一个纪念吧。

汪　熙

1984年8月28日于复旦校园

第2辑 《贸易保护主义对中美经济关系的影响——中美纺织品贸易争端》前言

20世纪80年代美国贸易保护主义的抬头使中美纺织品贸易面临前所未有的困难，这个问题已成为近年来中美贸易中最富有爆炸性的争端之一。

纺织品是发展中国家最主要的出口制成品。纺织品出口在发展中国家制成品出口中占30%左右。作为世界纺织品贸易中举足轻重的国家，美国的纺织品贸易政策对国际纺织品贸易具有深刻的影响。从60年代初美国首先对纺织品进口实行数量限制措施以后，大多数发达国家相继制定了一整套严厉的数量限制措施来对付发展中国家的纺织品出口。1974年国际"多种纤维协定"的实施正是在纺织品贸易领域南北国家之间进行的限制与反限制斗争的产物。1986年7月，"多种纤维协定"即将期满，是让它寿终正寝还是继续延长，协定的存废问题是当前国际贸易争端的"热点"之一。美国政府强化进口纺织品限制措施使近年来南北国家的分歧更加尖锐。因此，分析美国的纺织品贸易政策，将有助于了解当前发达国家贸易保护主义的性质、内容、特点和它对经济发展和国际贸易的影响。

中国是世界上纺织品最大的生产国和主要的出口国，纺织品的生产和出口对于我国的经济发展和外汇平衡都是非常重要的。中国和其他发展中国家工业品出口面临的问题有相似之处。对中美纺织品贸易的研究，将为发展中国家探索工业品出口问题提供有益的经验和制定决策的参考。

王邦宪同志在本书中，从较广阔的国际背景，分别对中美纺织品贸易发展趋势，世界各国工业发展对纺织品生产和贸易的影响，贸易保护主义与美国限制纺织品进口政策的演变过程，关税和限额限制对中美纺织品贸易的影响，关税和限额对美国生产和就业的影响，美国限制纺织品进口的经济代价以及中国对美国纺织品出口等问题作一个初探。这将有助于我们对中美纺织品贸易问题以及当前南北经济关系中的一个敏感的问题——纺织品贸易问题，有进一步的了解。

本书是理论联系实际、分析双边与多边国际经济关系问题的一个初步尝试，我们欢迎读者的评述与建议。

汪 熙

1985 年 10 月于复旦校园

第3辑 《美国特使在中国(一九四五年十二月——九四七年一月)》前言

本书是一本论述马歇尔来华调处国共关系的专著。也是一本较好的教学参考书。

一九四五年第二次世界大战的结束,标志着法西斯与反法西斯的殊死战斗已经告一终结。共同的敌人已经从地平线上消失,促使美、苏、中(包括中国共产党)结成盟友的纽带已不复存在。世界的主要矛盾正在转化。在新的全球性的政治格局里,美国和苏联在欧洲和亚洲都形成了对峙的局面。这两大强国都在从它们各自的国家利益考虑,调整对外政策以适应新的国际环境。

战争虽然结束,局势仍极动荡。在中国这一块关键性的地域,内战正迫在眉睫。复杂的是,中国内战的结局不仅是政治领导权的转移问题,而且是两种不同社会制度的交替问题,因而也是这一地域今后国际政治力量的较量与平衡问题。这就不能不引起美国决策人的严重关注。事实上,在德、意法西斯已经覆灭,日本侵略者还在作困兽犹斗的时候,随着世界矛盾的明显转化,美国已相应地形成了扶蒋反共的政策方向。1945 年 4 月赫尔利公开发表反对中国共产党的讲话不过是一个表面的标志而已。

但是在国共对峙中,美国若明目张胆地卷入中国内战,帮助蒋介石来消灭中国共产党,这在当时是冒天下之大不韪的事,美国总统这样做,会在国内、国外遇到很大的麻烦,可能付出沉重的代价;但是眼看着蒋介石倒台,那也是不堪设想的。怎么办？杜鲁门总统在关键性的时刻派出了关键性的人物。于是，马歇尔使华这场戏就出台了。老练的马歇尔为了美国的长期战略目标服务，一只手想“不露痕迹”地扶住蒋介石不倒台；另一只手又要“貌似公正”地把中国人民进步力量压下去，把它捏进蒋政权的体制之内。这一台戏很不好唱，结果唱砸了锅，以失败而告终。

尽管如此，这一段历史却给我们留下很多值得回顾和探索的东西，马歇尔使华前后，是美国战后对华政策的转换时期，也是中美关系演变的一个关键时刻。对这一段历史我们是应该认真加以审定的。美国同行在这个问题上早已写了不少的东西，但我国学者由于众所周知的原因动手迟了一点。感谢党的十一届三中全会为活跃学术讨论创造了条件。现在也该轮到中国学者来谈一些看法了。

屠传德同志对这一段历史的研究已花了好几年的功夫。同美国同类问题的专著相比，他除了引证美国方面的资料以外，还较大量地运用了中国方面的资料，这样就有可能把问题的探究引向更深入一步。当然，假若我们有关部门能向学者更多地开放一些可以开放的档案资料，我相信，我们在这一方面的研究还可以做得更好一些。我们期待着这一天的早日到来。

汪　熙

一九八七年四月于复旦校园

第4辑 《美国对中国的反应——中美关系的历史剖析》主编前言

美国历史学家研究中国近代史，在20世纪70年代以前一个时期是以哈佛大学费正清(John K. Fairbank)教授的"冲击-反应论"(Impact-Response Paradigm)为主流，即：中国近代史是西方政治、经济、文化、宗教与军事等对中国冲击的反应。70年代以后，美国史学界研究中国历史的思想倾向有所转变，开始强调从中国自身的历史发展与变化来研究中国历史。这就是费正清教授的学生柯文(Paul A. Cohen)教授所提出的中国历史的"中国中心论"(Chinese Centered History of China)。我认为，在研究中国的对外关系史时，两者不能偏废。因为两国关系的历史，总是在相互影响中发展的。即使是根植于中国本身所发展的历史事物，也必然会向外辐射并承受外国对这种辐射所作出的反应；而西方冲击的影响也只有通过中国历史本身的发展才能显露出来。研究国际关系史总会碰到双边和多边的复杂矛盾，但是最主要的应该是当事国的双边关系这一对矛盾。因此研究两国关系史，必须要研究这一对矛盾的两个方面，而不是一个方面。即研究中美关系史不但要研究中国，而且要研究美国；不但要研究中国对美国的反应，而且要研究美国对中国的反应；不但要研究这些互为作用的反应，而且要研究这些反应通过各自国家内部因素而起的作用及其连锁反应。只有把一个事物的矛盾双方及其运动的全部过程研究清楚了，才能对这一事物有较深刻的理解。

遗憾的是，我国有些研究中美关系的学者，由于众所周知的原因（其中包括“左”的干扰），而疏于研究矛盾的另一方面（美国）以及这一对矛盾相互作用的影响。美国对华政策的形成，是各种因素交织在一起的复杂过程。这些因素大体上包括：美国人的价值观念、美国的经济发展和军事扩张、国内势力集团的斗争、党派之间的权力角逐、政治家的野心及其素质、资本家追逐利润的权衡、东亚及世界范围的力量均势，等等，最后汇集成一个综合体，即：“美国的国家利益。”对于美国所执行的有些对华政策进行批判是必要的，但仅仅停留在批判则不够。更重要的是探索它的政策决策过程，以追溯影响这些决策过程的一些政治的、经济的、文化的、人物的因素，弄清它为什么会作出某种特定的反应而不是其他。只有这样，才能把中美关系史研究好。

正因此，我们想到翻译孔华润（Warren I. Cohen）教授的这一本《美国对中国的反应》。通过这本书，我们可以看到一个美国历史学家眼中的美国对中国的反应，也即在不同阶段，美国对华主要政策形成的过程。孔华润教授是美国的知名历史学家，多年从事美国外交史，特别是中美关系史的研究。孔教授现任美国密州大学亚洲研究中心主任，曾任美国历史家外交关系学会（SHAFR）会长，并多年主编《外交史》杂志。他的《美国对中国的反应》一书问世后，引起了美国学术界和外交界的重视，后又补充增订，印刷了第二版。这本中译本就是根据第二版翻译的。我们感谢孔教授给中译本写了前言。

毋庸讳言，虽然孔教授在本书中有很多好的见解，但翻译这本书，不意味着我们全部都同意他的观点。同样，我们也并不主张只介绍那些同我们观点完全一致的外国著作。我们若坚持学术上的“闭关自守”，那就失去了国际学术交流的意义，失去了切磋问难的机会，也就没有我们自己学术上的长进了。

汪　熙

1987 年 10 月于复旦校园

第5辑 《中美经济关系：现状与前景》主编前言[①]

中美经济关系的发展由来已久，从“中国皇后”号驶抵广州算起，迄今也有两百多年了。历经坎坷的中美经济关系的历史已经过去。但在中国经济改革和对外开放的20世纪80年代，中美经济关系的现状与前景又将如何？这是当前人们都很关心的问题。谁都知道这种关系的发展或倒退，其影响所及是很深远的。为了研讨这个问题，1988年3月底4月初，由复旦大学美国研究中心与美国加州大学(伯克利)东亚研究所在上海联合举办了一次“中美经济关系：现状与前景”的学术讨论会。双方各自在全国范围内邀请了对这个问题有研究的中美学者26人，提交论文或进行评论。此外，会议还邀请了30名中青年学者作为观察者参与了讨论。

这次讨论会从宏观与微观，理论与现实，障碍与扫除障碍的建议等各方面对中美经济关系进行了较集中的探索。学者们在讨论中各抒所见，既有一致之处，又有分歧之点。读者可以从本书的论文与评论中看出，中美经济关系的现状与前景可以有多种多样的解释与选择。

这本集子就是这次中美学者会聚一堂对中美经济关系问题进行探索的结果，我们把它作为中美之间文化交流的一次有意义的成果奉献给读者。

---

① 《中美关系研究丛书》第5辑是复旦大学美国研究中心与美国加州大学(伯克利)东亚研究所1988年春在上海联合召开的“中美经济关系：现状与前景”学术讨论会的论文集，英文版由加州大学出版社在美国出版。

美国加州大学(伯克利)东亚研究所所长斯卡拉皮诺(R. Scalapino)教授和坎德尔(H. Kendall)先生以极大的热情参与了会议的筹组工作,他们的合作与支持对会议作出了宝贵的贡献。复旦大学谢希德校长(兼美国研究中心主任)对会议的指导和关怀也是此次会议成功的保证。

本集的中、英文本由复旦大学出版社和美国加州大学出版社分别在中、美两地同时出版。

汪　熙

1988 年 6 月于复旦校园

第5辑 《中美经济关系：现状与前景》编者序言

中国自1978年下半年开始实行新的经济改革以来，中美两国的交往已经有了10年的经验。在这期间两国的经济关系虽然出现过一些紧张和相互埋怨的情况，但一直是在稳步发展。本书所汇集的1988年3月在复旦大学召开的国际讨论会的论文，回顾和评价了中美双方在这个新时期的经历。希望通过讨论促进相互之间更进一步的理解，使得两国关系在未来的年月中得到更好的发展。

由于长期以来中国把自力更生作为经济管理政策的主要目标，在1979年，中国的国际贸易额还相当小。而当时的美国却是世界上最大的贸易国。人们都注视着这一对在国际贸易中的大小伙伴如何相处。

事实证明它们还是能和谐相处的。值得注意的问题主要是由于两国各自面临的国内和国际形势的变化所引起的。中国正在朝着以市场机制作为计划经济的补充为特征的经济模式发展。目前，市场力量在指导资源分配中起着较大的作用。同时，经济现代化要求中国的工厂和基础设施中的技术状况得到迅速改进。而要做到这一点就必须从世界上高度工业化的国家获取大量的现代技术，因而需要大量外汇。然而，中国的工业化计划还没有发展到这样的程度，即新兴产业成熟到了足以在世界市场上轻松自如地同其他国家竞争。所以，中国必须以欠发达国家的传统出口品，即纺织品和纺织产品以及其他劳动密集型产品换取它所需要的外汇。

同时，在过去的10年中美国也遇到了它自己的外汇难题。巨大的贸易赤字居高不下，1987年达到了1 600亿美元。制造商从国外进口组装零件、原材料和半成品的数量增加了。外国制造商的商品，从机械工具到消费者电子产品在美国市场上的销售比重都增加了。这种情况的出现部分是因为美元升值，1955年达到顶峰。但是即使在1985年以后，外贸中的不平衡仍然比大多数经济学家预料的持续时间还要长。美国失去竞争地位不仅仅是由于美元的价值问题，而且还因为工人人均生产率增长缓慢和研究及开发工作的萎缩。总之，美国开始日益关注其在世界市场上的竞争能力。由于生产"向外流失"和进口竞争的激烈，国际贸易中的"公平"问题成了美国特别敏感的问题。

由上述发展引起的，并且影响着美国对中美经济关系的态度引起了学者们的关注。第一，美国国内表示要采取更加严厉的保护主义措施的呼声似乎越来越频繁和高涨；第二，美国逐渐意识到了技术作为一种资源必须得到保护，他人不能无偿地享用这些成果。

上述因素的相互作用导致了中美经济关系中持续的紧张局面。一方面，中国认为美国对中国纺织品和纺织产品的限额严重违反了自由贸易原则。另一方面，美国仍然将中国视为基本实行计划经济体制的国家，其价格主要是通过政府指令而不是由自由市场的力量来确定的。因此，美国人认为如果中国自己不准备采取自由的市场政策，他们也不该指望别人这么做。而中国则认为两国人均收入之间有巨大差距，美国为何不能向中国全部的纺织品开放市场，或者至少提供一个比目前更大的纺织品限额来帮助中国发展经济。

绝大多数美国经济学家或许会同意，如果美国对纺织品采取自由贸易政策，将有助于提高美国人民的福利。可是，纺织品限额政策不是美国经济学家制定的。它是美国国会中政治程序的结果。迄今为止，与纺织工业攸关的各州议员仍占上风，所以纺织品进口限额就取消不了。这是政治权力较量的结果，而不是着眼于美国公众长期经济福利的经济逻辑的产物。我们可以预料中国要求放宽限额的压力将会继续存在，同样，美国的抵制放宽限额的阻力也将继续存在。

第二个引起争议的重要原因是美国对向中国转让技术的态度。这是两国对技术知识的性质采取截然不同的观点所产生的结果。长期以来，中国人认为技术信息是公共财产，因而可以无限制地、自由地获取。一个单位取得的技术进步，其他单位也可以分享，因而科技信息也会很快地从一个单位传递到另一个单位。另一方面，在美国一旦技术经过某种鉴定，并获取专利后，它便成为技术发明者的财产。美国人把"知识产权"看成是一种宝贵的资源。私人公司的研究与开发人员创造发明一项新技术总要付出一定的代价，其中最主要的是雇用研究与开发人员的开支。由于许多研究项目没有达到预期要求而不得不废弃。很多公司的许多研究、开发活动往往毫无所得。所以，"成功者"的成本中必须包括补偿失败者的损失。

如果美国的公司想要继续其研究和开发活动，并为其股东的财产追求最大利益，它就得全力维护其智力财产，并使它最大限度地增益公司的总资产。所以，美国公司是不会轻易地与国内或国外的任何人分享其智力财产的。例如，中国公司常常发现他们没能从美国合资伙伴那里得到最新技术，而美国公司则认为他们是在保护一种宝贵的资源。因此，中国方面总会感到在分享技术信息上美国方面总是采取勉强的和不愿意的态度。美国人尤其担心分享技术后出现这种情况，即一旦中国伙伴将这些技术在国内消化后，他们就会中断合作关系，并成为新的竞争者。

某些技术转让被禁止是由于国家政策的缘故而不是私人的原因。美国政府不想让适用于军事用途的先进技术传入"不友好"，或者可能成为"不友好"的政府手中。然而，控制出口在界限上和概念上都很困难。许多美国公司感到很光火，因为它们向中国出口先进的技术装备的业务活动却受到本国政府的限制，它们认为这种限制是不明智和不必要的。如果某些产品适用于双重用途，即既可用于民用工业，也可用于军事工业时，这类问题就显得特别麻烦。所以，航空电子控制设备就因为其潜在的军事用途而被限制出口。虽然,受限制项目的清单比几年前短得多,但是美国出于安全的考虑在对其他国家的怀疑极大地减小之前,美国向中国出口技术的限制清单仍然会存在下去。遗憾的是,这个问题还将成为刺激中美关系的一个持久的因素。

关于美国在中国的直接投资,前景是乐观的。美国向中国的合资企业的直接投资数额不大,中国已表示失望。在中国实行改革的最初几年里,美国人曾预计会有大量的投资活动。然而,虽然直接投资比预料的慢,但双方都取得了一些经验。随着美国和中国都学会了更有效地展开投资活动,美国的投资将会逐渐增加。由于中国在1979年以前对国外情况的了解不够,所以在很大程度上它还没有意识到中国是在同南亚和东南亚的其他国家进行着吸引外国投资者的竞争。因此,在相对或者绝对的基础上,投资环境必须具有吸引力。随着投资环境的改善,美国公司肯定会逐步增加他们在中国的投资活动。而且,美国人正在逐年地学会如何才能在中国展开经营活动的本领。随着在中国经营的某些奥秘被解开以后,我们可以预料美国的直接投资会更加活跃起来。

本书中的论文详细讨论了上述及其他有关的问题,如中美经济的政治环境、中美双方的经济改革、农业在中美经济关系中的作用和国际经济组织等问题。通过讨论,对双方不同的观点增进了相互理解。在此,我们特别要对本次会议的组织委员会的成员:复旦大学校长谢希德教授;复旦大学美国研究中心的汪熙和卢义明教授;加利福尼亚大学伯克利分校东亚研究所主任罗伯特·A.斯卡拉皮诺教授;哈佛大学国际发展研究所主任德怀特·帕金斯教授;加利福尼亚大学伯克利分校东亚研究所的会议协调者哈利·坎德尔先生表示衷心的感谢。

汪　熙

霍尔顿(Richard H. Holton)

1988年6月

第6辑 《美国国会与美国外交决策》主编前言

美国的白宫与国会山在华盛顿特区的宾夕法尼亚大街的两端遥遥相对，大约有一哩半的路程。步行的话，半小时就到了。但是在政治事务上，两者的距离远远超过了一哩半。有一位英国学者说："这一哩半是一个遥远的路程。"①这话确有道理。从历史上看，美国的国家奠基人从来也没有打算让总统与国会之间有一个容易相处的关系。而这些美国人的先辈也确实做到了这一点。总统与国会的关系一直都是研究美国政治学的一个新鲜课题，历久不衰。在宪法允许的范围内，它们二者的权力关系，常常因时、因人互为消长，不断变化，这已是公认的事实。二战以后的趋势是，竞选国会议员或在职议员谋求连任，越来越依靠地区选民；自 1974 年以后，国会议员的依靠力量又增加了以各个利益集团为后盾的三千多个政治行动委员会（Political Action Committee，简称 PAC）。1984 年，在美国国会议员选举中，三千多个代表不同利益集团的政治行动委员会花了 1.05 亿美元把它们所拥戴的议员送进了国会（其中，花在参议院的有 2 903 万美元，花在众议院的有 7 506万美元）。②今天，竞选国会议员或在职议员谋求连任，依靠总统所起的

---

① 安东尼·金（Anthony King）编：《一条街的两端：在八十年代，总统，行政部门与国会》（Both Ends of the Avenue, The Presidency, the Executive Branch, and Congress in the 1980s），美国企业研究所，华盛顿特区，1983 年版，第 246 页。

② 1985 年 5 月联邦选举委员会（Federal Election Coimmission）公布材料。

作用，同过去相比，相对地减少了。但议员在国会中的投票，对总统来讲，则是一如既往，是必不可少的。没有国会议员必要票数的支持，总统什么雄图宏愿也实现不了。当然，总统也可依靠“国会关系办公室”（Office of Congressional Relations）来疏通和缓解同国会的紧张关系。但近年来，特别是水门事件以后，国会趋向于越来越加强对总统权力的监督与控制，贸易与外交是国会关注的焦点，因而也常常是国会与总统争执的热点。总的来讲，无论是按美国宪法的规定，或是近年来发展的趋势，国会对美国政府的决策影响是不可忽视的。

说到国会的影响，无可回避地要涉及院外活动的问题。美国是三权分立，多元权力中心的国家。因此，围绕这些权力中心，历来就形成了各式各样的“利益集团”（包括经济利益，少数民族利益、工会利益，跨国公司利益和不同意见的主张，如枪支是否应管制，堕胎是否合法，等等），都想通过各种渠道来影响立法的制定、行政的决策和司法的裁定。这种活动，一般称为“院外活动”或院外游说活动。国会的成员（参议员和众议员）数量多，而且掌握立法大权，因此常常是各种利益集团宣传与影响的重点对象。不同的利益集团通过各种院外活动，为了影响它们的“目标”对象，除直接的接触外，还须借助于不同形式的大众传播工具，甚至掀起有威慑力量的宣传来“说服”立法和行政部门以期达到它们预期的目的。院外活动的工作目的虽是特定的（为了达到某一特定的目的），但一旦运用了大众传播工具，就会形成一种“舆论”或“民意”，换言之，就可以形成一股社会力量影响美国的对内和对外决策。院外集团活动是美国的特殊政治结构的特殊产物。有人曾经说：“如不知院外活动集团的活动方式，谁也不能断言自己了解华盛顿。”这并非夸张之词。院外集团的游说活动在华盛顿以各种面貌出现，最常见的是“公共关系公司”，其余如律师事务所、咨询公司、基金会等不一而足。有的则干脆以老板的名字挂牌，如前国务卿基辛格主持的咨询公司的名称是Kissinger and Associates，便是一例。据统计，在华盛顿登记有案的“说客”公司就有 7 500 余家；若包括登记有案的“外国代理人”（Foreign Agents，代表外国政府或外国公司的利益)则还要加上600余家。这些机构,美国政治学家统统归之为“民间力量”(Private Power)。这些“民间力量”同国内外的利益集团有千丝万缕的关系,在宪法和法律许可的范围内代它们进行游说,是影响美国国会和行政决策的又一支不可忽视的力量。

坦率地讲,由于长期对外封闭和对美国政治结构的不熟悉,我们对美国国会与总统之间的微妙关系以及院外活动的作用,等等,是比较隔膜的。在这一方面的工作,我们还有很多潜力没有发挥;在中美关系中有很多原来可以消泯于未发之机的事情,后来竟成了两国关系中的“钉子”。我们对这一方面的了解和所做的工作同有些国家和地区相比,落后了一大截。

正像美国不应该也不可能改变中国的政治体制与运行的机制一样,我们也不应该和不可能改变美国的政治体制与运行的机制。这就有一个相互了解的问题。美中关系全国委员会在过去将近20年中对促进中美友好和相互了解做了很多有益的工作。1988年春季,他们出于增进理解的愿望同中国人民外交学会合作,组织了五位专家在北京、上海、广州和中国的专家学者举行了一系列的座谈会和讨论会。这对于进一步促进我们对美国的认识与理解(特别是对国会的决策作用和院外集团活动等的理解)是有益的。我们乐于接受美中关系全国委员会的委托,将他们此行的成果在中国刊印出版,以供对此有兴趣的读者参考、研究和分析。

不言而喻,本书的各篇论文与发言所表达的是作者与发言者的见解,并不代表美中关系全国委员会、复旦大学美国研究中心、复旦大学出版社和编者的观点。

我们感谢美中关系全国委员会会长兰普顿博士和副会长白莉娟小姐对出版本书的合作,并期望今后有更多的有往有来的民间学术交流活动。

汪　熙

1989年10月2日于复旦校园

第7辑 《巨大的转变——美国与东亚(1931—1949)》主编前言

20世纪的30年代至40年代是世界上多事的年代。30年代初,日本明目张胆地侵吞了中国的东北地区;随后,又试图一举侵占华北平原。1937年,中国的抗日战争全面爆发,战争的烽火燃遍了整个中国大陆。两年以后,欧洲反法西斯斗争的帷幕拉开;两年后,日本偷袭珍珠港,使整个太平洋地区几乎没有一片宁静的土地。一场史无前例的真正的世界大战载入了人类史册。为什么这些不幸的年代都交汇在这一历史交叉点上?为什么火星常常首先在东亚爆发?这场人类浩劫可以避免吗?这种从局部冲突发展为世界的战争可以推迟吗?在这一历史的关键时刻,美国扮演了什么角色?它的东亚政策是否明智,其成功、失误或错误之处在哪里?人们可以从这段历史中吸取什么教训?回顾与反思的重任落到了历史学家的身上。

在入江昭教授的组织下,美、中、日的历史学家经过几年的研讨,形成了这本论文集,试图回答我们在上面所提出的一些问题。就我所知,在第二次世界大战以后,把美、中、日三国学者会聚在一起,以不同国家的背景为基础,共同讨论它们都曾一度深深卷入的历史,这还是首次。尽管历史学家们都从良好的愿望出发,运用了丰富的学术知识,对这一段历史作出了各自最佳的论述和分析,但细心的读者还会发现,他们对历史的理解有共同之处,也有分歧之点。这正是这本书的特点,也是它的可贵之处。

入江昭教授是美国著名的国际关系史学者,特别致力于东亚关系史的研究，曾两任芝加哥大学历史系主任，是 1988 年度美国全美历史学会的会长，现任哈佛大学历史系教授。组织这样规模的学术讨论是一项很艰巨的学术工程，感谢入江昭教授坚持不懈的努力，和美、日、中学者的通力合作以及翻译者的辛勤劳动，终于使这本论文集的中译本得以问世。

本书将在中、日、美三国以各自的语言同时出版发行。书中各篇论文的观点只代表作者自己的看法，不代表出版社、美国研究中心或主编的观点。

多国学者聚议一堂，可以扩大视野与思路，促进相互之间的理解，有助于学术水平的提高，我们期望有更多这一类的学术交流活动。

汪　熙

1989 年 7 月于复旦校园

第8辑　《院外集团与美国东亚政策——30年代美国白银集团的活动》主编前言

20世纪30年代的美国白银政策对中国和东亚都产生了很深远的影响。但是这个政策原来是美国的国内政策。它是院外利益集团活动的产物。因此，简述一下美国政治结构运转的机制，透视这一政策是在什么特定的政治环境中产生的，也许很有必要。

美国的政治结构是基于相互制衡的理论。其实，行政（总统）与国会的关系是一对矛盾的统一体。一般论者往往强调矛盾的一面，借以说明制衡的机制如何导致民主的结果，但常常忽视它们在运转中的统一的一面。这一面大多是通过非民主的活动来实现的。

诚然，立法大权掌握在国会手里，总统提出或支持的法案，往往必须通过重重关卡，才能形成法律。有时法案虽然通过，却在很大程度上已被国会修改、补充了，甚至最后变得面目全非。因此，为了一个法案，总统与国会使用否决权与再否决权，往返厮杀一番，是常有的事（例如福特总统在任期内，就否决了国会的45件法案，而国会又再否决了福特的12件否决案）。国会议员一方面加强自身参与立法的力量，大量为自己配备助理员（据1983年的统计，两院议员及各委员会雇用助理达15 000余人）；同时，又以警惕的眼睛盯住总统，担心总统的权力过分膨胀。用美国学者斯勒辛格（A. Schlesinger, Jr.）的话说，就是怕总统变成了一个“帝王总统”（The Imperial Presidency），难以控制。但有些重大的事情，总统也可以利用政治技巧或种种借口越过国会的控制。例如，美国宪法把宣战之权赋予国会，但总统仍可利用三军统帅的地位，借口国家安全的理由，从“侧门”绕过国会的控制。二战以后的朝鲜战争、越战，以及最近的海湾战争都是未经国会授权宣战而进行的大规模的战争。所以，国会能控制总统，总统也自有“反控制”之术。所谓制衡的机制并非如想象的那么严密。

在与国会打交道的过程中，总统总是不忘记利用他的政治资源、个人声望，采用笼络妥协的办法，对国会和国会议员达到“不战而胜”的目的。这些办法，包括：(1)事先与国会领袖或个别持反对意见的议员会谈咨商。在咨商中与这些议员通过讨价还价，使双方的歧见达到一个折中点，从而取得他们的支持，为总统法案的通过铺平道路。至于这个“折中点”的寻得，自然包含了总统的许多让步、承诺或保证，使持反对意见的议员确知他的妥协是获得了足够的补偿的。(2)搞“肉桶立法”(Pork Barrel Legislation)。它原是议员之间为了取悦于自己选区的选民，联合起来向联邦政府争取公共建设计划和各种经费补助的活动。这些活动经过一定程序成为法律，就使有关的议员能为各自的选区带回一点好处，也就是说每一个议员都有机会把手伸入肉桶，带一块肉回选区，为自己争取连任创造条件。总统有时也抓住机会赞助或支持一些“肉桶立法”，使一些议员从中受益。其回报自然是对总统的支持。(3)优惠任命。总统一上任，总有几千名联邦官员及法官有待任命。每一位议员都希望能为朋友或地方上有影响的人士向总统力争联邦职位，以巩固自己在选区的地位。这也是总统笼络议员，讨价还价，使之就范的机会。布什就任总统后，立即与参议院共和党领袖杜尔会谈，消释在总统竞选中的对抗情绪(杜尔曾一度与布什竞选共和党总统候选人提名)。稍后，布什又任命杜尔夫人为劳工部部长，名为借重长才，实则讨好拉拢，其意甚明。(4)互利交换。议员为了使自己提出的法案得到行政支持，不致被总统否决，常对总统提出的法案作梗留难，迫使总统让步，以支持该议员的法案，作为让总统法案顺利通过的条件。卡特任内与中国签订了建交公报，终于使中美关系正常化。一些亲台议员不甘罢休。1979 年 2 月初，参议院外交委员会在丘池领导下，连续举行四天“台湾关系法案”听证会，迹象表明听证会进展的势头大有可能损及中美建交公报的原则。2月10日卡特就邀请丘池到白宫午餐。的确,没有免费的午餐。当天下午,丘池对台湾的支持就降低了调门。总统手中握有很多王牌(例如许诺增加地方建设,制造就业机会,从而可使议员在他的选区获得更多的选票,等等),足以使议员难向总统说“不”,并对总统有所回报。(5)通过两院协调会施加影响。国会在酝酿法案时,参、众两院是分别议定的。内容、词句都会有差别,但必须合并成一个法案送交总统签署。这个工作交由两院联席协调会议(Conference Committee)来处理。奇怪的是,这个协调会议的讨论情况在传统上都是对外保密的,有很大的神秘性。1970年国会虽将协调会议由秘密会议改为公开会议,但开放的程度仍很有限。在协调会议中议定法案的最终稿时,两院委员固然要代表各自背后的利益,字斟句酌地谈判与协调,而行政也派代表列席,名为提供咨询,实际是极尽沟通能事,对法案施加影响。在法案的协调过程中,充满了协商、交易、妥协、威迫、利诱等政治手段。除了以上办法以外,舆论与利益集团(据调查统计,自1970年以来,美国已有17 000个利益集团的组织),自然也是总统与国会可以利用并迫使对方妥协的筹码。若法案涉及对外关系,还会掺入外国利益集团的因素,情况就更加复杂化了(据1985年的资料显示,约102个外国政府在美国雇有数目不等的游说人为他们各自的政府服务)。

总之,美国总统与国会之间,既有相互制衡的一面,又有反制衡的一面;既有矛盾的一面,又有统一的一面;既有民主的一面,又有非民主的一面。但不论是哪一面,都值得我们深入了解。只有这样,在同美国打交道时,才能心中有数,不致进退失据。

我们之所以要简述美国政治结构运作的情况,就是为了向读者推荐现在呈现在您面前的这本书——《院外集团与美国东亚政策——30年代美国白银集团的活动》。这是一本未发表过的美国伊利诺伊大学的博士论文。罗素博士在这本论文中,围绕1933—1936年美国的白银政策,把白银集团对国会的操纵,以及国会与罗斯福总统之间既矛盾又统一的错综复杂的关系论述得淋漓尽致。当时,白银集团以白银产区参议员毕德门为首(毕又是具有很大威力的国会外交委员会的主席），其人数虽少，能量很大。毕德门纠集了一伙直接或间接与白银利益有关人士（甚至包括教堂的牧师）形成了强大的院外利益集团。这个院外集团利用当时罗斯福总统想通过一系列“新政”法案把美国从经济危机中挣脱出来的急切心情，迫使罗斯福在白银立法问题上一再让步。结果引起世界银价上涨，中国白银外流（其中很大一部分属于日本走私出口），经济濒临崩溃。罗斯福明知道白银集团所持的理由都是荒诞不经的谬论，但是为了“互利交换”，使得他的“新政”法案能在国会中顺利通过，只得节节让步，实行妥协。就在这个时候，东亚形势十分险恶，日本帝国主义侵吞我国东北以后，又越过长城侵占华北，亟亟有囊括黄河以北之势。东亚的国际均势已完全破裂，美国在东亚利益受到严重威胁。美国的白银政策实际上是助纣为虐，落井下石。在中国民族危机极端深重的年代，把这个多难的国家置于腹背受敌的境地。这就加速了东亚均势向不利于美国方面倾斜，是与美国的国家根本利益背道而驰的。当时，在美国政治结构的矛盾与统一的复杂运作过程中，由于院外集团的操纵，地区集团的利益占上风，白银就是一切，什么宪法的原则，公理与正义，甚至美国国家的根本利益都抛在一边了。而“肉桶立法”、“优惠任命”、“互利交换”，等等，一起登上舞台，大显身手。这一本书中非常生动的论述，使我们对美国政治进一步有所理解。

本书对美国白银政策所引发出来的英、美、日诸国企图控制中国金融的活动，以及中国政府最后被迫走上币制改革的过程都有详尽的论述。罗素博士成功地把这一连串横跨太平洋、大西洋的历史事件和纵横捭阖的国际关系，比较忠实地再现出来了。

我还要感谢译者第二国家档案馆的郑会欣同志与校译者南京大学的吴世民、洪邮生同志。他们经过多年的努力，出色地完成了译、校本书的工作。

历史是一面镜子。这本书精心地铸成了这面镜子。让我们从中鉴明过去，思考未来！

汪　熙

1991 年 6 月于复旦校园

第9辑　《美国对华直接投资(1980—1991年)》主编前言

自19世纪末叶沙俄与日本侵入中国的东北地区,美国就失去了它在亚洲最重要的纺织品市场。自此以后,美国在中国的贸易与投资长期落在英国和日本的后面;而中国在美国的对外贸易与投资中也占微不足道的比重。二战以后(1945年)到国民党政府自大陆撤出(1949年)之间,美国在中国的经济势力曾一度显赫起来,但这并不是两国经济关系正常发展的结果;毋宁说,这是当时国民党政府与美国政府之间政治和军事勾结的结果。从性质上讲,很不正常,因此密切的经济关系也只不过是昙花一现而已。

1949年以后,美国曾一度热衷于对新中国实行封锁与禁运,但并没有把中国整垮。接下来二十几年,两国政治关系的隔绝,导致了经济关系的停顿。70年代两国关系开始逐步正常化,特别是80年代中国实行了对外开放与经济改革的方针以后,中美经济关系才在一个新的基础上迅速发展。说新的基础,是中国在一个完全独立自主的主权国家的基础上同美国进行经济交流;说迅速,是自1979年建交以后十几年间,两国经济关系(包括投资与贸易)的发展,不是一般的增长而是成倍的增长。美国在历史上第一次真正成为中国的投资和贸易的重要伙伴。

从一定意义上讲,投资比贸易的重要性更深远一些。因为投资,特别是直接投资,代表一种较长期的和较稳定的经济关系;它能更直接地促进被投资国家内部经济发展;国外投资的结果,由于管理和技术水平的提高,使产品更具有竞争力，往往又会推动被投资国家的出口贸易。美国在华投资具有较高的生产性和较先进的技术性，因而比较而言（如同日本比较）是一种较优质的投资。但美国在华投资从发展上看，也并不尽如人意。截至现在为止，美国在华投资始终没有超过美国对外投资总额的1%。这使过去一个半世纪美国在华投资的老格局，至今没有突破。这说明中国作为一个投资市场还有很大的潜力。

直接投资的增长与萎缩同两国之间的政治关系、政策导向、经济发展、投资环境与地区经济等都有密切关系。因此，它的消长常常是两国之间经济、政治关系发展的综合标志，也是一个国家经济开放程度的重要标志。

当我们展望下一世纪时，有些问题令人瞩目：首先，由于近年来国际局势的变化，在亚洲的国际均势、安全的因素已退居次要的地位，而经济的因素日益突出。其次，近些年世界经济中一个重要的特点是国际资本流动的急剧扩大。作为经济生活国际化的一项重要内容和手段的对外直接投资正处于起飞阶段。从1983年到1988年，世界各地的外国直接投资每年增加20%以上，比贸易增加快三倍。美国、日本、联邦德国、英国和法国在全球的对外直接投资总额已达7 570亿美元；估计今后五年每年还将以2 290亿美元的速度增加，到1995年五大国总额将达17 060亿美元。第三，近十几年亚太经济发展显示这一地区具有巨大的发展潜力。韩国、中国台湾、中国香港1988年的国民生产总值合计为3 607亿美元（中国大陆为3 639亿美元）。亚洲和太平洋地区已成为世界经济发展的新兴地区，它是美国资本未来的流向。美国在亚太地区的投资1986年比1980年增加了三倍多。在这期间美国对外投资的增长，有一半以上投向了亚太地区。它的发展势头正有增无减。在这一态势中，中国将何以自处？第四，中美两国尽管经济发展水平不同，但都具有巨大的潜力。如何在互惠互利的基础上把这两种潜力衔接起来，使之沟通运转，是我们面临着的一个重大课题。毋庸讳言，这种潜力发展的重要性将会远远超过经济的范畴。

考虑到上述种种历史的和现实的因素，我们觉得把中美建交后十几年的美国对华直接投资进行一番总结，作一些横向的和纵向的比较研究，探索其间的利弊得失，提出一些设想与建议，也许是适时的和有益的。张任同志在这一方面作出了努力。胡涵钧同志对本书某些章节也作了补充与订正。我们希望这本书对学术界和政策研究者能提供一些有用的参考并能促使我们思索一些问题。

汪　熙

1991年春于复旦校园

第 10 辑 《一种特殊关系的形成——1914 年前的美国与中国(1784—1914)》主编前言

我们想到翻译韩德(Michael H. Hunt)教授这本书并把它介绍给中国读者,是因为韩德作为一位美国学者在论述中美关系时,不但没有完全落入丹涅特和格里斯沃德的窠臼,而且在一定程度上还跳出了费正清的框框。这些美国前辈学者的著作常常是美国历史学家在论述东亚或中美关系时奉为经典的。韩德教授破成说,立己见,走出了一条自己的路子。中美之间的所谓"特殊关系",其说由来已久。它是美国人引以为自豪,而又常常是某些中国人寄予幻想的。在很长一段时期中(甚至一直到现在),"特殊关系"的内容往往是美国对华政策"无私"、"善行"和"保护中国"的同义词。在这种"特殊关系"的覆盖下,美国的政治家和政策决策者,认为他们有理由对中国愤激、诅咒,说一些难听的话,甚至动武。据说这好像是家长对不成材子弟的一种愤恨。影响所及,美国学术界把中美关系塑造成"又恨又爱"(ambivalence)的模式。所有这些,根子都在对"特殊关系"的理解。韩德教授以大量的历史事实对这种"特殊关系"作了比较冷静、客观的分析。他认为过去人们如此这般地理解"特殊关系"是历史的误解。一方既不必以"恩人"自居,另一方也不必对这种关系寄以不切实际的幻想。他很尖锐地把 19 世纪美国排外主义者虐待华工的活动,与义和团运动时中国人打击传教士的活动进行对比。应该说,当时在美华人受到美国排外主义的攻击、凌辱和虐杀,其令人震惊的程度并不低于美国传教士在中国的遭遇,有时且有过之而无不及。但是在美国，其结果是制定了彻底禁绝华人的移民律，而在中国却是丧权赔款的辛丑条约。这是什么样的一种“特殊关系”？作者把历史引向令人思索的更深层次。

韩德教授这本书的另一个特点是把意识形态（包括文化与价值观等）因素引进了美国的对外政策的分析，从而也引进了中美的“特殊关系”之中。美国人自建国起就认为他们的意识形态及民主制度是人类进步的楷模，而且认为以美国的模式来改造其他国家是美国人的职责。这种意念是如此强烈，甚至不惜以激烈的手段把美国模式强加给对手国。这样，美国的对华政策就成为“拯救”与“统治”融为一体的产物。韩德教授在本书结束时，意味深长地指出，美国不应把自己设想的一套，越出国界，强加于别的国家，应该承认美国这样做而想达到的效果是有限度的。这是一个很好的历史总结。一直到今天读起来仍令人有新鲜感。

韩德教授在论述中美关系时，着重分析了两国间文化的差异与相互撞击，这是很有特色的。但也使我想起，文化的差异固然在中美“特殊关系”中激起了波澜，但在美国的对华政策中，最终起决定作用的还是美国的国家利益。当美国的国家利益受到冲击时，意识形态的因素会退居次位。譬如，1949年，中国建立了社会主义的人民共和国，由于意识形态的差异，引起了美国的强烈憎恨，其原因是显而易见的。但令人不解的是，与美国在意识形态上没有根本差异的孙中山的革命事业，也受到美国的冷遇与歧视。这是为什么呢？美国不是宣扬自由与民主吗？意识形态的力量到哪里去了？依我看来，秘密在于孙中山的民族独立，特别是废除列强不平等条约的纲领，触犯了美国的国家利益。在旧中国，条约权利是美国对华政策的基石，是美国国家利益之所在。不管在意识形态领域孙中山与美国是多么接近，但是他的废除不平等条约的纲领损害了美国的国家利益，于是孙中山寄希望于美国支持的幻想破灭了。意识形态的因素显得苍白无力。美国宁愿“拯救”袁世凯而撇弃孙中山。

中美关系的历史是够复杂的。很多中外学者都尝试着对它进行说明与解释。韩德教授是一位有成就的历史学家。他的这本书和另外一本专著都是获奖之著①。我们赞赏他在中美关系史研究中所拓展的新思路。我们虽然并不完全同意韩德所说的一切方面，但是他毕竟提出了一些可供思索的问题。当然，对他的论点你也许赞同或部分赞同；你也许反对或部分反对。但这并不重要，重要的是通过交流，才能看出一致和差异。有比较、有鉴别，再加上独立思考，才能使我们的学术繁荣起来。这就是马克思主义的辩证法。

汪　熙

于复旦校园 1992 年 4 月

① 除这一本书以外，韩德教授另一本获奖著作是《意识形态与美国外交政策》(Ideology and U.S. Foreign Policy)，耶鲁大学出版社 1987 年版。

第11辑 《中美关系史上的一次曲折——从巴黎和会到华盛顿会议》主编前言

从巴黎和会到华盛顿会议的历史，是中国人的一部心酸史。在巴黎和会上，中国虽以“战胜国”的资格参加会议，但没有享受到一点战胜国的权利，反而一再遭受凌辱。最后，在美、英、法等大国操纵下，竟满足了日本的蛮横要求，将战败国德国应交还中国的山东权益转交给日本。真是“前门拒虎，后门进狼”。为了挽回颓势，中国代表团，一再忍辱退让，但都遭到和会的拒绝。请听当时参加和会的一位中国外交官亲身经历的诉说，中国代表团“欲得一较体面之解决，借此打破僵局。[1]起初主张在和约内山东三条下，加添最后归还中国字样，和会不允；[2]五月六日，陆[徵祥]，王[正廷]两代表，在全体会议，正式提出保留，乃主张在和约内我国代表签名下面，声明该三条之保留案，和会又不允；[3]将保留案改为和约附件，又不允；[4]又改为和约内只字不提，但在签约前致函和会主席，声明再予考虑山东问题之主权，又不允，而仅允于签约后送函，但签约后送函，效等于零，为我方所难承允；[5]乃对于签约前拟送允函，修改字句，以为最后让步，仍不允”①。有理变成无理，原告变成被告，即使苦苦哀求，也不能改变国土与主权惨遭割戮的命运，真是一个强权世界！

在巴黎和会中，美国是主角。美国总统威尔逊在和会前（1918年1月8

① 金问泗：《从巴黎和会到国联》，传记文学出版社（台北）1983年版，第21—22页。

日)提出了著名的和平条件 14 条,标榜出前所未有的国际准则,如“对殖民地之处置,须推心置腹,以绝对的公道为判断”,“国无大小,一律享同等之权利”,等等,引起了国际社会的注意,也激起了中国人的希望,认为由威尔逊总统参与的巴黎和会必将是一举废除不平等条约,取消各国在华特权,包括取消德国在山东权益的盛会。一些有名之士,如蒋梦麟、蔡元培、梁启超、陈独秀等,或演讲,或赋诗,或评论,对威尔逊推崇备至,对巴黎和会寄以极高的期望。正如本书作者所说的:“中国人民对美国的好感,特别是对美国总统的崇敬、信任和赞美,达到顶峰。”(本书第 29 页)但几经曲折,最后,威尔逊总统竟站在日本那一边,劝说、甚至威逼中国拱手交出山东权益。什么“正义”、“公道”原来都是空话。这一结局使中国人惊悟了。昔日的美好言词竟一旦化为乌有,统治一切的仍然是帝国主义的强权政治。中国人被迫吞下这颗苦丸,对美国的崇敬与信任由巅峰坠落。巴黎和会成为近代中国伟大的五四运动的直接导火线。

巴黎和会标志着日本在太平洋的崛起;同时,以 21 条为背景,日本独霸中国的野心与行动也使美国感到威胁。于是乃有 1921 年的华盛顿会议(参加会议的有英、美、法、意、日、中、比、荷、葡等九国)。在会议期间,由于美国的斡旋,解决了日本归还山东权益的问题;签订了关税条约,为日后中国恢复关税自主权奠定了基础。此外,签订了九国公约,承认“门户开放”的原则;规定了美、英、日海军的比例;拆散了英日同盟。在这次会议上,中国的要求与美国的利益基本一致,因此,中国在会议上的提案得到美国的支持。美国如愿以偿地在太平洋和亚洲建立了所谓华盛顿会议体制。其结果是,均衡了美国在太平洋上与日本的对峙,遏制了日本独霸中国的势头,回到几个帝国主义国家共同支配中国的局面。但这一切也只是列强之间暂时的妥协。10 年以后,日本对中国东北悍然发动了武装进攻,所谓“公约”、“原则”等等都在大炮和坦克下化为灰烬。又 10 年,日本处心积虑地要清算华盛顿会议体制,而代之以“大东亚共荣圈”,终于发动了太平洋战争。

从中美关系看,自巴黎和会到华盛顿会议的确经历了一个起伏曲折的过程。但由于两国强弱悬殊，起伏曲折的变化，中国始终处于被动的地位。美国态度有变化，中国的反应也有变化，是一个典型的弱国外交的模式。项立岭教授经过多年研究，把这一段历史首尾相连，再现在我们面前，使我们对它有一个较清晰的认识，这是值得我们感谢的。

从这一段历史中，我们吸取了什么教训呢？曰：弱国无外交。靠别国的怜悯与施舍的“正义”度日子是不能维护自己国家权益的。当中国的权益与施舍者的权益相冲突时，连这点儿怜悯与“正义”也不存在了。美国在华盛顿会议上确曾支持中国收回山东权益。没有一个大国的支持，中国是很难在会议上同日本较量的。但也应该看到，这是因为美国在中国没有势力范围，所以在标榜的原则与切身利益两者之间不存在矛盾。但一旦涉及美国切身利益时，情况就两样了。正如一位美国历史家所说的，在华盛顿会议上，美国“对它[在中国]所分享的一些帝国主义特权，采取比较暧昧的态度”①。在涉及美国在华特权的切身利益之处(如不允许中国立即恢复关税自主权，不同意取消治外法权，等等)美国的顽固立场同其他列强没有什么两样。总之，把自己的国运寄托在别国的喜怒哀乐上，是旧中国对外关系的特点与悲剧。值得庆幸的是，这种屈辱的日子现在终于一去不复返了。

汪　熙

于复旦大学校园1992年秋

① 汪熙主编：《中美关系研究丛书》第四辑：孔华润(WARREN COHEN)：《美国对中国的反应》(中译本)，复旦大学出版社1989年版，第93页。

第12辑 《中国现代化问题——一个多方位的历史探索》主编前言

关于中国现代化的问题，是一个很复杂的问题。它牵涉的面很广。从某种意义上说，世界上没有一个国家，在现代化问题上，经历过像中国这样坎坷的岁月，内外的阻力，文化的负担，人口的压力……从1840年算起，经过一百年无数次反复曲折，这个千呼万唤始出来的中国现代化，终于脱颖而出，并且呈现了令人鼓舞的前景。它的历史并不久远，它的经验并未陈旧。我们对中国现代化问题的探讨，不仅对中国人有益，而且具有世界意义。

但是这个问题所涉及的纵深度和横向面是如此的深沉与广阔，必须从不同的角度来探讨。因此，它注定是一个跨学科的任务。魏斐德（Frederic Wakeman, Jr.）教授同我经过将近两年的筹备，终于邀集了中、美、法等国有成就的历史学、社会学、政治学、经济学、人口学等17位学者于1992年5月25—30日在上海相聚一堂，举行了一次国际学术讨论会。为了避免笼统的议论，讨论会在总题目下按学科划分了若干专题，便于从不同学科的角度加以考察；为了达到国际学术交流的目的，在同一个专题中，安排了来自不同国家的学者，使他们能从各自不同的学术认识和历史背景各抒所见，找到共同点和差异点。此外，我们还邀请了三十多名来自北京、上海、南京，还有日本、美国等地的成熟学者和中、青年学者参加会议。他们踊跃的评论、深刻的质询和挑战性的辩驳，使与会者受到很大的启迪，把讨论推向了难得的高度。论文的写作者在会后又以此为基础，对他们的论文作了不同程度的修改和提高。

现在呈现在读者面前的，是一个多样化的，而不是舆论一律的；是一个多门类的，而不是单一学科的；是一个充满辩驳的，而不是死水一潭的学术论文集。我们欢迎读者的批评；当然我们更希望读者能喜欢它。

最后，我们中美两方对梅缵月博士精湛的翻译技巧和会议协调者坎德(Harry Kendall)先生、卡斯克(Joan Kask)和沈培娣女士的辛勤劳动表示由衷的感谢。他(她)们细致、周到的工作保证了这次会议的成功。

本集各篇论文只代表作者的观点，不代表复旦大学美国研究中心、加州大学东亚研究所和复旦大学出版社的观点。

本集的中、英文本将由复旦大学出版社与美国加州大学出版社在中美两地同时出版。

汪　熙

1993 年 3 月于复旦校园

第13辑 《中国经济改革：问题与前景》主编前言

这本论文集是美国卡托研究所(Cato Institute)与复旦大学美国研究中心联合召开的一次国际学术讨论会的论文和评论记录，读者可以看出提供论文的大多是美国学者，而担任评论的大多是中国学者，这本论文集实际上是中美学者进行辩论的记录。美方的参与者都是一些知名的教授、专家，包括诺贝尔奖金获得者、著名经济学家米尔顿·弗里德曼(Milton Friedman)。卡托研究所在美国素来是以主张经济上的放任自由、产权上的私有化、政治上的“小政府”(即减少政府干预)而出名的。在这次会议上，美国学者们都从各自专长的学科论证了这些思想。总括起来讲，他们的建议不外以下五个主要论点：第一，减少或完全取消行政干预；第二，让市场决定一切，即让亚当·斯密所说的“看不见的手”决定诸如价格、外汇汇率、工资，等等；第三，权力下放；第四，私有化；第五，加速改革的进程，即要像前联邦德国那样，或像撒切尔夫人在英国那样，一夜之间就解除了外汇管制，等等。很显然，这些建议是离开中国的历史条件的“洋教条”模式。若全部照搬，准会把事情搞得一团糟。不说别的，在中国现有的条件下，若一夜之间全部宣布取消外汇管制，其所造成的混乱、失控和外汇流失的情况，无论怎么往坏处估计也不会过分。英国著名的经济学家、新古典学派和剑桥经济学派的创始人马歇尔在他的传世之作《政治经济学》一书的序言中的第一句话就说：“经济情况在不断变化，每一个时代的人都从他们自己的角度去观察问题。”马歇尔强调的是时间条件，我想也可以合理地推论，观察问题也不能离开空间的条件，离开了时空条件来生搬硬套，无论是前联邦德国模式也好，撒切尔的决定也好，恐怕在中国都行不通。

应该承认西方学者的论点，也有其合理的部分，但由于对中国国情不够了解，离开了时空条件，总令人觉得有“隔靴搔痒”之嫌。当我在会议上作出了“隔靴搔痒”的评论后，第二天香港有些报纸“一片哗然”。诚然，“隔靴搔痒”的评论也许有点过头，但我至今不悔，因为再好的学问，若离开了时间与空间的历史条件那就是教条了。“土教条”、“洋教条”我们都不赞成。

尽管如此，正如我前面所说的，在这些论文中确也有一些合理的部分值得我们学习和借鉴。例如，弗里德曼曾经说：“要控制通货膨胀首先必须控制货币的发行量和限制给地方企业的信贷额；只借助抑制个别物价的办法在历史上是没有成功先例的。”他还说：“不管什么体制的国家，存在双重价格都是不好的，易造成通货膨胀，对价格改革构成威胁。”这些话，说它是剀切箴言也并不过分。在通货与价格的问题上，我们不是正在承受这种恶果吗？某些西方学者论文未必可取，但有一些看法与建议还是值得我们认真思考的。此外，细心的读者请不要放过评论，其中也有好文章，而且往往是与所评论的观点针锋相对。建议与反建议并存，更显得不同凡响。

也许会有人担心：“把西方观点引进来，不是把我们的思想搞乱了吗？”我说：“朋友，不必害怕。”首先，我们干得不错嘛。以 1949 年为界限，新旧中国对比，新中国的经济发展突破了过去长期停滞的状态。这并不是什么新观点，西方学者早就把它作为课题在研究了，不过他们很少有人把这一发展变化的原因归结为新旧制度的改变。诚然，“史无前例”的“文化大革命”使中国浪费了不少宝贵的时间，但改革开放政策又再次激发了中国经济发展的活力。20 世纪 80 年代，我国经济进入高速发展时期。去年（1992 年）中国的国内生产总值（GDP）的增长率为 14.1%，是世界之冠。

若以更长时期看，1980—1989年，中国的国民生产总值(GNP)年平均增长9.2%，大大高于同期发达国家和发展中国家的年平均增长水平(前者为2.7%，后者为3.1%)。以中国现在的对外贸易同10年前相比较，出口占国民生产总值的比重由4%升为9%；占世界贸易总额的比重由1%升为2.5%；在世界贸易中的排行榜由第20位升为第10位。引人瞩目的经济增长与政治稳定，吸引了海外投资。各国对华直接投资从1991年起急剧增加，按合同额计算，1991年是119.8亿美元(比上一年增加81.5%)，1992年是581.2亿美元(比上一年增加385.1%)。环顾宇内，中国改革与开放的业绩是不寻常的，是优异的。有什么理由使我们胆怯到连听一点不同意见的自信心都没有呢？此其一。其次，实践是检验真理的唯一标准，我们干得不错，证明我们的政策、方针和基本理论是正确的，它经得起检验，不必怕“污染”。但它又不是完美无缺的，需要听听不同的意见，甚至反对的话。这可启发我们的思路，敏锐我们的观察力，使我们的政策方针和基本理论能更臻完备一些。我们会得出自己的更佳或最佳方案。历史证明，经济上的“闭关自守”固然没有出路，学术上的“闭关自守”也不是办法。这两种“闭关自守”都会使中国变得更加虚弱。改革与开放的业绩证明当代的中国人民是天之骄子，他们应该无所畏惧。我们只有在风雨中才能锻炼出跨世纪的人才。此其二。

基于以上的认识，我们把这本论文集奉献给读者，希望能起一点淬砺思想的作用，使我们更好地沿着有中国特色的社会主义道路前进，并走出一条自己的新路子来。若真能如此，那将是中国人在21世纪对世界文明的最大贡献之一。

本书出版时，书中个别论文显得已时过境迁(如关于苏联的论述)，但它毕竟还没有完全成为历史，即使是历史也值得我们回顾与反思。所以这些论文仍然保留；有些论文是会后补交的，没有机会在会议上评论或讨论，因此对这些论文的评论只好阙如。

我们感谢复旦大学美国研究中心主任谢希德教授对这一项目的积极领

导与支持。我们也感谢卡托研究所的合作，特别感谢卡托研究所主管学术研究的副所长詹姆斯·杜恩(James Dorn)教授的理解与合作。他们诚挚的合作提供了这次中美学术交流的机会。

本书英文版已由美国芝加哥大学出版社出版。

汪　熙

1993年8月于复旦校园

第 14 辑 《蒋介石的美国顾问——欧文·拉铁摩尔回忆录》主编前言

1990 年我在华盛顿国会图书馆手稿部查阅抗战时期的中美关系资料。在同管理员的交谈中，得悉拉铁摩尔档案刚移交给该馆。这是我久已向往的材料。经我说明来意后，国会图书馆的主事非常合作，同意在拉的档案尚未分类编目的情况下，根据我的需要调出一部分先看起来。这使我很感动。因为在国内，这是绝不可能的。没有编目就让你看，而且是手稿，没门！

经过两个多月的梳爬，我终于找到了拉铁摩尔口述回忆录。这正是我要寻觅的东西。全部文稿藏于第四盒，都是白纸打印稿。有的文句断断续续，不太完整，有的标题已修改了好多次。这显然是一部口述记录，经过拉铁摩尔过目修改后的文稿。我请国会图书馆复印部复印了其中的 171 页，预备带回国，仔细研究，如有出版价值，便将与国会图书馆商量版权问题。接着我又到美国中部的堪萨斯州杜鲁门总统图书馆，补充一些与拉铁摩尔有关的材料。半年后到西海岸加州大学（伯克利）开会，一位美籍日本学者告诉我，拉铁摩尔回忆录已由东京大学出版社出版了。仓促间在伯克利预订了一本。1990 年底回国后，好一阵才收到新书。这是矶野富士子女士在与拉铁摩尔长期合作中，整理拉氏口述回忆录的定稿本。这本子同我自国会图书馆带回的手稿本对照，除第一、二章是新增补的以外，其余基本是一样的，不过文字经过润色，篇章衔接得更紧密，读起来头绪更清楚一些。在与矶野富士子女士和东京大学出版社联系后解决了版权问题。随即请吴心伯博士翻译。基本译毕后，吴心伯博士赴美研究。有些扫尾部分，又请刘永涛博士补译完毕。

在成书时，我把在国会图书馆和杜鲁门图书馆收集到的较有价值的有关材料作为附录收入本书（见本书目录）。此外，我又把国会图书馆拉铁摩尔回忆录手稿所著录的，但在矶野富士子写的书中阙如的，用同页脚注方式补入本书。上述附录及脚注都是在矶野富士子女士原书之外补加的。这一部分如有差错，由我负责，特此声明。

以上是出书的经过。

拉铁摩尔是一个传奇式的人物。他虽生在华盛顿首府，但1岁就随父母到中国，在中国的北方度过了他的童年。12岁到英国读中学。19岁再回到中国，在天津等地的洋行谋生。25岁结婚。从26岁起，就开始他研究和考察中亚地域的漫长学术生涯。拉铁摩尔研究工作的特点是亲历其境，实地考察当地的风土人情、疆域变化和发掘考古。他多年的岁月是在塞北荒漠中度过的。除英语外，他精通汉语、蒙古语和俄语。拉铁摩尔的一本一本著作令地理学家、历史学家、社会学家和人类学家们深感震惊，被奉为是这一领域的权威成果。20世纪30年代到40年代初拉铁摩尔除仍致力于中亚研究外，又受聘兼任《太平洋事务》杂志的编辑。《太平洋事务》在当时是一本研究太平洋问题的很有影响的杂志。到1941年，他应罗斯福总统之召，担任蒋介石的政治顾问时，拉铁摩尔已经是一位关于中亚地域研究的著作等身、享有盛誉的学者；同时，也是一位非常活跃的研究太平洋事务的国际问题专家。在他的一生中，拉铁摩尔至少有三分之一的时间是在异国他乡度过的。他自1900年在襁褓中离开美国，直到1928年才重新踏上故国的土地。用他自己的一句话说："28岁才第一次看到美国。"以后的十年，他的足迹仍遍历中国和中亚各地。长期的海外生活与工作的经历，造就了拉铁摩尔广阔的视野与深邃的洞察力。

拉铁摩尔本质上是一个学者，是一个老老实实的读书人。不会搞钩心斗角政治的那一套。40年代末50年代初，新中国的成立，对美国形成了一个强大的冲击，使很多美国人晕头转向，上上下下都有一种深沉的失落感，探索追究是谁把中国搞丢了，这是当时的热门话题。在这样的动荡中，各色人物都跳出来了。参议员麦卡锡认为这是他大捞政治资本的好机会，撑起了打击“非美”活动的大旗，到处抓“特务”、“内奸”、“不忠分子”。搞得风声鹤唳，人人自危。拉铁摩尔作为一个毫无强大政治势力保护的学者，是“可以轻而易举击倒的牺牲品”，因而，不幸成为麦卡锡主要的猎捕对象。没完没了的听证会，数不尽的罗织的罪名，写不完的交代……大有必置之死地而后快的势头。拉铁摩尔回忆当时的情景说：“我讲过或写过的东西，一再被摘引出来，完全脱离了原来的上下文”，“一些曾以为是朋友的人，都完全销声匿迹，还有一些人，提供对我不利的证词”（按：即揭发批判）。在写回忆录时，拉铁摩尔很宽容地说，事隔多年，他已不计较这些了，因为每一个人都不能离开他自己当时生活的环境和模式。但有一个人他忘不了。他就是有名的号称为马克思主义学者的魏特夫（Karl A. Wittfogel）。此人是凭借拉铁摩尔的学术声誉在美国发迹的。魏氏原为德国共产党员，1933 年被捕脱党，1935 年来华，结识了拉铁摩尔。在麦卡锡时期，魏特夫一口咬定拉铁摩尔是一个秘密的共产党员。拉氏回忆说，30 年代在中国时，魏特夫就开始贴近拉氏夫妇并不时怂恿拉铁摩尔在他的出版物中多引用魏特夫自己的作品，借以提高身价。当时，拉夫人觉得味道不对头，曾警告拉铁摩尔说：“此人正在拍你的马屁，以便在美国发迹。他是这样一种人，要么舔你的靴子，要么用他的靴子踩你。”在麦卡锡风头正健的时期，也许魏特夫认为他用靴子踩人的时刻到了，于是把拉铁摩尔狠踩了一阵。当然，在美国政府和国会的猎捕中，也确实制造了一些闹剧。联邦调查局曾窃听拉铁摩尔同一位蒙古朋友用蒙古语交谈的电话。但该局找不到懂蒙古语的人来“破译”窃听的内容。于是转请局外人推荐。这位局外人不知里情，推荐了拉铁摩尔。于是，就成了拉铁摩尔来“破译”自己被窃听的电话。在四面楚歌，到处都出现“反戈一击”的情况下，拉铁摩尔的处境十分险恶。据他自己回忆，“当时虽没有死刑的危险，但确有长期蹲监牢的危险”。经过好几年的折腾，后来虽以“查无实据”不了了之，但被搞“臭”了的拉铁摩尔，没有人敢随便接近他，也没有哪个单位敢聘用他。在63岁那年，拉氏不得不离开故国，亡命海外，寄寓在他度过青年时代的英国。等到85岁再回到美国时，已经是垂暮老人了。1989年5月30日拉铁摩尔逝世于美国的罗得岛。

在拉铁摩尔的思想中，有一个闪光的珍品，即美国历史学者柯文教授在他的名著《在中国发现历史》一书中所提出的“移情”(empathy)概念。用一句通俗的话说，就是把感情转移过来“设身处地”地去想。拉铁摩尔回忆，他19岁时在中国即开始“把我的中国同事作为**我们**，而不是作为**他们**来考虑”(按重点号是原书就有的)。这是一个思想感情上的大转变，也是一个思想认识上的大飞跃。他不再把自己放在高高在上的白人领地俯视中国事物和人。拉铁摩尔批评一些美国人说，“我们的同胞们表现得特别幼稚和褊狭”，“存在着一种美国式的过分简单化的倾向”。拉铁摩尔回忆说，当时“对我的主要指控是我应对美国丢失中国负责”。拉氏反问道：“你怎么能失去你从来没有拥有过的东西呢？”这真是一言中的的好反问。谁曾册封过美国人可以“拥有”中国呢？美国人有什么资格“丢失”他从来没有“拥有”过的东西呢？这种“幼稚”、“褊狭”(再加上一个“狂妄”吧)支配着有些美国人的头脑(不幸的是也支配着一些专门研究中国问题的美国专家的头脑)，不止一次地把美国导向歧途。拉铁摩尔的悲剧不过是其中的一个而已。

汪　熙

1996年3月于复旦校园

第15辑 《中国人的美国观——一个历史的考察》主编前言

中国人看美国,美国人看中国,看来看去看了两百多年,还没有看清楚,有时甚至看错。这也难怪。中美两国都是大国,美国历史虽短,但也够复杂的。至于中国,几千年文化与传统的积淀,再加上近代各种政治观念(有的不是观念,是偏见)的影响,铸成了一套审视外国人,特别是美国人的特殊视角。由此看出去,看对了的固然不少,看错了的也不为不多。看一个民族、一个国家和它的人民,不是看"西洋镜"。它常常是两国感情导向和政治决策的看不见摸不着的基础。一旦看不清或看走了样,往往会引起严重后果。中美之间在处理两国间关系时,因此而引起的失误,历史上现实中都已屡见不鲜。

两国交往,看清对方很重要,但这不是一件容易事。它是一种专门学问,是社会科学各种学科综合运用的产物,如有可能还应加上直接观察的印象。它的视角必须是科学的(即辩证的),历史的,兼容的,真实的。否则看不清楚。

说到中美两国彼此互看,追求理解,据我所知美国人比我们做得地道。他们传教士的著作(曾经影响过美国几代人的中国观),商人的呼吁,新闻记者的评论,旅游者的记载,真可以说汗牛充栋。远的不说,20世纪90年代初,戈敦斯坦教授等编的《美国看中国:过去和现在中国在美国人心目中的形象》一书[①],内容

① America Views China: American Images of China Then and Now. Edited by Jonathan Goldstein, Jerry Israel and Hilary Conroy. (Bethehem: Lehigh University Press; and London & Toroton: Associated University Press, 1991. p.310)

从早期中美贸易开始，一直到现在，包括了商业、传教、文化、外交、传播和旅游者等不同角度的全方位的观察。此书尽管还有很多不足之处（特别是近代部分），但毕竟是一个认真的探索。应该讲，在这一方面，美国同行走在我们前面了。

在中美建交以后，人际交往增多，有些新一代的美籍华人（或称“洋同胞”）置身于美国社会之中，用他（她）们自身的酸、甜、苦、辣或得意之处的感受写出了报道美国社会和分析美国人的书。①这些书的特点是把自己同美国社会交融在一起，向读者传递了美国社会深层面的芸芸众生的面貌。从这些书在我国畅销的情况看，也反映了中国人渴望了解美国的迫切心情。这些作品也算是现代中国人的美国观吧。但这些作品毕竟是“个案研究”，更不必说书中的真真假假还有争讼了。

我认为（这也许是我的偏见）要更好地了解中国人如何看美国，还得从历史的深度上下功夫。杨玉圣同志这本书确是在这一方面的一个尝试。这本书从中美关系的“开天辟地”开始，直到当代，涵盖了不同历史时期的不同历史人物和不同的政治团体及不同的社会阶层对美国的看法。把中国人的美国观放在变动的历史背景中去考察，而且言之有物，言之有据。如此这般地来分析或考察美国，应该说是在这一领域填补了一个空白。

玉圣同志自提出做这个题目开始，数易其稿，几度增删，到现在正式出版，前后已将近十年了，真是“十年磨一剑”。现在剑已出鞘，我们希望这本书的出版能引起一些共鸣和反对，让这一课题的研究能继续发展。

汪　熙

1996 年夏于复旦校园

① 近年来，这类书比较流行的如，周励：《曼哈顿的中国女人》；张效武、李效忠：《我在美国当律师》；陈燕妮：《告诉你一个真美国》，等等。

第 16 辑 《金元外交与列强在中国(1909—1913)》主编前言

美国对华“金元外交”是在一个复杂的历史背景中，推出的一个复杂的外交政策，经历了一个复杂的过程，导致了一场复杂的结局。它的扑朔迷离，令人费解，有时说不清楚，常给历史学家带来一些难题。

在海约翰宣布“门户开放”政策后的 10 年，美国总算找到一个可以付诸实践的政策(“金元外交”)来填充这项比较抽象的宣言。

19 世纪 60 年代以后，美国综合国力的迅速发展是“金元外交”政策背后的推动力。但是它是在一个很特殊的历史条件下亮相的。中国的清王朝正面临覆灭的命运，而诞生的却是一个分崩离析的民国，它同已推翻的清王朝一样，仍在要弄“以夷制夷的策略”，在列强的威逼与争夺的夹缝中，不敢说“不”，丧权辱国的进程还在加速进行。欧洲则政治风云低迷，处于大战前夕，列强勾心斗角，大搞纵横捭阖的年代。英国既担心德国的崛起，又不愿开罪可能牵制德国的法、俄、日；对美国咄咄逼人地侵入它昔日的亚洲领地，深感不安，因此对威胁日、俄利益的“金元外交”采取了冷漠甚至抵制的态度。德国寄希望于美国在亚洲钳制日、俄，牵制英、法，因此对“金元外交”采取了不太勉强地靠近美国的暧昧态度。在日俄战争中受到美国支持的日本，正在同它昔日的宿敌——沙俄，背着美国几度密约，联合抵制美国势力进入中国的东北地区。

国际政治是很现实的。严格地说，美国当时还不具备以“金元外交”来实现“门户开放”政策的条件。从国际金融实力的对比上讲，美国要运用“金元外交”这个政策作为有力的外交武器，还有点力不从心。纽约金融市场的实力还不能同伦敦相抗衡。在军事上，美国在太平洋的舰队一直处于日本炮舰威胁的阴影下。在策略上，阅历不深的美国外交官还蒙在鼓里，受日、俄密约的玩弄。另一方面美国资本主义的成熟与发展，驱动它有扩向中国市场的强烈要求。于是司戴德其人就应运而生了。作为一个美国派驻在中国东北地区的基层外交官，司戴德对其他列强(特别是日、俄)在中国的侵夺有较深的感性认识。他感到美国在华利益正在受到威胁，为了维护美国的利益，华盛顿应有所作为。在与纽约的大财团加深交往以后，更增加他的信念，终于离开了国务院的要职，弃官“下海”，仆仆风尘地往来于华盛顿—纽约—北京之间，游说于伦敦、巴黎、圣彼得堡，力图以“金元”在中国筑起一道美国围墙，或力图在列强争夺中国的棋盘上植上一颗关键性的“金元”棋子。但形势比人强，司戴德疲于奔命跋涉并没有使他的梦想实现。在“金元外交”的酝酿与结束过程中，美国三易总统，各行其是，最后都是在为如何才能体现“门户开放”政策的精神，如何才能真正维护美国在亚洲的利益，如何才能……争论不休。于是参加银行团，退出银行团……出尔反尔的闹剧出现了。

“金元外交”虽暂时收场，但因此引发了国际关系的重新组合，影响则是深远的。由于“金元外交”活动而形成的日美对峙局面，没有因为第一次世界大战而消失，也没有因为华盛顿会议体制的建立而有所削弱，最后在太平洋上迸发的冲突，其结果是尽人皆知的。

做“金元外交”这个题目是从研究司戴德开始的。1987 年我应邀到康乃尔大学讲学和研究，在康大图书馆详尽地阅读了有关司氏的档案(司毕业于康大，逝世后所有的日记、信函均捐献给康大图书馆)。1990 年又在国会图书馆手稿部查阅了有关这一问题的手稿和档案，深感“金元外交”是一个场面很大的课题，它虽是塔夫脱任内的事，但是它的形成、发展与结构过程前后贯串了三届总统。它所触及的国家包括英、美、德、法、俄、日等六国，几乎囊括了当时所有的欧亚强国。在与吴心伯博士商讨研究课题时，他不畏艰难有志于探究“金元外交”，后来又赴美在美国国会图书馆和美国国家档案馆进一步挖掘梳爬有关原件和文献资料，颇有所获。吴博士是一个研究问题锲而不舍的学者。我很高兴他对这个题目进行了探赜索隐，钩深致远的研究，他把这一段扑朔迷离的过程理清了头绪并进行剖析。我相信他辛勤劳动的成果会引发中外历史学家们对这一段历史更多的思索。

汪　熙

1997 年 4 月于复旦校园

第17辑 《市场经济与中国农业：问题与前景》主编前言

中国是一个农业大国，这是尽人皆知的事。民以食为天，这句话已讲了几千年了。解放后，从所有制来说，中国农村发生了翻天覆地的变化，但农村生活仍然很艰苦。有一段时期，农民是我国资本积累的主要承担者，他们含辛茹苦的奉献，厥功甚伟。这也是大家所认识到的。中国的农业改革，渐有端倪，出现了前所未有的新气象则是经济改革以后的事。现在改革正在进行，取得的成就有目共睹，但新问题也不少。有些问题带有关键性和根本性，不认真对待会影响全局。全局就是我国整个国民经济的增长。

在跨世纪的当口，我国国民经济年增长率要保持8%的水平并非易事，它需要科学的宏观调控和妥善部署。其中一项就是要加强“内需”。在中国加强“内需”的最大潜力在农业。无论是从“拉力”或“推力”讲，农业都是我国今后经济发展的最活跃的力量之一。有鉴于此，我们聚集了中美学者专家于一堂研讨中国农业存在的问题与前景，这本集子就是这次研讨会的成果。

这个研讨会经过了一个较长时期的准备工作，我们感谢美国农业部、世界银行及有关大学的农业研究机构和中国主管农业的部门和研究机构都派来了他们的专家携带论文参加讨论，我们还要感谢段志煌博士和陈锡根先生分别在美国学者和中国学者中的协调作用。

感谢前任上海市副市长、现任上海市委副书记孟建柱同志在会议期间接见了全体中外学者并对研讨的内容提出了积极的建议。他对农业工作的丰富经验及深邃见解使会议取得了卓有成效的结果。

毋庸讳言，本书的各篇文章只代表作者自己的观点。

我们谨以这本集子奉献给读者，为我国在跨入21世纪的路程中添上一砖一瓦。

汪　熙

1998年4月于复旦大学校园

第18辑　《中国知识分子的美国观(1943—1953)》主编前言

1943—1953年的中国处于一个历史发生巨变的时代。国内和国际的政治与社会都经历了极大的震撼。这些震撼的深度与广度在中国历史上尚属少见。作者把这一历史时期的知识分子的美国观集中起来加以考察，是别具匠心的。但这也是一个难度很高的课题。张济顺博士以执着与潜心的研究终于啃下了这块硬骨头。

在作者考察的这一历史时期，中国出现了一些前所未有的大变局，因而也产生了一些前所未有的特定环境。使知识分子蕴蓄了一些前所未有的美国观。

什么样的特定环境呢？举其要者：(一)1943年外国在华不平等条约体系解体，这可是鸦片战争以来的“盛事”。但被拉到(或抬到)“四强”的中国，在没有不平等条约下的不平等待遇还是很明显的。既“平等”又不平等，知识分子想在美国观中找到新的视角。(二)在这一时期，中国经历了一场历史上从未有过的、有国际背景的国内战争。时打时停，造成了长时间政治前途扑朔迷离的局面。在这时刻，联系到个人和国家的命运，诱发了很多知识分子对美国的看法和想法。(三)中国的国体发生了根本变化，一个社会主义的国家在中国大地上崛起。这是中国历史上亘古没有的事。革命来得如此迅猛，知识分子中，有的雀跃、有的彷徨、有的观望。他们产生了不同的美国观。(四)中国同美国兵戎相见。在朝鲜半岛打了一场世界水平的间接战争，朋友变成了敌人。很多知识分子不适应这样的移位，在思想中激起了爱国主义与他们心目中对美国良好印象的矛盾，他们的美国观进入了另一种框架。(五)中美两国自20世纪50年代初开始断绝了关系(这一状况一直延续了近三十年)，这是中美望厦条约以来的第一次。中美两国的分裂就意味着中国投入了世界上分裂的两大阵营之一。中国将何以自处？知识分子的美国观变复杂了。(六)还有“思想改造”。对中国知识分子来说，这也是一种全新的政治运作模式。“思想改造”的主要内容之一，是清除中国知识分子头脑中的“崇美、亲美、恐美”思想。清除以后剩下来的是怎么样的美国观？试列举以上数端，这都是这一段历史时期的特定环境，为前所未有。

在这一特定的历史环境下，中国知识分子的美国观出现了一些新的走向，新的分化，新的萌芽。尽管有的是自然发展，有的是以一种扭曲的形式出现的，但综合来讲，中国知识分子的美国观毕竟由此进入一个前所未有的新境界。

以这种特定的环境为背景，作者在把中国知识分子作为一个复合的知识群体来考察的同时，又对不同类别、不同阵营及同类别、同阵营但在不同阶段的知识分子的美国观加以细致的剖析，思想缜密，佐证确凿，知人论世，分寸适宜。

中国人的美国观和美国人的中国观都是中美关系中的一个重要组成部分。“观”的定位是否正确？“观”的目测与标的物距离多远？是学者的“观”还是“政客”的“观”，等等，都会给中美关系带来意想不到的影响，甚至灾难。但迄今为止，中国观也好，美国观也好，由于种种原因，这个“观”没有得到应有的认真研究，还是一片可耕的沃土。

张济顺博士在这片沃土上辛勤地耕耘，虽是开创性的，但取得了可喜的成果。

汪　熙

1998年10月于复旦校园

第19辑　《鉴往知来——百年来中美经济关系的回顾与前瞻》主编前言

“一年一度又春风”。

“中美关系史研究会”第三次年会于1997年5月在复旦大学美国研究中心举行。一时群贤毕至，冠盖云集，盛况空前。

这次讨论会的中心议题是百年来中美经济关系。围绕这个主题，来自全国各方面的学者带来了他们长期研究的成果。有的驳成说立己见；有的开拓了新的研究空间；有的探赜索隐，发现了新材料。各篇论文内容丰富，精彩纷呈。本书就是这次学术讨论会的成果。

细心的读者会发现本书有以下的一些特点：第一，时间跨度很大。学者们观察的视野从美国独立战争后东海岸商人的航海贸易一直延伸到今天沃尔玛（Wal Mart）在深圳的活动。在这一跨度内，一些有代表性的历史课题，基本都扫描到了。第二，内容涉及面很广。属于经济方面的贸易、投资、美援等自不必说了，值得注意的是上层建筑的文化、教育也被纳入考察的范围之内。在中美关系史中，文化教育的交流本来就是伴随着经济关系的交往而来，而且始终相伴，从未分离。把两者结合起来研究，是在这一领域内跨学科研究的尝试。第三，有相当的深度。有些论文在丰富材料的基础上，剖毫析厘，辨明了是非；有些论文对政治与经济缠绕在一起的历史事件，探索递嬗的轨迹，层层分析，终于使历史还原了本来的面目。还有一些论文以缜密的考订、周详的分析，对学术界长期接受的说法提出了质疑。至于会议期间就材料与观点的反复辩驳，不仅给会议带来生气，而且把讨论引向深入。更可喜的是本书的作者大多是中青年学者。正是“芳林新叶催陈叶，流水前波让后波”。中美关系史研究会很高兴地看到这一批新生力量的崛起。

可以说，本书在我国中美关系史的研究进程中立下了一个耀眼的标记。

明年此时“春风又绿江南岸”，我们期待着石头城下的盛会！

汪　熙

1997 年 7 月于复旦校园

第20辑　《艰难的抉择——美国在承认新中国问题上的争论(1949—1950年)》主编前言

1949年2月7日,有51位美国共和党参议员联名致函杜鲁门总统,要求组织专门委员会对中国形势作一次全面调查研究,并对当时即将倒台的国民党政府进行紧急援助。作为回应,同年2月24日由国务卿艾奇逊出面,邀集写信人会晤。但事先声明会议记录不得外传(实际出席30人)。在会晤中,艾奇逊说,当时中国的形势扑朔迷离,有如大树在森林中倾倒,尘埃迷漫,要"等尘埃落定后"(until the dust settled),才看得清楚整个形势。这样就搪塞应付了这些共和党参议员的要求。艾奇逊这句话后来被广泛引用,说明当时美国对华政策举棋不定的状态。

这本书原名是"尘埃中的模式"(Patterns in the Dust)就是从艾奇逊说的要"等尘埃落定后"这句话引喻出来的。这句话原是外国一句成语,对中国人来讲,作为一个书名很难理解。经过研究,我们认为把中译本的书名改成《艰难的抉择》较好,既不失原意,又在文字上较清楚。

论述1949—1950年间的中美关系,最早和较齐备的著作要算美国学者邹谠1963年出版的《美国在中国的失败》一书。其后,台湾学者梁敬錞在20世纪80年代有一系列的专述论文。唐耐心教授一书出版较后,因而有条件充分利用已解密的官方档案,特别是利用一些美国在华企业的私家档案。由于离开当时烟雾弥漫的1949—1950年已经30年了,"尘埃"应已"落定",

加以事过境迁，让人们更能较平静地回顾往事。特别是历史学家们以他们特有的禀赋更能较客观地对当时错综纷杂的关系加以梳理评述。

唐教授的书几乎囊括了可以影响当时美国对华政策的所有方面：中共、国民党、院外集团、教会、商人、传播界、国会和学者以及国务院与白宫，等等，并把它们分门别类系统评述。这样我们就能较清楚地看到影响决策的各种因素和渠道。这种研究取向是较费力的。唐教授采取了这种较费力的研究取向，因而获得了较扎实的成果。

唐教授本书的另一个特点是，注解详明，资料丰富。她用的注解占全书约三分之一篇幅，公私档案及专著与论文目录亦约占全书的三分之一篇幅。我们觉得这正是本书的精华之处，所以不遗余力地全部译出并附录原文。这样做确很费力，但更便于有志于进一步研究的读者追溯借鉴，从学术上讲是比较周到的。至于承认不承认新中国，并且后果又如此严重，这是百年来中美建交后，美国人从未碰到的一个棘手的问题。著者在这重要的节骨眼上，把在尘埃弥漫中众说纷纭的不同意见，有根有据地罗列出来，从历史上讲是比较郑重的。

全书涉及很多公私机构及团体名称和人名，我们都尽可能查出它们的正确译名。译者除对个别文字作了一些处理外，一切保持原状。

同我们翻译其他外国著作一样，翻译该书并不表明我们的观点同作者完全一致。当然也并不排斥在有些地方我们同作者持有相同的观点。

汪　熙

1998 年 4 月于复旦校园

第21辑 《美国文化渗透与近代中国教育——沪江大学的历史》主编前言

在中美关系史中，美国人在中国办教育始终是一个很突出的问题，因为美国在中国办学的数量很大，地域很广，年份很久，影响也非常深远，这些都不是其他国家在中国办学能相比的。但是美国在中国办学的确引爆了许多复杂的问题：美国在中国办学大多数是以美国教会为母体的，他们主要是希望培养更多的教会人才，企图把中国变成一个基督教的国家。从根本上说，这与中国传统的培育人才的观念不符。美国人在中国办学，所传授的大多是西方资本主义文明，是近代中国"西学东渐"的一部分，也是近代东西文化相碰撞的一部分。"碰撞"之余双方才惊奇地发现中西文化之间有如此大的差距。美国人在中国办学的法律依据是不平等条约①，当民族危机来临的时候，往往引起民族的冲突，中国有些大学就是在抗议美国人的办学中分裂出来的，如光华大学。有人认为美国人在中国办学传授的是一种比较先进的文明，它的医、工、文、理、商等学科，有益于中国的进步；也有人认为外国人在中国办学，是一种殖民主义的强势文化，培养了奴才、买办，因此为中国人

① 鸦片战争以前的传教士伯驾和另外一个传教士裨治文能够在广州开医务局，甚至创办英文刊物。但是都必须遵守主权国家中国的法令。鸦片战争后的1844年，清政府与法国人签订的条约第22款就载明法国人可以在租界的口岸"建造礼拜堂、医人院、周急院、学房"；又在1845年与英国签订《上海租地章程》，第十条规定：洋商租地后"得修建教堂、医院、慈善机关、学校及会堂"。从此，外国人在租界地可以任意设立学堂，并受到不平等条约的保护（由于"最惠国条约"，这类办学的不平等条约很快推行到其他列强和其他的中国地方）。

所不耻，如此等等。所以美国人在中国办学是一个长期有争论的问题，毁誉不一。

美国方面的研究，凡是谈到基督教在中国的传播，大体上都涉及办学的问题，如著名历史学家费正清编辑的《基督教在中国》一书①就涵盖这个问题。还有一些学者专门研究教会大学，例如鲁珍晞博士写过《中国与教会大学》②，魏思特博士和波萝克博士分别有关于燕京大学和协和医学院的专著③。这些研究属于美国学者研究中美文化关系史的重要成果，至今仍颇有价值，但都是从美国人的角度看问题，对中国社会和文化的理解，未免隔靴搔痒，我们很难据此得出公平的评价。

王立诚博士研究教会大学，提过很多的方案，最后还是定下研究沪江大学，这也是经过深思熟虑的。主要因为沪江大学历经世事沧桑，都在上海，因此沪江大学档案材料或访问材料收集的广度和深度比较完整。除此之外，王立诚博士还到香港和海外，就沪江大学的母体美国的教会收集了更多的材料，这样做工作虽然艰辛一些，但对所论述的问题就有了更丰富的依据。

沪江大学从开始发展，经历了清朝、民国、“孤岛时期”、敌伪和国民党统治时期，到最后上海解放。从各个历史阶段比较，我们对沪江大学内部的变化，以及由内部的变化到外部的变化相互影响的关系也就更清楚了。在中国，能够从沪江大学的开天辟地一直写到它的寿终正寝这样一个完整的教会学校的历史还是不可多得的。我们从沪江大学可以看出最初它怎么样以培养教会人才为主，逐步地适应了中国的社会，进行了双重文化调适，最后

---

① John K. Fairbank ed., The Missionary Enterprise in China and America, Cambridge: Harvard University Press, 1974.

② J. Lutz, China and the Chrstian Colleges, 1850—1950, Ithaca: Cornell University Press, 1971.此书的中译本将作者姓名译为卢茨(《中国教会大学史(1850—1950)》，浙江教育出版社 1987 年版)，但鲁珍晞是作者自取的中文姓名。

③ Philip West, Yenching University and Sino-Western Relations, 1916—1952, Cambridge: Harvard University Press, 1976; Mary Brown Bullock, An American Transplant, the Rockefeller Foundations and Peking Union Medical College, University of California Press, 1980.

确立了职业化的教学趋向。沪江大学首先在中国创办了社会学系，在发展社会学、化学和工商管理学等领域颇有建树，有个时期它的在册入学人数及男女同校的比例为全国教会大学之冠。作为教会大学，它的校长和主要的教务人员一开始就受美国公理会差会的决定或委派，直到后期仍受很大的影响。但随着民族斗争日益激烈，沪江大学的校长，一个虔诚的基督教徒刘湛恩由于刚毅不屈，最后为敌伪所残害，直到现在仍被人民奉为烈士。作为教会大学，它的殖民主义性与民族独立性，相互交替影响，时代印记在它身上刻画得很清楚。

关于沪江大学的研究是一个个体的研究，但是个体中往往包含了事物的共性。王立诚博士对沪江大学进行了完整的研究，所谓剖毫析厘，探幽索隐，使沪江大学从头到尾的发展与变化以及一些不为人所知的历史重见天日。

我们希望中国的学术界对中国有代表性的教会大学进行一些周密的解剖与分析，然后综合起来对它们进行评价。这也许是历史留给我们的一项严肃任务，对于科学地认识中美文化关系史一定大有好处。

汪　熙

2000 年 3 月 31 日于复旦校园

第 22 辑 《当代中美贸易(1972—2001)》主编前言

本书集中论述了从中美复交到目前的两国贸易问题,跨时几十年,可以说是针对中美经济问题,特别是双边贸易提供了一份较为全面的、系统的框架图。本书作者自 20 世纪 80 年代初起随我研究中美贸易,这本书可以说是对多年来研究中美贸易的一个总结。书的编排有这样几个特点:

1. 面对浩繁的资料和无数的数据,本书尽量选择较为客观、权威的数据作为勾勒中美贸易的基础。任何论据都以可靠的数据为基础。

2. 在论及中美贸易问题之前,先对中国的经济改革和美国的经济状况做了简要的背景介绍,以便在理解中美贸易的发展过程和阶段性特点时,有较好的连贯性。

3. 中美贸易涉及许多政策性问题,双边贸易的品种繁多,面面俱到难免篇幅冗长。本书就其中的重点,如最惠国待遇、美国对中国的高技术出口限制以及纺织品、农产品都列出一章,作了专题分析。而对一般性政策问题和贸易品种则集中在“中美贸易”这一章内作概要的介绍。

《当代中美贸易(1972—2001)》所论述的都是交易的实际。但我要提醒大家不要忘记理论与政策。读者应该觉察到在本书的字里行间所透露的仍然是理论与政策。在这里我要重复几年前所讲的几句话:“有的同志担心实际情况千变万化,强调联系实际会给科学发展带来不稳定性。其实,这种担心是多余的。复杂多变的事物经过科学的抽象与概括,自然会显示出规律,必然具有一定的稳定性。这正是科学(包括自然科学与人文科学)应承担的任务。当然所谓稳定性也是相对的,事物在永不停息地向前发展,科学的稳定性也是在不稳定发展中的相对稳定而已。科学的生命力正在于这种不稳定中的相对稳定。若谋求一劳永逸的绝对稳定,那就是理论的僵化和科学的萎缩。"这就是我们通常所说"与时俱进"的道理(汪熙主编:《国际贸易与国际经济合作概论》,复旦大学出版社出版)。

关于中美贸易的论文和著作近年已出版了多种,本书的内容编排和书中的观点属一家之言,希望本书的出版能为中美贸易的讨论增添些许新意,并希望在中国和美国有越来越多的人关心中美贸易,发展中美贸易。

汪 熙

于复旦大学校园2002年5月18日

第23辑 《150年中美关系史论著目录(1823—1990)》前言

中美关系从美国来讲,经历了五十五届总统;从中国来讲,经历了清政府、北洋政府、国民党政府及人民政府,其间千变万化,“横看成岭侧成峰”,各人分析都不相同。但是“前水复后水,古今相续流”,任何一种对中美关系的现在看法和对未来的预测,都不能不考虑到过去的历史及说法。因此我们痛感到需要一个“文字既少,披阅易周”的读物,在讨论或研究中美关系问题时放在案边参考。

我们十余年来努力的成果,就是您现在手里拿到的这本《目录》。《目录》详细分类,检索方便。当然,“中美关系”定义究竟包括哪些方面,其说不一,我们虽竭尽全力,在搜集时挂一漏万仍在所难免。

“日月不居,天道酬勤”,我们长时间不辞昼夜的辛劳,总算以这本“目录”奉献给读者。

今后,希望每隔二十年,复旦大学美国研究中心或历史系都能相继有这样一本在时间上相衔接的“目录”问世。年复百年,成为复旦后来者永远保留的一个项目。

汪　熙

2004 年冬于复旦校园

第24辑　《中国的不平等条约：国耻与民族历史叙述》主编前言

“不平等条约”这顶不光彩的帽子，套在我们的头上，从我们的祖辈开始，已经几万个日日夜夜。从青年时，我就把这个“苦果”埋在胸中，到现在还隐然作痛，挥之不去。

现在这个“不平等条约”虽然已经废除，这是千百万中国人民奋斗的结果。

我们应该回过头来，对“不平等条约”作一些剖析。王栋教授从历史的发展过程把“不平等条约”执简御繁，广征博引，驳成说、立己见，层次分明，用力甚勤。

这本书原在美国发行，经过友人哈佛大学柯文(Paul A. Cohen)的介绍，又经作者在欧洲芬兰修改寄来，我们考虑在中国出版，谢谢柯文教授的推荐。

同翻译其他外国著作一样，翻译该书并不表明我们的观点同作者一样。当然也并不排斥在有些地方我们同作者持有相同的观点。

汪　熙

2011年3月于复旦校园

第 25 辑 《美国海军与中美关系》前言

写完这本书的最后一页，翻开日历，正好是 2012 年 2 月 28 日。四十年前的这一天，中美两国签订了《上海公报》。在这四十年中，中美两国除了交换《公报》之外，没有交换过一颗子弹。2011 年中美双边贸易额达到 4 467 亿美元，比 1972 年的 1 288 万美元贸易额增加了 34 680 多倍，比 1979 年的 245 亿美元贸易额增加了 180 多倍。

历史的脚步声从远处沉重地走来。中国人迷失在历史褶皱里，恍恍惚惚走过了几百年。这几百年来，西班牙、葡萄牙、英吉利、法兰西王朝震撼、煊赫一时。百年中国饱受凌辱，在世界地图上的蕞尔小国葡萄牙都能强占中国领土澳门几百年，其他列强如英国、俄国、日本则更不必说。此种情形，正如后人描述南宋诗人陆游的心境："家国恨，山河碎，心潮难平。"但中国毕竟是中国。到今天，美利坚俨然全球霸主，想要一口将世界吞下。但现在世道不同了，没那么容易。正如拿破仑所说，中国一旦醒来，就是一头猛狮！

近年来，美国在西太平洋用岛链重重包围中国，特别是最近，从澳洲到印度洋的科科斯群岛(Cocos Islands)，美国频频有所动作，意图紧紧钳制中国。中国人是藏锋敛态的，但也是与时俱进的。究竟时局将如何发展，我们拭目以待！

本书分工如下：

汪熙，第二章(三)、(四)，第三章；秦岭，第二章(一)；顾宁，第一章，第二章(二)，附录。

汪　熙

二〇一二年二月二十八日

附　　录

《中美关系研究丛书》目录

历史探索》,1994 年 5 月版

▲第 13 辑　汪熙、〔美〕杜恩主编:《中国经济改革:问题与前景》,1994 年 9 月版

第 14 辑　〔日〕矶野富士子整理(吴心伯译):《蒋介石的美国顾问——欧文·拉铁摩尔回忆录》,1996 年 6 月版

第 15 辑　杨玉圣:《中国人的美国观——一个历史的考察》,1996 年 11 月版

第 16 辑　吴心伯:《金元外交与列强在中国(1909—1913)》,1997 年 9 月版

第 17 辑　汪熙、〔美〕段志煌主编:《市场经济与中国农业:问题与前景》,1998 年 11 月版

第 18 辑　张济顺:《中国知识分子的美国观(1943—1953)》,1999 年 4 月版

第 19 辑　顾云深、石源华、金光耀主编:《鉴往知来——百年来中美经济关系的回顾与展望》,1999 年 10 月版

第 20 辑　〔美〕唐耐心(朱立人、刘永涛译):《艰难的抉择——美国在承认新中国问题上的争论(1949—1950)》,2000 年 9 月版

第 21 辑　王立诚:《美国文化渗透与近代中国教育——沪江大学的历史》,2001 年 7 月版

第 22 辑　胡涵钧:《当代中美贸易(1972—2001)》,2002 年 9 月版

第 23 辑　汪熙、〔日〕田尻利主编,傅德华副主编:《150 年中美关系史论著目录(1823—1990)》(中、英文),2005 年 5 月版

第 24 辑　王栋(王栋、龚志伟译):《中国的不平等条约:国耻与民族历史叙述》,2011 年 8 月版

第 25 辑　汪熙、秦岭、顾宁:《美国海军与中美关系》,2013 年 2 月版

Series Studies in Sino-American Rleations

1. Wang Xi, ed.: *History of Sino-US Relations* Oct. 1985

2. Wang Bangxian: *The Effects of Protectionism on Sino-American*

Economic Relations: *The Textile Trade Dispute* Oct. 1987

3. Tu Chuande: *American Special Envoy in China* (1945.12—1947.1) Aug. 1988

4. Warren I. Cohen: *America's Response to China—An Interpretative History of Sino-American Relations* Aug. 1988

   Translator: Zhang Jinger Co-Translator: Zhou Dunren, Lu Yimin

5. Wang Xi, Richard H. Holton, eds.: *China-U. S. Economic Relations*: *Present and Future* Dec. 1989

6. Wang Xi, ed.: *The Role of U.S. Congress in the American Foreign Policy Process* Mar. 1990

7. Akira Iriye, Warren I. Cohen, eds.: *The Great Transformation*: *The United States and East Asia* (1931—1949) May 1991

8. Michael Blaine Russell: *American Silver Policy and China*, 1933—1936 Mar. 1992

   Translator: Zheng Huixin Co-Translator: Wu Shimin, Hong Yousheng

9. Zhang Ren: *U.S. Direct Investments in China*, 1980—1991 Apr. 1993

10. Michael H. Hunt: *The Making of a Special Relationship—The United States and China to* 1914 Oct. 1993

    Translator: Xiang Liling, Lin Yongjun Co-Translator: Zhang Yimou

11. Xiang Liling: *A Tortuosity in the Sino-U. S. Relations—From Paris Peace Conference to Washington Conference* July. 1993

12. Wang Xi, Frederic Wakemen, Jr, eds.: *China's Quest for Modernization*: *A Historical Perspective* May 1994

13. Wang Xi, James A. Dorn, eds.: *Economic Reform in China*: *Problems and Prospects* Sep. 1994

14. Owen Lattimore, Compiled by Fujiko Isono: *Owen Lattimore*

China Memoirs—Chiang Kai-shek and the War Against Japan June, 1996

Translator: Wu Xinbo

15. Yang Yusheng: *The Chinese Perspective of the U. S. A: A Historical View* Nov. 1996
16. Wu Xinbo: *Dollar Diplomacy and Major Powers in China* Sep. 1997
17. Wang Xi, Francis Tuan, eds.: *Market Economy and China's Agriculture: Problems and Prospects* Nov. 1998
18. Zhang Jishun: *Chinese Intellectuals: Impressions and Views of the United States* 1943—1953 Apr. 1999
19. Gu Yunshen, Shi Yuanhua, Jin Guangyao, eds.: *Predict the Future by Reviewing the Past — Recollection the Sino-U. S. Economic Relations in the Past Century* Oct. 1999
20. Nancy Bernkopf Tucker: *Patterns in the Dust-Chinese American Relations ancl the Recognition Controversy* Sep. 2000

    Translator: Zhu Liren and Liu Yongtao
21. Wang Licheng: *American Cultural Penetration and the Modern Education of China—A History of the University of Shanghai* July 2001
22. Hu Hanjun: *Current Sino-American Trade* , 1972—2001 Sep. 2002
23. Wang Xi, Tajiri Toru, Fu Dehua, eds.: 150 *Years' Bibliography of Sino-American Relations* (Chinese, English version) May. 2005
24. Wang Dong: *China's Unequal Treaties: Narrating National History* Aug. 2011
25. Wang Xi, Qin Ling & Gu Ning: *American Navy and Sino-American Relations* Feb. 2013

美国海军对华关系大事年表(1784—2012)

时间	事件
1784.2.22	中美两国首次通商。“中国皇后”号离开纽约港，满载着人参、皮革、毛衣、胡椒、棉花以及铅等商品，驶往中国。8月下旬，“中国皇后”号抵达澳门。此次航行开辟了中美之间的直接贸易关系，并因此载入了中美两国交往的史册。
1819.11.3	“国会”号（Congress）抵达内伶仃岛成为第一艘访华的美国军舰。此举引起了清政府的不安并要求“国会”号立刻离开。1821年5月29日，“国会”号返回美国。
1829.1.	护航舰“温森斯”号（Vincennes）于1829年1月抵达中国，由芬奇中校（William S. Finch）担任舰长。
1836	美国东印度舰队第一次访华。美国海军准将肯尼迪（Edmund P. Kennedy）率“孔雀”号（Peacock）及“进取”号（Enterprise）抵达澳门。
1842.10.13	东印度舰队司令加尼准将（Commodore Lawrence Kearney）与清朝官员谈判，他率“星座”号（Constellation）和“波士顿”号（Boston）抵达中国。谈判的结果，中国口岸对美舰开放，随后顾盛使华进一步就美国在华利益展开谈判，1844年以文本形式签署中美关系史上的第一个不平等条约——《望厦条约》。

1856.10.23	为了保护第二次鸦片战争期间在华美国侨胞生命财产安全，一支由美国海军及海军陆战队组成的小分队在广州登陆，先头部队是“朴茨茅斯”号（USS Portsmouth），由富特（Andrew Foote）司令指挥；随后赶来支援的“圣·哈辛托”号（USS San Jacinto），由贝尔（Bell）司令指挥，“黎凡特”号（USS Levant），由史密斯（Smith）司令指挥。
1856.11.16	“朴茨茅斯”号在广东港口遭到了清军的攻击，并进行了回击。
1856.11.20—22	三艘美舰“朴茨茅斯”号、“圣·哈辛托”号和“黎凡特”号派出了一支由 287 名水兵和陆战队员组成的部队登陆广东，在炮舰炮击广东沿海的堡垒以后，海军登陆并且占领第一个堡垒。11 月 21 日，这支部队乘小船通过河道，占领第二个堡垒和一个炮台；重新出发后他们占领了一个岛上的另一个堡垒。美军重新通过河道后并在 11 月 22 日占领了第四个堡垒。中方有 400 人死亡，美方死亡 8 人，22 人受伤。
1859.6.25	塔特诺尔上校（Capt. Tattnall）指挥“波瓦坦”号（USS Powhatan）支援攻击中国堡垒的英法联军。
1859.8	在美国领事的要求下，尼克尔森上校（Capt. Nicholson）从“密西西比”号（USS Mississippi）派出部队在上海登陆，以保护美商和侨民。
1866.6.20	50 名美国海军士兵从“沃楚西特”号（USS Wachusett）登陆中国的浙江沿海地区，目的是为了惩罚该地区发生的针对美国领事馆官员的攻击行为。
1866.8.9	“沃楚西特”号派出一名官员和 46 名支援的海军登陆部队登陆上海。

1894.7.24	“巴尔的摩”号(USS Baltimore)派遣一支部队登陆朝鲜汉城以保护中日战争期间的美国公民。
1894.12.6	埃利奥特上校(Capt. Charles F. Elliott)命令海军陆战队由大沽口登陆并向天津进发,以保护政局动荡期间美国侨民的生命及财产安全。
1900.5.24	28 名海军陆战队员和一支海军小分队在迈尔斯上校(Capt. John T. Myers)的命令下,从“俄勒冈”号(USS Oregon)登陆大沽口,前往北京建立一支使馆卫队。
1900.5.29	26 名海军陆战队员在霍尔上校(Capt. Newt H. Hall)的命令下,从“纽瓦克”号(USS Newark)登陆大沽口,由天津行至北京,以应对发生的义和团运动。
1900.5.31	从“俄勒冈”号和“纽瓦克”号派出 54 名美国海军士兵和海军陆战队员抵达北京,加入到 300 人的外国军队中形成国际使馆卫队来抵御团民。
1900.6.17	由威尔斯司令(Cdr. F.M. Wise)率领的“诺卡西”号(USS Monocacy)遭到了大沽口炮台的攻击,威尔斯没有回击。“诺卡西”号是美军在华唯一的浅水船。它很破旧并只配有 4 门无膛线炮。威尔斯变成了在塘沽的美方非官方的代理点,控制了该地区的铁路补给并安排运送其他国家的军队来镇压义和团运动。威尔斯想要避免参与联军的侵略,他认为炮击他的船只是大沽口炮台一次偶发的防御行为,并非是针对美国的攻击。
1900.6.22	美国海军和俄军击败了围攻天津的清军。
1900.6.27	美国海军及俄军占领了天津外围的清军兵工厂。
1900.7.9—14	2 000 名美、日、英联军对天津发起攻击。一支 900 人的美军在海军陆战队米德上校的带领下参加了该次行动。其中有 24 人死亡、98 人受伤。

1900.8.6	在杨顺，美国海军在比德尔少校（Maj. W.P. Biddle）率领下打败了团民及清军的进攻。
1900.8.14—16	美国海军 482 人在沃勒少校（Maj. L.W.T. Waller）的带领下与西摩尔率领的联军占领了北京城。
1907.12.16	美国最强舰队“大白舰队”访华。大白舰队由海军中唯一一位参加过南北战争而仍在役的罗比·埃文斯少将指挥，16 艘战列舰分为 4 个舰群，第一分队 4 舰均属美国海军当时最为精锐的“康涅狄格”级，包括“康涅狄格”号（大西洋舰队的旗舰，此次既充当第一分队的旗舰，同时也是整个舰队的旗舰）、“堪萨斯”号、“佛蒙特”号和“路易斯安纳”号。 第二分队 4 舰均属“弗吉尼亚”级，分别为“佐治亚”号（分队旗舰）、“新泽西”号、“罗德岛”号和“弗吉尼亚”号；第三分队则包括“康涅狄格”级的“明尼苏达”号（分队旗舰）和 3 艘“缅因”级战列舰“俄亥俄”号、“密苏里”号和“缅因”号；第四分队则由 2 艘“伊利诺斯”级战列舰“阿拉巴马”号（分队旗舰）、“伊利诺斯”号及 2 艘“奇尔沙治”级战列舰“肯塔基”号和“奇尔沙治”号组成。除了几艘参加过美西战争的老舰、2 艘建于西岸船厂并被划归亚洲舰队的“威斯康星”号（BB—9，属“伊利诺斯”级）和“内布拉斯加”号（BB—14，属“弗吉尼亚”级），以及 2 艘还未入役的最新型的“密西西比”级战列舰“密西西比”号和“爱达荷”号外，美国海军所有的战列舰已尽集于此。它们身上体现了前无畏舰代最高的技术水平，其性能就算与英国皇家海军的同类舰只相比也毫不逊色。
1911.10.10—19	美国海军陆战队一个营队在班农少校（Maj. Philip M. Bannon）的率领下，从菲律宾派至北京使馆加强保卫。由于中国各地的政局动荡，另一营队由“彩虹”号（USS Rainbow）运送至中国各地待命。

1912.9.26　从“彩虹”号派出的海军陆战队抵达上海附近的尼克尔森兵营(Camp Nicholson),以保护美方在华利益。

1921.8.5　美国海军建立长江舰队,其目的是“保护美国利益及美国公民生命和财产安全,同时保持和加强同中国人民的友好关系”,显然第一个目的更为重要。

1923.12.6　美国及英法等列强的战舰驶向广东沿海以“保护”当地的外国侨民所居住的房屋,反对其被中国政府查封,来年4月战舰撤离。

1924.9.9　“休伦湖”号(USS Huron)派出一支海军陆战小分队登陆上海以“保护”租界范围内的侨民。

由于中国持续的内战,天津和北京使馆内的海军陆战队员临时增加。

从这一年开始直到二战爆发,美国亚洲舰队一直派遣海军陆战队作为国际护卫队来“保护”美国公民财产安全,其他列强也相继派遣军队抵达。

1925.1.15　美国海军陆战队的一支小分队在斯坦特少尉(Lt. Howard N. Stent)的率领下随“萨克拉门托”号抵达上海,“保卫”美国公民和财产安全。

1925.1.22　“巴克尔”号(USS Barker)、“伯尼”号(USS Borie)和“维普”号(USS Whipple)等美舰抵达上海。

1925.6.5　“休伦湖”号(USS Huron)的海军陆战分队抵达上海,来协助保卫公共租界。

1925.11.30　69人的海军陆战队在法伊弗(Capt. Omar T. Pfeiffer)上校的率领下登陆上海。

1926.11.12　一支127人的分队,在麦克考特里上校(Capt. Walter E. McCaughtry)的指挥下,从“金星”号(USS Gold Star)在秦皇岛登陆以“保卫”美国在华利益。

1927.1—2	当英国在汉口的租界和特权被取消后，英美军队登陆上海以“保护”公共租界区和特权（英国巡洋舰的武装干涉使得外国侨胞得以安全撤离）。其余列强也将军舰开进上海，总共有 35 艘战舰在港口集中（其中 9 艘是英舰），同时 4 万军队和海军陆战队（一般是英军和印度雇佣军）登陆并在岸边准备待命。在战况有所缓和后其中大部分撤退，仍有一小部分卫戍部队逗留了很多年。
1927.3.24	南京的外国领事馆和侨民在国民革命军进城后受到了袭击，英美以“护侨”为名炮击南京城，发生了“南京事件”。
1927.5.2	美国在华的第六个海军陆战团，在斯奈德上校（Col. Harold C. Snyder）的指挥下，抵达上海。“亨德森”号（USS Henderson）加入第四团形成了第三海军陆战旅。
1927.5.4	在中国持续混战期间，“格兰特总统”号（USS President Grant）前往远东支援“力量”号（USS Strength）。
1927.1.1—12.31	下列船舰在中国各港口各个时期的服役情况：

USS Pittsburgh（“匹兹堡”号）	3.26—11.26
USS Sacramento（“萨克拉门托”号）	1927.6.5.—12.5
USS Trenton（“特伦顿”号）	6.6—10.29
USS Memphis（“孟菲斯”号）	6.4—10.29
USS Milwaukee（“密尔沃基”号）	7.29—10.29
* USS Isabel（“伊莎贝尔”号）	全年
* USS Luzon（“吕宋”号）	6.1—年底
* USS Monocacy	全年
* USS Oahu（“瓦胡”号）	10.22—年底
USS Palos（“帕罗斯”号）	全年
USS Helena（“海伦娜”号）	全年
* USS Penguin（“企鹅”号）	1.1—10.22

	＊USS Mindana（“明达娜”号）	7.10—年底
	＊USS Tutuila（“图图伊拉”号）	3.2—年底
	＊USS Panay（“帕奈”号）	9.10—年底
	USS Asheville（“阿什维尔”号）	7.30—10.5
1927.1.1—12.31	USS Pampanga（“邦板牙”号）	1.1—11.9
	USS Guam（“关岛”号）	全年
	USS Black Hawk（“黑鹰”号）	3.23—9.18
	USS Paul Jones（“保罗琼斯”号）	3.23—10.29
	USS Parrott（“鹦鹉”号）	5.29—10.29
	USS Edsall（“埃兹尔”号）	3.23—10.29
	USS MacLeish（“麦克利什”号）	3.23—10.11
	USS Simpson（“辛普森”号）	3.23—10.29
	USS Bulmer（“布尔默”号）	3.23—10.29
	USS McCormick（“麦科密克”号）	3.23—10.29
	USS Stewart（“斯图尔特”号）	1927.3.10—10.29
	带＊的是远东地区延长服役时间持续在中国各港口服役的船只 USS Pope（“波普”号）	1927.3.3—10.29
	USS Peary（“皮尔里”号）	3.23—10.29
	USS Pillsbury（“皮尔斯伯里”号）	1927.3.28—10.29
	USS J.D. Ford（“福特”号）	1927.11.30—9.23
	USS Truxton（“达人”号）	1927.5.16—10.29
	USS Hulbert（“赫尔伯特”号）	1.7—10.29
	USS Noa（“诺亚”号）	1.5—10.26
	USS W.B-Preston（“普雷斯顿”号）	1.7—10.29
	USS Preble（“普雷布尔”号）	2.5—10.29
	USS Sicard（“锡卡尔”号）	1.7—10.29
	USS Pruitt（“普鲁伊特”号）	1.7—10.29

	USS Canopus(“老人星”号)	5.15—9.21
	USS Beaver(“海狸”号)	3.23—9.20
	USS Pigeon(“鸽子”号)	1.1—9.28
	USS Rizal(“黎刹”号)	4.23—10.30
	USS Henderson(“亨德森”号)	2.16—10.3
	USS Chaumont(“肖蒙”号)	1927.10.12—11.28
	USS Hart(“雄鹿”号)	4.23—10.29
	USS Finch(“芬奇”号)	5.3—12.12
	USS Bittern(“麻鸦”号)	5.6—9.18
	USS Jason(“杰森”号)	5.19—10.11
	USS Heron(“白鹭”号)	6.19—10.9
1927.1.1—12.31	USS Avocet(“反嘴鹊”号)	5.2—10.16
	USS Pecos(“佩科斯”号)	1927.10.9—9.18
	Gen. Alava(“阿拉瓦”号)	全年
	S-30,31,32,33,34,35	3.23—9.20
	S-36	6.15—9.21
	S-37,38,39,40,41,42	5.15—9.21
1930.7.27—8.2	在长沙,列强因骚乱事件用炮舰“掩护”侨民撤离。	
1931.8.31	美国亚洲舰队长江巡逻队及驱逐舰“休斯敦”号(USS Houston)在中国中部展开行动以“保护”该地区的美国侨民及财产。	
1932.2—3	“一二八”事变后,为了保证外国侨民的人身安全,英国巡洋舰队和美国亚洲舰队抵达上海保护公共租界,在舰队抵达后,凯利将军(H. Kelly)告诉日本军官,他得到的命令是日本飞机必须停止从英美舰队上空飞过,否则只能开火,日本方面许诺想尽一切办法以保证和平,中日停火谈判在“肯特”号(H.M.S. Kent)上进行,并于3月3日促成和谈。	

1932.2.3	“休斯敦”号的海军陆战分队抵达上海以增援第四海军陆战师团，以便在中日战争期间保卫美国的利益。
1934.1	“塔尔萨”号(USS Tulsa)的美国海军在福州登陆保护美领馆。
1937.12.13	“帕奈”号(USS Panay)在长江沿岸的和山附近被日机轰炸并击沉，造成了2人死亡，43人受伤。
1942.5—1943.4	美国海军中校梅乐斯(Mary Miles)奉命来到中国，主要任务是“搜集情报和骚扰日本”。在中国驻美武官萧信如的帮助下，梅乐斯与军统戴笠取得了联系，并就合作事宜进行了磋商。1943年4月15日中美双方共同拟定了一份名为《中美特种技术合作协定》的条约。
1945.8.14	日本接受波茨坦公告的内容宣布投降。盟军最高指挥官麦克阿瑟将军(Douglas MacArthur)接受了日本的投降。“鳕鱼”号(USS Torsk)在日本海域击沉了日本NO.13和NO.47海防舰。
1945.10	为了帮助国民政府赶在中共之前控制东北，美国海军运送国民党的军队在大连、葫芦岛和营口等地登陆，当地的苏联指挥官拒绝国民党军队登陆，贝利将军(Vice-Admiral Bailey)对此没有坚持。
1948.11	1 500名美国陆战队员登陆青岛重新建立美国海军基地(1949年2月废弃)。
1949.4	国共内战时期，英美巡洋舰抵达上海“护侨”。
1950.6.27	第七舰队奉命在台湾海峡附近巡逻。
1951.4.8—15	第77特遣行动队奉命从韩国海域驶向台湾海峡，这支特遣舰队从4月11日到14日一直逗留在台湾海峡，随后返回韩国海域。

1954.7.23—26	国泰航空的一架DC-4“空中霸王”客机(Skymaster),从泰国曼谷返港途中,于海南岛三亚以东之公海上空被两架中国人民解放军空军拉-11战机击落。事件造成10死8伤。两艘美国航母(“黄蜂”号和“菲律宾海”号)抵达出事现场,3天后的7月26日上午10时,美国海军航空兵与中国人民解放军空军再次在海南岛东部海域发生空战,解放军空军第29师的两架拉-11战斗机被击落,长机飞行员周振东与僚机飞行员阵亡。
1955.2.6—13	第一次台海危机:美国第七舰队(包括五艘航母)帮助国民党军队从大陈岛撤离。
1958.8.23—10.5	第二次台海危机:1958年8月23日,中国人民解放军对驻守金门的国民党军队发动了榴弹炮突击,在四十四天内,向金门射击炮弹几近五十万发。9月22日,美国所支援的八英寸大口径巨炮由国民党军队运抵金门。美国还紧急运送响尾蛇导弹给台湾当局。美国的第七舰队协助了国民党军队守护300英里的金门。参加护卫的航母是“艾塞克斯”号(USS Essex)。
1980.5.25—6.6	1980年1月5日至13日,应中国国务院副总理兼国防部长徐向前邀请,美国国防部长布朗(Harold Brown)访华。这是自1949年以来,美国首次派国防部长访华,也是中美两军领导人进行的首次正式交往。1980年5月25日至6月6日,国务院副总理兼军委秘书长耿飚率团回访美国,访美期间,耿飚一行登上了“小鹰”号(Kitty Hawk)航母。这是中国大陆军人首次踏上美国航空母舰。航母的规模和现代化作战能力,给耿飚等人留下了极深的印象。

1986.11.5	美国海军太平洋舰队总司令莱昂斯上将(James A. Lyons Jr.)率领3艘美国军舰,在中国海军"大连"号驱逐舰的引导下驶抵青岛,开始了为期一周的友好访问,这是美国海军高级将领第一次访华。
1995.12.19	第三次台海危机:美国"尼米兹"号(Nimitz Aircraft Carrier)航母战斗群通过台湾海峡,企图对中国大陆起到威慑作用。
1998.8.2—6	由美国海军第7舰队旗舰"蓝岭"号(USS Blue Ridge)两栖指挥舰、"麦凯恩"号(John S. McCain)导弹驱逐舰和990名官兵组成的舰艇编队,在第7舰队司令罗伯特·纳特尔(Robert J. Natter)中将的带领下,对青岛进行了为期四天的友好访问。这是继中美两国元首实现互访仅一个月以后,美国军舰首次访华。
2005.3.28	美国海军第七舰队"蓝岭"号指挥舰对南海舰队所在的湛江进行为期3天的访问。
2005.9	美国太平洋总部司令威廉·法伦(William J Fallon)上将访华,他新上任不久便主动提出访问中国,堪称史无前例。
2006.9—11	中美海军首次进行了联合演习。由中国海军"湛江"号导弹驱逐舰和"洞庭湖"号综合补给舰组成的舰艇编队,在南海某海域成功地与来访的美国海军舰艇编队进行了第二阶段海上联合搜救演习。
2006.11.16	美国海军太平洋舰队司令罗海德(Gary R. Roughead)访华。
2008.4.1	美国海军陆战队司令詹姆斯·康威(James T. Conway)访华,这是1987年以来美国海军陆战队司令首次访华。
2009.4.17	升任美国海军作战部长的罗海德上将访问中国。

2011.12.13 美国海军太平洋舰队“威尔伯”号(USS Wilber)驱逐舰抵达青岛某军港进行了友好访问。这是美国海军主力战舰“伯克”级宙斯盾驱逐舰第一次访问中国。中国海军北海舰队“青岛”号驱逐舰对来访的美国太平洋舰队“威尔伯”号驱逐舰进行了海上迎接(护卫美舰进港)。“威尔伯”号驱逐舰服役 11 年以来第一次访问中国,随舰来访的美军官兵一共 300 多人。

2012.8.10 美国国会发布《中国海军现代化:对美国海军战力的蕴义》的研究报告,报告详细论述了中国海军发展现状、建设成果和存在问题,评价了中国海军的蓝水建设规划,列举了中国海军反舰弹道导弹、反舰巡航导弹、潜艇、航母、水面舰艇、两栖舰艇、陆基航空和无人机系统、核武器、电磁脉冲武器、海监定位系统等先进装备,阐述了美国国防部、美国海军对于中国海军现代化的反应。

2012.9.21 美国国防部长帕内塔(Leon Panetta)在青岛访问了中国人民解放军北海舰队,并登上一艘护卫舰和一艘潜艇参观。

Issues in Sino-U.S. Trade: A Chinese Perspective

WANG XI and CHEN YAWEN *

Since the historical dialogue between the People's Republic of China (PRC) and the United States in 1972, Sino-U.S. trade, growing out of nothing, has rapidly developed. In 1987 the total volume of Sino-U.S. trade reached U.S. $7.8 billion.① The United States has become one of China's major trading partners. With Sino-U.S. trade growing steadily, one is optimistic about its future development. However, from the start, certain unfavorable elements in Sino-U.S. trade relations have proved to be obstacles to the continuous expansion of trade between the two countries.

This chapter consists of three parts. The first briefly reviews two-way trade before and after the thawing of Sino-U.S. relations. The second part analyzes the existing issues, focusing on the Chinese perspective. The third part discusses means of solving the major problems and examines the outlook for Sino-U.S. trade relations.

---

* We are indebted to Ms. Liu Xialian, a doctoral candidate at Fudan University, who collected materials for this paper.

① *International Business*, January 23, 1987, p.1.

The Development of Sino-U.S. Trade and Its Current Situation

After the PRC was established, trade between China and the United States continued for several years. The U.S. imports from mainland China were U.S. $106 million in 1949 and $146 million in 1950, surpassing U.S. imports from West Germany, France, or Japan in those years.① The outbreak of the Korean War in 1950 led to a sharp decline in two-way trade. By 1954 Sino-U.S. trade relations had been suspended completely.

In 1972 leaders of both countries held the historic dialogue, bilateral relations were resumed, and in 1979 Sino-U.S. diplomatic relations were reestablished, opening a new era in their trade relations.

Sino-U.S. trade rose from U.S. $2.452 billion in 1979 to $7.8 billion in 1987, an average annual increase of 15.5 percent.② In 1987 China's total exports stood at U.S. $39.921 billion, $3 billion of which (7.5 percent of the total) went to the United States. (If the exports transshipped in Hong Kong are included, the United States was the second largest market for Chinese exports in 1987.) In the same year China's total imports amounted to U.S. $43.856 billion, $4.8 billion of which came from the United States.③ Based on the total

---

① U.S. Bureau of the Census, The Statistical History of the United States: *Colonial Times to 1970* (New York, 1976), p.905.

② See Wang Daxin, "Sino-U.S. Trade Relations in Retrospect," *International Business Monthly*, December 12, 1987, p.31.

③ *International Business*, January 23, 1987, p.1. On June 23, 1988, U.S. Ambassador to China Winston Lord said at the Sino-U.S. Joint Session on Industry, Trade, and Economic Development that China's exports to the United States in 1987 amounted to 16 percent of the total volume of China's exports. (Lord's figure is not the same as the 7.5 percent provided in this essay.) His figure about China's exports to the United States (U.S. $6.29 billion) is from U.S. Customs, while the figure of Chinese Customs is U.S. $3 billion. Obviously, the statistics of U.S. Customs include China's exports to the United States transshipped in Hong Kong. In 1987 the transshipment to the United States through Hong Kong was U.S. $3.553 billion. After deducting the costs of transport and insurance (usually about 8 percent), this figure is exactly equal to the margin between the Chinese and U.S. statistics (U.S. $3.293 billion). Therefore, the cause for the discrepancy between 16 percent and 7.5 percent is the figure of China's exports to the United States transshipped in Hong Kong.

volume of imports and exports, the United States is China's third largest trade partner, behind Hong Kong and Japan. Sino-U.S. trade represents slightly more than 1 percent of total U.S. foreign trade, making China the sixteenth-largest trading partner of the United States.①

In 1979—1987, the commodity structure of Sino-U.S. trade changed. In the early 1980s, U.S. grain exports accounted for more than one-third of its total exports to China.② During the Sixth Five-Year Plan (FYP) period (1981—85), Chinese purchases of U.S. grain were gradually cut back, ③ and imports of manufactured goods (mainly machinery and technology) increased.④ This shift in the commodity structure of this trade is still going on and has been reflected in the current Seventh FYP (1986—90). At the same time the structure of China's exports to the United States also changed. Traditional products have been replaced by those such as oil and textiles, the latter ranking first among China's exports to the United States. Other manufactured goods such as toys, sports equipment, machinery, and electrical power equipment have also started to be exported to the United States. But compared to U.S. exports to China, the structure of China's exports, most of which are still labor-intensive products, has not changed much. China's exports are not diversified. As a result, rapidly rising Chinese textile exports to the United States have become one of the sensitive issues affecting Sino-U.S. trade relations.

With the development of bilateral trade, two-way investment also

---

① Wang Daxin, "Sino-U.S. Trade Relations," p.31.

② Nai-Ruenn Chen, "U.S.-China Trade Patterns," *China Business Review*, September-October 1986, p.16.

③ In 1983—85, U.S. grain exports to China dropped from 20 percent to 2.5 percent of total U.S. exports to China; see ibid.

④ For example, the U.S. exports of machinery and transport equipment to China rose from 27 percent of total U.S. exports to China in 1983 to 50.8 percent in 1985. See ibid., p.18.

started. Up to September 1987, direct U.S. investment in China had totaled U.S. $3.1 billion, accounting for 14 percent of all foreign investment in China and ranking the United States as the second biggest investor in the country after Hong Kong-Macao.① U.S. investors have been involved in such areas as tourism, the textile industry, light industry, coal mining, offshore oil prospecting, and the aircraft industry. In the same period China invested only U.S. $80 million in the United States, primarily in restaurants, electronic manufacturing, machinery, timber, fishing, and food processing.② Neither the U.S. investment in China nor the Chinese investment in the United States can be considered large.

The transfer of U.S. technology to China has grown rapidly since the end of 1983 when the United States liberalized its export-control policy toward China concerning the export of dual-use technology and products. Before 1983 the transfer of U.S. technology to China was strictly controlled. After the establishment of the PRC in 1949, the U.S. Export Control Act placed China in country group Y. During the Korean War, China was moved to Group Z, the total embargo category, and remained there for about twenty years. After the embargo was lifted in 1971, China was moved back to Group Y, which allowed only the technology of nonstrategic applications to be transferred to China. With the normalization of Sino-U.S. relations, the United States created a separate group, Group P, for China in April 1980. Although the move from Group Y to Group P gave China some advantages, restrictions on technology transfer to China had not been

---

① Zhang Haoruo (vice minister of Foreign Economic Relations and Trade), "U.S. Investment in China—Past and Future," *International Business Monthly*, December 1987, p.4.

② From the speech by an official of the Department of Foreign Economic Cooperation of the Ministry of Foreign Economic Relations and Trade. It was made at the Second National Conference on Overseas Firms' Performance and Study on July 9, 1987. (The text of the speech has not yet been published.)

substantively relaxed. The restrictions for P status were on the same level as Y status; that is, technology transfer to China was subject to validated license. The negative effect on Sino-U.S. trade caused by the U.S. control policy was most obvious in 1982—83: for the first time since the 1979 Trade Agreement was signed, the total volume of Sino-U.S. trade declined in 1982.① Restrictions on technology transfer became a major obstacle to the development of bilateral trade.② The United States then moved China to Group V, which includes most countries with market economies, thus liberalizing export controls over dual-use technology. In 1984 the total volume of trade started to rise again, from $4.492 billion in 1983 to $6.47 billion, and reached more than $7 billion in the subsequent years of 1985—87.③ Increases in high-tech products were especially large. For example, U.S.exports of automatic data-processing machines to China increased from $36 million in 1983 to $72 million in 1984.④

China and the United States have also achieved some substantive progress on nuclear sales and arms transfers. The China-U.S. Nuclear Cooperation Agreement removed the legal barrier that prevented the United States from supplying technology and equipment for China's nuclear power program, thus opening a major market for U.S. suppliers to the nuclear power industry.⑤

---

①③ Wang Daxin, "Sino-U.S. Trade Relations," p.32.

② There are different views about the cause of the drastic decline in Sino-U.S. trade in 1982—83. The U.S. government attributes the decline to the reduction of China's grain imports from the United States and China's economic adjustment to cut down the imports. See Nai-Ruenn Chen and Jeffrey Lee, *China's Economy and Foreign Trade, 1981—85* (Washington, D.C.: U.S. Department of Commerce, International Trade Administration, September 1984), p.34.

④ Nai-Ruenn Chen, *Recent Trends in U.S. -China Trade* (Washington, D.C.: U.S. Department of Commerce, International Trade Administration, October 1985), p.5.

⑤ Daniel L. Spiegel and Holly H. Galbraith, "Trade and Investment in China: Congress and the Process of Institution-Building," p.15. This paper was presented at the Conference on International Economy and Trade in Shanghai in 1987.

China and the United States have also had limited trade in arms. Since the United States liberalized its export control on dual-use technology to China, the sale of military-related technology to China has increased from $930 million in 1983 to $2 billion in 1985.①

Sino-U.S. trade, investment, and technology transfer have been developing rapidly in recent years, but it is no secret that neither side is satisfied with the current level of trade and investment.

Analysis of the Current Issues and Obstacles in Sino-U.S. Trade

Two Trade "Deficits" and the Opposite Views Concerned

Both China and the United States claim a big deficit in two-way trade. The different perceptions have given rise to different views about the measures each side should take to balance the trade.

The different perceptions of trade flow arise from differences in trade statistics. These are basically caused by differences in the definitions and accounting of CIF and FOB shipping and in determining the value of goods from China destined for the United States but transshipped in Japan or Hong Kong.② Both countries claim to suffer a deficit of approximately $2—3 billion. The United States argues that rapidly rising Chinese textile exports to the United States and the dumping of Chinese goods in the U.S. market are the major causes of the U.S. deficit. Therefore, it urges that China restrict its textile exports to the United States and open its market to U.S. goods. China argues that it needs to increase exports to the United States in order to make up for China's continuous trade deficit. The United

① Ibid., p.19.

② Karen Green, "U.S.-China Trade Update," *China Business Review*, March-April 1987, p.1.

States gives discriminatory treatment to China; it still excludes China from the U. S. Generalized System of Preferences (GSP), gives the most-favored-nation (MFN) treatment only conditionally, and institutes anti-dumping investigations of imports from China. This has restricted the expansion of China's exports to the United States, making it difficult for China to eliminate its deficit. Therefore, China in turn requires the United States to abolish its trade protectionism and further open its market to Chinese goods. The different views of both sides concerning the nature of the trade deficit are centered on the issues in the textile trade.

Disputes over Sino-U.S. Textile Trade

Textiles account for the largest percentage of China's total exports to the United States. Of China's total textile exports in 1987, U.S. $ 6.8 billion, almost half went to the United States.① Obviously, textile exports are crucial to China's economy. But the United States, insisting that China's textile exports are injuring the U.S. textile industry and disrupting the U.S. market, has imposed restrictions. Because Professor Zhang Jialin has discussed this matter in detail in his paper on protectionism in textiles earlier in this volume, only summary points will be offered here. One doubts the reasonableness of the U.S. policy on the textile trade issue for four reasons:

1. Of the total U.S. trade deficit of $ 159 billion in January-November 1987, ② only $ 3.33 billion (2 percent) was with China.③ This small figure could not seriously affect the total U.S. trade deficit. It is grossly unfair to shift the pressure for balancing U. S. trade toward China.

---

① See the customs statistics in *International Business*, January 23 and February 4, 1988.

② Press and Cultural Section, U. S. Consulate General, *Economic Policy Background*, EB-1359, February 3, 1988, p.1.

③ Ibid., p.2.

2. Chinese textiles occupy less than 10 percent of total U.S. textile imports in terms of square yardage, or 7 percent in dollar value.① Any reduction in China's textile exports to the United States could not substantively improve the U.S. trade deficit.

3. Textiles are the major source of China's foreign exchange. Japan and the EEC have understood China's difficulties and have relaxed their restrictions on textile imports from China. The United States, however, in 1982—87, increased the quota categories from China from 14 to 87 so that now 85 percent of China's textile exports are under quotas.② Consequently, Sino-U. S. trade has been unfavorably affected because China has been forced to cut down imports from the United States because of its shortage of foreign exchange.③

4. China is diversifying its export product mix.④ The United States should recognize this and grant China time to adjust its trade structure. Meanwhile, China is adjusting its industrial structure, which will help rationalize the structure of China's imports and exports.

In late 1987 China and the United States signed a new textile agreement that will expire in 1991. It covers all the major items China exports to the United

---

① Jerome Turtolu, "Textile Trade Tensions," *China Business Review*, September-October 1986, p.28.

② Wu Shudong, "China's Textile Exports to the U.S. and U.S. Trade Protectionism," *China's Foreign Trade*, September 1987, p.10; see also "U.S. and China Agree to New Limits on Textile Imports," in Press and Cultural Section, U.S. Consulate General, *Economic Policy Background*, EB-1324, December 21, 1987, p.1.

③ For example, in 1983 the United States imposed unilateral quotas on Chinese textiles. In response, China cut back grain purchases from the United States.

④ Zhou Keren (press officer of the Ministry of Foreign Economic Relations and Trade), "China Made Good Performance in Foreign Economic Relations and Trade in 1987," *International Business*, January 23, 1988, p.1.

States, including synthetic fibers and apparel not covered under the previous two agreements. Under this agreement, the annual growth rate of China's textile and apparel exports to the United States will decline from about 19 percent to 3 percent.① The agreement has temporarily relaxed tensions in Sino-U.S. textile trade matters, but the pressure for protectionism in the United States will probably grow as long as the overall U.S. trade deficit is not reduced. This trend is reflected in the protectionist legislation recently passed in the U.S. Congress.

U.S. Trade Laws and Policies Affecting Sino-U.S. Trade

Current U.S. trade laws and policies, and trade policy discussions in the Congress, exhibit some major features that can be detrimental to the development of Sino-U.S. trade.

Under Section 402 of the U.S. Trade Act of 1974, the U.S. Congress unilaterally reviews emigration policies and practices of planned-economy countries, including China, before deciding to continue their MFN status. Although the section was originally directed against the Soviet Union, its vague terms have affected Sino-U.S. trade. The annual review of China's MFN status has created unstable business conditions and unnecessary obstacles. From the legal point of view, the bilateral MFN treatment for both China and the United States is an international commitment. U.S. review neither accords with the equity principle of international law nor improves Sino-U.S. trade.

The House of Representatives recently proposed an antidumping amendment to the U.S. Trade Act of 1974② that would allow U.S. enter-

---

① U.S. Consulate General, EB-1324, p.1.

② Han Xu (Chinese Ambassador to the United States), "U.S. Laws Threaten the Future of China-U.S. Trade," *China Business Review*, November-December 1986, p.6.

prises to petition—before the material injury is determined—for relief and remedial action against a nonmarket economy country (including China), regardless of whether its exports to the United States are fair or not.[①] The amendment dogmatically stipulates that any increase in China's exports to the United States be subject to Section 406, disregarding the fact that China is a latecomer to the U.S. market. The amendment is inappropriate in three respects. First, China is being steadily transformed into a market-oriented system. It is presumptuous to attach a rigid label to a changing economic system. Second, from 1980—86, although Chinese exports to the United States accounted for less than 1 percent of all U.S. imports, China was confronted with fifteen antidumping investigations, 5 percent of all the cases filed.[②] The disproportionately high number of cases against China is largely because of the unfairness of the U.S. antidumping law as applied to China. Apart from the loss of market share resulting from these cases, China has incurred legal fees that, in some instances, exceeded the total value of the sales of the merchandise involved.[③] Thus China's benefit from export trade has suffered greatly. Third, the amendment and the application of the U.S. antidumping law to China is contrary to the basic principles of law: consistency, stability, predictability, and fairness. The U.S. determination of dumping margins is not based on the real cost of the Chinese product, but on the cost data from a selected surrogate.[④] It is impossible for China to predict what the arbitrary "fair value" will be. Meanwhile, to avoid antidumping petitions, China is forced to inflate prices arti-

---

① Han Xu (Chinese Ambassador to the United States), "U.S. Laws Threaten the Future of China-U.S. Trade," *China Business Review*, November-December 1986, p.6.

②③ Michael Pillsbury, "Topics for China Trade Caucus Symposium," in *Memorandum for Senators of the China Trade Caucus* (U.S. Senate, Washington, D.C., November 19—20, 1987), p.6.

④ Han Xu, "U.S. Laws Threaten."

ficially. This, in turn, unfairly restricts China's access to the U.S. market. Moreover, in certain antidumping cases against Chinese products, the Department of Commerce unfairly chose surrogates whose stages of economic development are by no means comparable to that of China, thus leading to the determination of artificially inflated dumping margins.①

Other protectionist legislation being debated in the United States would also have a negative effect on Sino-U.S. trade. For example, a proposal by the Ninety-Ninth Congress as applied to nonmarket economies suggests that instead of relying on a fair value based on costs in a surrogate, the average import price be used as the fair value benchmark.② This proposal also ignores the fact that China is not a nonmarket economy. Professor Nicholas Lardy of the University of Washington pointed out at the U.S. Senate China Trade Caucus on U.S. trade and investment policy for China that today about half of all China's products are being sold at market or quasimarket prices rather than being distributed at prices fixed by the state. It is expected that within two to three years 70 percent or more of all products will be sold at market or quasimarket prices. Professor Lardy said, "This transformation has now proceeded so far that one can legitimately pose the question of whether or not China should continue to be designated as a nonmarket economy under U.S. trade laws." He suggested that "United States trade law and policy should be reexamined to assure that it is congruent with this new reality."③

①② Han Xu, "U.S. Laws Threaten."

③ Nicholas R. Lardy, statement in the "United States Senate China Trade Caucus Symposium on United States Trade and Investment Policy for China and Hong Kong: The Decade Ahead" (offprint pp.1, 2, 4), November 19, 1987.

U. S. discriminative protectionism is obvious in textile trade. The United States has determined about 1, 500 quota categories and signed forty-one bilateral agreements to implement the quotas. The U. S. textile producers, as U.S. Trade Representative Clayton K. Yeutter said, could be totally relieved from the threat of excessive imports and have gained considerable profits.① Despite all this, however, the U. S. Congress still desires a new textile bill. The bill, if passed, will be a direct violation of the Multilateral Fiber Arrangement, the General Agreement on Tariffs and Trade (GATT) (Article 19), and most U. S. bilateral agreements. The United States will pay a high price and lose the respect of more than ninety GATT signatories.②

China enjoys GSP privileges from all the other developed countries, but not from the United States. The United States excludes China because China has not acquired full membership in the GATT. This argument can hardly hold water. China was one of the original GATT signatories. Its membership will be "restored" when conditions are appropriate. Furthermore, GSP is a kind of nonreciprocal trade privilege granted by developed countries to developing countries, regardless of whether the latter are GATT signatories. Otherwise one cannot explain why China enjoys GSP privileges from other developed countries.

The Investment Climate in China and Related Issues

Many foreign investors have complained about the unfavorable investment environment and high costs in China. The unfavorable investment environment includes the imperfect "hard" environment (such as the inade-

①② U.S. Consulate General, EB-1361.

quate industrial infrastructure) and the unsound "soft" environment (such as overwhelming government bureaucracies and uncertainties about legal procedures). Investment costs are raised by several factors: low productivity leads to high labor costs; the unavailability of qualified raw materials in the domestic market raises costs because of imported inputs (especially after the renminbi was devalued); and bureaucratic red tape causes the loss of business opportunities. A further disincentive is the Chinese policy of requiring foreign investment enterprises to earn their own foreign-exchange requirements.

These problems are indeed real. They are caused by the conservative attitudes stemming from the longstanding "closed door" policy and from various degrees of the Left-deviationist thinking. The well-known bureaucracy is also one of the big evils. China is in transition from a rigidly planned economy to a planned market economy and its macrocontrol mechanism for the market economy has not been well established. Moreover, between the central government and local governments, the coastal port cities and the inland areas, the eastern region and the western region, indeed among all localities and economic sectors, one finds differences in degrees of openness, in the rate of economic development, and in the understanding and implementing of economic policies. As economic reform proceeds, local areas and various economic sectors, having gained more autonomy, have formed interest groups. These groups typically try to persuade the government to favor their own areas or sectors. This leads to weak macrocontrol, uncertainty, contradictions, and confusion, causing discontent among foreign investors.

The Chinese government has taken steps to resolve these problems. The new "Provisions for the Encouragement of Foreign Investment" provides more preferential terms for foreign investors, including the reduction of or exemption from the Enterprise Income Tax and the Consolidated Industrial and Commercial Tax.① The Chinese government has addressed the foreign investors' foreign-exchange problem with such policies as "production for import" and the establishment of the foreign-exchange market, in addition to encouraging foreign investment enterprises to export and to reinvest their profits. "Production for import" encourages foreigners to invest in industrial sectors that produce goods formerly imported. China's foreign trade companies will then use import quotas to purchase the products manufactured by these sectors (the payment is by foreign exchange), instead of importing from foreign markets. Finally, the government now permits a kind of internal market for foreign exchange. Foreign enterprises and selected Chinese enterprises in need of foreign exchange can purchase it from those who have more than they need, at a floating exchange rate. In Shanghai, the foreign exchange market started to operate on September 27, 1988, and it soon became very brisk. Exchange rates quoted in this market are usually higher than that quoted by the government. For example, the exchange rate of U.S. dollars floats about 100 percent higher than the official rate.②

Foreign investors still complain that the foreign-exchange market is too small and too strictly controlled and that other measures designed to

---

① On October 11, 1986, China's State Council promulgated "The Provisions for the Encouragement of Foreign Investment." The municipal and provincial governments have formulated their own implementing regulations, which contain additional preferential terms. In June 1988 the Chinese Ministry of Finance promulgated "Provisions for the Reduction and Exemption of Enterprise Income Tax and Consolidated Industrial and Commercial Tax for the Encouragement of Foreign Investment in the Coastal Economic Development Zones," *People's Daily*, June 29, 1988.

② Bank of China, *Express News of International Finance* (Shanghai), no.243 (October 11, 1988).

ease the foreign-exchange problem are not quite to the point. These views might be right, but relaxing foreign-exchange controls in China will take time because the modernization program needs large amounts of imports. Strict controls are necessary because of the extreme shortage of foreign exchange. It should be pointed out, however, that the foreign-exchange controls are only temporary. When China's economy improves, its foreign-exchange reserves increase; and when the market mechanism is fully developed, the shortage of foreign exchange will be relieved, and controls over foreign exchange will be relaxed. The experiences of many newly industrialized countries prove this point.

According to an American consulting company's survey of American executives who have started joint ventures with Chinese enterprises, 22 percent of the American executives said the recoupment of investment had greatly exceeded their expectations; 28 percent said that it had exceeded their expectations; 44 percent said that it had fulfilled the target; and 6 percent said that it had failed to reach the target.① Although the survey might not be conclusive, one can reasonably predict that, under the general guideline of "entering the international economic arena boldly," the investment environment will be increasingly improved.

Issues of Trade Credits

Sino-U.S. trade volume is much lower than it should be. This trade could be increased if the United States were to provide China with adequate export credit. The United States obviously has not done enough in this respect, compared with Japan who, through its Overseas Economic Coopera-

① The survey was conducted by A. T. Kearney Consulting Company. For the results of the survey, *see International Business Monthly*, December 1987, p.5; *Jie Fang Ribao* (Liberation Daily), July 28, 1988.

tion Fund, has committed U.S. $3.5 billion to aid various construction projects in China.① A large portion of the loan proceeds has been used to purchase Japanese products and equipment. The Japanese Export-Import Bank has also provided China with several billion dollars in trade financing.② The EEC countries have extended significant amounts of official development assistance and export credits that have led to rapid growth of Sino-EEC trade.③ By comparison, the U.S. Export-Import Bank up to now has supplied only a small amount of funding, and the United States has never provided any official development assistance. This is one of the reasons that Sino-U.S. trade has not developed as fast as Sino-Japan trade or Sino-EEC trade.

Political Factors in Sino-U.S. Trade Relations

Political factors involved in Sino-U. S. trade relations are often sensitive, especially in the case of such issues as U. S.-Taiwan relations, human rights, and birth control policy. The Taiwan issue is affecting almost ail the important trade issues between China and the United States, such as China's participation in the Asian Development Bank, U.S. technology transfer to China, and Sino-U.S. arms sales. Some people will always raise the Taiwan issue whenever the U.S. Congress reviews trade or business issues concerning China. Other issues such as human rights, birth control policy, and the Tibet issue are China's internal affairs, but U.S. interference has resulted in diplomatic friction, which in turn has affected the development of bilateral trade. The Five Principles for international relations provide the best basis for shaping Sino-U.S. political relations. Improved Sino-U. S.

①②③ Edward W. Furia, "U.S. Trade Law and Economic Policy Toward a Changing China: The Historical Legacy and the Current Environment." It was presented to the U. S. Senate China Trade Caucus, Committee for Fair Trade with China, November 15, 1987, p.3.

relations would have significant impact well beyond the economic arena. The deterioration of relations would benefit neither country.

Development of Sino-U.S. Trade Relations and the Future

Despite the current problems in Sino-U.S. trade relations, solutions can be found. Important conditions favor the further development of Sino-U.S. trade.

1. The rate of economic growth in the Pacific-Asian region is the highest in the world. The focus of the economic policies of China and the United States overlap, in that the center of gravity of U.S. trade has gradually shifted from the Atlantic coast to the Pacific coast. Since 1985 the total trade volume between the United States and the Pacific-Asian region has surpassed that between the United States and Europe. Most of the U.S. trade deficit is from trade with the Pacific-Asian countries. Given the expectation that the economic development of that region will be the fastest in the world through the rest of this century, the United States now has a heightened interest there and less so in Western Europe and Latin America. In 1987 U.S. trade with the Pacific-Asian region reached U.S. $240.8 billion, or 36 percent of U.S. foreign trade.①

Similarly, China's most important trading partners are also in the Pacific-Asian region. China's exports to the region account for 55 percent of its total exports, and the imports from that region account for 70 percent of its total imports.②

---

① When interviewed by Chinese correspondents in 1984, President Reagan said that the United States is typically one of the Pacific Basin countries, and China is no doubt the biggest and most important country in the Basin. See *World Economic Herald*, November 17, 1986, p.1; U.S. Consulate General, EB-1359.

② Assistant Minister of Foreign Economic Relations and Trade Shen Jueren's speech at the opening ceremony of the Research and Training Center for the International Trade in China and the Pacific-Asian Region; see *International Business*, December 19, 1987, p.1.

2. The markets of China and the United States are the most attractive in the world. In 1987 the total volume of U.S. trade reached U.S. $550 billion, 21 percent of its gross national product (GNP).① The purchasing power per capita in the United States is among the highest in the world. China has the largest population in the world, although its per capita purchasing power is low.② The market in China is growing rapidly because of the modernization program. Farsighted trade policies of both countries will be a blessing to their people.

3. Most commodities in Sino-U.S. trade are reciprocal to the needs of both sides. Therefore, the expansion of Sino-U.S. trade has its comparative benefits. For example, China still needs to import agricultural products because the labor productivity is low in China and agriculture is not evenly developed. As for natural resource products such as fertilizer, paper pulp, and timber, China needs to import a certain amount to balance demand and supply as the former greatly exceeds the latter. The United States can be a supplier of these goods. Moreover, China's modernization program needs technology and equipment from the United States. Similarly, with the development of its economy and trade, China will be able to supply more and more goods and labor services that the United States needs.

The favorable development of Sino-U.S. trade relations depends on some other factors as well. We address these now.

---

① Clayton K. Yeutter, "Far-Sighted U.S. Trade Policy," in Press and Cultural Section, U.S. Consulate General, *Economic Policy Background*, EB-1333, January 5, 1988, p.1.

② According to a research report presented by the State Council's Institute of Economic Restructuring, China's per capita annual consumption in 1986 was 450 yuan RMB, or U.S. $120 (the exchange rate was U.S. $1 = RMB3.71). See "A Comparison of Consumption Levels Between the Chinese and the Peoples of Other Countries," *World Economic Herald*, September 17, 1987, p.14.

Economic Growth of Both China and the United States

The United States is the vanguard of the world economy and a slowdown there could cause international trade to shrink. According to the U.S. Department of Commerce, the U.S. economy has grown for fifty-seven consecutive months, creating more than 13 million jobs. The unemployment rate in the United States is 5.9 percent, the lowest in eight years.① Economic growth, a major reason for the dramatic increase of U.S. imports, can contribute to the stabilization and growth of Sino-U.S. trade.

China's rapid economic development since economic reform was introduced has affected its foreign trade as well. In the Sixth Five-Year Plan (1981—85), China's annual GNP growth was 10 percent. In the Seventh Five-Year Plan, the growth will be 7.5 percent, ② lower because of the larger base and the need to prevent the economy from overheating. Foreign trade can be expected to grow at a corresponding rate. In this foreign trade the United States is an important buyer as well as a supplier of high-technology products, capital goods, and industrial raw materials for the enormous Chinese market.

The Speed of Deepening China's Economic Restructuring

At the Third Plenary Session of the Eleventh Central Committee, China launched a strategic plan for economic development, involving three steps. The first was to double the GNP of 1980 and solve the problem of food and clothing for the Chinese people. This task has been largely fulfilled. The second step is to double the GNP again by the end of this century, thus enabling our peo-

---

① Clayton K. Yeutter, "Congress Can't Legislate Trade Deficit Cut," in Press and Cultural Section, U.S. Consulate General, *Economic Policy Background*, EB-1231, September 18, 1987, p.3.

② "The 7th FYP for National Economic and Social Development," *Jie Fang Ribao*, April 15, 1986, p.1.

ple to lead a fairly comfortable life. The third step is to reach the per capita GNP level of moderately developed countries by the middle of the next century. This will mean that modernization has been basically accomplished and that the Chinese people have begun to enjoy a relatively affluent life. The most important task at present is to complete successfully the second step. Executing the plan for economic development basically depends on accelerating and deepening the process of restructuring the economy and opening more to the outside world. China is instituting reforms in planning, investment, allocation of materials, monetary affairs, finance, and foreign trade.

The primary method of reforming the management of foreign trade is to introduce the contracting responsibility system into all the foreign trade corporations. The contract involves a quota for foreign exchange to be earned, as well as a profit-and-loss quota. In the past the management of the foreign trade corporations was rigid and had no vitality. These enterprises had no incentive to compete internationally. The new reforms are changing that, but some problems have emerged because other supporting reforms have not been instituted fully. These problems are as follows:

1. Competition among the coastal port cities has driven up the prices of raw materials needed for manufacturing export goods, because of the dual pricing system.

2. The existing taxation system has lowered the profits of export-oriented enterprises and made foreign trade companies suffer heavy losses.

3. In the special economic zones where preferential policies apply, some enterprises have been engaged in illegal dealings, and smuggling is common.

4. Flexible market mechanisms have not been worked out and macrocontrols remain weak.

Because China's export capacity largely determines the volume of her foreign trade, the reform of foreign trade management must be accelerated and adapted to the environment of the world economy. Further reform will give foreign trade enterprises full authority over management and full responsibility for profit and loss. This will ensure better coordination between industry and foreign trade and eventually lead to a system whereby foreign trade corporations can act as agents for other enterprises in the export of their commodities.

We believe that, with the formation of a flexible market mechanism and success in reforming the management of foreign trade, China will become one of the most attractive markets for U.S. investors and businesses.

China's economic reform has increasingly deepened. Recently, some important legislation has attracted wide attention. The Chinese government has permitted privately owned economic entities to exist and develop within the limits prescribed by law. And now land ownership can be separated from the right of land use, permitting paid transfer of the right to use state land.① This involved the amendment of the Constitution. The National People's Congress has passed the amendment, and the State Council has promulgated the regulations implementing the law. This law will instill more vitality into China's economy. Its far-reaching significance cannot be overestimated.

---

① See the *People's Daily*, June 29, 1988; by the end of 1987 the number of private enterprises employing more than eight employees had reached 225,000, with the total number of 3.6 million employees; *Jie Fang Ribao*, July 23, 1988.

The Opening of the Markets of Both Countries

The leaders of the two countries are well aware that Sino-U.S. trade depends on a more open economic environment. U.S. Secretary of State George Shultz said, "For China, for the United States, and for other nations as well, this new Information Age will require, above all else, that we continue to open our doors to one another. When such doors are open—when people, goods, and ideas can flow freely between us—both Chinese and Americans can learn from each other. Through such openness, societies are better able to stimulate and take advantage of the inherent dynamism and creativity of their peoples."① General Secretary Zhao Ziyang's report to the Thirteenth Party Congress also emphasizes that adhering to the reform and the open policy is China's basic policy and that the socialist market system must be a competitive and open system. In the Seventh Five-Year Plan, the objective of the open policy, while concentrating on improving export capacity in order to earn more foreign exchange, is to further expand foreign trade, make use of more foreign funds, increase technology imports, and promote other economic and technological cooperations. The targets are as follows:

1. By 1990 the total trade volume is planned to reach U.S. $83 billion. This is an average annual increase of 7 percent, the annual export increase being 8.1 percent and the import increase being 6.1 percent. The proportion of exports represented by manufactured goods will gradually increase. Among imports, priority will be given to software, high technology items, and key equipment.②

---

① George Shultz, "China and the United States: Facing the Economic Challenges of the Future," speech at the Dalian Management Training Center in Dalian, China, March 3, 1987, p.5.

② "7th FYP," p.3.

2. Foreign funds will be used primarily for energy, transportation, communications, and raw materials, especially for the expansion and modernization of the power industry, the oil industry and ports, and the technical reconstruction of the engineering and electronic industries. Foreign funds will also be used to improve the country's export capacity and the production of import substitutes, thus generating more foreign funds.

3. Selective and systematic imports of technology and knowledge will continue to increase. The imports of technology will concentrate on the technical reconstruction of existing enterprises. Priority will be given to the imports of the technology and equipment that can contribute to improving export capacity or developing import substitutes.

The Stabilization of Sino-U.S. Political Relations

Trade sanctions can be used to achieve political ends, and political factors are often involved in Sino-U. S. economic relations. Despite the different political systems and differences over values, human rights, the Tibet issue, and the Taiwan issue, the two countries can build up an international political environment in favor of the smooth development of Sino-U.S. trade if both sides can respect and understand each other's positions and peacefully eliminate the differences through friendly consultation. The development of Sino-U.S. economic relations will in turn become one of the important factors for closer political relations between the two countries.

The Balance of Foreign Exchange in China and the U.S. Trade Deficit

China's imports and exports are limited by its shortage of foreign exchange. The imports have to be controlled because of the foreign-exchange problem. As for the exports, in order to earn foreign exchange, China can only develop low-value industries and cannot help but neglect high-value industries. Thus China's exports are not diversified, but instead are concentrated in a few commodities. China should, on the basis of the demands of the world market and its own strong points, "make vigorous efforts to develop export-oriented industries and products that are competitive and can bring quick and high economic returns. We should also work hard to improve the quality of export commodities, rationalize their mix, and open up new markets in different parts of the world with a view to achieving a relatively rapid and sustained growth of export trade. In addition, we should do more to expand tourism, to increase export of labor services and technology and to increase the amount of foreign exchange earned from sources other than trade." China wants greatly to expand its trade with the United States and other countries. But the current protectionist tendency in the United States has put China in an unfavorable position. China sincerely hopes that those Americans with a vision can adopt a correct attitude toward the issue of Sino-U.S. trade balance and play a positive, rather than a negative, role in expanding the trade between the two countries.

As the U.S. trade deficit remains high, protectionism in the United States is beginning to gain ground. The underlying causes of the high deficit are the budget deficit of the U.S. government and the declining competitiveness of U.S. industries. The high U.S. budget deficit made the U.S. economy unstable, led to the increase of federal debts and high interest rates, and attracted foreign funds into the United States. It also drove up the value of the U.S. dollar, thus making U.S. commodities less competitive, which in turn led to a high trade deficit. While the trade deficit has caused the rising pressure of domestic protectionism, it has also made the U.S. dollar unstable. As a result, the dollar has been devalued and stock prices have gone down. If foreign funds flow out of the United States, the growth of the U.S. economy will slow down, and U.S. trade will decline. Then the whole world economy could be affected and experience some kind of recession. Thus the high U.S. trade deficit, if not reduced, might also affect the expansion of Sino-U.S. trade.

Although all these factors are constantly changing and precise predictions are difficult, we are optimistic about the future of Sino-U.S. trade.① However, in order to promote further development of trade, the two countries must take some steps.

More Information About Each Other's Markets. Sino-U.S. trade was completely suspended for a long period. The social and political systems of the two countries are different, as are the backgrounds of culture and general mentality. As a result, China and the United States have many different ways of doing foreign trade. For example, many Chinese exports to the United States are transshipped through Hong Kong; some American businessmen who have come to China do not know the right organization to do business with. Some Chinese commodities do not conform to U.S. technical standards, while some American commodities are too advanced for the conditions of China. If the enterprises of both countries want to sell their products in each other's markets, they should know the business customs and market conditions in the other country. As for China, the urgent task on hand is to train foreign trade personnel.

More Competitiveness of the Commodities of the Two Countries. Both China and the United States need to make their commodities more competitive. Many of the Chinese commodities are not as competitive in the U.S. market as those from South Korea and Taiwan. Some U.S. products (espe-

---

① The United States is optimistic about the future development of Sino-U.S. trade; see Nai-Ruenn Chen, "U.S.-China Trade Patterns," *China Business Review*, September-October 1986, p.16.

cially cars and household electrical appliances) cannot compete with Japanese products in the Chinese market. Both sides should improve the quality of their products and make the prices reasonable in order to fit the conditions of the other country. It should be realized that protectionist actions are unwise. This argument is supported by the fact that the U.S. textile industry, after being protected for more than twenty years, still must rely on government protection. However, the U.S. restrictions on textile imports from China force China to increase the variety of its textile products and to raise the processing level. Both countries should greatly improve the quality of their products so they are more competitive in the world market.

Bilateral or Multilateral Preferential Treatments. China has applied for restoration of its GATT membership. It has already joined the International Monetary Fund, the World Bank, the Asian Development Bank, and the Paris Convention. In all these organizations the United States plays an important role. China's participation will no doubt help build a closer link with the United States and the international economic community. China expects the United States to extend bilateral or multilateral aids to China for its modernization program.

Economic Cooperation in Various Forms. China and the United States have now gained experience in various forms of economic cooperation, including processing trade, compensation trade, reciprocal investment, and technology transfer. Both sides can make better use of these methods for expanding trade and increasing investment. For the past few years, the U.S. investment in China has increased considerably. In the Shanghai area the number of U.S. investments (including contractual ventures, equity joint ventures, and solely U.S.-funded enterprises) rose from fifteen in 1985 to forty-three in 1987, an increase of almost 200 percent. Among these, equity joint ventures increased from nine to thirty-three, an increase of more than 250 percent, and the number still keeps going up. As for the whole country, foreign investments approved in the first six months of 1988 reached U.S. $ 2021 million, 1.86 times the amount in the same period in 1987. What is especially noticeable is the dramatic increase of enterprises wholly owned by foreigners. The number of these enterprises and the foreign funds agreed increased six times and twenty-three times (to U.S. $ 262 million) respectively compared with the figures in the first six months of last year. At the same time the number of U.S. investors in China increased 2.3 times.①

More Governmental and Nongovernmental Trade Contacts. China and the United States have set up three ministerial-level joint commissions.② China's International Trade Promotion Commission and the U.S. Trade and Development Agency have also made great contributions to the promotion of Sino-U.S. trade. These organizations and institutions should be better used to promote contacts and mutual understanding between the enterprises of the two countries.

Recently, the U. S. Commission on Integrated Long-Term Strategy presented a report to President Ronald Reagan. It predicts that by the year 2010 China's GNP will have risen to second place in world economic output, just behind the United States and surpassing Japan.③ Although there are disputes over the methods used for the estimate in the report, this

① See the Shanghai Foreign Relations and Trade Commission, "The Table of Foreign Investment Enterprises in Shanghai." The statistics are closed at the end of 1987; *Jie Feng Ribao*, July 28, 1988.

② They are the Joint Commission on Science and Technology, the Joint Economic Committee, and the Joint Commission on Commerce and Trade.

③ Don Oberdorfer; "China Could Place Second, Soviets Fourth Economically," *Washington Post*, January 12, 1988, p. A17.

prediction represents one kind of observation of the trends in the world economy. If it proves to be true, Sino-U.S. economic relations will have had a greater breakthrough. Although obstacles in the development of Sino-U.S. trade remain, we are optimistic about the prospects.

COMMENTS

Zhang Jialin comments:

I have three comments on issues raised in the two papers by Wang Xi and Chen Yawen and by Nai-Ruenn Chen. First, Professor Chen stated that trade friction between the United States and China may grow further if China pursues an export-led growth model, because unlike the 1960s and 1970s, now the United States has large budget and trade deficits. I would not be so pessimistic. The coastal areas of China are now adopting an externally-oriented economic strategy, which means not only increased exports of finished products, but increased imports of raw materials as well. For exports, China mainly focuses on labor-intensive products, which the United States has not produced for a long time. In this trade, therefore, China competes primarily with other Asian exporting countries, not with the United States. So there is no reason for the United States to restrict these Chinese exports. Concerning the budget and trade deficits, I agree with Professor Wang's point, that the U.S. trade deficit with China in 1987 amounted to only two percent of the total U.S. trade deficit.

China in the Year 2000

Wang Xi

The year 2000 not only is a symbolic marker in human history, it also has substantive meaning for China. By that time, China will have achieved the strategic goal of doubling the 1980 GNP and will be an economic power in the international community, with especially close relationship with neighboring Asian countries. What prospects will the economic reform and opening to the outside world have for China? This question is a concern of the Chinese and for the rest of the world.

I. Economic Development Reaches a New Level

The beginning of the 1990s sees a favorable momentum in the Chinese economy. The country had planned that the GNP would rise at an annual average rate of 6%, but in the past few years much faster growth was evident. With a yearly rate of 8%—9%, the target of doubling the growth rate could be reached by the mid-1990s. By the year 2000, a number of provinces would reach the present level of the "Four Little Dragons". Fujian plans to catch up with Guangdong in eight years; Shanghai is determined to grow at an annual rate of 10%; Shandong plans to realize its goal of tripling production by the end of this century.

Looking at the national economy as a whole, agriculture remains the area which will receive the most attention. This is dictated by the large size of the Chinese population. By the year 2000 the population of China will reach 1.28—1.3 billion. Confronted with such serious realities, the prospects for Chinese agriculture is a main area of concern, especially since there is unlikely to be any significant breakthroughs in the production of grain.

There is also has an encouraging side. The development of animal husbandry and aquatic products has been comparatively rapid and smooth. In 1980, the average per capita supply of meat products was very low, only 1.06 kilograms; eggs were 1.7 kilograms, and aquatic products 2.4 kilograms. By 1991, the national average consumption was 19 kilograms of meat products, 7 kilograms of eggs, and 8 kilograms of seafood. The relevant departments predict that by the end of the century China will produce 37.5 million tons of meat products for an average personal intake of 29.7 kilograms; 25 million tons of dairy products for an average personal intake of 20 kilograms; 18.75 million tons of poultry and eggs for an average intake of 15 kilograms. Seafood and other aquatic products will be only 18 million tons for an average intake of 14 kilograms. Except for dairy products which in 1992 totalled only 5.01 million tons, the other items promise to reach predicted levels.

While the prospects for the development of agriculture are both positive and negative, the prospects for industrial development are more encouraging. Before the year 2000 the greatest advances in China's industrial development may occur in energy and transportation. The original plans for coal and crude oil will be completed on time, and there may be major breakthroughs in electric power, surpassing the original goal of 1.1 trillion kilowatt hours. Furthermore, at the end of this century the Qinshan and Daya Bay nuclear power plants will be in operation, adding to the supply of energy.

The bottleneck in transportation and communications has blocked China's economic development for a long time. In 1980, the Chinese rail network was 52,000 kilometers and public highways totalled 907,000 kilometers. By the end of 1992, the rail network reached only 53,890 kilometers. In order to relieve the constraints on transportation, the railway department plans to extend the rail network to 60,000 kilometers by 1995. This includes increase in the number of multiple tracks lines to 30%, and electric railways to 23%. The proportion of haulage done through electric and internal combustion power will top 80%. China is determined to complete the ten major projects which are scheduled to be finished around 1995.

Construction of public roads also will make greater progress. The transportation department has stated that by in the year 2000, construction of public highways will reach 1.25 million kilometers. Moreover, China's civil aviation and inland waterways transportation will have greatly developed.

As transportation conditions improve, the state of China's communications will also greatly improve. The postal service's original plan for the year 2000 is have a three-fold increase above the basic level of 1980. The national telephone popularization rate will top 3%. In the metropolitan areas and along the developed coastal cities it will top 25%; in the rural areas, basically every village will have access to a telephone. However, in 1978 the telephone popularization rate was only 0.4% and by 1991 had reached only 1.29%.

According to recent reports, the rate of development of postal communication enterprises has surpassed that of the "Four Little Dragons" during their take-off period, and the telephone net capacity has reached three million. Continuing the present trends, at the end of this century, in both metropolitan and rural areas the total capacity of the telephone network may reach more than 100 million and the telephone popularization rate will reach 5%—6%. Provincial capitals, large developed coastal cities and economically advanced regions may reach an average rate of one telephone per household.

Based on the needs of the market, the Chinese automobile industry will see great development. China's automobile industry produced 1.08 million vehicles last year, including 160,000 cars and buses. At a recent national automobile industry conference, it was suggested that the automobile industry could become a mainstay of the national economy in 10 or more years. By that time, automobile production will reach three million vehicles, with cars and buses making up about 65% of this total.

Video cassette recorders (VCRs) are also a focal point of consumption. Specialists predict that the market will be around 12 million during the Eighth-Five Plan. However, production capacity is very limited and key technology needs to be introduced. They predict that by 1994 the VCR production rate will reach 1.5 million, and by the end of the century will top three million.

I would like to give special emphasis to the development of China's third industry—the service industry. At present in the United States, Japan and other developed countries, the third industry represents more than 60% of the total GNP. In some developing countries it also surpasses 40% of the total GNP. In the past China has lagged behind, with the third industry accounting for only 23% of GNP and 11.7% of employment in 1978.

While it has grown at a rate of 10% over the next decade, still by 1989 these figures had only reached 26.5% and 17.9% respectively.

The State Council promulgated a document "Resolutions on Accelerating the Development of the Third Industry" in June 1992, and held a conference on accelerating the third industry in November. We expect that the third industry will experience rapid development from now on, especially those businesses which have stronger ties to the market: finance, insurance and tourism, as well as education and cultural enterprises concerned with the spread of knowledge and information.

During the 1980's and 1990's, village enterprises had an outstanding effect on China's industrial and agricultural development. Village enterprises sprouted up as early as the Cultural Revolution under the name of township enterprises. In 1978 their total output value was 49.3 billion yuan, which was 7.2% of the national output value. They employed 28 million people, or 7% of the national labor force. After the reforms began, village enterprises revived rapidly. By 1990 their total output value had increased to 950 million yuan, one-quarter of the total national output value. The total output value of village industry had increased to 700 billion yuan, 40% of the total national industrial output value.

Village enterprises have developed along distinct lines. One is the South Jiangsu model, in which they are supported by a large city. Using the city's scientific and technological strength, village enterprises developed into a companion cooperative industry to large scale urban manufacturing. The other is the Zhujiang Delta model, in places such as Shunde and Dongguan, which introduced foreign investment and foreign technological development and employed labor intensive production methods.

There is now an imbalance of the development of village enterprises in different regions of China. In the east, the focus on vertical development and quality improvement have created a production base for export products and industrial equipment. The central and western regions have mainly seen horizontal development, and expansion with some improvement of quality and quantity. Recently, the State Council decided to accelerate the growth in the central and western regions. They should follow the eastern approach, and accelerate production by combining their native resources, industrial advantage and capital.

In recent years, China's foreign economic relations have expanded rapidly. From the 1980 level of U.S. $ 37.8 billion, total import and export in 1992 increased to U.S. $ 165.8 billion, with U.S. $ 85.01 billion in exports and U.S. $ 86.63 billion in imports. In Asia, China surpasses South Korea a large scale importer, and is second only to Japan. China's exports to the United States exceed those of Malaysia, Indonesia and the Philippines combined. China's position in world trade which stood at 32nd in 1978 has moved to 11th.

Foreign invested enterprises also have had an important role in spurring China's economic development. The total amount of foreign investment in China is nearly U.S. $ 71.66 billion. (This includes direct investment of U.S. $ 11.16 billion.) Foreign invested enterprises hold considerable position in China's foreign trade. According to 1992 customs statistics, the total amount of imports and exports of foreign trade investment enterprises was U.S. $ 43.75 billion, which is more than one-quarter of the country's total. The five Special Economic Zones (SEZ), Shenzhen, Zhuhai, Shantou, Xiamen and Hainan are China's gateways for foreign investment. Although they represent only a fraction of China's area and population, yet the volume of import and export trade is surprisingly large.

Total imports and exports for the five Special Economic Zones in 1992 was U.S. $24.3 billion, more than one-seventh of the national volume. Moreover, the products from foreign invested enterprises are found in markets throughout the country. This has been labelled "the northern expedition of Cantonese goods".

Opening to the outside world and introducing of foreign investment has taught the Chinese new technology and management methods and has shown the gap between their own and advanced international levels. The lesson learned is that in order to accelerate economic development and catch up with advanced countries, openness must be pursued even more vigorously. Consequently, in recent years China has been determined to implement openness in internal areas along the Yangtze River, the Yellow River and border regions, based on the developmental experiences of the coastal areas. A new pattern of opening out in all directions can be seen. The increased extent and depth of integration between China and the world economies will have a marked effect on the take-off of the Chinese economy.

Ⅱ. Transition to a Socialist Market Economy

In 1992, China decided to abandon the centrally planned economic model and establish the socialist market economy mechanism. This was the historic choice of 1.2 billion Chinese people. The years until 2000 are crucial for the initial development of a market economy. The object of a market economy is to make the market the main instrument of adjusting economic activity.

Enterprises within the market economy should transform their operations to independent management exercising self-control as independent producers. In recent years the method of transforming management in state-run enterprises has been the management contract responsibility system.

Market economics require a large open united market and an unimpeded, adjustable, multi-level market network system. In recent years, China has been making efforts to perfect the market system. In the first half of 1992 there were more than 400 large scale centers for materials trade throughout the country, plus over 200 steel markets, 3,000 industrial goods markets, and 70,000 urban free markets. At the same time China will open up futures markets in Zhengzhou and Shanghai.

Of course market economics requires a reasonable pricing system. During the past years of economic reform, China has committed itself to steady price reform. The prices of goods and materials regulated by the state has gone from a double track system into a pure market adjusted system. In the areas of social services and necessities, which are important to the people, the state has employed the methods of slight adjustments and gradual shifts. From September 1989 the pace of reform was accelerated. At present, the proportion of prices of Chinese commodities in the market adjusted sector has increased to around 80% from 50% five years ago. In the year 2000, with the establishment of the socialist marketeconomic mechanism, the price system will become progressively smoother.

In socialist market economics the bank has a particularly important role. It will become one of the most important tools for the calculation, adjustment, direction and supervision of economic activities. Since the reform, China has gradually developed a financial system which is under the leadership of the People's Bank, and is composed of the specialized national banks, including many types of financial institutions which have separate functions but operate in a cooperative manner. In the coming years, the People's Bank will strengthen its leadership function, while the specialized banks will transform their management mechanisms, take on the responsibility for national large scale adjustment, practice entrepreneurial management, seek capital balance and take on risk. Some of the specialized banks will be gradually transformed into purely commercial banks, thus making the socialist capital market more flexible.

At present, China's financial market is in a period of growth and development. The main forms of this development are: (1) the short-term fund market, which includes, (a) Fellow-trader borrowing and lending, developed after 1984 and formally opened in 1986; at present the amount of unilateral borrowing and lending is estimated to be over 300 billion yuan. (b) Enterprise short term financial bond market which was formally opened in March 1989, the sums issued by June 1992 were approximately 15 billion yuan. (c) High volume transferrable fixed term certificates of deposit. (2) Stock exchange market. (3) Foreign currency exchange market. In the future the range and scale of financial markets will continue to be broadened.

The development of the stock exchange industry will play a special role. Stock trading first occurred in Shenzhen in 1984. After accumulating several year of practical experience, Shanghai and Shenzhen were established as the two experimental stock exchanges. By 1992 public issue stocks reached several billion shares, and the volume of exchange reached several hundred billion yuan. At this point, the newly established stock exchange emerged. There are now two exchange markets, three large scale state-level stock exchanges, more than 50 local stock companies and more than 2,000 stock network points, that all together employs about 100,000 people. The future tendency will probably be to establish a northern stock exchange in Tianjin or Shenyang, then form five developed points including Wuhan and Chengdu. A stock market network will radiate out into the whole country, with Shanghai becoming a national exchange market.

An equally noteworthy aspect of the financial industry is the increased opening of the foreign currency market. At the end of 1979, the first foreign bank established a representative office in Beijing. By the end of 1992, there were 68 foreign branch institutions in China and 230 representative offices. China also established nearly 500 branches and representative offices overseas. Foreign currency exchange markets were opened in Shanghai, Fujian and Shenzhen after September 1988. The future tendency will be to introduce foreign funded financial institutions to promote the entry of national financial institutions into the international market and to encourage mergers between national and foreign financial institutions. Increased openness in the foreign currency market will broaden business activities and gradually establish the national foreign currency market. An RMB conversion rate based on the market rate will be gradually introduced.

The development of market economics will bring China's foreign trade mechanism closer into line with international practice. Tariff rates will be reduced further, together with other trade obstacles. With respect to prices, financial subsidies will also be reduced. The connection between the internal and external prices of export commodities will become closer.

The development of market economics will shift patterns of ownership in China. The former ownership structures had three main forms: state-run, collective-run and individual ownership. After reform and opening to the outside, additional forms such as private management and foreign investment also appeared. In 1988 the self-employed laborers were about 4.8% of the total number of city and town workers. In 1990, state-run ownership dropped to 54.6% of GNP, from a 1980 level of 75.97%. The private economy rose to 5.32% from 0.02%. The value of industrial production under state ownership increased by 2.9% in 1990, while collective-owned industry increased by 9.1%, including an 12.5% increase in rural industry, 1.03% in urban collective industry, and 21.6% in private industry. Foreign invested enterprises increased by 56%. It is obvious that if development continues at these rates, the role of private and foreign invested enterprises will grow still greater in the national economy, and state-run and collective ownership will decline, particularly the former.

Based on these changes in China's ownership structure, at the end of 1982 a new standard of economic classification was put forward. Eight classifications were established: national economy; stock system economy; foreign trade and investment economy; Hong Kong, Macao and Taiwan investment economies and other economies. We can simplify the above into four types of ownership: public, including national and collective; private and privately managed economies; neutral, including joint operations and stock systems; foreign investment, including foreign trade and Hong Kong, Macao and Taiwan investment.

Among these four ownership systems, the neutral joint operations and stock system will develop fairly quickly. China is making efforts to reform national and collective ownership through the stock system, so that by the beginning of 1992 there were 3,220 stock system enterprises. In the future, such reform will be accelerated. In addition, a considerable portion of overseas investment will be in the form of joint ventures. Taking 1989 as an example, the 5,779 direct investment agreements were signed between China and foreign corporations for a total of U.S. $ 6,294 billion. Joint investment enterprises totalled 3,659 worth U.S. $ 2.659 billion, which is 42.25% of the overall amount; joint-venture enterprises totalled 1,179, for U.S. $ 1.082 billion, which is 17.21% of the total. The two together represent 59.46% of all foreign investment. Thirdly, there is a tendency for the private economy to develop towards joint and stock management. In 1989 among registered private enterprises, the proportion of individually managed capital and joint holdings enterprises and limited companies was 53.18%, 42.58% and 4.25% respectively. Finally, with the development of the stock market, the phenomenon of enterprises with different forms of ownership trading each others shares will increase. From all this, we can conclude that the proportion of neutral economies such as joint-management operations will become an important part of China's economy. Moreover, the private and foreign investment economies will certainly develop.

After outlining all aspects of the market economic mechanism, I should emphasize that market economics does not only have a determining function in the area of economics, but will also infiltrate all areas of society. This will be a fundamental point from which to observe China in the year 2000, and a key to understanding the development and change in Chinese society from now to the year 2000 and beyond.

Ⅲ. The Imbalance in Regional Development and the Various Combinations of Economic Zones

China is a vast land with extremely unequal regional economic development. In the mid-1970s, the state introduced a planning framework for three large development areas. The Eastern area includes 11 provinces, cities and autonomous regions, with a land area 14.2% of the entire country; in 1985 its population was 41.3%, and the total national industrial and agricultural production value was 55.86%. The Central area comprised nine provinces and autonomous regions, having 29.7% of the land area, 35.8% of the population, and 29.47% of the total industrial and agricultural production value. The Western area is nine provinces and autonomous regions, constituting 56.9% of the land area, 23.1% of the population, and 14.2% of total industrial and agricultural production value. By way of comparison, the 1989 industrial production in the Western area was a little more than 260 billion yuan, or about the same as that of Jiangsu province. This shows the large gap in the level of economic development in the Eastern and Western areas, a gap will continue to grow.

The above division is based on geographic locations and level of economic development. It is also possible to divide the country into two different types of areas, resource and manufacturing.

After much discussion the National Planning Committee promulgated in 1992 the use of ten economic zones. (1) The Northeast economic zone includes the three eastern provinces plus the eastern area of Inner Mongolia, and is China's largest base for heavy industry and for agriculture, forestry and animal husbandry; (2) The North China Circle Bohai Sea economic zone consists of Beijing, Tianjin, Hebei and Shandong, and will develop high technology industries; (3) The Yangtze River Delta economic zone, made up of Shanghai, Jiangsu and Zhejiang, whose population, technology and manufacturing industries are highly concentrated and which will develop high technology and highly refined manufacturing industries; (4) The Southern Coastal economic zone consisting of Guangdong, Guangxi, Fujian and Hainan will be foreign export bases; (5) The middle reaches of the Yellow River economic zone, Shanxi, Shanxi, Hebei and the western part of Inner Mongolia, will be an energy and heavy chemical industrial development area; (6) The upper reaches of the Yellow River economic zone consisting of Gansu, Ningxia and Qinghai, will provide hydro-electric power, energy and raw materials; (7) The middle reaches of the Yangtze River economic zone, consisting of Hunan, Hubei, Jiangxi and Anhui, will handle large capacity shipment, water-related industries and be an economic corridor along the Yangtze River; (8) The upper reaches of the Yangtze River economic zone, which includes Yunnan, Guizhou and Sichuan, will be an industrial base with high energy consumption and heavy chemical engineering; (9) Xinjiang Economic Development Zone; (10) Tibet Special Economic Zone. These divisions take into account the differences in local economic development and industrial specialization, and reflect the reality of the Chinese economy.

Since China's economy and technology is still relatively backward and lacking in capital, foreign economic relations are a very strong force for future development. Seen from this point of view, the Eastern area remains the main base for foreign economic relations. This area is gradually developing three key centers. The first is South China which brings together the technological and economic power of Taiwan, the Hong Kong sales network and the large land and abundant labor resource of the mainland. Called by foreigners"the triangle of China's production", there are now 25,000 factories on the mainland run by Hong Kong businesses employing three million people, which is more than three times the number of workers in Hong Kong's manufacturing industry. Taiwan has established nearly 4,000 factories in the mainland. By the year 2000 Hong Kong will have become a leading commercial and financial center like Tokyo. However, the factories will be located in South China. For the foreseeable future, this area will be China's most dynamic economic region.

The second center is Shanghai and its surrounding districts. Shanghai has always been the center of Chinese economics, having China's top level enterprises, technology, talent and management. It is also situated in an advantageous geographical position as the hub of land and water communications for China's southeast region. As such, Shanghai has great ability to attract foreign investment, both for itself and for the inland areas of the country. It will be in the best position to lead the country's economic development by becoming a center for foreign trade, capital and technology. The key is to alter current thinking and learn from Hong Kong; instead of just building the most advanced factories, Shanghai should establish itself as a center for international trade and finance, science and technology, and communication and information.

The third center encircles the Bohai Sea area and includes Beijing, Tianjin, Hebei, Shandong and Liaoning. This region emphasizes cooperation with South Korea and Japan. At the end of the 1980's the South Korean government drew up plans for the eventual development of the western coastal area at a cost of U.S. $ 25 billion, focussing on the Shandong peninsula and the open coastal cities of the "Yellow Sea Economic Area". In response, China formally opened the two northern peninsulas, establishing the Shandong peninsula and Liaoning peninsula economic development areas.

In addition to the three coastal areas discussed above, there are also three open centers on China's borders, although their level of economic activity is not yet high. The Northeastern area collaborates with the northeastern industrial countries, including Russia. The Xinjiang area's present objective is working with the Central Asian countries of the Commonwealth of Independent States. By opening a second bridge between Europe and Asia, this area will become a key link connecting East Asia and Europe. Xinjiang can use its advantageous position to accelerate the development of the rich oil fields in the Tarim Basin, together with a petroleum and petrochemical industry. The third area is Yunnan and Guangxi whose object is to cooperate with India, Burma, etc.

The model for China's development can be summarized as "advance step by step and emphasis development". "Advance step by step" means a successive improvement from east to west. Development will come about through the support of the national industrial policy to establish such items as the Yangtze River Three Gorges project, the Wu River hydro-electric power, aluminum and phosphorus integrated area; the Shanxi and Inner Mongolia base with collieries, electric power and heavy chemical industry; the upper reaches of the Yellow River area for energy and smelting; the Xinjiang area for oil resources; the Northwest for railway construction, and so forth.

The focus of development in the western area has important strategic significance. It provides the resources for Chinese economic development in the next century. Politically it aids in the consolidation of China's borders and the unification of all the nation's peoples.

A major problem in the development of the western area is to ensure that the economy and social developments are in step with one another, and that material and cultural resources develop in tandem.

Since the establishment of the People's Republic, approximately 370 billion yuan has been invested in the western area, and several thousand large and middle scale national enterprises have been established. But profits were not large because of the "human ecological imbalance". Present development should not follow this old road, but should pay more attention to the balance between economic development and human conditions.

Ⅳ. Urbanization in Large-scale Economic Development

The economic development in China during the 1980's greatly affected the process of urbanization. In 1991, the number of Chinese cities reached 479, growing from 193 in 1978, and urban population rose to 29.9% from 11.9% of the total population. During these years, three main types of new cities emerged: eastern coastal cities, western industrial mining cities and smaller cities supported by rural and urban enterprises. The development of the eastern coastal cities was tied to the rapid economic growth of the area. For example, by the year 2000 Guangdong will probably have two newly established large cities, with a population of around one million—Huizhou and Danshui at Daya Bay. In the meantime, small cities supported by rural and urban enterprises will develop relatively rapidly. According to estimates, the rate of increase of urban populations will be 4% for large cities, 6% for middle-range cities, and 8% for small cities, a ratio of 1 : 1.5 : 2. In the year 2000, large cities will have 33% of the urban population, middle-range cities 17% and small cities 50%.

The process of Chinese urbanization is compelled not only by economic development of the cities, but also by the strong pressure from the rural labor force. Every spring the "tide of rural labor" brings large numbers of rural workers into the cities, increasing the development of the new cities and enlarging the population numbers of old ones.

The rapid development of Chinese urbanization has brought new pressure on urban public facilities which are already strained. China has continually made efforts to deal with this problem and in recent years some noticeable progress has been made. In Beijing the volume of traffic and traffic jams has been greatly alleviated, Shanghai is intensifying the construction of roads and traffic facilities, as are other cities. According to the national plan for the year 2000, not only the traffic situation be greatly improved, but construction of other public facilities also will have corresponding improvement, such as water supply, drainage, supply of gas and heat for household use, rubbish and night soil collection, etc.

There have been outstanding achievements in the building of urban residences. More than 260 billion yuan was invested during the decade 1981—1991. The construction area was 1.28 billion square meters, with the average living space per person rising to 7 square meters from 3.6 square meters in 1978. More than 50,000 square meters were allocated for 2,500 small residential areas. Through the concern of all the levels of the government, by the year 2000 there promises to be a residence for every household, with living space of between 8—10 square meters per person.

V. Gradual Move to a Comparatively Well Off Society and the Emergence of the Nouveau Riche

By the year 2000 China will have realized its aim of becoming a relatively well off society. The relevant departments have produced a detailed target plan for this. This comparatively well off society will not only mean an improvement in material life, but also a corresponding rise in the social welfare system, so that every person will enjoy a relatively comfortable life. Children will be supported and the elderly will be cared for; there will be aid for the poor, the sick and those who have suffered famine and disasters. The main content of this social welfare system will be guaranteed access to insurance, welfare and social services. Three pressing problems need special attention.

First, care for the elderly, will be a large social problem that China will confront in the coming years. According to international practice, as a country has an "aging population" if 7% of the total population is over 65, or 10% over 60. Specialists predict that China will exceed these levels by the year 2000. It is imperative that China establish a viable support system for the elderly as soon as possible.

Another major problem is unemployment. China will be confronted by three sets of unemployment pressure. The first is the increase in the urban labor force. Statistics show that the general employment rate remained at 2.0% between 1984—88, but rose to 2.6% in 1989, 3% in 1990 and 3.5% in 1991. The second is surplus staff in enterprises, which is estimated at approximately 15—20% of the employees, or about 15—20 million surplus personnel throughout the country. The third is the strong pressure from the tens of millions of rural laborers entering the cities. Thus, in the year 2000 China will continue to have a relatively high unemployment rate and large numbers of unemployed. To counter this, besides opening up new employment opportunities, a set of social aid models that "provide work as a form of relief" should be designed as early as possible to ensure that everyone can get their basic necessities through work.

The final problem area is that of basic medical care, hygiene and health. Since Liberation, China has made a number of achievements in the field of sanitation and medical care. The cities have established a system of free medical care, ensuring that all people have access to medical treatment. In rural areas a cooperative medical system has been established, and has begun to solve the problem of the lack of adequate medical care for the peasant. However, by now the urban free medical care has become an insupportable financial burden on the state. At the same time, medical staff in rural areas have left their posts to go to the cities; the proportion of national health workers in the rural areas dropped from 53.6% in 1978 to 40.9% in 1991, with a corresponding fall in the quality of health care. Such problems are being actively attacked by the relevant departments. Both central and local departments have established the goal for the year 2000 when "every person will receive medical care", with a medical service and a hygiene supervision system that enables everyone to enjoy basic health care.

In the reform process of moving from a system that assigns people to work units to one relying on market mechanisms, divisions and disparities in income will become more obvious. There will be differences in ownership and lifestyles, between manual labor and service occupations, between management and general staff. There are also invisible disparities in welfare, bonuses, government subsidies, commissions and all sorts of benefits. This produces not only a large disparity in individual income, but also a deep division and separation within society. The probability of unemployment will increase, as well as the development of an entrepreneurial class which will hasten the social division and changes in the structure of society. The feeling of exploitation brought about by unequal income will become the main factor for social dissatisfaction. Public dissatisfaction will take on characteristics and could easily have an adverse effect on social behavior.

With the rise of social divisions, a nouveau riche group is emerging, consisting mainly of private entrepreneurs, artists and people who have returned from abroad or have overseas connections. Their life is often extremely luxurious, with one article of clothing and jewelry or even a meal costing more than the annual income of a common laborer. These people, who are called "big money", are mainly located in urban areas such as Guangzhou, Shanghai and Beijing. One Chinese magazine estimates that there are over 5,000 millionaires and 200 persons worth 10 million yuan.

However, a Hong Kong newspaper estimates the number of Chinese millionaires at more than one million. No matter what the real number, the emergence of the nouveau riche has become a social reality.

Ⅵ. Education, Technology and Cultural Enterprises for the Challenge of the 21st Century

China's economic and social development in the year 2000 has created greater demand for education and cultural activities. The National Education Commission has adopted the following plan: (1) Nine years of free education should be universally available. The enrollment rate of rural seven year olds will be about 95%. The graduation rate from elementary schools and middle schools will be about 95% and 90% respectively. The enrollment rate for senior high school students will reach about 50%, with particularly high rates in the urban and coastal economically advanced areas.

(2) The number of senior high vocational schools should be increased by a large percentage. All types of professional vocational education and part-time student education should be developed quickly. (3) The number of students in college should double and reach seven million. The state will concentrate its efforts on developing 100 key institutions of higher learning and bringing them up to an international standards. (4) Youth and adult illiteracy should be swept away throughout the country, so that the illiteracy rate will drop under 5%.

Science and technology in China have a promising outlook. Since the 1980's the country has made serious efforts to expand science and technology research. Last year, middle and long range development outlines were put forward based on the strategy of making economic construction the main area of concern, developing high technology and strengthening basic research on three levels. The key to the use of China's science and technology for production and economic construction is to increase the application of scientific and technological resources from about 20% to about 60%. In order to realize this target, China is carrying out science and technology reform, characterized by reducing competition and by the rapid development of enterprise groups and private science research institutes. With respect to cultural enterprises, we can observe three levels. The first is the information industry: television, radio, news and publishing have been strongly influenced by the market mechanisms. In the press, a kind of quiet revolution is emerging. In recent years, a new newspaper opens every 2.5 days. By October 1992 the total number of newspapers had increased to 1,755. In the near future there will be a number of different newspapers whose contents and formats are varied, and whose editorial policies are flexible.

The second level consists of cultural enterprises: libraries, cultural centers, museums, science and technology centers, etc. These are all educational non-profit institutions run by the state.

The third involve leisure and recreation enterprises, including literary and artistic organizations, cinemas and theaters, dance halls, bars and tea houses, etc. Some big cities already have nightclubs. The profits from these enterprises are extremely high. In the future the market competition will become increasingly intense. Statistics show that about one-third of the present public literary and artistic organizations do well financially, while another third make do, and the rest are in difficulty. These groups must face market pressure and must compete with privately run enterprises.

Ⅳ. China and the Asia Pacific Region in the Year 2000

After World War Ⅱ the national economies of the Asia-Pacific region took off rapidly and have maintained a relatively high level of growth. Since the 1980's, international discussion about the advent of the "Pacific Century" has been increasingly heard. Suggestions about strengthening Pacific economic cooperation and setting up a regional economic group have resurfaced. However, experience shows that wide ranging cooperation and organization within the region is rare. Instead, sub-regional economic cooperation is flourishing, and is the quickest way to economic development.

In sub-regional cooperation China is in an advantageous position. Economic circles are developing on China's borders. One is the South China Sea economic circle. Its inner circle includes the provinces of Guangdong, Fujian, Hainan and Guangxi, and the three areas of Hong Kong, Macao and Taiwan which together have a population of about 170 million people and an area of 600,000 square kilometers. The outer circle includes the ASEAN countries and the nations of Indo-China. Economic cooperation between South China and the ASEAN countries are going well, but cooperation with the Indo-Chinese nations needs to be developed further. Another is the Northeast Asia economic circle, with an inner circle consisting of the Bohai Sea area in China, South Korea and Japan, and the outer circle of all of China's northeastern area, Russia's eastern region, South and North Korea and Japan. The most noteworthy is the development in economic relations between China and South Korea in recent years. The trade volume between China and South Korea in 1992 reached U.S. $8.5 billion, an increase of about 50% over 1991. China has become South Korea's third largest trading partner. In 1991 and 1992 South Korea's investment in China totalled 343 million yuan. It is estimated that the number of investments in 1993 will increase to more than 700.

The development of cooperation in the broad Asia-Pacific region remains slow while the sub-regional cooperation has developed rapidly because of historical reasons. First, Asia-Pacific countries have experienced the oppression and plunder of colonialism which has made them reluctant to see another power located in a position of control. In addition, they remember Japan's conduct during the war and its plans for a Greater Asia Co-prosperity Sphere, so they find it difficult to see the Japanese in a position of leadership and dominance. Third, because Southeast Asian countries are mostly small with limited resources, markets and labor, they need to strengthen cooperation and to complement each other. Finally, the overseas Chinese occupy an important position in Southeast Asian economies, and have a sense of closeness with China and a desire to establish economic cooperation.

Due to the above reasons, as long as China insists on reform and opening to the outside world, relations between China and Asia-Pacific countries will continue to strengthen. Sub-regional cooperation will be improved to new levels, which in turn will support broader cooperation with the whole Asia-Pacific region.

In the year 2000 China will be a politically stable, economically advanced country full of vigor and continually advancing. China's position in the international and local business community will continue to improve. Even so, we should remember that the Chinese economic base is still comparatively weak. The improvement in people's standard of living is also very limited and the road stretching before the Chinese people is still long, dangerous and winding. For China the 21st century is indeed a real challenge.

A Test of the Open Door Policy: America's Silver Policy and Its Effects on East Asia, 1934—1937

Wang Xi

The 1930s in East Asia were a time of violent disturbances during which America's interests there came under severe pressure. Beginning in 1931 the Japanese imperialists occupied Manchuria, moved past the Great Wall to threaten Beijing and Tianjin, and attempted to dismember North China with military force. In those areas penetrated by Japan, the West lost its political and economic positions. The Open Door policy of the United States faced one of its greatest tests.

At this very instant, however, America put into effect a silver policy that forced a huge outflow of silver from China and brought that country to the edge of economic collapse, critically weakening its ability to resist Japan. America's silver and Open Door policies seemed to be in conflict. The Japanese imperialists were thus able to bring about the conditions for carrying out a "Closed Door" policy in East Asia. Even the U.S. secretary of the treasury, Henry, Morgenthau, Jr., acknowledged that his country's silver policy had played into the hands of Japan.①

① Arthur N. Young, *China's Nation-Building Effort, 1927—1937* (Stanford, CA, 1971), 226.

A study of America's silver policy in 1934 reveals the complexity of the foreign policymaking process in the United States. It also demonstrates that a major part of prewar U.S. foreign policy in East Asia—the Open Door—often proved to be brittle and ineffective rather than imposing or decisive.

I

In the United States silver posed primarily a domestic political problem. During the 1930s, American mining interests controlled 66 percent of the world's silver mining capital and 73 percent of the silver that was produced by silver refineries.① But within America itself the production of silver was unimportant: In 1934 seven silver-producing states contained only 3 percent of the country's population. Workers in the industry numbered fewer than 3,000.② The annual output of silver was only worth U.S. $32 million, which was lower than the figures for peanuts and potatoes and far less than the value of the wheat or cotton crop.③ But these seven states had fourteen representatives in the U.S. Senate and thereby controlled 15 percent of the votes in that chamber. Morever, among these senators were such powerful Democrats as Key Pittman and Elbert Thomas, men who were extremely experienced in political infighting. These senators relied on the silver issue for their political capital: whether they could be reelected depended on how vigorously they spoke out on behalf of silver. A silver bloc was formed around the senators. The silverites forced the government

① Y.S. Leong, *Silver: An Analysis of Factors Affecting Its Price* (Washington, DC, 1934), 68—71.

② *Yinhang zhoubao* (Banker's weekly) 18 (August 8, 1934):11.

③ Zhou Bodi, *Baiyin wenti yu Zhong Guo huobi zhengce* (Chinese monetary policy and the problem of silver) (Shanghai, 1938), 36—37.

to subsidize production heavily, and they shared the subsidies with the producers of certain other metals, including zinc, lead, and copper. The interests of these metal producers coincided with those of the silver bloc, because silver was a secondary product of the mining of their metals. Furthermore, proponents of inflation, whose views were very much in vogue for a time, found it natural to ally with the silver bloc. The lobby created around this bloc thus was quite powerful, and it became an imposing political force that could not be disregarded.①

The gentlemen of the silver bloc, in fighting for the interests of silver, picked "the China market" to arouse public opinion and to justify raising prices. They argued that because China was both the world's largest country using silver as currency and the world's most populous country, raising silver prices would increase China's buying power and open up a vast market for American goods. America would then be freed from its economic crisis. During the 1930s former Senator Frank J. Cannon of Utah professed that the fall in the price of silver from U.S. $1.30 to U.S. $.35 reduced China's buying power by 70 percent, almost "destroy[ing] the buying power of China." Following Cannon's example, Senator William King said in his radio broadcasts that this meant the loss of the "great China market." Senator Pittman affirmed that, if silver prices rose, the China market would grow tenfold. A rehabilitated China, he asserted, could almost immediately consume America's surplus wheat, greatly reduce its oversupply of automobiles, and furnish a demand for silver greater than what the mines of the world could supply. Using newspapers, broadcasts, the congressional platform, and the ministerial pulpit,

---

① John Morton Blum, *From the Morgenthau Diaries: Years of Crisis, 1928—1938* (Boston, 1959), 183—184.

silverites enthusiastically disseminated this line. But all of their efforts were actually on behalf of the interests of the silver bloc, including those who were speculating in silver. The very influential *Commercial Weekly* once pointed out that all of this publicity only-showed that "a relatively small group can, by sticking together, and making enough noise, win a subsidy for insignificant speculators."①

The economic theory of the silverites, however, was not accepted by most economists, who believed that a country's buying power came mostly from its domestic productivity and its ability to export, not from the value of its currency. While the silver bloc was using its theory to pressure President Franklin Roosevelt, a poll taken of the American Economic Association found that "over 85% of the members were against the increased use of silver." Furthermore, a message from the Economists' National Committee recommended that no additional silver be purchased at any price. A price increase, the committee stated, would benefit neither the domestic industry nor the foreign trade of the United States. Renowned economists, such as Sir Arthur Salter and Herbert Bratter noted that the "purchasing power theory" was incorrect in both theory and practice. The British economist John Maynard Keynes pointed out that an artificial increase in world silver prices would, in fact, deflate the Chinese economy. He further contended that a rise in world silver prices, if unaccompanied by a corresponding increase in the price of other commodities, would affect China's balance of trade. Export of large quantities of silver from China would be necessary to meet the difference. (Later events proved that Keynes was correct. Indeed, the situation became even worse than Keynes had imagined possible. He had not

① Blaine Michael Russell, "American Silver Policy and China, 1933—1936" (Ph.D. diss., University of Illinois, 1972), 10—11, 43.

considered that there would be silver smuggling on a huge scale.①)

The silverites turned a deaf ear to the criticisms of the economists. As one historian has said, "If their critics possessed reason and sound arguments, the silverites possessed political power and the conditions necessary for monetary experimentation." The presidential elections of 1932 were exactly when "power" and "conditions" came together. During the campaign, both parties courted the silver bloc with platforms containing planks on the need to ease the silver crisis. Roosevelt was particularly solicitous of the silverites. During the party primaries, he promised to do "something for silver." After he was elected, Roosevelt remained fully aware of the influence of the bloc and became even more wary of offending its members. He needed the support of silver bloc congressmen for upcoming legislation, and he feared that a Senate filibuster over the silver issue would threaten his entire legislative program. In addition, Roosevelt was reluctant to embarrass Democratic silver bloc congressmen in the upcoming congressional election. Of course, these congressmen knew how to exploit their political advantage.②

The first to lay down his cards was Senator Pittman, chairman of the Committee on Foreign Relations. After being rebuffed repeatedly in his attempts to convince Roosevelt to raise the subsidies on silver production, he forced the president's hand by refusing to move on the question of the Neutrality Act. Only after Roosevelt agreed to raise the subsidies did Pittman again support the act.③

---

① Blaine Michael Russell, "American Silver Policy and China, 1933—1936" (Ph. D. diss., University of Illinois, 1972), 15, 43.

② Ibid., 16, 252.

③ Robert Dallek, *Franklin D. Roosevelt and American Foreign Policy, 1932—1945* (New York, 1975), 190—91.

In July 1933, Roosevelt sent Pittman as America's representative to the World Economic Conference held in London. During the conference, Pittman gave endless speeches on his beloved silver. At one point during the meetings he chased, bowie knife in hand, an adviser to the American delegation who he thought was not enthusiastic enough about silver.① In the following years he waved his "silver stick" in the halls of Congress and continuously urged Roosevelt and Secretary of the Treasury Morgenthau to raise the price. President Roosevelt, although determined to veto all mandatory legislation on silver, was ultimately forced by political considerations to reach a compromise with the silverites. The result was the Silver Purchase Act of 1934.

There is reason to believe that, when the executive branch of the government chose to support the Silver Purchase Act, it understood that the measure might have severe international repercussions. Nonetheless, domestic political considerations prevailed. Roosevelt's submission to the silver bloc led to a policy that first dealt a strong blow to the Chinese economy and then upset the balance of power in East Asia. The Silver Purchase Act compelled the secretary of the treasury to purchase silver until the government held an amount equal in value to one third of the U.S. gold reserves or until the world price of silver reached U.S. $1.29 per ounce. Because the amount of gold reserves increased continuously, the silver reserves also increased. When the act was passed, 1,200,000 ounces of silver would have met the requirement. But before the end of 1934 gold stocks had climbed to where 125 million additional ounces of silver were needed, and

① Robert Dallek, *Franklin D. Roosevelt and American Foreign Policy, 1932—1945* (New York, 1975), 50—51.

each year this figure rose.① This portended continuous U.S. government purchases of silver and made inevitable the incessant rise in the world price. In August 1934, in accordance with the act, President Roosevelt began to nationalize the silver that was held in America and fixed the domestic price at U.S. $50 per ounce.② At the same time, the United States began to buy silver in large quantities abroad. Like a wild horse that had slipped its reins, the world price took off and galloped faster and faster. By 1935, in New York, an ounce of silver was 2.3 times more expensive than it was in 1932.③

America's primary interest in East Asia should have been to contain Japanese expansionism. But the silverites disregarded this important concern. They used silver to bankrupt China's economy, enfeebling a power that could have resisted Japan. To say that Senator Pittman cared not the least about America's Open Door policy in East Asia would be unfair. At the beginning of 1936 he gave a fiery speech before the Senate, saying that Japan's acts of aggression in China were harming America's East Asian interests. His speech was so provocative that Cordell Hull, the secretary of state, had to declare that he himself had had nothing to do with Pittman's attack on Japan.④ Pittman never seemed to realize that his silver policy had facilitated Japanese aggression and had ultimately put pressure on U.S. interests.

American authorities assumed an indifferent attitude and applied an erratic policy toward the serious problem of the effect of silver on interna-

---

① Blum, *Morgenthau Diaries*, 186—187.

② W.Y. Lin, *The New Monetary System of China* (Shanghai, 1936), 14.

③ Yu-kwei Cheng, *Foreign Trade and Industrial Development of China* (Westport, CT, 1978), 262—63.

④ Joseph C. Grew, *Ten Years in Japan* (New York, 1944), 164.

tional politics. On November 31, 1934, Herbert Feis, an economist in the State Department, pointed to Roosevelt's "apparent indifference to the impact of his action on the commercial and financial situation of other countries." Another specialist on Roosevelt's New Deal and silver policy believed that "probably the president himself never understood that raising the price of silver meant to China the exact opposite of raising the price of gold to the United States."①

II

America's buying of domestic and foreign silver in large quantities caused silver prices to explode. At the same time speculators on the international money market competed with the American government, driving prices even higher. When the United States first put its law on nationalizing silver into effect, the world price was U.S. $505 per ounce. Then the price began to soar, reaching by April 27, 1935, a high of U.S. $80 per ounce. Subsequently, although the price fell a little, it stayed at about U.S. $70 per ounce.②

The rise in the world price of silver had an unprecedented effect on the Chinese economy. China at the time was one of the few countries on the silver standard and was the largest user of silver in the world. From 1931 to 1933 the amount of silver sent from Canada, America, and Mexico to China made up 45 percent of their silver exports. In 1933 the deposits of silver in Shanghai were 439,340,000 ounces, a figure 2.69 times the global production for that year.③ Silver was the basis of commerce and the

① Young, *China's Nation-Building*, 206.

② Ibid., 208; Lin, *New Monetary System of China*, 14.

③ Shiyebu yinjia wujia taolun weiyuan weibian (Committee on Silver and Commodity Prices, Ministry of Industry), *Zhongguo yinjia wujia wenti* (The problem of China's silver and commodity prices) (Shanghai, 1936), 100.

medium of exchange in China. When the world price rose so, too, did the price of Chinese silver and the rate of exchange. But the rate of increase in the price outside China far exceeded that within the country, owing to purchases by the U.S. government and by speculators on the international money market. Consequently, the differences between the prices within and outside China became even greater. By mid-October 1934 each Chinese silver dollar (which contained 0.755 5 ounce of silver) was worth at least 1.25 times more abroad than it was at home. Large quantities of silver began to flow out of the country. On October 15, 1934, the Chinese government imposed an export duty and equalization charge on silver, but it was unable to eliminate the differences between prices in China and abroad. By the spring of 1935 the price outside China was 50 percent higher than it was in China.① In a letter sent to each of its branches in March 1935, the well-financed Bank of Communications pointed out that by exporting one thousand Chinese silver dollars one could make a profit of \$300 to \$400.② In China the greatest outflow of silver in history began.

At first the Chinese government repeatedly issued injunctions to stem the outflow. But because the foreign banks in China enjoyed extraterritorial privileges and were particularly aware of the profit to be made in exporting silver, they became a main channel for the outflow. At the end of 1933 the foreign banks in Shanghai held 275,700,000 Chinese dollars—50.4 percent of the silver stocks in Shanghai. Following the spectacular rise in the world price, the amount of silver in the foreign banks plummeted. By September 1935 those deposits made up only 12.7 percent of the silver in Shanghai.③

---

① Young, *China's Nation-Building*, 217—218.

② Jiaotong yinhang zhi gefenhang zhiling (Circular letter from the Bank of Communications to its branches), May 11, 1935, Second National Archives (hereafter SNA) file no. 398 (2) 2407.

③ Cheng, *Foreign Trade*, 79.

Thus, an extraordinary phenomenon transpired in Shanghai: The value of government bonds remained steady (bonds were the main investments of Chinese banks), while the price of land plunged (land was the main investment of the foreign banks). As much as possible, the capital of the foreign banks had been converted into silver and exported.

Next, in 1934, Chinese silver was moved from the interior to Shanghai. Then, later in the year, the movement was reversed. Silver was moved out from Shanghai and dispersed in the hinterland. Although the direction of movement had changed, the purpose was the same: to smuggle silver out of China. In October the Chinese government began to impose an export duty on silver, and it was moved into the interior and smuggled out in huge amounts over the border through extraterritorial channels in the Japanese sphere of influence in North China.

The large-scale smuggling of silver was backed by the Japanese imperialists. The most important regions for this traffic were in the north. Smugglers passed through the Great Wall and entered Dongluo Cheng in Manzhouguo. At Wanjia Dun, on the Bei-Ning line, they packed the silver for transport to Shenyang and Dalian, whence it was shipped to Japan.① Ninety-five percent of the smugglers were Japanese and Koreans.② Each month they moved out more than four million Chinese dollars' worth. According to Japan's own figures, twenty-seven million Chinese dollars of silver were transported from Wanjia Dun between January and August 1934.③

① Manshū chūō ginkō chōsaka (Investigation Division of the Central Bank of Manzhouguo), "Sankaikan ni okeru ginmitsuyushutsu jōkyō" (The secret transportation of silver at Shanhaiguan) (February 1936), 12, 24.

② Jiaotong yinhang Hebei sheng fenhang zhi zonghanghan (Bank of Communications, Hebei branch, to the general office), May 8, 1935, SNA file no. 398 (2) 2407.

③ Hebei sheng zhengfu zhuxi Yue Xuezhong chengxing zhengyuan wen (Yue Xuezhong, chairman of Hebei provincial government, to the Executive Yuan), May 24, 1935, SNA file no. 2 (2) 1026; Manshū chūō ginkō chōsaka, "Sankaikan," 25.

Even though the Executive Yuan of the Chinese government noted at the time that this frantic smuggling was "truly shocking," it could do nothing. North China was already controlled by Japanese military power.

In addition, the Japanese enjoyed extraterritoriality. The Chinese government was powerless to act. Even when smugglers were caught nothing much happened except for "serious negotiations," after which they would be released. On May 2, 1935, at Junlian Cheng station on the Bei-Ning line, some Japanese were caught trying to convey 8,250 Chinese dollars out of China. The smugglers were handed over, along with the money as material evidence, to the local customs officials. But Kawagoe Shigeru, the Japanese consul in Tianjin, strongly protested. Besides demanding that the smugglers and the money be released immediately, he warned the Chinese that "this sort of thing should never happen again."① Gu Mengyu, China's minister of railroads, lamented to the Executive Yuan that when the situation arose he knew that "to have returned [the silver] would have been against ministerial regulations, [but] he also feared that to have kept it would have led to trouble."② Besides using North China, the Japanese also organized maritime smuggling along the coast of eastern China at Chongming and Haizhou. For a while the silver smuggled out of China from these ports reached 20,000 ounces per day.③ The Chinese were truly caught in a dilemma and could only watch silver flow out in massive quantities. The

---

① Riben zhu Tianjin zhonglingshi Kawagoe Shigeru zhi Bei-Ning tieluju zhanghan (Kawagoe Shigeru, Japanese consul general, Tianjin, to stationmaster, Bei-Ning Railroad), May 24, 1935, SNA file no. 2 (2) 1026.

② Tiedao buzhang Gu Mengyu chengxing zhengyuan wen (Gu Mengyu, minister of railroads, to the Executive Yuan), June 2, 1935, SNA file no. 2(2)1026.

③ Guominzhengfu junshi weiyuan bangongting tongbao (Circular letter from the Military Commission of the National government), May 8, 1935, SNA file no. 3 (2) 222.

situation reflected the extreme disequilibrium in the international balance of power in East Asia.

As silver was smuggled from China, the amount of silver Japan transported to London and New York increased spectacularly. A comparison of the 1933 and 1935 figures for net Japanese exports of silver shows that they increased twenty-ninefold, from 7,557,468 yen to 225,334,664 yen. In the same period Japanese net exports of silver to Great Britain jumped twenty-nine times, and to the United States seventy-one times.① Only in 1936 did the exports begin to decrease. Japan was not a silver-producing country; in 1993 it produced only 8,037,277 yen's worth of silver②. Yet, after 1934, its net exports of silver increased several tens of times over. Morgenthau wrote in his diary on November 8, 1935, that "going back three or four years I find that the normal exports of silver from Japan are between six and nine million ounces per year. For the first nine months of 1935 they exported 60 million ounces. This silver can only be gotten into Japan by smuggling it out of China." He thought that the Japanese were speculators who were profiting from the difference between the price in China (U. S. $.405 per ounce) and that on the world market (U.S. $.65 per ounce).③ But Morgenthau was only half correct. The spectacular growth in Japanese silver exports from 1934 to 1936 was certainly the result of large-scale organized smuggling in China. But if he thought that the Japanese were mere speculators, then he was mistaken. Their activities were meant to enfeeble China and to aid Japan's effort to carry out a Closed Door policy in East

① Naikaku tōkeikyoku (Cabinet Bureau of Statistics), *Daigojūrokkai Dainijrpon tōkei nenkan* (The 56th statistical almanac of the Japanese Empire) (Tokyo, 1937), 135.

② T'ang Leang-li, *China's New Currency System* (Shanghai, 1936), 73.

③ Blum, *Morgenthau Diaries*, 196.

Asia. They were part of a complex political struggle in the international arena.

The amount of silver secretly as well as openly moved out of China was astounding. From 1934 to 1936 the net amount passing through Chinese customs was 427,110,000 ounces. Add to this the 218,200,000 ounces smuggled out during those years, and the total was 645,310,000 ounces.① Most of this silver was sent to America. Statistics show that 70 percent of the silver the United States purchased abroad came from Great Britain. But two thirds of Britain's imported silver came from China, either directly or through Japan and Hong Kong.② The year 1935 saw the highest net imports of silver in American history (336,000,000 ounces). It was also the year that saw the highest net experts of silver in Chinese history (218,540,000 ounces).③ The mechanism for this was the steep rise in world prices caused by the Silver Purchase Act.

After the United States began to administer the act, half of the silver that had been circulating in China was exported (645, 000, 000 out of 1,280,000,000 ounces). Because it had used silver as a medium of exchange for thousands of years, China remained on the silver standard until November 1935. So a serious economic crisis developed that complicated an already unstable situation in East Asia.

The decrease in the amount of silver in China had three immediate and obvious effects: First, the rise in the price of silver created a drop in com-

---

① Cheng, *Foreign Trade*, 262—63. Figures in haikwan taels have been converted to ounces at the rate of one haikwan tael=Chinese $1,558=0.755 ounce of silver.

② T'ang, *China's New Currency System*, 72.

③ U.S. Census Bureau, *The Statistical History of the United States from Colonial Times to the Present* (New York, 1976), 884.

modity prices. Second, the shrinking silver supply led to a tightening of credit and a rise in interest rates. And third, the appreciation of Chinese currency (the increase in silver prices) resulted in a higher rate of exchange and a stifling of Chinese exports. China suddenly faced an economic crisis of retrenchment. Industry and commerce languished, the financial sector faltered, imports and exports decreased, and the rural sector went bankrupt. The wholesale price index for all of China, having declined by 6.5 percent in 1934, fell another 2.5 percent in 1935. Agricultural prices dropped 6.9 percent in 1934 and declined an additional 3.7 percent in 1935.① The banks, expecting an outflow of silver, were forced to raise interest rates, tighten credit, and recall loans. Domestic interest rates rose from 5 percent in July 1934 to 12 percent in September. The increase in silver prices drove up the Chinese exchange rate, further undermining the ability of Chinese goods to compete on the world market. Raw silk was the most important export, but the amount sent abroad in 1934 was only 21.8 percent of that exported in 1930. Shanghai's general price index for exports in 1934 plummeted to 61.7 percent of the figures for 1926.②

In Shanghai alone 1,065 companies failed in the industrial and commercial sectors. Throughout China twenty banks went out of business. The cotton industry was the largest business and employed the most workers in the country. But, judging by the number of spindles in operation, 60 percent of Chinese-owned cotton mills stopped production.③ Because of the smaller demand from factories for raw materials, the decrease in exports, and the natural disasters which also hit the country, agriculture was re-

① Lin, *New Monetary System of China*, 34.

②③ Xie Juzeng, "Yi jiu san wu nian Shanghai baiyin fengchao gaishu" (General comments on the Shanghai silver crisis of 1935), *Lishi yanjiu* (Historical studies) 2 (1965): 90—92.

peatedly pushed to the edge of bankruptcy. Farmers made up 80 percent of the country's population and generated two thirds of the gross national product. But production in the agricultural sector fell from 24,400,000,000 Chinese dollars in 1931 to 13,100,000,000 Chinese dollars in 1934 (the year silver began to flow out in large quantities). This decease in agricultural production was greater than 46 percent.①

To "save China," some silverites among America's senators had advocated raising the price of silver. One senator drew at the point of tears a terrifying picture, saying that the effect of low silver prices on China and India "will never be known in its fullest horror. The immediate depreciation of their only stock of money, silver, stopped trade and starved whole provinces. It caused millions of deaths."② The influential demagogue Father Charles E. Coughlin advocated to his ten million radio listeners the raising of silver prices. He loudly proclaimed that the United States had "to restore the purchasing power of the Orient." In April 1934 it was revealed that he had collected in his secretary's name more than 500,000 ounces of silver.③ (Afterward, Morgenthau found out that Amy Collins, the treasurer of Father Coughlin's "Radio League," was a major speculator in silver.)

To "save China" and to lift the United States out of the depression, the gentlemen of the silver bloc asserted that silver prices, purchasing power, and the market for American goods were in a directly proportional relationship to each other: Only by raising silver prices could the purchasing power of the Chinese be increased and American goods find an even better

① Ta-chung Liu, *China's National Income, 1931—1936* (Washington, DC, 1946), 10.

② Akira Iriye, *After Imperialism* (Cambridge, MA, 1965), 282—83; Young, *China's Nation-Building*, 202.

③ Blum, *Morgenthau Diaries*, 187.

market in China. For attracting votes and realizing other goals this theory was indeed very appealing. But reality was far more complex than the silverites realized, and their theory often ran counter to the facts.

From 1926 to 1931 the price of silver fell 58.8 percent in New York and 49.7 percent in London.① Since China was on the silver standard, this led to a depreciation in its currency, which favored exports and limited imports. At the same time large amounts of silver, including overseas Chinese capital, flowed into China. The country increased its reserves of foreign currencies, and the pace of inflation slowed. In 1934, when the global depression was at its worst, the world price index was only 73 percent of what it had been in 1926. ② But during the same period wholesale prices rose 53 percent in Guangzhou, 25.5 percent in North China, and 26.5 percent in Shanghai.③ In a time of economic crisis, China's import index was, miraculously, the same as it had been in 1926. This demonstrated that the silverites were wrong about the terrifying results of a drop in silver prices.

On the other hand, after the Silver Purchase Act had forced world silver prices to soar, China's purchasing power did not "increase ten-fold." Instead, silver flowed out of China in massive quantities, and the country became trapped in a severe economic crisis. From a 1933 figure of 125,600,000 haikwan taels (Chinese silver dollars), China's foreign trade fell 20.1 percent in 1934 and 23.7 percent in 1935. The decline in imports was even greater: 23.5 percent in 1934 and 31.7 percent the year after.④ (These figures do not include the trade returns for Japanese-occupied Manchuria.) Nor did the pattern of American exports to China bear out the

①③ Lin, *New Monetary System of China*, 175.

② Cheng, *Foreign Trade*, 213—15; Young, *China's Nation-Building*, 196—98.

④ Cheng, *Foreign Trade*, 258—59.

silverites' theory. In 1931, when silver prices were dropping, American exports to China totaled U.S. $98 million. But in 1935, when silver prices were soaring, American exports to China declined to U.S. $38 million (a decline of 62.3 percent). Particularly noteworthy is that American exports to Japan, whose gold standard made it less vulnerable to the rise in silver prices, during the same period increased 30 percent (from U.S. $156 million to U.S. $203 million).①

In China, the American companies found it difficult to escape the economic difficulties caused by the rise in silver prices. In May 1935 three of these companies announced that they were closing down: the American Oriental Banking Corporation, the American Orient Finance Corporation, and the Asia Realty Company. On May 24, F. J. Raven, president of the American Oriental Banking Corporation, said that, "in a word, the situation can be attributed to the American silver purchasing plan which has drained silver from the country. There is no silver to carry on."②

By December 1934, American economists, bankers, and industrialists recognized that the country's trade policy toward China was being strongly influenced by the silver policy. In an editorial of December 17, 1934, the *Wall Street Journal* spoke about the "philanthropists" of the silver bloc who not long before "drew tears from us" with their concern about the purchasing power of one half of the population of the world. By the action they persuaded the U. S. government to take, the editor wrote, the United States had given China a massive dose of "deflation potion."③ Ten days

---

① U.S. Census Bureau, *Statistical History of the United States*, 903—6.

② U.S. Department of State, *Papers Relating to the Foreign Relations of the United States: The Far East*, 1935 (Washington, DC, 1953) 3:589 (hereafter cited as *FRUS: 1935*).

③ Russell, "American Silver Policy," 97—98.

later another editorial in the same paper noted that the silver policy had not increased China's purchasing power as promised, nor had it increased American trade with China. Instead, the editor stated, the policy was taking from the Chinese what little they had. He asked the silver bloc to explain why that "pretty theory of theirs" had worked in reverse and was not lifting the Chinese to a "high plane of consuming power."① Edwin Kemmerer, who had been an adviser on currency reform in China, publicly criticized the silver policy. He could not understand how the silverites, who opposed deflation in America, "and who have been weeping so many crocodile tears over the poor people of China," could support a deflationary policy in that country.② Although the fallacy of their argument had been exposed, the silverites retained immense influence on American foreign policy.

One reason the silverites advocated a rise in silver prices was that they wanted to undermine the ability of Chinese industrial products to compete with American commodities. Senator Pittman thought that low silver prices depressed the buying power of China so that the Chinese bought only cheap native goods. This stimulated the development of their industry and reduced the Chinese market for American goods, creating what Pittman called "the most devastating competitor we have ever known in the markets of the world."③ Another silverite congressman said that a rise in silver prices would increase the price of Chinese goods, increase the operating costs of their industry, and lessen the competitiveness of their commodities, thereby benefiting American industrialists and farmers.④ But

①② Russell, "American Silver Policy," 98.

③④ Ibid., 12.

these self-seeking motives were hidden under professions of "moral obligation." Pittman, for example, said to a special committee of Congress that the United States had a very special relationship with the people of China. The Chinese, he stated, were "more friendly to the people of the United States than they are to the people of any other nation in the World." Indeed, the United States was the "only country in the world that the Chinese trust," and it was America's responsibility to come to China's aid in its hour of need.① This was the kind of language which was used by the politicians to successfully mislead the American people.

But it is more difficult to mislead historians. Blaine M. Russell, an American historian who has studied this subject deeply, draws the following conclusion: "[The] silverites acted from a desire to revive the American domestic silver industry. Their reference to China derived from that self-interested motive, not from a genuine concern for China's well-being."② The motives behind the silver policy were more than dubious. They were discordant with America's foreign policy, especially with its East Asian policy.

America's silver policy was not just an economic problem for China. It was also a problem of international politics. The United States implemented its silver policy just as the Japanese imperialists were moving against China. After establishing the puppet state of Manzhouguo in March 1933, Japan occupied Re He, threatening Beijing and Tianjin. On May 31 the Guomindang government signed the Tangku truce with Japan. According to this agreement the Guomindang government recognized Japan's occupation of Re He and Manchuria. A "demilitarized zone" was also mapped out. Then Japan's proclamation of the Amau Doctrine in April 1934 opened the eyes

① Russell, "American Silver Policy," 13.

② Ibid., 22.

of many well-informed people.① The doctrine, which announced the Closed Door policy in East Asia, was a further statement of Japan's intention to drive the Western powers out of China, to intervene there during its time of grave economic confusion, and to move further ahead in occupying China. America's minister to China, Nelson T. Johnson, said at the time that this announcement was so serious that it ran "directly counter to the spirit and letter of the nine power treaty."②

The Amau Doctrine was also an obvious challenge to America's Open Door policy. That Japan was determined to invade and occupy China had already been confirmed by its military actions. The Amau Doctrine officially announced that this intention was Japan's policy, showing that it was going to continue on the same course. Next, the Ho-Umezu agreement of June 7, 1935, and the Chin-Doihara agreement of June 27, 1935, were signed by China under Japanese military pressure. The five provinces of North China became a so-called autonomous region. This was the second crucial step in Japan's plan to turn the whole of North China into a greater Manzhouguo. Japan's large-scale smuggling of Chinese silver and its refusal to trade in silver after China's subsequent currency reform fit Tokyo's overall plan. John Morton Blum concluded that the Japanese "found smuggling not only a profitable trade but also a useful device for weakening China and the government of Chiang Kai-shek."③

But it was America's silver policy that forced China to the brink of economic collapse, an ideal situation for the Japanese. Under these

① Gaimushō (Foreign Office of Japan), *Nihon gaikō nempyō narabi shuyō bunsho* (A chronology and main documents of Japanese foreign policy), 2 vols. (Tokyo, 1955), 2:284—285 (hereafter cited as *NGN*).

② FRUS: 1935, 3.143.

③ Blum, *Morgenthau Diaries*, 205.

historical circumstances this policy had implications far beyond those of domestic politics and involved much more than Sino-American relations.

Although during this period (1934—1936) American foreign policy revolved around the silver policy, it was also one of "letting things take their own course." In the face of Japan's acts of aggression, this meant compromise or appeasement. American foreign policy was characterized by inertia, internal dissension, and a lack of realism for two important reasons: first, the influence of the silver bloc on the Treasury Department and, second, the pressure on the State Department brought about by the announcement of the Amau Doctrine. This fostered disharmony in America's East Asian policy, creating contradictions and quarrels among the leaders of the United States.

During all the confusion over silver James Harvey Rogers, a Yale University professor who had visited China, was the first to propose to the American government that to prevent an economic crisis in China the rise in silver prices should be controlled and a loan should be granted to the country for carrying out currency reforms. Because Rogers had never advocated raising prices, his visit to China was from the start violently criticized by the silverites. This placed great pressure on Roosevelt. Furthermore, Stanley K. Hornbeck, chief of the Far Eastern Division of the State Department, also opposed making a loan to China, because the Japanese already had made it clear that they objected to the granting of any "political loan" to that country. Therefore, even before it could be officially proposed, Rogers's plan was shelved.①

By July 1934 the United States had begun to purchase silver on a large

---

① Dorothy Borg, *The United States and the Far Eastern Crisis of 1933—1938* (Cambridge, MA, 1964), 82; Young, *China's Nation-Building*, 203.

scale. Silver prices soared, and in less than three months Chinese silver exports increased sevenfold. China's minister of finance, H. H. Kung, appealed to the United States to hold prices at U.S. $45 per ounce or, if it was unwilling to do so, to make a loan to China for undertaking currency reforms. In considering how to respond to this proposal, the State Department argued heatedly with the Treasury Department, asking the Treasury to change its silver policy. But, under pressure from the silverites, the Treasury Department refused to alter the policy and proposed instead that a loan be made to China to help it get over its difficulties. Secretary of State Hull said that this would directly involve the United States in Chinese affairs and violate Japan's Amau Doctrine, creating for America "uncontrollable responsibilities in the Far East."① The State Department believed that American silver purchases would "bleed her (China) white," so the solution was to stop buying silver. If this could not be done, any proposal for a loan to "save China" would be useless. At the end of 1934 the State Department said in a memorandum: "It can scarcely be expected that the simultaneous withdrawal of blood and pumping in of water would maintain the health and strength of a sick man."② With both sides unwilling to back down and pressured by the silver bloc, Morgenthau again raised the purchase price of silver.

In early 1935, Japan began exploiting China's silver crisis to intervene in Chinese politics. Japan was becoming more active in foreign affairs and making ever more announcements of East Asian policy. Foreign Minister Hirota Kōki declared that his government wished to "free [China] from its international bonds." He also emphasized that the "economic cooperation

① Dallek, *FDR*, 92—93.

② Russell, "American Silver Policy," 93.

betweer Japan and China" had to be strengthened and was prepared to set up a credit system of 200 million Chinese dollars in Shanghai.① The Japanese acted as if they sympathized with China's plight and proposed creating an international united front with that country to oppose the American policy. But Japan made many proposals that, if they had been accepted by China, would have subordinated China's economy to Japan's, such as the proposals to stop all Chinese boycotts of Japanese goods, to create a uniform currency for China, Japan, and Manzhouguo, and to lower Chinese tariffs on Japanese imports. The news from Nanjing, Beijing, Tokyo, and London was that Japan was exploiting China's silver crisis to pressure the Chinese.② These bits of news did not all come from the same sources, nor did they all contain the same details. But they did reflect the mood of the Amau Doctrine. Perhaps the best illustration of this was a statement made in February 1935 by the Japanese ambassador to Manzhouguo. He called on Europeans to work for peace in Europe and called on Americans to ensure peace in their hemisphere. Orientals, he stated, should be allowed to safeguard order in East Asia. China must abandon its reliance on Europe and America and cease its opposition to Japan.③ In other words, Asia was for the Japanese, and Europeans and Americans would not be allowed to interfere there.

Assaulted both by rising silver prices and by Japan, the Chinese government requested a currency-reform loan of U.S. $100 million from the American government. William Phillips of the State Department admitted, "Our silver policy was contributing to China's weakness in a way that the

---

① *Guowen zhoubao* (National news weekly) 12 (March 11, 1935). 11; *Yinhang zhoubao* (Banker's weekly) 19 (February 26, 1935):5.

②③ Russell, "American Silver Policy," 110.

Japanese were capitalizing on it to the fullest extent."[1] But the State Department did not grant China's request, because it feared that to do so would offend the Japanese. Nor did it refuse, because it feared the Chinese would then turn to Japan. It proposed that the Chinese should reach an agreement on international cooperation that would include Japan.[2] The State Department considered this to be the best way to make a loan to China without angering Japan. Morgenthau, however, did not agree on the need for international cooperation. The Treasury Department was not eager to have America's silver policy discussed in an international forum. At one time, Morgenthau wanted to stabilize the price of silver at U.S. $.55 per ounce, and he even passed word of this to H.H. Kung. But a fortnight later, at the end of December 1934, he told Kung that he had changed his mind. Having given his promise to the silverites, he said, he could not agree to a ceiling on the price at U.S. $.55. Morgenthau's position was in a state of drift.[3] Roosevelt was unable to choose between State and Treasury, and China's economic and political situation deteriorated further.

Ⅲ

China wanted to hold bilateral talks with the United States to solve the crises created by the rising price of silver and by Japanese aggression against China. But those very problems made talks impossible. Song Ziwen's proposed visit to America at the end of 1934 was not realized. Senator Pittman offered no objection on the condition that the Chinese representative would not discuss American silver policy. But because of Song's

① Borg, *Far Eastern Crisis*, 125, 583; *FRUS*: *1935*, 3:45.

② *FRUS*: 1935, 3:539.

③ Russell, "American Silver Policy," 102—103.

anti-Japanese reputation the State Department, which feared alienating Japan, strongly opposed Song's visit.① In August 1935 the Chinese government requested that the United States send a representative to China for talks between the two countries. Morgenthau believed that such a visit would produce nothing more than criticism of America's silver policy. He worried about protests from the State Department, which feared that the visit would offend the Japanese and create diplomatic problems. Morgenthau did propose to use his vacation in Spain to set up a "fortuitous" meeting with a Chinese representative and hold secret talks with him. But the plan was never realized, because the pressure against it from all sides was too great.② The State Department wanted to include the Japanese in any effort to resolve the East Asian crisis. Nothing happened.

With America's leaders locked in stalemate, Great Britain took the initiative. At the end of 1934 it was feeling a sense of great urgency brought on by Italian aggression in Ethiopia and the growing threat from Germany. In East Asia, British commercial interests were threatened by the impending Chinese economic collapse. Britain was anxious to stabilize the East Asian situation so as to face the European problem with greater resources. After the announcement of the Amau Doctrine, the British understood that the Washington Conference approach to East Asia was no longer workable. But Britain still hoped that, in naval talks between America, Japan, and itself, it would be able to get the Japanese to adhere to the levels of naval strength set at the Washington Conference. Britain wanted neither to "gratuitously antagonize Japan" nor to become so intimate with Japan

---

① Russell, "American Silver Policy," 104—105.

② Shi Zhaoji to H. H. Kung, August 8, 1935, Institute of Finance, Shanghai (hereafter cited as IFS), Central Bank Archives (English version).

that Russia would be driven into the arms of Germany. With this in mind, it proposed that a joint British, American, French, and Japanese loan be made to China for solving its monetary and economic crisis.

The British also planned to entice the Chinese to acknowledge Manzhouguo, so that they might win the favor of Japan, improve the atmosphere at the naval talks, put a temporary stop to Japanese aggression against China, and protect their declining commercial interests in China. The idea behind this plan was to use an international collective effort to break open the Closed Door of the Amau Doctrine and to ease the economic difficulties of China. That country would have had to pay the price of sacrificing its sovereignty in Manchuria. Britain hoped that its plan would bring about temporary stability in East Asia by forestalling a Chinese economic collapse and slowing down the pace of Japanese aggression.

In March 1935, Britain approached China, Japan, and America with this plan. Opposed to Western meddling in China, Japan rejected it. The U.S. State Department appreciated the British attempt to lead a cooperative effort, but it was cautious and skeptical about its chances of success. China informed Britain that it welcomed this proposal, but under pressure from Japan the Chinese denied that they were seeking a loan from Britain and the United States. China had many reservations about the British proposal, because it wanted no cooperative assistance involving Japanese participation. Thus the British proposal for a collective effort was aborted in the very first round.①

---

① Russell, "American Silver Policy," 124—125, 129; Wang Jingwei hui Ariyoshi Akira shi de tanhua (A dialogue between Wang Jingwei and Ariyoshi Akira), March 7, 1935, in *Huabei shibian ziliao xuanbia* (Selected materials on the North China incident) (Henan, China, 1983), 102—103; A.M. Gadagon to the Chinese Ministry of Foreign Affairs, March 8, 1935, IFS, Central Bank Archives; Ministry of Foreign Affairs to Gadagon, March 18, 1935, ibid.; H.H. Kung telegram to Shi Zhaozi, April 29, 1935, ibid.

Unlike America, Britain could not allow the European and East Asian situations to become worse. It decided to bring about a collective effort by directly contacting the concerned parties. In August 1935 the renowned economist Sir Frederick Leith-Ross undertook his famous Pacific tour, which was in fact semiofficial. He deliberately stopped first in Canada to probe the American position. The State Department was very eager to receive him, because it strongly approved of his proposals for undertaking a collective effort. But Morgenthau objected. He distrusted the British and disliked the Japanese, and he worried that an international conference would bring up the sensitive question of America's silver policy. So Leith-Ross was received coldly in North America.①

His second stop was Japan, where he had a taste of Japan's Closed Door policy. Leith-Ross met first with Foreign Minister Hirota Kōki, then with Shigemitsu Mamoru, the vice minister. In these and other meetings Leith-Ross and the Japanese could agree on only one point: "America's silver policy is the main reason for the deterioration in China's economic condition." To obtain Japan's cooperation, Leith-Ross planned to induce China to recognize Manzhouguo. But he did not win the gratitude of the Japanese for this. Regarding Manzhouguo, Hirota said to him, "China has in fact already recognized [it]." Whenever Leith-Ross mentioned the problem of Manzhouguo, the Japanese spoke evasively. Shigemitsu even bluntly said that it was a problem that should be solved by China and Japan. It would be harmful, he said, if outsiders intervened. Shigemitsu further stated that the Japanese government had not invited Leith-Ross to discuss this sort of problem. The Japanese rejected out of hand the British proposal to use the

① Borg, *Far Eastern Crisis*, 526.

income from Manzhouguo as security for a collective loan to China to undertake a currency reform and solve the Chinese monetary crisis. Leith-Ross then retreated and proposed that Britain and Japan cooperate in solving the Chinese crisis. Shigemitsu tactfully declined: "As for giving financial aid to China, I feel that it is still too early to do so." Hence, at the end of his talk with Shigemitsu, Leith-Ross could only say: "I am disappointed by the views of Japan."①

Leith-Ross's proposal in Tokyo that only Britain and Japan cooperate seems to show that Morgenthau's suspicions and caution were not unfounded and that the State Department was perhaps a little naive in placing so much hope in Leith-Ross. But Leith-Ross also told Hirota that, if necessary, Britain was prepared to "make a loan without any hesitation" to China for its currency reform.② By saying this, he made clear Britain's determination to deal with the problem. At this point its East Asian policy appeared to be less vague and ambiguous than America's. Japan's Closed Door policy, however, prevented Leith-Ross from realizing Britain's goals on his tour.

On November 3, 1935, the Guomindang government, recognizing that drastic action was essential, announced a currency reform decree that nationalized silver. It was a very risky step to take, but at the time it was the best choice that could have been made. Silver smuggling in North China was thriving under the protection of the Japanese. (Before the currency reform the difference between silver prices in Shanghai and in London was still 23.2 percent.) Hence, there appeared to be no better measure available than currency reform.③ Historical doc-

---

① *NGN*, 2:30—303; Shigemitsu Mamoru, *Gaikō kaisō roku* (Diplomatic memoirs) (Tokyo, 1978), 158—59.

② *NGN*, 2:300.

③ In the original draft of the Currency Reform Decree of November 3, 1935, the words "the silver price is still continuously rising" were deleted by Kung, probably to avoid offending American silverites. SNA, file no.3 (2) 196.

uments show that the reform had nothing directly to do with Leith-Ross's tour, nor was it undertaken on the advice or at the instigation of Leith-Ross. China invariably wanted Japan excluded and America included in any collective effort. On September 24, H.H. Kung told Nelson Johnson that he hoped the United States would send a representative to join Leith-Ross in a collective effort.① But political conditions in America precluded this. On October 28, Kung informed Leith-Ross that China had no choice but to undertake a drastic reform of its currency. Leith-Ross strongly urged the Chinese to defer action, but the threat of a complete economic collapse was so strong that they could not hesitate any longer.② The decree on currency reform had the following stipulations:

> The banknotes issued by the Central Bank of China, the Bank of China, and the Bank of Communications shall be full legal tender. Discharge of all public and private obligations shall be effected by legal tender notes. No use of silver dollars or bullion for currency purposes shall be permitted. Any contravention of this provision shall be punishable by confiscation of the whole amount of silver seized and shall be punishable in accordance with the law governing acts of treason against the state.
>
> All private and public institutions and individuals holding standard dollars, other silver dollars, or silver bullion shall hand over the same to the Currency Reserve Board or banks designated by the Board in exchange for legal tender notes.
>
> For the purpose of keeping the exchange value of the Chinese dollar stable at its present level the Central Bank of China, the Bank of

① *FRUS*: 1935, 3:619—620.

② Russell, "American Silver Policy," 192.

China, and the Bank of Communications shall buy and sell foreign exchange in unlimited quantities.

At the same time the equalization charge on silver was increased from 6.75 percent to 57.25 percent (afterward, it was raised to 58.51 percent), which made the exportation of silver unprofitable.①

Henceforth, China was no longer on the silver standard and instead used something akin to what was known as a "managed foreign exchange standard." The value of Chinese currency was no longer tied to that of silver. The government became more effective at controlling the outflow of silver.②

The fate of the reform depended on two considerations: first, whether the exchange value of the new currency could be stabilized and win the confidence of the people; second, whether the banks, especially those that enjoyed extraterritorial privileges, would hand over their stocks of silver to the Chinese government. If the banks complied with the decree, then the chances of stabilizing the new currency would be greater and the currency reform would be successful.

Japan disapproved of this currency reform, and the Japanese ambassador to China so informed the Chinese government.③ A statement issued by the headquarters of the Japanese armed forces asserted that China's currency reform "ignores Japan, which has the power to stabilize East Asia, and disturbs the new policy of [fostering] peace in East Asia. The

---

① Zhou, *Baiyin wenti*, 155; *FRUS*: 1935, 3:631—632.

② Before it began to carry out currency reform, the Guomindang government tightened its control over the three largest banks (the Central Bank of China, the Bank of Communications, and the Bank of China). This laid the foundation for the rise of "bureaucratic capital." Through the reform China abandoned the silver standard, and its currency was no longer limited by the country's reserves of silver. This opened the way to subsequent vicious inflation.

③ Russell, "American Silver Policy," 220.

Japanese empire is resolved to attack it."① Some civilian economists in Japan, such as Takahashi Keiichi, claimed that the reform was highly likely to fail.② The Japanese viewed it as a provocation and a test of their country's strength against Britain and the United States in East Asia. (On January 15, 1936, Japan pulled out of the naval talks in London.)

In addition to stepping up their aggression in North China, the Japanese spared no effort to wreck the reform, thinking that this would prove that they were the master of the situation in East Asia. This effort to wreck China's currency reform had far-reaching political as well as economic significance. First, in the areas of North China under their control, the Japanese prohibited the shipment of silver south and upheld a policy of "local safekeeping."③ This weakened the Chinese government's control over the country's silver. According to one estimate, about forty million ounces were prevented from being sent south and deposited in the Central Bank of China.

Second, Japanese banks refused to hand over their silver. On the day the currency reform went into effect, Ariyoshi Akira, the Japanese ambassador to China, secretly instructed Japanese banks in China to invoke their extraterritorial privileges and refuse to turn over their sliver to the Chinese government.④ The president of the Yokohama Specie Bank also sent a secret telegram to his bank's branches in such places as Shanghai and Qing

---

① *Manzhou ribao* (Manchuria daily), November 11, 1935.

② Nozawa Yutaka, *Chūgoku no heisei kaikaku to kokusai kankei* (China's monetary reform and international relations) (Tokyo, 1981), 252.

③ Tianjin shizhang Xiao Zhenyin zhi Kong Xiang Xi dian (Mayor Xiao Zhenyin of Tianjin to H. H. Kung), March 4, 1936, IFS, Central Bank Archives.

④ Ariyoshi Akira to Wakasugi Kaname, confidential telegram, November 4, 1935, Japanese Archives, Random Compilation in Relation to the Chinese Currency System (hereafter cited as JARC (5)), 153/391.

Dao, which in turn passed his instructions on to the other branches in China. They were all told: "You must refuse to had [your silver] over." In North China the bank planned to avoid giving its silver to the Chinese government by invoking the special status of the region's political "autonomy."①

Third, Japan executed raids on China's holdings of foreign exchange. Japanese banks knew that China had limited reserves of foreign currency. On November 12 and during mid-December they raided the Chinese banks by purchasing their foreign currency and put pressure on China's new policy of dealing in "foreign exchange in unlimited quantities." The country was in danger of becoming unable to maintain the exchange value of its currency.② If this were to happen, the new system of currency would collapse.

Finally, the Japanese put political pressure on China. They treated the currency reform as an anti-Japanese move and criticized it fiercely. The Japanese General Staff believed that China's currency reform was "the first attempt in an effort to become self-reliant, and thus to increase the national wealth and retaliate against foreign aggression." Ariyoshi met Chiang Kai-shek twice after the currency reform had been put into effect. Besides warning Chiang not to interfere with the "autonomy" movement in North China, he bluntly told Chiang that China's law on nationalizing silver would "arouse the disgust and worry of Japan."③

At this critical time Britain's position was clear-cut. It took the lead in overcoming the barrier of extraterritoriality, which kept the new law on Chinese currency from being applied to foreigners. On the very same day as

---

① *Yokohama shōkin ginkō zenshi* (Complete history of the Yokohama Specie Bank) (Tokyo, 1980), confidential record, 1:pt.3:436—439.

② Blum, *Morgenthau Diaries*, 216—218.

③ *NGN*, 2:312, 325; Suma Yakichirō to Takefuji, November 21, 1935, JARC (5) 153/391; *Nichū sensō: gendaishi shiryō* (Sino-Japanese War, modern history materials, series 8), 128—134.

the Chinese government announced the currency reform, the British Foreign Ministry gave its approval to the "King's Regulation," which was announced by the British ambassador to China. This regulation prohibited all British citizens in China from using silver and compelled them to observe China's law on currency reform. Any violators of the law would be punished. On the second day of China's currency reform Japan's ambassador to China, speaking to Leith-Ross, condemned China and Britain for discriminating against Japan and said: "[Japan] shall give a serious warning to China." Leith-Ross replied that Britain would follow the new law and would exchange currency with the Chinese government at the rate of one old silver dollar for one new Chinese dollar.①

Britain's attitude was crucial, because its commercial banks could play a decisive role in the situation. They had 44.9 percent of the silver that was held by foreign banks in Shanghai (foreign banks controlled 39,630,000 ounces). Japanese banks had 24.8 percent and American banks held 13.1 percent.② Japanese banks firmly refused to hand over their silver. American banks took a position between those of their British and Japanese colleagues. The different positions the banks took reflected the basic principles in the East Asian policies of their home countries. On November 7, 1935, representatives of the foreign banks in Shanghai met to discuss the question of trading in their silver. Britain's Chartered Bank of India, Australia, and China argued that the banks should turn their silver over to the Chinese government. Japan's Yokohama Specie Bank firmly objected.

---

① Ariyoshi to Wakasugi, November 11, 1935, JARC (5) 153/391.

② T'ang, *China's New Currency*, 86. According to a telegram from Ariyoshi to Hirota Kōki (March 26, 1936, IFS, Central Bank Archives), the value of silver held by the Japanese banks in Shanghai amounted to Chinese $8,926,110.

America's National City Bank of New York also objected to handing over its silver. It did so, however, not for political reasons but because it wanted to ask the Chinese government for compensation to make up the difference between silver prices in China and those abroad.① Not until March 26, 1936, after their plan to replace the new Chinese currency with Japanese currency had failed, did the Japanese give in and reluctantly agree to turn over their silver. But Japanese banks in the areas north of Qing Dao still refused to trade in their silver.②

After adopting currency reform, the Chinese government gathered about 500 million ounces of silver.③ This was one condition for stabilizing the new currency, but before the silver reserves could be used to stabilize the rate of exchange, the silver had to be exchanged for gold. At this juncture signs of change in America's East Asian policy appeared.

This change was synonymous with the new American attitude that Chinese currency had to be linked to the dollar. From the beginning Morgenthau had recognized that a "currency war" was being fought in East Asia between the yen, the dollar, and the pound sterling. Japan and Britain, he thought, each wanted to link China's currency to its own. The nation that succeeded in this would have the advantage in the currency war. Leith-Ross's visit to China was obviously motivated by Britain's desire to link Chinese currency to the pound sterling, while Japan sought to bring China into the yen bloc. All of this was common knowledge, and it added to Morgenthau's misgivings and worries. He was determined not to pass up

---

① *Yokohama shōkin ginkō zenshi*, confidential record, 1:pt.3:438.

② Ariyoshi to Hirota, March 3, 1936, IFS, Central Bank Archives.

③ Young, *China's Nation-Building*, 241.

any chance to link China's currency to the dollar.[1]

On October 28, 1935, when China was still in dire economic straits and had not yet carried out a currency reform, its government asked the United States to purchase 200 million ounces of silver. Morgenthau, seeing a golden opportunity, said to Roosevelt: "This is our chance, if they are down low enough, to hook them up to the dollar instead of the pound sterling."[2] His view coincided with that of Roosevelt, who wanted to maintain a foothold in China. On November 2, the eve of the currency reform, Kung again asked America to purchase Chinese silver. He also asked for a loan and told the Chinese ambassador to the United States: "Whether China can control its foreign exchange will depend on whether it can sell silver in large quantities [to increase its reserves of foreign exchange]."[3] Morgenthau's condition for buying the silver was that China should link its currency to the dollar. Moreover, Nanjing was to establish a stabilization committee consisting of three experts, two of whom were to be Americans.

On November 30, 1935, Shi Zhaoji, China's ambassador to the United States, met with Morgenthau to discuss the loan and the selling of Chinese silver. Morgenthau promptly asked that China's currency be linked to the dollar, stating that "we are not going to invest $65,000,000 and have you tie your money to sterling."[4] On November 4 and 8, Shi was instructed to reply that his government was getting pressure from the outside (most of the pressure was coming from Japan) and would find it difficult to link its currency to the dollar and accept the recommendations of the American-

① Russell, "American Silver Policy," 225, 172, 90.

② Ibid., 203.

③ Kung to Shi Jaoji, November 1, 1935, IFS, Central Bank Archives.

④ Russell, "American Silver Policy," 210; Blum, *Morgenthau Diaries*, 212.

dominated committee.①

On the 7th the British notified the Americans that if China went off the silver standard so would Hong Kong, and it would adopt either a managed paper currency or be linked to the pound sterling.② The sudden news confronted America with two problems. On the one hand, the largest Asian country on the silver standard was about to abandon it. On the other hand, with world silver prices being driven up, smuggling in China and Hong Kong could only continue to increase. Morgenthau guessed that the Japanese were, through the large-scale smuggling of silver, accumulating vast amounts of capital to build warships and to stabilize the yen. Furthermore, he suspected that Britain and Japan might be secretly working together against America at the naval talks in London. After much brainstorming Morgenthau and his advisers came up with an answer to these problems: Only by lowering world silver prices could the great profits which the Japanese were reaping through smuggling silver and which they were using to increase their power be limited. Only then could the prospect of Hong Kong selling massive quantities of silver on the world market be avoided. Most important of all, by lowering prices the channels through which the Chinese government was selling silver would be shifted from the world silver markets to the United States. Then America could control the problem of linking Chinese currency to the dollar.

However, the situation developed unexpectedly. About a week after Hong Kong announced it would go off the silver standard (November 13) and while the fate of China's currency reform was hanging in the balance,

① Russell, "American Silver Policy," 208, 212.

② Ibid., 211.

the Yokohama Specie Bank launched a sudden raid on China's foreign exchange funds. It purchased massive amounts of foreign exchange, abruptly leaving China with only between U.S. $35 million and U.S. $40 million worth of exchange and gold. The new currency system tottered at the edge of collapse. On the very same day, Shi Zhaoji asked Morgenthau for emergency aid, requesting that the United States buy 100 million ounces of Chinese silver so that China could increase its reserves of foreign exchange, cope with the disruptive Japanese purchases, and maintain the credibility of the new currency. Morgenthau could sense how serious the situation was and, after conferring with Roosevelt, agreed to purchase immediately 50 million ounces of Chinese silver for U.S. $32 million in foreign exchange. Morgenthau did not insist during the transaction that the Chinese link their currency to the dollar. He only asked that they use the money solely for stabilizing their currency and that they deposit it in New York banks. He said to Shi Zhaoji: "I am trying to make it as easy as possible for China, because we want to see you out of this trouble .... The only reason for doing this is that everybody seems to be against you and we will not ask for any trade preferences at this time."①

Morgenthau's change of mind had much to do with the growing Japanese belligerence in North China and with the deteriorating situation in East Asia. On December 11, 1935, the Nanjing government was forced by the Japanese to set up the Hebei-Chahar Political Council. The result was that, "although [the five provinces and three municipalities of North China] accepted the suzerainty of the Nan[j]ing government, they preserved their autonomy in such matters as foreign relations, domestic af-

① Shi to Kung, November 13, 1935, IFS, Central Bank Archives; Russell, "American Silver Policy," 214.

fairs, and the economy." On January 13, 1936, the Japanese government revealed its "Outline for Dealing with North China," which described in detail the steps and strategy for detaching the north from the rest of the country. Realizing that another Manzhouguo incident might occur in China, Morgenthau could only consider who was really being helped by America's silver policy. On December 8, 1935, he looked back and said that "during the past week our silver purchasing policy has seemed to me more and more stupid. It is now clear that exclusive of newly mined silver we are simply siphoning the silver out of China through two channels—one Japan, the other England." A few days later, on December 12, Morgenthau again scrutinized the policy: "In the eyes of the public, our silver program is the only monetary fiscal policy that I cannot explain or justify as Secretary of the Treasury."①

To reverse this "stupid" policy, with Roosevelt's approval, the American government backed down from maintaining world silver prices. Consequently, prices began to fall. On December 11, 1935, the world price dropped from U.S. \$.65 to U.S. \$.61 per ounce. Within forty days, it reached U.S. \$.45 per ounce.② Undoubtedly this drop helped to stem the tide of silver smuggling, but it also weakened the ability of the Chinese government to shore up its new currency and its reserves of foreign exchange.

Faced with new difficulties, China was forced to ask the United States for a loan and for a further purchase of Chinese silver. This request promp-

① *NGN*, 2:322—323. In an analysis dated April 4, 1936, American customs agents noted their suspicion that the Japanese were ready to contrive an incident in North China similar to that which had set off the war in Manchuria in 1931. Blum, *Morgenthau Diaries*, 222; Russell, "American Silver Policy," 221.

② Russell, "American Silver Policy," 221.

ted Washington to invite China to send a representative for direct talks. The United States thus took another step toward assuming the initiative in its East Asian policy, although the State Department remained very cautious and fearful of antagonizing Japan. China decided to send Song Ziwen or Wang Zhengting, but the State Department objected to both, probably because they were too political. Instead Chen Guangfu, a banker, was picked. By this time Morgenthau felt strongly that measures should be taken to strengthen China, and he did not balk at the risk of offending the Japanese. But to avoid provocation Chen arrived in America in his guise as director of the Bank of China. Naturally the silverites still requested that they be told the content of the discussions between the Chinese representative and the American government. So at a dinner reception for Chen at the Chinese embassy the illustrious senators of the silver bloc, Pittman, King, Thomas, and Burton Kendall Wheeler, were guests of honor.

On April 8, 1936, Chen met Morgenthau for their first talk. After almost a month and a half of negotiations, on May 28, they reached a formal agreement. The United States considered support for the Chinese in facing Japanese aggression to be consistent with its own East Asian interests, and it did not present or insist on any harsh conditions that the Chinese would have found difficult to accept (such as the demand that China link its currency to the dollar). The Chinese, in a rush to get American help, accepted the plan presented by the Treasury. According to the agreement the United States would purchase twenty-five million ounces of silver from China at the market price. For its part China agreed to continue minting silver currency, which would be 0.720 fine. Silver was to make up one fourth of the circulating currency, and restrictions were relaxed on the use of the metal in arts and crafts. Chinese currency would not be linked to any foreign currency. A secret clause of the agreement was that the New York Federal Reserve Bank, in return for a deposit of fifty million ounces of silver as security by the Nanjing government, would provide U.S. $20 million in "dollar exchange" (the term "loan" was not used).①

Y.C. Kao, who participated in the talks, reminisced that after the negotiations there was a "tacit understanding" between China and the United States that "henceforth China would be looking to the United States for more trade, better trade, and more cooperation."② The Japanese quite naturally expressed great concern about the Sino-American talks. On April 22, Tomita Yatarō, a commercial and financial representative, came to Washington from London specifically to see Morgenthau. Accompanied by the Japanese ambassador, he met with the secretary to see what he could find out about the talks. Tomita asserted that Chinese monetary reform was failing. Morgenthau said that in his opinion it had "gotten on remarkably well." All foreign banks had turned in their silver, he noted, except the Japanese, who were holding out about $10 million worth. Tomita replied: "They have not made up their minds." At this point, the ambassador terminated the conversation.③

During the negotiations the Americans thought a great deal about the problems of the Chinese silver crisis and the growing Japanese aggression in East Asia. On April 13, Roosevelt asked in detail about the talks. The president was especially concerned about Chen Guangfu's political attitude,

---

① Blum, *Morgenthau Diaries*, 223, 226; Russell, "American Silver Policy," 237—238; "Yin wenti yu Zhong-Mei yinxie dingzhi diding" (The problem of silver and the concluding of the Sino-American silver agreement), 1936, IFS, Central Bank Archives; Xi Demao (manager, business department, Central Bank of China) to Kung, April 13, 1937, ibid.; Kung to Shi, February 13, 1936, ibid.; Young, *China's Nation-Building*, 243—245.

② Russell, "American Silver Policy," 237.

③ Ibid., 235; Blum, *Morgenthau Diaries*, 225—226.

about whether he opposed Japanese aggression. Morgenthau replied that Chen most certainly did. China was in bad shape, Morgenthau continued, and unless the Japanese were diverted by a conflict with Russia, China's chances of pulling through were poor. This weakness, he suggested, had inspired his plan to buy five million ounces of silver per month. (As noted above, America actually bought more than this.) Roosevelt expressed no objection. That very day, in the midst of their negotiations, Morgenthau told Shi Zhaoji that he had talked with Roosevelt about the Japanese establishment of an "autonomous" puppet government in North China. Expressing great concern, he asked about the response of the Chinese government to the matter.①

Morgenthau deliberately limited the negotiations to the question of currency. The agreement was to be signed only by the U.S. Treasury Department and the Chinese Ministry of Finance. To prevent the State Department from interfering with the talks, such terms as "loan" and "credit" were assiduously avoided in favor of more ambiguous terms such as "dollar exchange."② Protests from the silver bloc were forestalled by the Chinese, who agreed to continue minting silver currency and to use it as part of their currency reserves. Later, neither the State Department nor the silver bloc objected to the agreement, although the agreement effectively allowed the United States to make a unilateral loan to China. This contradicted the established position of the State Department, which had always insisted on a "collective effort" Clearly, American policy in East Asia was changing.

Morgenthau's desire to facilitate the silver agreement of 1936 between

---

① Shi to Kung, November 3, 1935, IFS, Central Bank Archives; Blum, *Morgenthau Diaries*, 224—225.

② *Morgenthau Diaries*, 226.

China and the United States was motivated by more than altruism. What he ultimately cared about most were American interests in China. As he himself said, to help China under those conditions was to help America. By insisting that China deposit in American banks the revenues it obtained from selling its silver, Morgenthau ensured that the United States controlled China's funds of foreign exchange. And the agreement averted any linking of Chinese currency to the pound sterling. This, too, gave Morgenthau much satisfaction. In the "currency war" among the Great Powers, America had obviously gained the upper hand.

From China's adoption of currency reform to the outbreak of the Sino-Japanese War in 1937, China sold 188,350,000 ounces of silver to the United States and received U.S. $94,420/000.[①] This money replenished China's reserves of foreign exchange, stabilized its currency, and helped the country survive its economic difficulties. The day before H. H. Kung was to sign the agreement to sell silver to the United States, Japan launched an offensive at the Marco Polo Bridge, starting what was to be China's eight-year-long war of resistance against Japan. As Morgenthau belatedly began to display some goodwill toward China, Japan embarked on its impetuous war. Was this only a historical coincidence?

Ⅳ

The problem of the relationship between silver and diplomacy is now a thing of the past. But it remains a very important subject in the study of America's foreign policy, especially the study of its East Asian policy. How were these foreign and domestic policies intertwined, and what were their

① Young, *China's Nation-Building*, appendix 15; Xi Demao to Kung, August 2, 1937, IFS, Central Bank Archives.

results? What were the limitations of the pillar of America's prewar East Asian policy—the Open Door?

Under ordinary circumstances the foreign policy of any country tends to harmonize with the general interests of that country, both short and long term. America's form of government, however, ensured that the country's domestic policies would be frequently swayed by different lobbies. Sometimes the concerns of those lobbies overrode the national interest and caused foreign policy to deviate from normal practice. When the Democratic and Republican parties competed for votes, especially during election years, their politicians often made compromises with powerful lobbies or even submitted to them. This was characteristic of how the United States determined and carried out its foreign policy.

A typical example was the influence that the silver bloc had on foreign policy during the 1930s. The Silver Purchase Act of 1934 passed with 55 votes for, 25 against, and 16 abstaining. Senate Democrats cast 45 votes in favor of the act, which made up 81.8 percent of the affirmative votes. Senators from silver-producing areas cast 16 affirmative votes, making up more than one third of the Democratic senators who voted for the act. The silver-state senators were weak in numbers, but by forming themselves into a group backed by the silver lobby they had a very powerful voice in the passing of legislation. Roosevelt had little choice but to deal with them seriously.①

By mid-1935, Roosevelt could sense that he had enough support in Congress to confront the silver bloc. At the end of April 1935 the bloc continued to press for raising the price of silver, and Morgenthau thought about giving in to the demand. But Roosevelt said: "Do not worry about

① Nozawa, *Chūgoku no heisei*, 142.

any more silver legislation this session. I have at least sixty-four votes. I can positively defeat any silver legislation, so the question of more silver legislation does not need to be considered."① Indeed, if Roosevelt had used all his resources, he might have been able earlier to veto or limit the silver legislation of the silverites. But that would have led to a serious confrontation between the legislature and the executive. Roosevelt's whole program to lift America out of the depression then might have met serious opposition. This price would have been too great, so Roosevelt preferred to appease and win the support of the bloc.

By the end of 1935 the New Deal was achieving notable successes, and the silver bloc had begun to lose its influence over certain groups, such as the inflationists and the farmers. The silverites were no longer as united as they had been. In November 1934, after China had already begun to reform its currency system, Senator Pittman predicted that the world price of silver would rise to U.S. $1.29 per ounce. Roosevelt laughed, remarking that "Key Pittman is cockeyed."② By then the president no longer considered the bloc to be a serious political power. Now and only now did Roosevelt begin to think seriously about America's silver policy. He was being further pushed to do so by belligerent Japanese moves in North China. Before, pressured by the bloc, the American government had acted as Morgenthau described it: It had taken some "stupid" measures and had directly helped its enemy in East Asia, Japan.

How much did the national interest benefit from the set of policies that were formed under pressure from the silver bloc? The historian Blaine Russell concludes that silver was not a "wise investment" for the United

① Russell, "American Silver Policy," 135.

② Ibid., 208—209.

States. Between 1934 and 1938 silver producers exchanged silver for U.S. $160 million in silver certificates. Silver mining was a minor industry in the United States, employing fewer than five thousand people in 1939. That small industry "held the government to ransom" in the fifteen years after 1934, extorting almost U.S. $1.5 billion from Washington, "a sum considerably larger than that paid by the government to support farm policies over that same period." To solve the problem of work for these five thousand people, other employment-generating organizations (such as the Public Works Administration) had to do with less than what they could have had.① From the viewpoint of domestic as well as foreign American interests, the effect of the silver policy was negative and destructive. But the policy had its roots in a domestic political problem. When Roosevelt was campaigning for the presidency, he promised that he would do "something for silver." For political reasons he made unwise concessions to the silver bloc.

Obviously, when foreign and domestic policies become intertwined, they might serve a particular domestic interest while damaging foreign or national interests. Domestic policies devised by America's interest groups have often influenced, overshadowed, or even controlled the foreign policy of the country.

During the 1930s the balance of power in East Asia fell apart. The status quo of the 1920s, which had been established by the Washington Conference, was shattered completely. In March 1933, after Japan had occupied Manchuria, the Soviet Union sold all of its railway interests in Manchuria to Japan and washed its hands of the situation. The disequilibri-

① Russell, "American Silver Policy," 251—252.

um of power became even more obvious. In 1933, President Roosevelt recognized the Soviet Union, but this had no restraining effect on Japan. After it founded Manzhouguo, Japan excluded American economic interests from the new state. (For instance, the Standard-Vacuum Oil Company and the British-American Tobacco Company were both driven out of Manchuria.) The Japanese then moved over the Great Wall, dismembered North China, and waited to pounce on the remaining Chinese territories north of the Yellow River. This was an even more serious challenge to America's Open Door policy. President Roosevelt could actually have done "something to stabilize the situation in East Asia." But under pressure from the silver bloc and Japan's enunciation of the Amau Doctrine, he chose not to affront either the silverites or the Japanese. Thus, Roosevelt followed an inactive policy toward Japan and an active one to push silver prices up, so that "just as Japanese military aggression was weakening Nan[j]ing's control over the northern provinces, so American silver policy was undermining the Chinese government's ability to govern."① China was attacked from the front and the rear. East Asia became even more unstable. Morgenthau, who was implementing Roosevelt's silver policy, called the 1934 law "the infamous Silver Purchase Act," and he admitted that U.S. policy was weakening the Chinese economy and "doing everything possible to help Japan."②

At the time, China only wanted America to do nothing. It hoped that Washington would refrain from raising the price of silver artificially or too rapidly. If the United States had done as China wished, the speculation in silver and Japan's large-scale smuggling of silver would have been curtailed. China's ability to resist Japan would have been increased. Undoubtedly,

① Warren I. Cohen, *America's Response to China* 2d ed (New York, 1980), 139.

② Young, *China's Nation-Building*, 207; Russell, "American Silver Policy," 83.

this would have helped to create a balance of power in East Asia, something which was also in the interest of the United States.

In appraising the foreign policy dictated by the silver bloc, one American economist who had worked for a long time as a financial adviser in China said that his country's behavior, "prior to belated efforts to redeem the American position, ranks among the least creditable incidents in American foreign policy." Senator Pittman had much to say about the beneficial effects of the policy on China and on the rest of the world, but the truth behind his "silver fantasia" was that it really stood for the interests of a private lobby. As the magazine *Finance and Commerce* observed at the time, "The Senator [Pittman], in the majority of his speeches on silver, is concerned more with pleasing his constituents in Nevada and convincing them that he is sturdily supporting their interests, than with any practical solution to the problem." The interests of domestic lobbies would commonly override principles of foreign policy and standards of morality.①

Strangely, when Roosevelt was implementing his silver policy, Japan was even more vigorous than America was in waving the flag of the Open Door. In explaining the Amau Doctrine the Japanese foreign minister stressed that "naturally, Japan supports applying such principles as the Open Door policy and equal opportunity for all to China." At a secret meeting with Hull, Ambassador Saitō Makoto emphasized that his country wanted to guarantee that the principle of the Open Door would be carried out in the Pacific. In contrast, the document that the United States gave Japan did not even mention the Open Door policy. When Hull sent a memorandum to the Japanese in response to the Amau Doctrine, he used cautious

① Russell, "American Silver Policy," 212, 224.

wording and avoided any mention of the Open Door policy. Perhaps he was afraid of offending Japan, or perhaps the term had been so abused by the Japanese that the American government preferred not to use it anymore. (The United States, however, did use it again when speaking to the Soviet Union at the Yalta Conference.) America's Open Door policy had been first mentioned by John Hay at the beginning of the twentieth century and had been stressed at the Washington Conference. But during the 1930s, as Japan occupied huge territories in China, the principle and spirit of the policy vanished totally.

During this period Japan's doctrine of the Closed Door in East Asia gained the upper hand. In the face of this, as Dorothy Borg notes, the foreign policy of the United States was "a strategy of inaction."① America did all it could to avoid offending Japan. It tried to avoid giving financial aid to China unilaterally. Even when America decided that it had to help China, it preferred to do so through a collective international effort that would, of course, include Japan. Not until the Chinese undertook currency reform and Morgenthau began to see clearly the harmful effects of the silver policy did the Treasury decide to treat China's crisis as a "purely financial problem" and purchase Chinese silver to strengthen the economic position of China.

America's Open Door policy, because it was affected by internal and external conditions, was brittle and had great limitations. The involvement of domestic interests with the policy was perhaps the most important. "At the crack of Senator Pittman's whip" and in making silver paramount, all principles were sacrificed.②

---

① Borg, *Far Eastern Crisis*, 92.

② This remark made by Sir John Pratt of the British Foreign Office is quoted in Russell, "American Silver Policy," 109.

Sino-U.S. relations remain on continuum of conflict, cooperation

Any discussion of the world situation and international relations is incomplete without an examination of Sino-U.S. relations. The present status of relations between China and the United States remains somewhere along the continuum of conflicts and cooperation. In 2011, the overtures that the United States made toward recalibrating its strategy in the Asia-Pacific region meant that the United States will attempt to contain China's regional impact. However, lots of realistic issues are bound to not trigger massive conflicts between China and the United States. Recently, CSST's reporter interviewed Wang Xi, a scholar of Sino-U.S. relations history.

CSST: With regard to the study of Sino-U.S. relations, your peers in academia have assessed that your new achievements based on international academic frontiers have made a great contribution to the advancement of studies on the history of Sino-U.S. relations and the history of international relations in general. At the beginning of the reform and opening up, you were the first to publish an article—Brief Review on Some Issues of the History of Sino-U.S. Relations—attracting the attention of academia and exerting a significant influence. Could you give a brief introduction about your studies on the history of Sino-U.S. relations?

Wang Xi: In my view, the study of Sino-U.S. relations should not only focus on China but also pay attention to the United States. It should not only find out the impact of the United States on China but also discover the influence of China on the United States, which I have talked about in Way of Seeking. We need to study the mutual influence between the two countries and the origin of the influence as well. Also, we need to find out the results of the influence.

In the past, we studied issues on how America has "invaded" us, how we resisted, why America "invaded" us, what were the results of this "invasion", and what difference exists between America's "invasion" and that of other countries. But generally American scholars do not think in terms of America's "invasion" of China, and their focus is mainly on the influence of Western civilizations on modern China's development and socioeconomic transitions.

They theorize that the pattern of China's modernization is the result of Western culture shock. This perspective is known as John King Fairbank's "impact-reaction" pattern. However, Fairbank's student Paul A. Cohen has a different argument. Cohen indicated that China's economic development is an internal affair in China and internal factors of Chinese society should be studied, which is "Sinocentrism". With regard to these two different research approaches, there are pros and cons. I proposed that internal and external factors should be combined to avoid a one-sided study.

CSST: How can we combine the study of Sino-U.S. relations and the study of contemporary international relations together?

Wang Xi: The importance of this question has become more and more prominent. The national power of China was formerly relatively weak, but at present, China is a rising great power, and discussions on the world situation and international relations cannot neglect the study of Sino-U. S. relations.

America's views on China are very prudent and the United States wants to understand China's strategic intentions. Recently, Chuck Hagel, the U. S. Secretary of Defense, visited China in an attempt to find out China's strategic intentions and at the same time, Sino-Japanese relations have become a significant consideration in Sino-U.S. relations.

***CSST*:** At college, you majored in economics and chose history as your minor. Your later research orientation has covered both economics and history, which are completely distinguished disciplines, but you did a good job of combining them. Today, academia has realized the importance of interdisciplinary studies. As a pioneer, what do you propose to improve interdisciplinary studies on the basis of your relevant experience?

Wang Xi: Based on my own experiences, interdisciplinary studies came from practice. I studied economics at Sichuan University and then studied in the U.S. What I learned in the U.S. was relatively diverse and complicated. I learned economic theories at the University of Chicago and took courses of economic history at summer school of Cornell University. At Wharton, I studied economic history, international economics and business cycle theory.

At college, although what I learned had no direct relationship to interdisciplinary studies, my supervisor always mentioned something about interdisciplinary studies in his lectures. After each class, I always communicated with my teachers. They would ask some general questions, some of which contained interdisciplinary research approaches. But at that time, my teachers didn't tell me that and I only gradually came to understand concepts of interdisciplinary studies. When I was a student, I didn't have an intuition for interdisciplinary studies. It wasn't until I began to teach that I started to realize the meaning of interdisciplinary studies step by step.

At the time, overseas students believed that their mission was to serve China and were determined to go home when they completed their education abroad. When I returned to China, teachers taught state-owned economy at college, and what I learned about bourgeois economics, including business administration and insurance, was completely useless, so I had to study economic history at Shanghai Academy of Social Sciences.

Afterward, when I taught at Fudan University, I opened many interdisciplinary courses, including international trade theory, Sino-American economic relationships and history of Sino-U.S. relations. There are many interdisciplinary details in my lecture notes, so my teaching approach has gradually affected my students and a tradition of interdisciplinary studies naturally came into being. Therefore, I never insist that the concept of interdisciplinary studies come first and then considered about interdisciplinary studies. Instead, interdisciplinary approaches are mastered without being explicitly emphasized throughout the course of the research.

CSST: You published theses in Historical Research very early, and then published several articles, i.e. On the Nature and Function of Westernization Group's Government-Supervised and Merchant-Managed Firms, and Studies on the Orientation of Modern History of China-External Cause, Internal Cause or the Combination of Internal and External Causes. So would you please share your experience of writing papers with us?

Wang Xi: Before I came to Fudan University I wrote my first thesis. Traced back to the year 1959, I worked at Shanghai Academy of Social Sciences and I wrote this thesis in order to commemorate the 100th anniversary of the Great Rebellion in India. The thesis was published on No.8 Issue of Historical Research in 1959. When I finished writing, I sent it to Professor Chen Hansheng, and he praised it.

On Government-Supervised and Merchant-Managed Organization in the Late Qing Dynasty has won the Shanghai Philosophy and Social Sciences Excellent Paper Award between 1979 and 1985. On this basis, I published On the Nature and Function of Westernization Group's Government-Supervised and Merchant-Managed Firms on Historical Research in 1983. My papers are mainly published on two journals: one is Historical Research and the other is Fudan Journal. World History also published some of my papers.

CSST: What are your expectations for and what advice can you give to today's young scholars?

Wang Xi: I hope that young scholars don't seek something other than their profession when they conduct studies. Young scholars should bear the cold shoulder and truly concentrate on studies. If they think too much, it is impossible for young scholars to engage in scholarship. Writing academic articles should avoid empty words in order to make each word based on real facts. Certainly, I also hope that modern society could provide much more support to young scholars and make their living conditions much better.

The Chinese version appeared in *Chinese Social Sciences Today*, No. 638, August. 25, 2014

Translated by Zhang Mengying

图书在版编目(CIP)数据

汪熙论中美关系/汪熙著;贾浩编.—上海:上海人民出版社,2019
ISBN 978-7-208-15885-6

Ⅰ.①汪… Ⅱ.①汪… ②贾… Ⅲ.①中美关系-国际关系史-研究 Ⅳ.①D829.712

中国版本图书馆 CIP 数据核字(2019)第 102108 号

责任编辑 苏贻鸣 张晓玲
封面设计 孙 康

汪熙论中美关系
汪熙 著 贾浩 编

出　　版 上海人民出版社
（200001 上海福建中路 193 号）
发　　行 上海人民出版社发行中心
印　　刷 上海商务联西印刷有限公司
开　　本 720×1000 1/16
印　　张 34.25
插　　页 6
字　　数 466,000
版　　次 2019 年 8 月第 1 版
印　　次 2019 年 8 月第 1 次印刷
ISBN 978-7-208-15885-6/D・3419
定　　价 118.00 元